产品经理成长笔记

从新手到行家

郭杉杉 ◎ 著

人民邮电出版社

北京

图书在版编目（CIP）数据

产品经理成长笔记：从新手到行家 / 郭杉杉著. --
北京 ：人民邮电出版社，2022.8
ISBN 978-7-115-59160-9

Ⅰ．①产… Ⅱ．①郭… Ⅲ．①企业管理－产品管理
Ⅳ．①F273.2

中国版本图书馆CIP数据核字(2022)第064876号

内 容 提 要

产品经理是互联网公司的一个重要职位，也是近年来非常热门的职位。随着产品经理岗位的需求量不断增长，越来越多的人希望通过图书或者相关的培训获得产品经理的从业指导，并能够借此在求职或者转行时获得优势。

本书通过 4 个模块来呈现产品经理应知应会的知识脉络，循序渐进地教读者规避常见错误，掌握调研分析能力、需求管理能力、用户研究能力、产品设计能力、数据分析能力、产品创新能力等。同时，本书还介绍了产品经理应当具备的软技能，包括沟通技能、情绪管理、时间管理等，全方位帮助读者提升个人综合实力。最后，作者从面试官的角度给大家剖析如何成功入职大厂，并通过丰富的配套资源让读者了解一线大厂的用人需求和产品理念，快速实现成功求职和转型升级。

本书旨在服务于符合以下情况的读者：对于未接受过系统学习的产品经理，本书力求帮助其掌握流程规范及产品设计方法；对于有过开发、设计、运营、创业等工作经历的读者，本书力求帮助其全方位地拓宽职业发展路线；对于想快速学习产品经理核心技能的读者，本书力求帮助其牢固掌握产品经理的必备技能，顺利走上产品经理之路。

◆ 著　　　　郭杉杉
　　责任编辑　胡俊英
　　责任印制　王　郁　焦志炜
◆ 人民邮电出版社出版发行　　北京市丰台区成寿寺路 11 号
　　邮编　100164　电子邮件　315@ptpress.com.cn
　　网址　https://www.ptpress.com.cn
　　三河市君旺印务有限公司印刷
◆ 开本：800×1000　1/16
　　印张：23.75　　　　　　　　2022 年 8 月第 1 版
　　字数：514 千字　　　　　　2022 年 8 月河北第 1 次印刷

定价：99.80 元

读者服务热线：**(010)81055410**　印装质量热线：**(010)81055316**
反盗版热线：**(010)81055315**
广告经营许可证：京东市监广登字 20170147 号

推荐语

作为混迹于互联网多年的一名产品老兵，窃以为无论做哪种产品都是分"道"与"术"两个层面的。产品经理日常的琐碎工作，看似是停留在"术"的层面，实则不然。只有善于对"术"进行总结、思考与提炼，日久天长方能悟道（当然也需要悟性）。

本书就是一本由浅至深引人"悟道"的书。本书从实战角度出发，结合了对现实中无数案例的领悟与思考，字里行间流露出的方法论与产品思想则是全书的精华，堪称每一位奋战在产品工作战线小伙伴们的"阵前手册"。

——知乎资深产品专家　吴可欣（Peter）先生

过去 20 年，中国互联行业经历了翻天覆地的变化，从以雅虎为代表的 PC 互联时代，到由苹果 iPhone、安卓开启的移动互联网时代，再到今天的 IoT（万物互联）、人工智能、生命科学等新技术涌现的时代，我们都可以看到"产品经理"这个特殊角色在其中发挥着举足轻重的作用。遗憾的是，在目前的大学教育系统中，还没有培养"产品经理"的专属院系。

没有掌握产品经理系统化的知识体系，就无法在日常工作中充分发挥产品经理的作用，更无法帮助企业打造出用户喜爱的产品。本书结合作者多年的工作经验，深入浅出地介绍了产品经理在需求分析、产品设计、项目管理、数据分析及产品战略规划等方面需要掌握的知识，使用大量的实际案例帮助每位读者深入理解和掌握相关知识，并将相关知识运用到产品经理的日常工作中。本书非常适合希望从事产品经理工作的新人阅读，也适合刚刚加入产品经理行业，想要系统化学习产品经理知识体系的读者阅读。

——前网易新闻总经理　张永巍先生

越来越多的人已经了解到，每个"现象级别"产品的诞生，其背后决定产品调性、产品灵魂的那个"神秘人"（即产品经理）至关重要，这本书很好地诠释了产品经理的成长之路。希望本书可以帮助到更多期待加入互联网产品行业的人们，它将是你不可或缺的宝典！

——前 Facebook 产品专家　徐浩云先生

"工欲善其事，必先利其器"，郭老师的这本书正是产品经理入门和进阶的利器。作者凭借丰富的大厂实战经验、开阔的思维和专业执着的态度编写了本书。本书应用大量的实战案例，对产品经理的知识体系进行了全面的覆盖和详细的介绍，内容丰富详实，易读、易上手。

——前腾讯公司创新产品总监　邓锦华女士

郭老师曾经是新浪移动 C 端产品的负责人，多年的实战经验和深入思考让他积累了对产品经理这个职位的深刻认知。本书很好地诠释了产品经理的成长之路，内容由浅入深，全面展示了产品经理的工作方法和成长路径，内容涵盖了产品经理日常工作的全流程，书中所述的方法也是非常实用且具体的。

——《硅谷增长黑客实战笔记》作者，用户增长专家　曲卉女士

这是一本值得深度阅读和例行实践的好书，是作者多年互联网从业经验及工作方法论的硕果，为从业不久或即将成为产品经理的你提供了指路明灯。

——前新浪移动产品总负责人　郭飞女士

本书浓缩了作者过去 10 多年在移动互联网大潮下产品设计的实战精华，通过抽丝剥茧的梳理形成了体系化的产品经理成长进阶指南，其价值在于强调从业者对产品和用户体验探索的求真态度，以及对产品和技术持续保持乐观的精神。通过本书的阅读，读者可以事半功倍地掌握产品设计的路径和方向，希望本书能对互联网的下一个十年产生潜移默化的影响。

——前百度网盘商业产品负责人　王坤朋先生

序 你也能成为优秀的产品经理

2010 年的春天，互联网正在高速发展，一个很偶然的机会，我踏入了互联网行业，成为一名产品经理。

时光荏苒，在这十余年间，我亲身经历了移动互联网的崛起，也亲身体会过知名 App 的衰败。

我担任过新浪移动产品负责人，百度、网易和搜狐的产品专家，主导过多款大型知名互联网产品的设计工作，在产品设计、需求分析、战略规划、用户增长等方面有着丰富的经验。同时，我还是这些公司内部的"金牌产品教练"与"资深产品面试官"，帮助企业源源不断地筛选和培养出了一批又一批优秀的产品经理。据粗略统计，这些年我至少带出了 50 位优秀的产品经理。

在百度、搜狐、网易、新浪这些互联网公司里，现如今依然有我一手培养起来的优秀产品经理，作为公司里最有价值的"产品教练"之一，我也被大家亲切地称为"郭老师"。

很偶然的一次机会，我带过的一个产品经理跟我说："杉哥，你就在公司里培训那百十来号产品经理有啥意思，何不把你这么多年的经验写成书，去帮助更多的产品经理成长？"

这番话使我产生了写书的想法。能把我这么多年对产品的理解写出来，分享给更多有需要的朋友，给大家带来一些成长的启发是很有意义的。我怀着"讲透每个产品经理必须要掌握的专业知识，帮助更多的产品经理成长"的梦想，写了这本书。

希望本书可以让越来越多的产品新人脱颖而出，就像我曾经在公司里帮助过的那些产品新人一样，逐步成长为这个行业里优秀的产品经理。而作为"产品老兵"的我，能培养出优秀的产品经理，助力整个互联网行业蓬勃发展，是我一生莫大的荣幸。

本书通过搭建结构化知识模型并结合案例分析的方式，让大家对产品经理必须具备的产品硬实力与软技能形成系统的认知，并能够结合实际的工作环节学以致用。

本书分为四大部分——产品经理实用入门宝典、学会产品经理的硬本领、掌握产品经理的软技能和产品经理的求职与面试，按照先引领大家入门，然后讲产品经理的核心专业技能，再介绍产品经理工作中的一些软技能，最后介绍产品经理求职与面试技巧的顺序依次展开。

针对每个部分，我都会构建一个完整的知识体系。比如在"学会产品经理的硬本领"部分，涉及调研分析能力、需求管理能力、产品设计能力、用户研究能力、战略规划能力、创新思维能力、数据分析能力等。

在本书的每一章，我都会挑选产品经理最需要掌握的一个知识点，进行深入、有趣的论述。比如"第 5 章 如何做好竞品分析"，就从导入概念开始，逐步讲解竞品分析的方法，解析实际工作案例，最后给出可用的知识模型与工作方法。

全书共覆盖 266 个产品经理必须要掌握的核心知识点，提供了 113 种实用方法，精解了 36 个实际工作中发生的案例，提供了 27 个常用的工作模板，并总结了 23 个完整的知识模型。

书中如有不妥之处，还请各位读者指正。欢迎大家发送邮件至 chanpinzhuanjiags@163.com。本书勘误我会第一时间在微信公众号"产品专家郭杉"（cpzjguoshan）上发布。

如果你在阅读本书的过程中遇到什么困难或者希望跟我深入探讨产品经理相关的内容，欢迎你添加我的个人微信：pmguoshan。让我们一起进步与成长。

你也可以关注公众号：cpzjguoshan。我会定期分享最新的产品经理干货、组织诸多线上/线下活动。

如果你对我们的产品经理学习成长社群感兴趣，希望跟一群志同道合的产品经理一起学习成长，欢迎你添加我的微信，我会安排你入群。

最后，我想说："你也能成为优秀的产品经理，加油！"

郭杉杉

2022 年春于北京

➤ 前　言

在写这本书之前，我帮助过的一位产品经理成功晋升为公司的高级产品经理，在为他高兴的同时，我也在思考：为什么不把我十多年来对互联网产品的理解和工作方法及经验写出来，分享给更多有需要的产品经理们，帮助他们更好地成长呢？于是，我萌发了创作这本书的想法。

怀着"讲透每个产品经理必须要掌握的专业知识，帮助更多的产品经理成长"的梦想，我开始创作这本《产品经理成长笔记——从新手到行家》。衷心地希望本书能为更多的年轻产品经理在成长的道路上带来启发，助力大家成为一名优秀的产品经理！

本书的目标

创作本书有多重目标，可简单归纳成 3 个关键词——夯实能力基础、提升认知、学以致用。下面分别展开介绍。

一是夯实产品经理的能力基础。诸多与产品经理相关的图书往往以讲解知识概念为主，把理论知识与实用方法有机结合并提供案例解析的图书十分稀缺。因此，本书第一个目标就是希望读者通过实用的工作方法与丰富的案例，能够对产品经理的核心知识进行全面、系统的学习，巩固已学习的知识和技能，为从容应对产品经理日常工作打下坚实基础。

二是提升对整个产品经理知识体系的认知。在互联网行业不断发展的背景下，产品经理的知识体系和工作方法也随之持续地迭代与升级。与市面上已有的产品经理类图书所讲述的知识内容不同，本书所述的知识体系、工作方法和项目案例均以行业内新的、主流的内容为依据。

通过对本书的学习，读者不但能够系统地了解新的产品经理核心知识，更能加深对产品经理这一职业的理解，提高对项目实务操作的认识。

三是产品经理可以将学到的知识运用于实际工作当中，达到"学以致用"的目的。无论是书中所述的专业知识、介绍的工作方法，还是所提供的项目案例，均以简单实用为标准。读者在掌握书中讲解的核心知识后，运用相应的工作方法，参考书中项目案例的实施过程，可高效完成产品经理常见的各项工作内容。

此外，本书还提供了大量实用的工作模板和各类辅助工具。借助这些模板与工具，读者可以将所学的知识、方法快速运用到实际工作中。

本书的结构安排

下表展示了本书的结构及学习目标。

章序	学习目标	知识要点	案例
第1章	了解产品经理的工作内容，掌握产品经理能力模型，明确企业对产品经理的能力要求，了解产品经理的成长阶段目标	7	1
第2章	了解入门产品经理的7条建议，掌握入门产品经理的实用方法	10	1
第3章	了解产品经理常犯的7类错误，知道如何避免常见错误	12	1
第4章	理解产品功能调研的价值，明白产品功能调研和产品调研的区别，学会使用产品功能调研7步法进行产品功能调研	8	1
第5章	了解竞品分析的目的与适用情况，学会使用竞品分析6步法进行竞品分析，学会搭建竞品分析框架，学会撰写高质量的竞品分析报告	19	1
第6章	理解需求的本质及需求的3种类型，学会使用需求获取矩阵收集需求，掌握辨别需求真伪的方法，学会结构化记录与表达需求的方法	7	1
第7章	学会使用用户反馈整理法、需求脑图整理法、黄金圈分析法、需求四要素拆解分析法分析用户需求。	8	4
第8章	明确需求的分类，理解需求管理的价值，学会使用需求优先级多维评估法评估需求的优先级	7	1
第9章	理解产品流程图的类型与价值，明确产品流程图的图形符号及其含义、核心组成要素与3种结构，掌握业务流程图、功能流程图、页面流程图的绘制方法，明确产品流程图的绘制规范、常用绘制工具及如何避免绘制中的常见错误	25	4
第10章	明确3类结构图之间的关系与价值，明确功能和功能点的区别，学会绘制功能结构图、信息结构图及产品结构图	16	3
第11章	明确产品原型图的价值、优秀产品原型图的特征、产品原型图的3种类型与使用时机，学会使用产品原型设计6步法绘制产品原型图，掌握产品原型图的绘制要点与原型图文案整理方法，了解产品原型设计常见的错误及避免方法	14	1
第12章	明确产品需求文档的价值，明确产品需求文档的组成部分，掌握产品需求文档的写法及撰写技巧，明确撰写产品需求文档的注意事项及懂得如何避免常见错误	9	1
第13章	学会评估产品的可行性，掌握构建产品精益画布、产品商业模式的方法，学会规划产品价值主张与产品路线图	14	3
第14章	理解项目管理三角形与项目管理的价值，学会正确定义项目目标、控制项目进度及风险，掌握项目复盘的方法和要点	11	1

章序	学习目标	知识要点	案例
第 15 章	理解用户研究的价值，掌握用户特征分析、用户调研的方法和技巧，了解用户调研的常见误区及规避方法	15	2
第 16 章	了解数据分析的价值与过程，学会常用的 6 种数据分析方法，掌握数据分析的小窍门	12	1
第 17 章	理解创新思维的重要性，学会使用 6 种创新思维方法进行创新，掌握创新的规律	7	2
第 18 章	明确沟通前需要做好的准备工作、沟通的基本准则，掌握沟通的技巧、沟通的万能公式及提升沟通效率的方法	8	1
第 19 章	理解时间管理的本质，学会使用 FOTA 时间管理法进行时间管理	15	1
第 20 章	理解情绪产生的本质，学会职场逆商与自我立场的管理，掌握情绪 ABC 疗法的使用与自我情绪调节的方法，了解告别 3 种非理性思维的方法	9	1
第 21 章	理解产品经理的结构化思维，掌握结构化思维的 4 个基本准则，学会建立结构化思维的方法	6	2
第 22 章	明确产品经理面试的常见考察点，了解面试官评定及挑选候选人的方法，学会撰写高质量简历、高效回答面试官的问题和让面试回答更有逻辑性的方法	12	1
第 23 章	掌握基础笔试、群体面试、专业面试、素质面试及 HR 面试的技巧，学会正确选择 Offer 的方法	15	1

本书的案例特色

案例分析是本书的特色之一，本书共提供了 36 个实用的案例，这些案例具有以下 4 个特征。

一是现实性。本书的案例均源于实际的互联网项目，案例内容最大限度地结合产品经理工作实务。通过角色扮演、任务驱动的方式，读者在阅读和分析案例的过程中可以体验到身临其境的真实感，形成"知道—学懂—会用"的闭环。

二是全面性。本书的案例涵盖产品经理的入门成长、专业技能、职场技巧与面试求职等内容，以及产品经理日常工作中可能会涉及的各种场景与流程。

三是关联性。作为对全书各章节知识"实操"的案例分析，案例内容与核心知识在逻辑上一脉相承，这样有利于读者更加系统地掌握所学知识在实际工作中的运用，从而达到通过案例来巩固与提升所学知识和技能的目的。

四是结构化。全书采用结构化的方式精心组织内容并逐步展开介绍，便于读者清晰理解书中所述的知识内容，并按书中所述的步骤，将对应的方法运用到实践当中。

本书提供的资料

为了让读者的学习效果最大化，提升读者的阅读体验，实现"轻松能学懂、上手就会用"的目标，本书提供以下两类资料。

一是全书的 23 张核心知识思维导图。通过每章的知识思维导图（知识模型），读者可以快速总览全书的核心知识点，构建自己的产品经理知识体系。

二是 24 个工作模板和实用工具。这些即拿即用的工作模板和实用工具，可以帮助读者在日常工作中提升工作效率，规范工作方法。

以上材料均已上传至公众号，读者可根据书中各章提供的对应关键词获取。

本书的约定

本书提供的核心知识思维导图格式均为脑图软件 MindMaster 专属的.emmx 文件格式，读者需下载 MindMaster 软件查看。

同时，为了提升本书内容的展示效果与读者的阅读体验，本书优化了部分案例图片的展示效果。有需要原图的读者，可按书中相关引导提示语，在公众号中输入对应关键词下载查看。

此外，由于篇幅的限制和保密的要求，在不影响案例正常阅读和理解的前提下，本书对案例内容进行了一定程度的修改与精简。

最后，本书中的案例仅供学习之用，请勿用于实际项目之中。

如何高效使用本书

不同的读者对产品经理知识掌握的情况存在一定差异，因此如何使用本书也因人而异，并且差异可能较大。这里仅针对"零基础""刚入行"的读者，给出以下有效使用本书的建议。

在学习的过程中，要讲究先后顺序。建议先整体学习本书全部章节内容，形成对产品经理核心知识的全局认知，然后有针对性地选择书中相应章节进行强化学习。同时，读者可以尝试通过独立完成"练习实践"来检验与巩固本章的学习效果；也可以运用本书介绍的专业知识、工作模板与实用工具，通过自己设定并完成模拟项目的方式来巩固所学内容。

致谢

感谢在创作过程中给予我帮助与鼓励的家人和朋友们，我很难想象没有他们的鼓励与支持，自己是否还能坚持完成全书的创作。在这里我要对他们说一声感谢。

同时，也感谢人民邮电出版社以最严的标准、最高的要求审核本书，感谢本书的编辑胡俊英女士的热情、敬业与用心。

书中的内容难免有欠妥之处，在此诚恳地希望得到广大读者的意见和建议，欢迎将反馈信息发送至我的电子邮箱（chanpinzhuanjiags@163.com）或微信（pmguoshan）。

最后，衷心祝愿每位读者都可以成为优秀的产品经理！

郭杉杉

2022 年 5 月

➤ 资源与支持

本书由异步社区出品，社区（https://www.epubit.com）为您提供相关资源和后续服务。

提交勘误

作者和编辑已尽最大努力确保书中内容的准确性，但难免会存在疏漏。欢迎您将发现的问题反馈给我们，帮助我们提升图书的质量。

当您发现错误时，请登录异步社区，搜索书名，进入本书页面，单击"提交勘误"，输入勘误信息，单击"提交"按钮即可。本书的作者和编辑会对您提交的勘误进行审核，确认并接受后，您将获赠异步社区的 100 积分。积分可用于在异步社区兑换优惠券、样书或奖品。

扫码关注本书

扫描下方二维码，您将会在异步社区微信服务号中看到本书信息及相关的服务提示。

与我们联系

如果您对本书有任何疑问或建议，请您发邮件给我们，并请在邮件标题中注明本书书名，以便我们更高效地做出反馈。

如果您有兴趣出版图书、录制教学视频，或者参与图书翻译、技术审校等工作，可以发邮件给我们；有意出版图书的作者也可以向本书责任编辑投稿（邮箱为 hujunying@ptpress.com.cn）。

如果您来自学校、培训机构或企业，想批量购买本书或异步社区出版的其他图书，也可以发邮件给我们。

如果您在网上发现有针对异步社区出品图书的各种形式的盗版行为，包括对图书全部或部分内容的非授权传播，请您将怀疑有侵权行为的链接发邮件给我们。您的这一举动是对作者权益的保护，也是我们持续为您提供有价值的内容的动力之源。

关于异步社区和异步图书

"异步社区"是人民邮电出版社旗下 IT 专业图书社区，致力于出版精品 IT 图书和相关学习产品，为作译者提供优质出版服务。异步社区创办于 2015 年 8 月，提供大量精品 IT 图书和电子书，以及高品质技术文章和视频课程。更多详情请访问异步社区官网 https://www.epubit.com。

"异步图书"是由异步社区编辑团队策划出版的精品 IT 专业图书品牌，依托于人民邮电出版社近 30 年的计算机图书出版积累和专业编辑团队，相关图书在封面上印有异步图书的 LOGO。异步图书的出版领域包括软件开发、大数据、AI、测试、前端、网络技术等。

异步社区

微信服务号

目 录

第一部分 产品经理实用入门宝典

第二部分　学会产品经理的硬本领

第三部分　掌握产品经理的软技能

第四部分 产品经理的求职与面试

Part 01

第一部分

产品经理实用入门宝典

第 1 章　解码产品经理的成长路径

本章导语：作为一名产品经理，在入行之初就应该明确规划自己的成长路径。在成长的不同阶段，该做的事、该掌握的技能都各不相同。找到自己的定位，把握好成长道路上的每一步，是成为优秀产品经理的入门秘籍。

本章将从产品经理的角色定位、产品经理的工作内容、谁更适合做产品经理、企业青睐的产品经理、产品经理能力模型和产品经理的成长阶段目标共 6 个方面，解码产品经理的成长路径。

1.1　产品经理的角色定位

什么是产品经理？这真不是一两句话能说清楚的。要想准确地回答这个问题，我们首先需要知道如何用一句话定义产品经理。

1.1.1　用一句话定义产品经理

用一句话来说，产品经理（Product Manager）是企业中负责为用户策划并打造正确产品，以及管理产品生命周期的专职人员。

为了说清楚什么是产品经理，我们除了需要知道产品经理的定义外，还需要知道产品经理主要做哪些事情，也就是明确产品经理的主要职责。

1.1.2　产品经理的主要职责

简单来说，产品经理主要负责市场调查并根据用户的需求确定开发什么产品、选择何种技术和商业模式等。同时，产品经理还需要推动相应产品的开发团队组建，根据产品的生命周期，协调研发、营销、运营等部门的同事，确定和组织实施相应产品策略，以及其他一系列相关的产品管理活动。

用一个形象的比喻来解释，产品经理就像是"公司产品的中枢神经"。"中枢神经"什么都要管，但不是什么都要做。

了解产品经理的主要职责后，你可能会问："产品经理与公司经理到底存在什么关系呢？"

1.1.3 产品经理真的不是经理

很多人会混淆"产品经理"和传统意义上的"公司经理"。其实,产品经理只是一个职位名称,它只是公司负责管理产品的专职人员,并不是真正意义上的职能经理。只有搞懂这一点,产品经理才不会在日常工作中摆出一副高高在上的经理架势,才能够跟其他业务同事合作得更顺畅。

既然产品经理不是经理,那产品经理的日常工作主要有哪些呢?

1.2 产品经理的工作内容

产品经理的工作内容会随着产品所处的不同阶段而发生相应的变化。一般来说,产品经理的工作主要聚焦在概念设计阶段、需求发现阶段、计划设计阶段、执行实现阶段、上线运营阶段 5 个阶段。

1.2.1 概念设计阶段

由于产品经理具有"枢纽型"的职位特征,因此早在产品的概念设计阶段(战略规划阶段),产品经理就已经参与其中了。在这个阶段,产品经理的工作内容主要是发现产品潜在机会、跟踪产品动态、参与讨论制定各种产品运营战略。

1.2.2 需求发现阶段

在团队正式开发产品之前,产品经理需要通过收集与分析用户需求、研究用户行为与分析相关数据,挖掘要构建的产品内容。这个阶段,产品经理需要发现并找到产品有哪些待解决的问题,并最终确定当前版本要解决其中的哪些问题。

1.2.3 计划设计阶段

分析了用户需求与数据后,产品经理在计划设计阶段需要确定哪些产品或功能值得做,设计好相应的产品功能并且排出需求的优先级。

在这个阶段,产品经理会跟交互、UI(用户界面)设计师合作完成产品的交互和 UI 设计方案,还会跟其他部门的人员沟通,展示产品方案并确定技术要求,以及确定项目时间节点和相应的预算、预估风险因素等。

1.2.4 执行实现阶段

除了需求发现和计划设计,产品经理还会把大部分时间花在执行阶段。这个阶段,产品经理会跟踪产品开发流程,解决开发中遇到的问题;跟测试人员一起测试产品,确保测试中发现的 BUG 被及时修复;对产品相关功能进行验收;还要在产品上线前进行足够的可用性测试，确保产品的用户体验没有问题。最后，产品经理还需要完成产品最终的发布工作。

1.2.5　上线运营阶段

产品正式上线后，产品经理还需要对运营数据与预估效果进行数据统计与分析，找到产品存在的问题并提出后续的改进计划。同时，产品经理还需要跟运营同事协同工作，落实产品运营方案；此外，还要跟营销和市场部门的同事合作，制定产品的落地运营与市场营销推广方案，确保产品在市场中获得足够的曝光率。

产品经理各阶段详细的工作内容如图 1-1 所示。

图 1-1　产品经理的工作内容

我们发现，作为"公司产品的中枢神经"的产品经理，其工作内容贯穿了产品开发的全流程，对从业者的综合业务能力有一定的要求。

那到底谁更适合做产品经理呢？是不是像大家说的人人都是产品经理呢？

1.3　谁更适合做产品经理

其实，并不是人人都适合做产品经理。要想知道"谁更适合做产品经理"，我们需要了解产品经理应该具备什么样的基础能力。

1.3.1 具有一定的逻辑思维能力

产品经理需要具备一定的逻辑思维能力，能够化繁为简，将复杂的问题有条理地解决。产品经理的逻辑思维能力包括"结构化思维"和"问题优先级排序"。

- **结构化思维**：简单来说，就是要像盖房子一样一层一层地思考问题。

例如，对于一个需求，产品经理要会结构化思考这个需求为什么要做、应该怎么做、基于什么场景、目标是什么、用户是谁、满足用户何种需求、收益是什么、有什么风险，而不是单一线性地思考这件事情该怎么做。

- **问题优先级排序**：产品经理应具有从整体出发，基于不同维度对不同问题进行优先级排序，找到性价比最高的问题优先解决的能力。

例如，某产品的需求列表中共有 10 个待解决的需求，依照公司现有的研发资源，无法一次性全部解决。此时，产品经理就需要对需求进行优先级排序，找到性价比最高的需求优先解决，实现版本收益最大化的目标。

1.3.2 懂得如何换位思考

换位思考也是产品经理的一项基本能力，即能够站在用户和他人的角度去思考问题、解决问题。

例如，作为短视频 App 的产品经理，就需要站在用户的角度去思考用户需要哪些好玩的拍摄功能和好看的滤镜。

又如，在日常工作中，需要产品经理站在同事的角度思考：如果我是这位同事我会怎么想，我在协作中会有什么样的诉求，如何让协作变得更高效。

1.3.3 具备较强的执行能力

产品经理需要具有较强的执行能力，在工作中被交予任务时，能够迅速确定目标，不被内外各种因素打扰，排除困难，想方设法达成目标。

产品经理在日常工作中不免会跟公司很多部门的各种同事打交道，遇到阻碍是常事，如果没有较强的执行能力，是很难保证工作顺利开展的。

1.3.4 懂得如何与他人沟通协作

沟通与协作也是产品经理需要具备的一项基本素质。沟通协作可以表现为在工作中成功、合理地说服团队其他人员，促使团队成员为达成共同的目标一起高效协同工作。

产品经理在企业内部是连接点非常多的一个职位，平时会和研发、设计、市场、测试、数据等多个部门沟通与协同工作，没有较强的沟通与协作能力，是很难适应这个角色的。

1.3.5 具有较强的学习、复盘能力

产品经理需要具备较强的学习、复盘能力。互联网的知识迭代更新速度非常快，如果没有较强的学习能力，很容易跟不上发展的节奏。因此，对于产品经理来说，能够高效学习、吸收不同领域的新知识，扩充与优化自己的知识体系，是一项基本的能力。

同时，产品经理也需要具备复盘与反思能力，在每次项目完成后，能够对项目进行复盘与反思，找到错误、发现不足，重新思考正确的做法并牢记。

1.3.6 懂得如何进行自我管理

工作中的自我管理能力，也是产品经理的一项基本素质。

产品经理需要对时间进行合理规划并严格执行，尽量减少拖延；也要能够有效管理自己的情绪，避免工作中出现情绪失控的情况；同时，还需要能够合理地设立与分解目标，并一一完成。

如果你具备了图 1-2 所示的基本能力，那么恭喜你已经具备了成为产品经理的基本能力。如果你某些方面的能力有所欠缺，也不要泄气，在成为一名合格的产品经理之前，努力补足自己的短板。

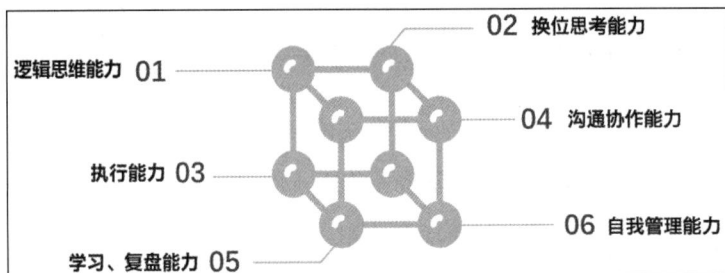

图 1-2　产品经理基本素质模型

1.4　企业青睐的产品经理

对于产品经理这个职位，虽然说企业的要求各不相同，但大家都一致青睐专业本领过硬、软素质超群和有一定的个人背书的产品经理。

1.4.1 专业本领过硬

过硬的专业本领是企业对产品经理的一项基本要求，也是企业考察产品经理的一项基本条件。

1. 产品基本功要好

产品基本功是产品经理专业能力的基本体现，也是大多数企业对产品经理的基本要求。

大多数企业的招聘职位描述都会提到：能够编写产品需求文档、绘制产品原型、分析产品

数据、挖掘用户需求……这些要求的潜台词是："我们会通过这些专业技能来判断你的产品基本功！"所以，从招聘职位描述就能轻松读懂一家企业看中产品经理的哪些基本功。

虽然不同的企业看中产品经理的基本功各不相同，但基本功不过硬的产品经理是无法得到企业青睐的。因此，我们平日要加强对产品基本功的训练。

2．有一定的技术认知

如果一位产品经理懂一定的技术，那他就可以很好地跟开发同事沟通，能有效减少沟通的成本，提升工作效率。同时，懂技术的产品经理在产品设计上也会站在更全面的角度去思考问题。因此，懂技术的产品经理会成为企业的重点青睐对象。

3．懂一定的业务

光懂技术还不够，企业还需要产品经理懂业务。其实，懂业务的本质是产品经理在某个领域有积累。很多时候，企业会首选那些有相关工作经验或成功案例的产品经理。对于企业来说，这类产品经理的工作经验，可以有效地帮自己降低试错的成本。

不过，即使一开始不懂业务，但具备超强的学习能力，能够在短时间内搞懂并掌握业务的产品经理，企业也会优先考虑。

1.4.2　软素质超群

虽然过硬的专业本领是对产品经理的基本要求，但企业不会仅仅因为专业能力"牛"这一项就录用某位产品经理，还会结合软素质进行综合的评估。

企业会结合之前提到的产品经理基本素质模型，从不同的角度，通过了解工作经历与回答相关问题的方式来评估产品经理的软素质。

对于硬本领、软素质都过硬的产品经理，企业自然是求贤若渴；但如果产品经理仅是专业本领过硬，软素质却一塌糊涂，企业对其青睐程度就会降低很多。

有些企业在面试候选人时，还会对软素质有一定的分数要求。专业本领再过硬，如果软素质达不到相应的分数要求，企业依然不会录取。

例如，百度会通过一系列的面试题目，对候选人的软素质进行考核。软素质达不到要求的候选人，除非公司特批，否则是不会被录用的。对于专业能力相同的两个候选人，公司会优先录用软素质分高的那个。

这就要求我们不要做"偏科生"，不能只研究硬本领，却忽视了软素质。我们应摒弃"只要自己专业能力强，企业就会抢着要"的思想，要兼顾硬本领和软素质，综合提升自己的相关能力，做受企业青睐的产品经理。

虽然说硬本领、软素质都过硬的产品经理，已经是企业的青睐对象了，但如果还能有一定的个人"背书"，定会成为企业的首选目标。

1.4.3　有一定的个人"背书"

如果说软硬技能是产品经理的基本素质，那个人"背书"则是产品经理的加分项。个人"背书"的作用在于证明产品经理的软硬能力，因此企业对于个人"背书"是非常看重的。

如果产品经理有知名大公司的实习/工作经历或国内外知名大学的相关学历，这对个人来说是强有力的品牌"背书"。同样，如果产品经理有公司直属上级领导或行业精英的签名推荐信，对个人来说也是非常不错的信任"背书"。

因此，要想让自己更受企业青睐，就需要在工作中不断强化自己的个人"背书"，让个人背书成为自己进入心仪企业的敲门砖。

通过前面的介绍，我们知道企业会更青睐软硬技能皆佳的产品经理，那么我们该如何提升自己的相关能力，成为受企业青睐的那个人呢？这就需要我们了解产品经理能力模型。

1.5　产品经理能力模型

产品经理的能力模型就像一张地图，指引我们不断向正确的方向努力前行。只有认清了道路和目标，我们走的每一步才会更加踏实，避免走冤枉路。

产品经理能力模型由基础素质、产品技能、专业知识及个人能力四个维度组成。整个能力模型贯穿产品经理各个阶段所需掌握的相关能力。完整的产品经理能力模型如图 1-3 所示。

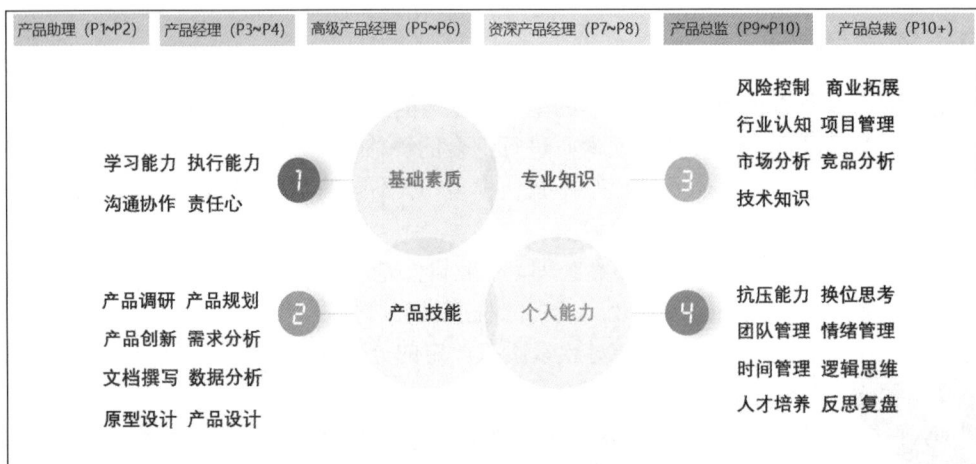

图 1-3　产品经理能力模型

1．基础素质维度能力模型

由学习能力、执行能力、沟通协作及责任心组成的基础素质部分，是产品经理最底层的能力，也是产品经理成长的基石。

在我多年的产品经理职业生涯中，见过很多因基础素质不过关，最后遭遇重大瓶颈的真实案例。因此，在入行产品经理之初，请务必重视对基础素质能力的培养。

2．产品技能维度能力模型

产品技能是产品经理的核心硬本领，也是产品经理必须掌握的能力之一。

不同阶段的产品经理对应要求的产品技能的能力侧重点各不相同。

例如，在产品助理阶段，主要是协助产品经理完成相应的工作。因此，对应的产品技能仅需要掌握简单的文档撰写、原型设计和产品调研即可。到了产品经理阶段，工作职责变成了产品的功能设计，相应的产品技能也增加了产品设计、产品创新、需求分析、数据分析这几项。再往上还会相应增加产品规划等能力。

3．专业知识维度能力模型

我们可以把产品技能和专业知识比喻成一个人的左右腿。少了哪条腿，这个人都无法正常直立行走。

在专业知识维度上，负责产品模块和整个产品设计的高级产品经理和资深产品经理需要具备除商业拓展外的全部能力。而聚焦于功能设计的产品经理，则需要具备行业认知、项目管理、竞品分析、技术知识四项能力。作为产品经理的辅助角色，产品助理在这个维度上仅仅需要掌握竞品分析、技术知识两项能力。

4．个人能力维度能力模型

如果说前面三个维度的能力决定了产品经理能走多快，那个人能力维度的能力则决定了产品经理可以走多远。

在这个维度上，抗压能力、换位思考、情绪管理、时间管理、逻辑思维和反思复盘几乎是每个产品经理必须要掌握的。而团队管理和人才培养则是成为更高级别产品经理的必备能力。

在多年的产品经理从业生涯中，我见过太多专业能力出众，但抗压能力太差，且自己不懂得情绪管理的产品经理，结果就是在每家公司都以暴怒的方式收场，一次次亲手葬送自己的职业生涯。

我也见过太多不懂得反思复盘，通过吸取教训经验，不断提升自己的产品经理。他们在工作中日复一日，不断地犯着同样的错误，虽然已经工作了很多年，但专业能力却一点没有提升，最后落个不得不被企业"请走"的下场。

注：本书正是借鉴了产品经理能力模型，从硬本领和软素质两个方面，逐步完善产品经理能力树，助你成为优秀产品经理。

1.6　产品经理的成长阶段目标

关于产品经理的成长路径，我想引用"复利曲线"的概念。

复利曲线是一条增长曲线，它一开始增长得非常缓慢，但是一旦到达一个拐点，增长速度就势不可当。在整个复利曲线中，里程碑、时间、成本线和成长曲线是 4 个重要组成部分，如图 1-4 所示。

如果用复利曲线的概念来解释产品经理的成长路径，在产品经理整个成长过程中，每个阶段的前期发展都会比较平缓，一旦到达某些里程碑，成功跨过了成本线，随着时间的推移，成长曲线会呈现比较陡峭的上升趋势。

因此，产品经理的成长并不与时间成简单的线性关系，不是每一步的付出都可以马上见到回报；而是通过不断积累，达到里程碑后突破成本线而触发向上快速飞跃的过程。

在工作之余，很多产品新人会问我关于"如何才能快速成长""如何快速成为产品经理""如何快速学会产品设计"的问题。这些产品新人在成长过程中太急于求成，追求"努力马上就有回报"，却忽略成功的前提是要突破那条看不见的成本线这样一个事实。因此，我们在成长的路上只管每天努力，做好自己该做的，学会自己该学的，到时自然就会收获"复利"的果实。

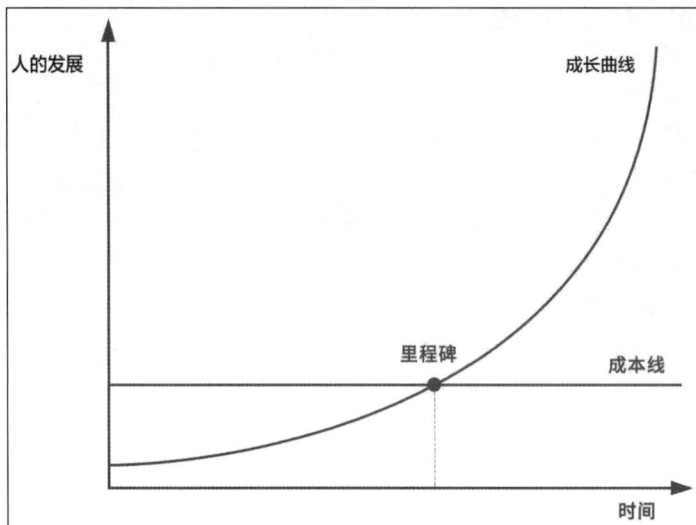

图 1-4　产品经理成长的复利曲线

我们可以把整个产品经理的成长路径划分为 5 个重要阶段。

1.6.1　阶段一：逐步完善产品能力

这是产品经理成长的初始阶段，也是整个产品经理成长路径中最难熬的一个阶段。

用上面的复利曲线的概念来说，这个阶段的里程碑是"掌握产品经理能力模型中的相关能力"，对应的成本线是"学习这些能力所花费的时间与精力"。

处在这个阶段的产品经理，可以给自己绘制一个完整的知识树，然后按照知识树中"模块—知识—知识点"（树干—树枝—树叶）的方式，分不同的主题逐一学习并掌握相应专业能力。

这样做的目的是把复利曲线拆分为若干较小的曲线，分阶段实现目标。相对于庞大的目标，一个个小的目标更容易实现，也能更快地获得相应的回报。

1.6.2　阶段二：独立完成产品功能设计

这个阶段是很多产品经理"单飞"的初始阶段。按照复利曲线的概念，这个阶段的里程碑是"独立完成产品功能设计"，对应的成本线则是"交付可用产品"。

这里说的可用产品是整个产品质量体系中最低的要求。只要满足合理的流程与信息架构，满足基本的交互体验且具有完整功能结构的产品都可以称为可用产品。

处于这个阶段的产品经理，积累的是产品设计的基本功。通俗一点说，这一阶段要求产品经理能独立分析需求、画原型、写产品需求文档。

1.6.3 阶段三：独立完成产品设计

相比于阶段二，处于阶段三的产品经理需要能够独立完成产品设计。沿用复利曲线的概念，这个阶段对应的里程碑是"独立完成产品设计"，成本线是"交付用户喜爱的产品"。

在这个阶段，产品经理要对用户价值进行判断、对需求进行洞察、对数据进行科学性验证以及对产品进行合理规划。这些都是衡量产品设计能力的重要维度。

在这个阶段，需要积累的核心能力是"价值判断能力"。对于处在这个阶段的产品经理来说，这个能力非常重要，是拉开自己与他人产品设计能力差距的核心要点。

1.6.4 阶段四：独立完成产品业务设计

处于阶段四的产品经理，需要独立完成产品业务设计。套用前文提到的复利曲线的概念，这个阶段的里程碑是"独立完成产品业务设计"，成本线是"交付业务产品"。

前面阶段提到的产品设计都局限在产品业务模式已经存在的情况下，在这个阶段，则需要产品经理自己设计一套全新的业务模式，在这个模式的基础上，完成相应的产品设计。

这对产品经理的能力提出了更高的要求。在这个阶段，产品经理积累的是"业务设计能力"，也是对高阶产品经理的基本要求。

1.6.5 阶段五：独立完成产品模式设计

相比于前面几个阶段，这个阶段要求产品经理的能力更加全面。面向什么类型用户的需求、提供什么产品或服务、怎么收费、如何整合上下游产业链、怎么分钱、怎么赚钱，这些都是产品模式设计中需要考虑的。

如果仍然用复利曲线的概念来说，这个阶段的里程碑是"独立完成产品模式设计"，对应的成本线就是"交付完整的产品"。

在这个阶段，产品经理需要完成使命愿景、战略规划、组织架构的设计工作，尤其是战略规划和组织架构设计，这是高阶产品经理必须掌握的专业能力。

处于此阶段的产品经理，某种程度上已经不能叫产品经理了，应该叫作"产品架构师"或"首席产品经理"。这个阶段需要战略能力的积累。

1.7 本章小结

本章梳理了产品经理的成长路径，重点内容如下。

（1）产品经理是企业中负责策划、打造并管理产品生命周期的专职人员。

（2）产品经理只是职位名称，并不是真正的公司经理。

（3）产品经理的工作内容贯穿产品的各个阶段。

（4）"硬本领""软素质""个人'背书'"是企业评估产品经理的三个维度。

（5）产品经理成长分不同阶段，每个阶段关注的能力重点各不相同。

（6）产品经理成长路径分为 5 个阶段（见图 1-5），每个阶段都有相应的能力积累目标。

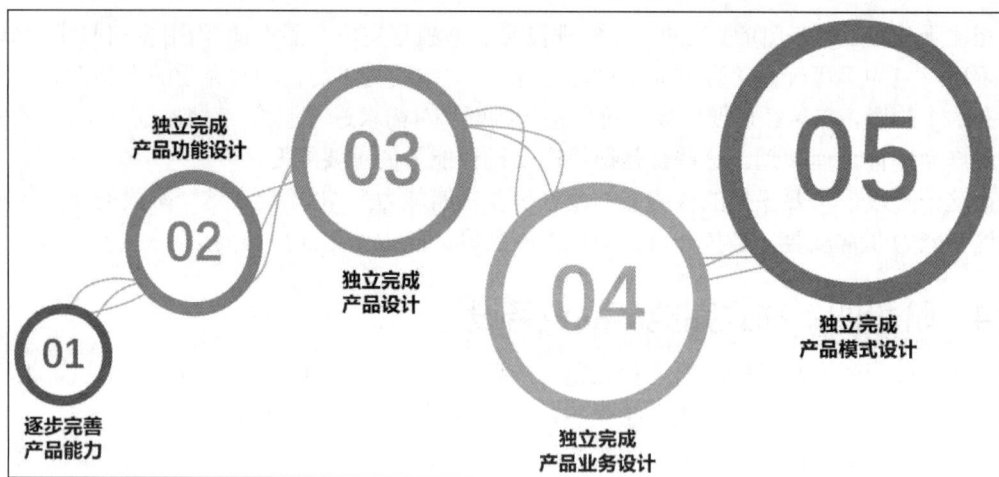

图 1-5　产品经理的成长路径

1.8　知识模型

我总结了本章的知识模型，读者可以关注公众号"cpzjguoshan"，输入关键词"B1C101"，下载收藏模型，为自己的产品经理知识拼图新增一块内容。

注：知识模型为脑图软件 MindMaster 专用格式，请读者使用 MindMaster 软件查看。

1.9　能力模型

我还特别准备了产品经理能力模型，帮你快速提升自己的专业能力。读者可以关注公众号"cpzjguoshan"，回复关键词"B1C102"下载能力模型。

1.10　大咖助力

产品大咖说："快给自己制定一个成长计划吧，很多产品精英当初都是这么做的。"

如果你不知道该如何制定自己的成长计划，欢迎加我微信：pmguoshan，让我来帮帮你。

1.11　练习实践

请为自己制订一个学习成长计划。

第2章 产品经理快速入门的7条建议

本章导语：上一章我们解码了产品经理的成长路径，包括产品经理的工作内容、企业青睐的产品经理、产品经理能力模型及产品经理的成长阶段目标等。本章我们将学习快速入门产品经理的7条建议。

2.1 建议一：系统化学习产品经理技能

产品经理快速入门的第一个建议就是系统化学习产品经理技能，这里的技能包括硬本领、软素质和综合能力。

2.1.1 掌握3种核心技能

下面介绍3种核心技能，分别是硬本领、软素质和综合能力。

1．硬本领

硬本领就是我们通常说的专业能力，如调研分析、需求分析、产品设计、用户研究、项目管理、数据分析、产品创新等产品经理常用的专业能力。

2．软素质

软素质，也叫软技能，指除专业能力之外的其他职场技能，如沟通协作、时间管理等技能。

3．综合能力

综合能力可以体现个人的综合素质，如结构化思维、学习与复盘等。

掌握了图2-1所示的3种核心技能，我们就算成功迈进了产品经理的大门。

很多产品新人在刚入行的时候没有建立自己的学习框架，也没有系统化地制定属于自己的学习路径，上来就东一榔头，西一棒槌地乱学一通，每天看似很勤奋，到头来学习的效果非常差，很多时候学了很久却一直处在原地踏步的阶段。

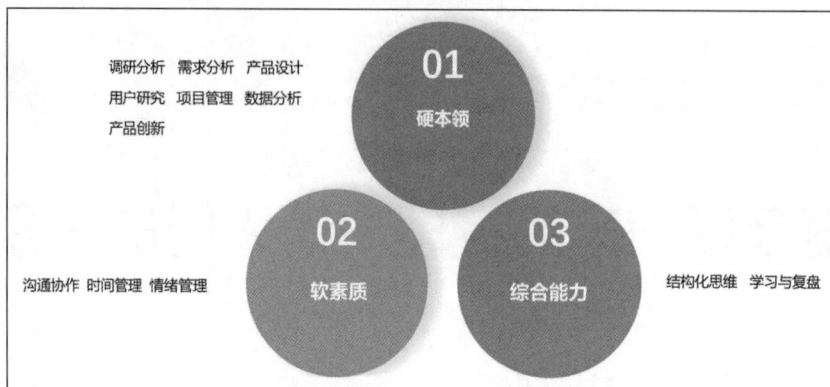

图 2-1 产品经理需要掌握的三种核心技能

2.1.2 建立自己的学习框架

产品新人要想入门，首先需要根据产品经理能力模型（见本书第 1 章），建立属于自己的学习框架，系统化地学习各种产品技能，有针对性地掌握必要的知识点。

通过在产品经理知识树上学习产品经理知识的方式，我们的学习路径变得可视化，成长方向也更加明确。

同时，学习框架还可以合理地反映出我们的学习近况：掌握了多少知识，还有多少知识需要学习和掌握一目了然。

2.1.3 读专业书籍、听专业讲座

我们平日读产品经理的各种专业书籍，是希望从专业、深入的层面学习书中对应的专业知识。因此，我们在读专业书籍的时候要做到深入阅读，边读边理解，适当的时候还要停下来思考，遇到特别好的内容要学会记笔记，不要一个劲儿地追求速度，走马观花式地去看专业书籍。

俗话说"听君一席话，胜读十年书"，听专业讲座可以对读书起到很好的补充作用。无论讲座是免费的还是收费的，无论是线上的还是线下的，有机会一定要认真地听，做好笔记，努力从各位老师的讲座和讲演中吸取知识和经验。

2.1.4 上网查找各类产品经理专业资料

通过上网查找各类产品经理专业资料，我们可以填充学习框架里的内容，系统化地完善自己的知识体系。

例如，学习框架里的"竞品分析"部分，我们就可以通过图 2-2 所示的方式上网查各种资料，快速了解相关知识，填充和完善学习框架中的这部分内容。

随着不断地查找资料，我们对知识认知的深度和广度也会大大增强。最终，我们可以从了解"竞品分析"这样一个单一的知识，变成掌握"如何收集竞品数据、如何建立分析维度、竞品分析常用方法有哪些、如何撰写竞品分析报告"这种完整的知识脉络，从而体系化地掌握产

品经理的相关知识。

图 2-2 大量竞品分析案例（来源：百度）

2.1.5 掌握工具软件

Office 三大套件（Word、Excel、PPT）是产品经理必须要掌握的软件。原型设计工具不拘泥于某一个软件，但要能使用它来制作原型。产品经理必须要掌握流程图制作工具，因为在产品设计中，涉及程序处理逻辑时，再多文字、再精细的设计图都不如一张流程图。无论是 Xmind还是其他脑图制作工具，产品经理都必须要会用。另外，如何制作甘特图也是产品经理需要掌握的。

总的来说，产品经理需要掌握常用软件工具，但不用花太多时间学习，日后工作需要了再深入研究。

2.2 建议二：构建知识模型与整理工作模板

混沌大学的李善友教授在一次公开演讲中说过这样一句话："高手学的是什么？高手学的是套路！"我们只有掌握了核心套路，才能做到随机应变。

在产品经理行业，知识模型和工作模板就是必须要掌握的两个核心套路。

2.2.1 构建知识模型

关于什么是知识模型，我们可以这样理解：通常来说，一个完整的知识模型由若干知识和知识点组成。比如"需求管控"这个知识模型就是由需求获取、需求筛选、需求分析、需求管理、需求评审这一系列的知识组成的，而"需求获取"又是由需求获取矩阵、用户反馈整理等一系列的知识点组成的。

当我们搞懂这些知识点和知识到底在讲什么时，我们就获得了完整的知识模型，如图 2-3 所示。而随着我们所掌握的知识模型越来越多、越来越完善，我们的"产品功力"也就会大大提升了。

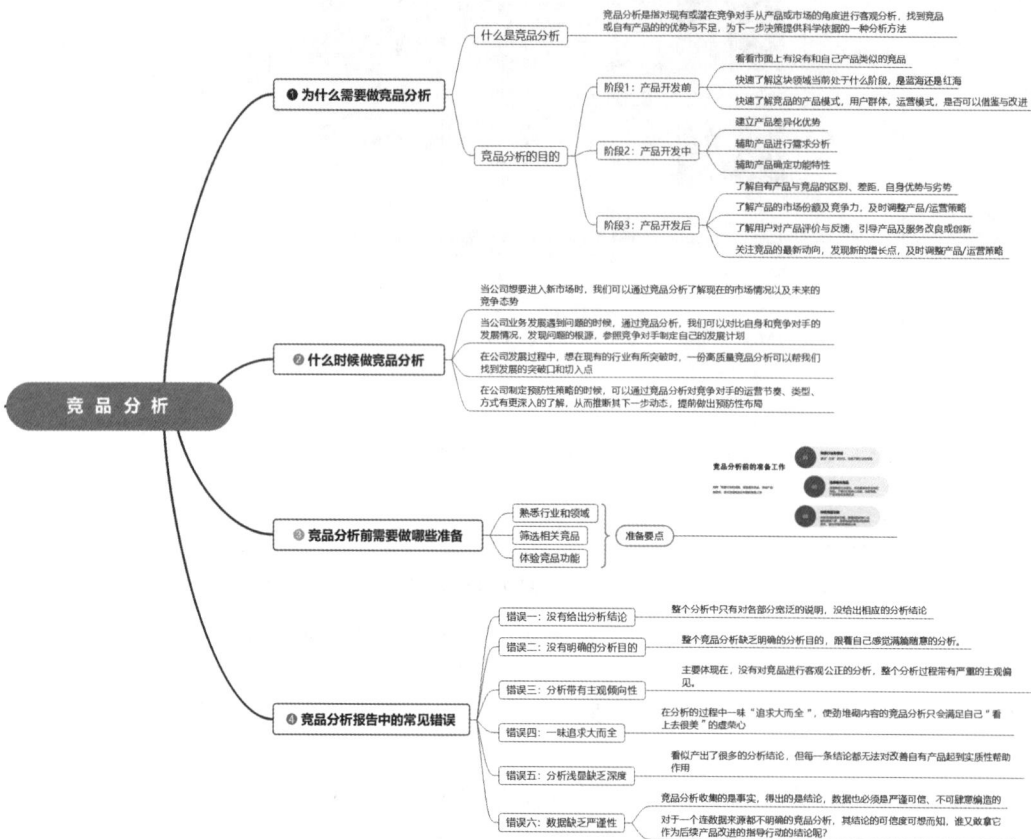

图 2-3　竞品分析知识模型示意

因此，构建自己的知识模型，不断完善自己的知识体系是每个产品经理的必修课，也是快速入门产品经理必须要做的事。

2.2.2　整理工作模板

关于工作模板的作用，我们可以把它理解成产品经理的行动指南。不管遇到什么样的工作任务，只要拿出相应的模板就能第一时间从容应对，而且不会因为忙碌而出错。在产品经理行业，几乎每个产品高手都有属于自己的一套得心应手的工作模板（如图 2-4 所示的需求黄金圈分析法工作模板），在日常工作中不断积累、不断完善自己的工作模板也是每个产品经理成长的必经之路。

黄金圈分析法	
What(用户反馈)	目标：了解用户遇到了哪些问题（问题/痛点） 要点：听用户怎么说，辨别真伪需求，发展机会点 TODO：填入用户原始反馈
How(用户行为)	目标：了解用户做了什么事或者付出了哪些努力/行动，以及最终结果如何 要点：看用户怎么做，借此了解用户使用与选择产品时的动作与结果 TODO：用户做了什么事或哪些努力
Why(真正需求)	目标：分析用户最终想要或者想达到什么样的目的 要点：懂用户真正内心的需求，明白用户一系列动作背后的原因 TODO：搞懂行为背后用户的真正需求

图 2-4　需求黄金圈分析法工作模板示意

注：本书的重点章节末尾，我都会分享自己积累的工作模板，帮助读者在日后的工作中从容应对各种工作任务。读者可以根据这些工作模板构建出属于自己的工作模板。

2.3　建议三：不断刻意练习专项技能

10 000 小时定律是作家格拉德威尔在《异类：不一样的成功启示录》一书中指出的一个定律，说的是要想成为某个领域的高手，至少需要 10 000 小时的刻意练习。这个道理也同样适用于产品经理行业。

对于产品经理的一些专项技能（如原型设计），有效的入门方式就是花大量时间刻意练习，直到能熟练掌握这一技能为止。

我在刚入行的时候，原型设计能力非常差（当时我是全部门的倒数第一），为了提升自己的原型设计能力，我每天强迫自己不断刻意练习。还记得那是个夏天，由于练习时间太长了，肘关节反复在桌子上磨来磨去，结果磨破了，汗水直接流到了伤口上，隐隐作痛。

不过，功夫不负有心人，经过长时间不断地刻意练习，我的原型设计能力大大提升，最后居然成了全部门最厉害的人。

要想快速入门产品经理，就要不断地强迫自己刻意练习。

2.4　建议四：通过案例学习不断提升能力

我接触过的很多产品经理在刚入门的时候，都会遇到这样一个问题：自己想入门但没有人带，想摸索却不知道如何开始。

对于产品新人来说，没人带、没经验、没项目一直都是摆在入门路上的"三座大山"。

作为产品新人，是非常需要多跟产品前辈学习各种产品设计经验的。不过，对于一个刚入行或即将入行的人来说，无奈行业资源有限，没有机会认识行业精英，就算某天走运认识一个，人家也不会平白无故地教你产品知识。所以，这造成很多产品新人一开始就觉得非常迷茫，不知道怎么入门。

其实求人带不如靠自己，与其坐着等人带，不如自己行动起来。我们可以分析与学习网上各种产品案例（如图 2-5 所示），靠着"吃百家饭，练百家功"的方式，来提升自己的产品设计能力，使自己快速入门产品经理。

通过学习各类产品案例，你会发现好像真的有产品精英坐在自己身边一对一地指导，帮自己迅速搞懂各种产品设计的思路和方法。

有的新人会有担心：网上的产品案例五花八门，用这种方法来入门，会不会被误导，学不到正确的知识呢？

其实，对于一个刚入门或者即将入门的新人来说，即使网上案例的质量参差不齐，其作者专业能力大部分也是高于自己的。跟比自己强的人学习，总没有错。同时，每个案例的学习，都可以帮自己完善和拓宽产品思路，作为产品新人，多看、多分析别人的产品思路，对自己的成长会起到巨大的推进作用。

图 2-5　专业网站上的大量项目案例

产品经理行业十分明显的特点是，遇到的问题没有标准答案，即使针对同一个需求，每个产品经理做出的方案都会不同。所以，产品新人不用担心自己学到的是不是所谓的标准方法，多看、多模仿案例，做着做着自己就知道该怎么做了，有了产品感，属于自己独特的产品设计思路也就形成了。

2.5　建议五：采用情景模拟法实践完整项目

刚入行或想入行的产品经理，多多少少都会遭遇没有项目去实践的困境。一个好办法就是用情景模拟法来给自己找项目做。

提到情景模拟法，就不得不提美国海军"海豹突击队"。据说，海豹突击队在执行任务之前，都要反复地进行情景模拟演练，目的是在未来真实战场上能够一击击中。有时为了一次行动，海豹突击队反复演练的次数可以高达数百次。

对于想入行或刚入行的产品经理来说，没有哪家公司愿意拿实际的项目让你练手，项目失败的风险没有一家公司愿意承担。但产品新人确实需要项目来练手，不断提升自己的能力。

为了解决这个矛盾，我们需要借鉴海豹突击队的做法，用好情景模拟法，没有真实项目就自己想个项目来进行情景模拟。

也可以自己进行角色扮演，假设自己是某公司的产品经理，自己会如何设计产品的某个模块或下一版的方案。做好这些模拟项目，还怕没有项目做吗？

换个角度来分析：即使现在给你一个真实的项目，你真能驾驭得了吗？能保证自己的项目不会失败，不会给公司和产品带来损失吗？

所以说，产品新人不要为"自己想入门但没有项目做"找借口，虚拟项目也是项目。产品新人要做的是：没有真实项目的时候，不断通过情景模拟法，给自己找虚拟项目来苦练内功，有真实项目了就努力抓住机会做出成绩。

记得我入行之初，也通过大量的虚拟项目进行演练，通过这些虚拟项目积攒下来的经验，或多或少都在真实项目中起到了作用。

2.6　建议六：善于利用产品经理招聘信息

很多大型公司对产品经理的能力都有标准化、体系化的要求。例如，我工作过的新浪，在拟订部门产品经理招聘信息的时候，都会仔细参考公司内部对这个职位的能力要求，根据能力要求撰写相应的招聘信息。图 2-6 就展示了猎聘网上关于移动产品经理岗位招聘的相关需求和职位描述。

图 2-6　猎聘网上的移动产品经理岗位招聘信息

这带给我们一个重要的启示：一般而言，只要综合了解各家知名互联网公司关于产品经理的招聘信息，我们就能了解业界各家大公司对产品经理的能力要求。

接下来，对招聘信息中自己不懂、不熟的专业知识，有针对性地展开专项训练，确保自己可以满足业界公认的产品经理能力要求。

清楚地知道自己的能力差距，有助于后续通过自己的不断努力进入这些大公司。

2.7　建议七：找到入行的第一家公司

很多产品新人都想去知名互联网公司当产品经理，我当初也跟大家一样，特别羡慕那些知名大公司的产品经理，梦想自己有一天也能去这些公司当产品经理。

不过，这些公司都有比较严格的考核标准，产品新人进入的难度非常大。

我们要做的是通过招聘网站（如图 2-7 所示）找到自己入行的第一家公司，并且成为这家公司的产品经理。只有当我们真正进入了公司，获得了更多的实战经历，在实际工作中不断地历练自己，提升自己的综合能力，我们才能快速成长，一步步成为一名合格的产品经理，最终进入自己梦寐以求的知名互联网公司。

我刚开始做产品经理的时候，入职了一家看似要求没那么高的小公司。我原以为一切可以从容应对，等真的到了公司才发现，很多事情根本不像我想的那样简单。时间紧、任务重是工作常态。很多时候为了赶任务，我都是先"恶补"产品经理的专业知识，然后通宵做产品方案。

不过，得益于工作中的历练，最后我成了一名真正的产品经理。

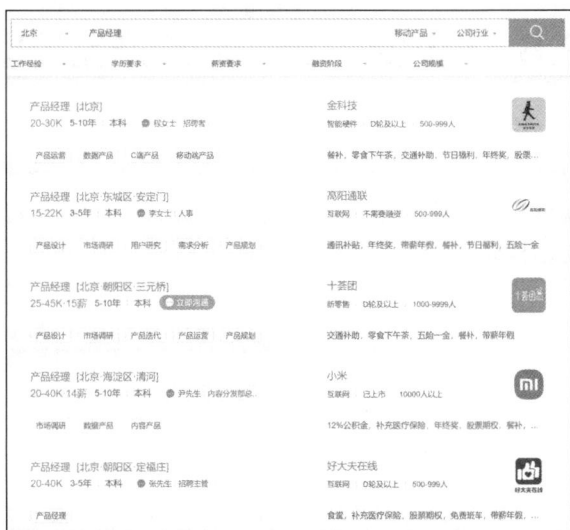

图 2-7　Boss 直聘上的产品经理职位

后来某日，在百度的一次面试中，我顺利通过了面试，成为百度核心部门的一名"产品专家"。

我的亲身经历告诉大家，这个方法能让自己快速成长，快速入门产品经理。但使用这个方法有个前提条件，就是能扛过那段让自己焦头烂额的日子。

2.8　本章小结

本章介绍了快速入门产品经理的 7 条建议，重点内容如下。

（1）系统化学习产品经理技能。

（2）构建知识模型与整理工作模板。

（3）不断刻意练习专项技能。

（4）通过案例学习不断提升能力。

（5）采用情景模拟法实践完整项目。

（6）善于利用产品经理招聘信息。

（7）找到入行的第一家公司。

2.9 知识模型

我总结了本章的知识模型，读者可以关注公众号"cpzjguoshan"，输入关键词"B1C201"，下载收藏模型，为自己的产品经理知识拼图新增一块内容。

注：知识模型为脑图软件 MindMaster 专用格式，请读者使用 MindMaster 软件查看。

2.10 大咖助力

产品大咖说："死磕自己就是入门产品经理的最好办法。"

如果你在入门产品经理的过程中遇到了困惑和难题，欢迎你加我微信：pmguoshan，让我来帮帮你。

2.11 练习实践

请尝试回答下面的问题。

（1）你为自己建立过系统化的学习框架吗？

（2）你打算如何为自己建立系统化的学习框架？

（3）快速入门产品经理的 7 条建议中你最喜欢哪一条，为什么？

（4）你打算如何用情景模拟法为自己模拟实战项目？

（5）你准备如何为自己收集学习案例？

（6）你准备刻意练习哪些专项技能？

第 3 章　产品经理常犯的 7 类错误

本章导语：俗话说犯错是每位产品经理成长的必修课，那些所谓的产品精英，大部分也是犯错后总结经验，才慢慢变优秀的。要想成长，犯错在所难免，但并不是每个错误都要经历。

如果一名产品经理能在入行之初就了解产品经理常犯的错误，并在日常的工作中尽力避免，不去犯这些类似的错误，那他的成长速度一定是飞快的。在本章中，我们就一起看看产品经理常犯的 7 类错误，以及有效避免这些错误的正确方法。

3.1　错误一：只做需求的"传话筒"

在职业生涯初期，产品经理常犯的一类错误就是成为需求的"传话筒"，主要体现在一味被动地满足需求和对领导的要求无条件接受两个方面。

3.1.1　一味被动地满足需求

很多产品经理只会一味被动地满足需求，对用户提出的需求不加以任何分析和转化，二话不说立马开始画原型图、写产品需求文档，即"为了做设计而做设计"。

这样的产品经理对产品的功能不分轻重缓急，直接把设计好的功能一股脑儿地放到产品的版本功能清单里，只等着开发人员来排期。

如果产品经理的工作只是简单地照着用户需求设计功能，那产品经理的价值未免也就太低了。

正确做法： 根据需求思考用户为什么提这个需求。自己能解决用户的什么问题，有没有其他替代方法。对于用户需求，应想清楚了再去满足。

优秀的产品经理能够做到既成为需求的"收纳箱"，接受各类需求，又能将需求归类整理，对需求进行分析与规划后，形成真正的产品需求。

3.1.2　对领导的要求无条件接受

产品经理不应对领导的要求无条件接受，应弄清楚领导的需求是什么，然后判断相关需求是否重要且紧急，是否必须要马上满足。对于那些不靠谱的要求，勇敢地跟领导说"不"，并给出更合理的解决方案，你说这样做是不是更好呢？

正确做法：在领导面前做到不卑不亢，对领导的要求进行理性分析。如果相关需求不能马上实现，需要说明当前版本有哪些更为紧急的需求需要尽快满足，领导的需求被放在后续某个具体版本满足。

我在新浪工作的时候，对于当时领导提出的很多要求，都是这样理性分析的。哪些需求能满足，在哪个版本满足，哪些不能满足，为什么不能满足……只要解释清楚原因，领导自然会欣然接受。

3.2 错误二：误解产品原型的意义

产品经理可能误解产品原型的意义，常犯会画原型就等于产品经理、花大量时间在动效设计上和给原型画上各种颜色这三个错误。

3.2.1 会画原型就等于产品经理

不知何时开始，会画原型和成为产品经理画上了等号。很多刚入行的产品经理认为自己会画原型就已经是一名合格的产品经理了。

产生这种误解，真的不能怪这些产品新人。在产品经理行业里，一直有人在不断错误夸大产品原型的价值，久而久之，"会画原型=产品经理"的错误观念也就一点一点地在大家心中扎根。

画原型是产品经理必须要掌握的核心技能，这一点没错。但会画原型并不是产品经理的全部技能，会画原型和产品经理是不能完全等同的。

回想一下第 1 章提到的产品经理能力模型的相关内容，不难发现，无论是身处哪个阶段的产品经理，都需要系统化地掌握这个阶段一整套的能力，成为产品经理绝不仅仅是会画原型这么简单。

正确做法：对产品经理能力有正确的认知，按照产品经理能力模型逐步提升各项能力，不做只会画原型的"偏科生"。

3.2.2 花大量时间在动效设计上

很多产品经理在原型设计时过度追求各种动画效果,哪怕仅仅是一个简单的手势都恨不得用动效模拟出来，以为这样的原型看上去才够专业。结果在原型制作过程中，浪费大量时间，且搞得同事一头雾水，完全看不懂这个原型到底在展现什么。这种追求费时又费力，真的得不偿失。

正确做法：对于原型的动效部分，可为原型图配上相应的文字说明，只要能够表达清楚想要实现的效果就可以了，不用花大量时间在动效设计上。这样简单有效的动效表述方式，不但可以为自己节省制作原型的时间，还可以降低同事理解自己原型的难度。

3.2.3　给原型画上各种颜色

不少产品新人喜欢给原型画上各种颜色，有的甚至还到处截一些跟自己想法相近的图放在原型上，心里美滋滋地觉得自己的原型最棒了。然后，迫不及待地拿出自己"满意"的作品去找视觉设计师进行视觉设计。

我在入行之初，也会犯同样的错误：拿着满屏花花绿绿的原型图去找视觉设计师，结果被视觉设计师嘲笑。那一刻，别提自己有多尴尬了。

在互联网行业，术业有专攻。产品经理的作品画得再好，一般也无法赶上专业的交互设计师和视觉设计师的作品。而且，每家公司的视觉设计都有其规范，设计必须遵循规范。

产品经理的不规范设计，不但可能干扰视觉设计师的思考与发挥，而且可能与视觉设计师产生不必要的摩擦。

正确做法：采用黑、白、灰这三个基础色进行原型设计，优先级通过色彩饱和度来区分。设计的部分就请放心交给视觉设计师来完成吧。

3.3　错误三：一切按自己的想法来

很多新手产品经理总觉得自己就是用户，对产品需求不做调研、不分析，一切都按自己的想法来。

3.3.1　以为自己能够代表用户

很多产品新人经常挂在嘴边的一句话是："我觉得产品应该怎么样，我觉得用户会这么做……"认为自己能够代表用户，凭着感觉去做产品，还以为自己这样做是对的。

如果有人反问他一句，这位产品经理就会立刻火冒三丈，感觉自己被冒犯了，然后大声说："到底咱俩谁是产品经理？是你懂用户还是我懂用户，我说的都是用户想要的，你懂什么？"那个样子看起来真的很好笑，可是他自己却一点也不知道。

正确做法：走到用户中去，了解他们的实际问题，发现他们的真实需求。很多优秀的产品经理在做产品设计前都会做足用户调研，去验证自己产品方案的正确性。

3.3.2　按自己的想法设计业务流程

很多产品经理在做业务流程设计时，总喜欢撇开已有的业务流程，按自己的想法来设计。这样做的结果要么是产品流程设计漏洞百出，无法形成有效的业务闭环；要么是流程脱离实际业务，让产品变得异常难用，用户叫苦连天。

业务流程是产品的基石，流程必须要能够反映现有的业务。抛开现有的业务，只顾按自己的想法设计流程，这对产品具有巨大的毁坏性。

正确做法：流程设计需要尊重业务本身，即使要做流程优化，也要基于现有的流程，对流程中的某些部分进行适当的优化与整合。

3.4 错误四：无法控制产品方案

很多新手产品经理没法在日常工作中有效控制自己的产品方案，做出的方案被不断地改来改去，最后整个方案被改得面目全非。产品经理无法控制产品方案主要体现在以下四个方面。

3.4.1 产品方案不发给他人确认

很多产品经理在工作中会觉得项目好紧张，开发资源有限，必须赶紧出方案，赶紧找技术人员实现……自己做出的方案根本不发给他人确认，也不召开任何的产品评审会。结果，只能在实现的过程中不断地修改方案。

正确做法：对任何方案都要进行沟通与确认，在产品开发之前要分析技术可行性与确定时间排期，问题要在产品开发之前解决掉。

3.4.2 产品方案过于追求完美

很多产品经理可能受了《乔布斯传》一书的影响，对于自己的产品也学起了"乔布斯"，盯着屏幕一个像素一个像素地挑错误，不允许自己的产品有一点瑕疵。到头来，产品方案被不断地改来改去，折磨自己和产品团队不说，由于过于追求完美，产品整体功能支离破碎，项目上线只能延期。

其实，很多优秀的产品都是持续优化的，就拿微信来说，早期版本也不那么完美。

正确做法：放弃完美主义思想，在有限的时间里逐步提升产品质量。

3.4.3 产品方案变更频繁

刚入行的产品经理总会遇到这样的情况：熬夜写好的产品方案，自己信心满满、胸有成竹，结果到了需求评审会，被开发、测试和运营人员质疑，最后只能被迫不断地修改自己的产品方案，直到面目全非，连自己都无法忍受。

我在刚入行的时候也遭遇过类似的问题，当时自信心还受到了不小的打击，甚至开始怀疑自己不适合做产品经理。不过后来经过一番仔细分析发现，造成这个问题的根本原因在于一开始就没有把产品流程、关联的功能模块、不同的终端效果、异常状态处理等问题想清楚。

没有将上述问题想清楚，就只能在后续跟其他同事交流中不断地发现问题，不断地修改问题。这样的做法不但会使原定产品方案面目全非，而且还会让自己在其他同事心中的专业形象大打折扣。

正确做法：在设计产品方案过程中就跟相关人员沟通，让他们帮助自己发现设计中的错误，前期进行快速修改，避免后期不断修改。

3.4.4　无法准确表述自己的产品方案

虽然产品方案没有固定的格式，但对产品经理的要求是一样的，就是一定要准确地表达产品方案。如果产品经理对自己的方案都没法说清楚，自然开发和测试人员会不断询问方案相关问题。

如此以往，产品经理白天的工作时间都被各种"答记者问"占据了，最后不得不选择熬夜完成工作。而且，其他同事还会觉得现有产品方案不靠谱，提出方案的这位产品经理水平非常有限。

正确做法：说清产品方案的逻辑和细节，换位思考，如果自己是研发和测试人员，对现在的产品方案是否能够一下看懂呢？

3.5　错误五：产品需求文档不知所云

清晰明确的产品需求文档是团队高效工作的保证。但在实际工作中，一些新手产品经理写的产品需求文档实在不知所云，大家看完晕头转向，只能靠猜的方式来理解文档内容。最后，产品需求文档只能不断地返工修改。下面是新手产品经理在产品需求文档中常犯的四个典型错误。

3.5.1　名词使用混乱

很多产品新人写的产品需求文档存在名词使用混乱的情况。同一个名词前面一个叫法，后面一个叫法，搞得读者晕头转向，不知道到底是在说哪个名词。

正确做法：写产品需求文档时创建规范性名词解释列表，做到关键词的一致性。

3.5.2　滥用专业名词

很多产品新人在写产品需求文档时，喜欢添加各类专业名词，认为文档中专业名词丰富才能突显出自己的专业度。结果弄巧成拙，搞得文档可读性非常差。

正确做法：尽量使用通俗的语言，让人容易理解，努力做到文档的易读性和准确性最大化。

3.5.3　文档逻辑结构不清晰

很多产品经理喜欢凭着直觉来写产品需求文档，写之前根本没有梳理清楚其中的逻辑，导致写出来的文档逻辑混乱，板块结构不清晰。文档可读性差，会给阅读文档的人造成很大的障碍。

正确做法：撰写产品需求文档前，不但需要理清整个产品功能的逻辑，还需要提前布局整篇文章的结构和行文逻辑，必要时，可套用标准的文档模板。

3.5.4 文档内容啰唆

有的产品经理为了能把需求说清楚，希望开发人员能够完全理解文档，一句话翻来覆去地说，整篇文档非常啰唆。详细的文档虽好，但需要把握好"度"。过于累赘的产品需求文档，不但不会起到作用，反而会增加读者的负担。

正确做法：撰写产品需求文档时做到考虑全面、逻辑清晰、语言精练、张弛有度，让读者能够快速理解文档所表达的意思。

3.6 错误六：混乱不堪的项目管理

在互联网行业里有这样一个说法：项目管理就是一个养大孩子的过程。很多产品经理由于经验不足，在从业早期不是把"孩子"弄"夭折"了，就是使"孩子""怪病缠身"。

其实，这也不能全怪他们。谁的产品经验不是一点点积累的呢？下面这些产品新手常犯的项目管理错误一定要注意避免。

3.6.1 开完需求评审会后就不管了

一些产品新人认为只要开完需求评审会，就没自己什么事了，至于项目在实施中遇到的问题，那都是研发和测试人员应该解决的，反正自己在需求评审会上都已经说清楚了。这样做的结果是，要么研发人员按照自己的理解去实现产品功能，要么由于找不到产品经理，项目整体进度一次次被耽误。

正确做法：全程跟进项目进度，为其他同事解答项目研发中遇到的各类问题。

3.6.2 项目推进中发生问题不去跟进

很多产品经理在项目推进中遇到问题不去跟进，认为自己的职责就是设计产品和督促项目进度，至于项目中发生的问题，自己不需要参与解决。

正确做法：积极推进项目，遇到问题积极协调解决，确保产品顺利上线。

3.6.3 项目发展不理想时推卸责任

项目通常会在推进过程中遇到各种各样的问题，导致"最开始想要的是一艘航空母舰，最终实现的却是一块能在水面上漂浮的木板"。

项目发展不理想，产品经理要做的不是把责任推到其他人身上，而是需要根据实际问题深究其原因，分析后续如何避免同类问题再次发生。毕竟，成长需要不断地犯错、不断地总结。

正确做法：根据项目实际情况，分析问题出现的原因，以及下次如何应对。把教训提炼为经验，丰富自己的项目管理经验。

3.6.4　忽略项目所需的时间和人力因素

新手产品经理往往忽视时间和人力因素，做项目管理时不考虑这些，或者一个劲儿地压缩时间，把合作部门和其他同事逼到需要加班加点，甚至通宵才能完成的境地。这样的产品经理真的很不得人心，也没人喜欢与其合作。

我在刚入行的时候，也犯过同样的错误，一心只想项目快点做完上线，忽略了所需的时间和人力因素，结果不但产品没有快速上线，而且产品因人力问题推迟了一周上线。

正确做法： 产品经理要给配合的业务部门预留出足够的响应时间；方案要先沟通再评审，提前告诉对方，让对方有心理预期；方案经评审后需要让对方在第一时间对产品功能进行开发周期和人力成本的评估，双方校准配合时间，以规避相关风险。

3.7　错误七：坚持错误的认知

前面 6 类错误，如果产品经理一直犯，是非常可怕的事，但相比于前面 6 类错误，下面这类错误更可怕，需要以更加严肃的态度来对待。

3.7.1　沉溺于一些小功能

很多产品经理坚信"极致的体验出自细节"的理念，希望自己产品的每个细节都能给用户带来 200% 的极致体验和满意度，以致沉溺于细节，把时间、精力都花在那些过小的功能改进上。这样做的结果是，对于真正能提升产品体验、具有核心价值的产品优化方案不闻不问，最后"捡了芝麻，丢了西瓜"。

正确做法： 抓主要矛盾，关注矛盾的主要方面，把时间、精力花在那些真正能改善产品体验的核心功能上。

3.7.2　遇到问题容易情绪化

产品经理每天会跟很多人沟通，处理很多事情，自己还要整理产品方案，每天的工作压力和强度非常大。这时，有些产品新人不会控制自己的情绪，工作中遇到问题，就把压力变为怒火发泄到其他同事身上。

职场竞争有压力在所难免，没有同事是你的"情绪垃圾桶"，学会控制自己的情绪，是产品经理工作正常开展的保证。

正确做法： 产品经理是团队的核心成员，需要具备有效处理自身情绪的能力，心平气和地去沟通问题，让各方可以了解彼此的想法，从而将事情顺利推进。

3.7.3　与开发人员为敌

不知从什么时候开始，有的产品经理大肆宣扬产品与开发的敌对关系，造成很多产品经理在日常工作沟通中，总是想方设法为难开发同事。

其实，如果把产品经理比作一个人的躯干，那么开发、测试、运营、UI 人员就是四肢。你见过谁没事跟自己四肢较劲吗？应该是躯干指挥好四肢，发挥各自的优势，一起完成目标。

正确做法： 抱着开放的心态，即只要是对产品好的，谁的解决方案好就采纳谁的。调整好自己的心态很重要。

3.7.4　将视觉效果视作唯一追求

很多产品新人喜欢跟视觉设计师合作，寻求视觉层面的创新与突破。他们往往想当然地认为只要产品视觉设计足够好、足够新颖，就足以吸引用户，让产品成为"爆款"。

产品经理的首要任务是基于用户的问题，提供产品的解决方案。用户需要的是解决方案，而不是视觉冲击。将视觉效果视作唯一追求的做法是要小聪明的做法，不但不会让产品成功，反而容易毁了自己的职业生涯。

正确做法： 抓住用户的痛点去设计解决方案，而不是仅追求视觉效果。

3.7.5　产品上线后就彻底不管了

很多产品经理认为产品上线后，剩下的都是运营的事情，应该交给运营的同事去做，自己彻底不用管了。

实际上，产品经理是要对产品上线结果负责的，而结果的展示就是产品上线后的数据和用户反馈。

然而，很多产品经理在产品上线后不看相关数据和用户反馈，在整个项目中，他们只是画原型、写产品需求文档、开需求评审会、跟一下进度、等产品功能上线。这样做出来的产品何谈优化与改进呢？

正确做法： 对自己负责的产品数据了如指掌，能够根据阶段性数据变化判断背后的原因，结合用户的反馈不断改进与提升产品。

3.8　本章小结

本章介绍了产品经理常犯的 7 类错误，针对这些错误，产品经理应做好以下工作。

（1）学会对需求进行筛选、分析、整理与排定优先级。

（2）充分理解产品原型的意义，不做低投入产出比的事情。

（3）学会在设计产品前做充分的调研，避免一切按自己的想法来。

（4）学会控制自己的产品方案的完整性，避免反复地修改。

（5）产品需求文档中避免使用大量专业名词，做到整体逻辑清晰、行文流畅。

（6）学会进行项目管理，持续跟进项目，解决项目中遇到的各种问题。

（7）纠正错误认知，成为优秀的产品经理。

3.9 知识模型

我总结了本章的知识模型，读者可以关注公众号"cpzjguoshan"，输入关键词"B1C301"，下载收藏模型，为自己的产品经理知识拼图新增一块内容。

注：知识模型为脑图软件 MindMaster 专用格式，请读者使用 MindMaster 软件查看。

3.10 工作模板

我还特别准备了一份"产品经理'闭坑'矩阵图"，帮助有需要的人规避产品经理工作中的各类错误。读者也可以在这基础上不断地添加"闭坑"方法，逐步完善自己的"闭坑"矩阵图。读者可以关注公众号"cpzjguoshan"，回复关键词"B1C302"获得。

3.11 大咖助力

产品大咖说："产品经理犯错才会成长，但不是每个错误都要经历。"如果你在工作中一直犯错却不知道如何避免，欢迎你加我微信：pmguoshan，让我来帮帮你。

3.12 练习实践

（1）对照本章所述的 7 类错误，反思自己犯过哪些典型错误。

（2）你有什么方法来避免此类错误再次发生？

Part 02

第二部分

学会产品经理
的硬本领

4

第4章 7步轻松搞定产品功能调研

本章导语：作为一种验证产品功能的手段，产品功能调研被广泛应用于产品设计中。尤其是在产品新功能设计及方案选型对比上，产品功能调研更是为产品设计提供了强有力的支撑。可以说，产品功能调研是产品设计的一把利器，也是产品经理必备的一项专业技能。本章我们将一起学习产品设计中非常重要的一项专业技能——产品功能调研。

4.1 为什么需要产品功能调研

虽然有很多产品看起来各不相同，不过一旦深入这些产品的底层逻辑，就会发现它们有着共性：处在同一竞争领域，有着同样的市场、相同的用户群体和产品设计思路。

基于上述认知，进行产品新功能设计时，一个快速有效的方式就是对市场现有竞品进行产品功能调研，找到竞品可学习、借鉴之处，指导自有产品的功能设计。这样就能大幅缩短产品设计时间，提升整体的性价比。

也就是说，当竞争对手上线新功能的时候，产品功能调研可为我们要不要直接借鉴竞品的新功能提供决策依据；当要研发自有产品新功能的时候，产品功能调研可以帮我们找到竞品新功能的可借鉴之处，以及该如何借鉴这些功能。

在实际的工作中，总有一些产品经理搞不清楚产品功能调研和产品调研两者之间的区别，在产品功能调研中做的是产品调研的工作。

因此，在正式介绍如何进行产品功能调研之前，有必要先搞清楚产品功能调研和产品调研两者之间的区别。

4.2 产品功能调研和产品调研的区别

先来了解一下两者的相似之处。产品功能调研和产品调研都是目的性非常强、注重调研产品底层功能逻辑、业务流程以及用户需求的调研方式。

再来看看两者的差异。

- 产品调研：针对独立完整的产品，从产品结构、功能演进过程、运营逻辑等方面进行调研。产品调研受产品规模的制约较大，像京东、微信这样庞大的平台级产品，进行一次完整的产品调研是非常困难的。

- 产品功能调研：针对产品的一项或几项功能，从业务流程、数据表现、功能差异、设计亮点等方面进行调研。因为仅涉及产品的部分功能，产品功能调研比较容易。

我们可以把产品功能调研理解成偏向于"点"的调研，把产品调研理解成偏向于"面"的调研；产品功能调研更倾向于在单点进行深入研究，而产品调研更注重调研的深度和广度。

了解产品功能调研和产品调研的区别之后，接下来，我们就一起看看如何通过 7 步法完成产品功能调研。

4.3　产品功能调研 7 步法

在我的从业经历中，总会碰到一些产品新人说自己做不好产品功能调研。其实，要想做好产品功能调研真的一点也不难，只需要按照一定的方法，逐步去完成就可以了。我给这个方法起了个形象的名字，叫"产品功能调研 7 步法"。

4.3.1　第一步：明确调研的目的

首先，产品功能调研绝不是一开始就采用全力以赴体验产品的做法。在正式开展调研之前，需要先确定调研的场景，在不同的场景下带着明确的目的进行调研。

产品功能调研主要有以下三种场景。

1．场景一：竞争对手上线了新功能

在这个场景下，调研的主要目的是为决策提供依据，回答"要不要借鉴""能不能借鉴"等问题。调研的核心方向如下。

- 目标用户：这个功能哪些用户会用到？
- 用户需求：这个功能满足了各类用户的什么需求？用户为什么会想用这个功能？
- 功能逻辑：这个功能的业务流程和底层逻辑是什么样的？
- 数据表现：竞品上线该功能后的数据表现是什么样的？用户对这个功能的反馈情况如何？
- 分析结论：这个功能和自有产品功能的整体业务框架是否符合？数据情况是否可观？是否有技术壁垒或特殊门槛？

通过调研得出结论，为自有产品能不能上线新功能、要不要上线新功能提供决策依据。

2．场景二：自有产品准备上线新功能

在这个场景下，调研的主要目的是通过借鉴竞品的新功能，来缩短自有产品新功能的设计过程，回答"哪个竞品设计得比较好""该如何借鉴竞品的功能""借鉴竞品哪一部分功能"等问题。调研的核心方向如下。

- 目标用户：自有产品的目标用户有哪些？竞品的目标用户与自有产品的目标用户是否匹配？
- 功能逻辑：该功能的业务流程和底层逻辑是什么样的？
- 功能对比：该功能在不同竞品上设计的异同点分析。相同点为功能的关键点，不同点为各竞品功能的亮点。

- 数据表现：竞品上线该功能后的数据表现是什么样的？用户对这个功能的反馈情况如何？
- 产品现状：当前产品存在什么问题？用户的痛点是什么？
- 页面体验：哪个产品的页面交互体验较好？有何值得学习借鉴之处？
- 分析结论：哪个竞品的功能设计比较好？竞品有哪些值得借鉴的功能点？竞品功能的设计亮点有哪些？

通过调研得出结论，找到产品的核心功能点与设计亮点，帮助自有产品设计出更符合目标用户需求的新功能。

3. 场景三：提升自己的产品设计能力

基于此场景的产品功能调研主要是为了提升自己的产品设计能力，回答"功能为什么这么设计"等问题。调研的核心方向如下。

- 目标用户：这个功能的目标用户有哪些？
- 使用场景：各类用户分别在什么场景下使用这个功能？
- 需求痛点：不同用户有什么痛点？产品的功能满足了用户什么需求？
- 功能逻辑：该功能的业务流程和底层逻辑是什么样的？
- 产品亮点：产品的亮点是什么？为什么这么设计？
- 数据表现：这个功能的数据表现如何？

通过调研，分析产品功能与需求实现的关系，提升自己的产品设计能力。

我们可以使用产品功能调研目标看板来确定不同场景下的调研目标，如表 4-1 所示。

表 4-1　产品功能调研目标看板

场景	场景一 竞争对手上线了新功能	场景二 自有产品准备上线新功能	场景三 提升自己的产品设计能力
调研目的	为决策提供依据	缩短自有产品新功能的设计过程	提升自己的产品设计能力
核心方向	**目标用户**：这个功能哪些用户会用到 **用户需求**：这个功能满足了各类用户的什么需求？用户为什么会想用这个功能 **功能逻辑**：这个功能的业务流程和底层逻辑是什么样的 **数据表现**：竞品上线该功能后的数据表现是什么样的？用户对这个功能的反馈情况如何 **分析结论**：这个功能和自有产品功能的整体业务框架是否符合？数据情况是否可观？是否有技术壁垒或特殊门槛	**目标用户**：自有产品的目标用户有哪些？竞品的目标用户与自有产品的目标用户是否匹配 **功能逻辑**：该功能的业务流程和底层逻辑是什么样的 **功能对比**：该功能在不同竞品上设计的异同点分析。相同点为功能的关键点，不同点为各竞品功能的亮点 **数据表现**：竞品上线该功能后的数据表现是什么样的？用户对这个功能的反馈情况如何 **产品现状**：当前产品存在什么问题？用户的痛点是什么 **页面体验**：哪个产品的页面交互体验较好？有何值得学习借鉴之处 **分析结论**：哪个竞品的功能设计比较好？竞品有哪些值得借鉴的功能点？竞品功能的设计亮点有哪些	**目标用户**：这个功能的目标用户有哪些 **使用场景**：各类用户分别在什么场景下使用这个功能 **需求痛点**：不同用户有什么痛点？产品的功能满足了用户什么需求 **功能逻辑**：该功能的业务流程和底层逻辑是什么样的 **产品亮点**：产品的亮点是什么？为什么这么设计 **数据表现**：这个功能的数据表现如何
调研结论	回答"要不要借鉴""能不能借鉴"等问题	回答"哪个竞品设计得比较好""该如何借鉴竞品的功能""借鉴竞品哪一部分功能"等问题	回答"功能为什么这么设计"等问题

4．案例分析：某跑步应用产品功能调研（明确调研的目的）

案例背景：某跑步应用的竞争对手"乐动力"和"悦动圈"纷纷添加了健身的功能。最近，本产品的应用后台也收到大量用户反馈希望添加类似功能的消息。这款应用的产品经理希望在设计新的健身功能前，对竞品相关功能进行调研，借鉴竞品的功能亮点与核心功能点，缩短自有产品健身功能的设计过程。

通过上述背景描述我们不难发现，此次产品功能调研属于三类典型场景中的第二个。其目的主要是通过调研竞争对手产品的健身功能，借鉴竞品的功能亮点与核心功能点，缩短自有产品新功能的设计过程。因此，我们把调研的目的锁定在场景二所述范围内。后续的调研工作也将围绕场景二的核心方向展开。（声明：以下对"咕咚"和"乐动力"两款产品的功能分析，仅代表作者个人观点，与产品实际功能与使用体验无关。）

4.3.2 第二步：探究用户、场景、需求

确定了产品功能调研的目的后，还需要探究产品功能的用户、场景、需求。通过研究竞品与自有产品用户的重合度，判断竞品功能设计的借鉴意义到底有多大。这一步主要是通过探索自有产品与竞品的用户、场景、需求，并对两者进行对比，得出最后的调研结论。

1．调研自有产品的用户、场景、需求

首先需要了解自有产品的目标用户是谁，他们都可以被分为哪几类；然后明确这些用户会在什么场景下使用产品。在这些场景下他们的痛点是什么；最后知道在这些场景下用户都有哪些需求。通过这些环节，就可以获知自有产品的用户、场景、需求。

2．调研竞品的用户、场景、需求

除了需要调研自有产品的用户、场景、需求外，还需要对竞品新功能采用同样的方式进行调研，探究其用户、场景、需求。

3．对比两者得出结论

通过上述调研与分析，得出相关的调研结论后，还需要对两者的用户、场景、需求进行分析与比较。如果分析的结论是两者的重合度较高，则说明竞品的新功能具有较大的引入意义及参考性；如果两者差别较大，则需要考虑竞品新功能的参考价值。

4．案例分析：某跑步应用产品功能调研（探究用户、场景、需求）

沿用上文的案例，继续探究自有产品与"悦动圈"和"乐动力"这两款竞品健身功能的用户、场景、需求，通过与两者进行对比，得出调研结论。调研结果如下所示。

● 自有产品的用户、场景、需求如表 4-2 所示。

表 4-2　自有产品的用户、场景、需求

用户	场景	需求
业余跑步爱好者	想跑步的空闲时间 室内、室外不定	通过跑步锻炼身体，记录自己的跑步里程，结交志趣相投的跑友、相互加油打气

续表

用户	场景	需求
资深跑步爱好者	想跑步的空闲时间 专业跑步比赛时间 一般在室外，天气不好时在室内	跑步已经变成日常习惯，分享自己的跑步心得、记录自己的跑步里程、结交志趣相投的跑友
健身爱好者	空闲时间	以健身为主，偶尔跑步增强心肺功能与减脂；分享自己的健身心得，结交志趣相投的健身爱好者

● 竞品健身功能的用户、场景、需求如表 4-3 所示。

表 4-3　竞品健身功能的用户、场景、需求

用户	场景	需求
跑步爱好者	跑步前、跑步后的碎片时间 室内、室外不定	跑前热身可进入状态，避免受伤。跑后拉伸减轻肌肉疲劳。通过一定健身训练提升运动效果，避免受伤
想减脂、增肌、塑形的用户	空闲碎片时间。室内为主，如家中、健身房等	采用无氧运动增肌，配合跑步等有氧运动进行减脂训练
健身爱好者	空闲碎片时间 室内、室外不定	以健身为主，多数时间在健身房训练，有时候也会在家进行线上健身训练

经过对比分析我们发现，这两款产品的用户、场景、需求重合度较大。自有产品增加健身功能，不但可以为用户提供更多的便捷服务，提高老用户的活跃度与留存度，解决现有产品功能结构单一的问题，而且还能作为产品"拉新"的一种方式，提升产品的用户获取能力。总之，竞品健身功能具有较大的借鉴意义。

4.3.3　第三步：理清业务流程和功能逻辑

产品功能调研的第三步是理清业务流程和功能逻辑，主要是通过拆解与分析竞品新功能的核心业务流程与产品功能结构来实现的。

这一步需要对竞品进行研究，弄清竞品新功能的核心业务流程，绘制出相应的业务流程图（业务流程图的画法参见本书第 9 章）；还需要搞清楚竞品新功能背后存在着什么样的产品逻辑与功能结构、设计的关键点有哪些，依照这些发现绘制出竞品的功能结构图（功能结构图的画法参见本书第 10 章）。

这一步在产品功能调研中非常重要。只有理清了竞品的业务流程和功能逻辑，才能清楚地知道竞品新功能是如何设计的，从而挖掘出这种设计的可借鉴之处。

案例分析：某跑步应用产品功能调研（理清业务流程和功能逻辑）

沿用上文的案例，这一步需要拆解和分析"悦动圈"和"乐动力"这两款竞品健身功能的业务流程和功能结构。

1. 竞品业务流程对比

乐动力的健身功能业务流程如图 4-1 所示。

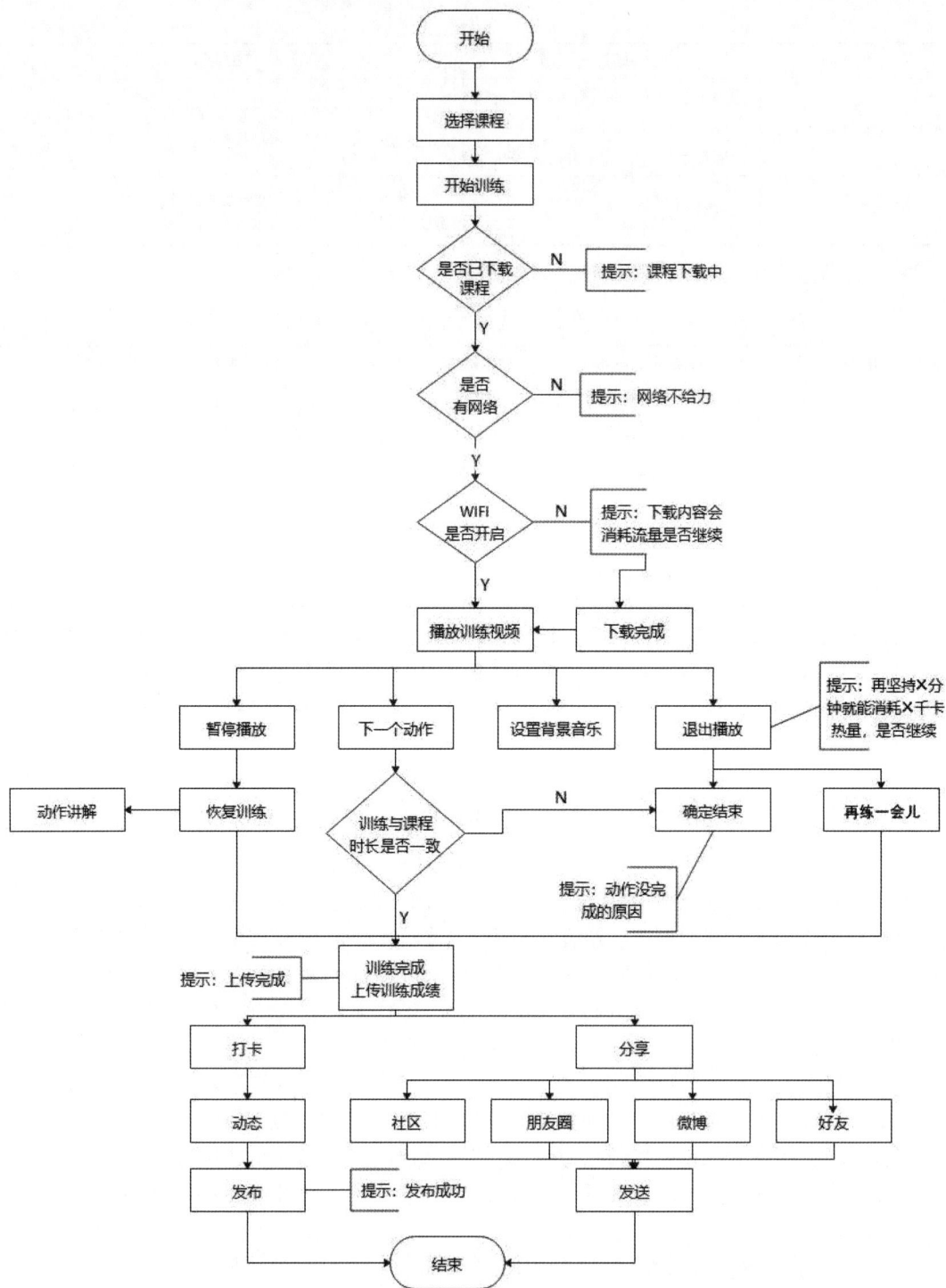

图 4-1　乐动力健身功能业务流程

悦动圈的健身功能业务流程如图 4-2 所示。

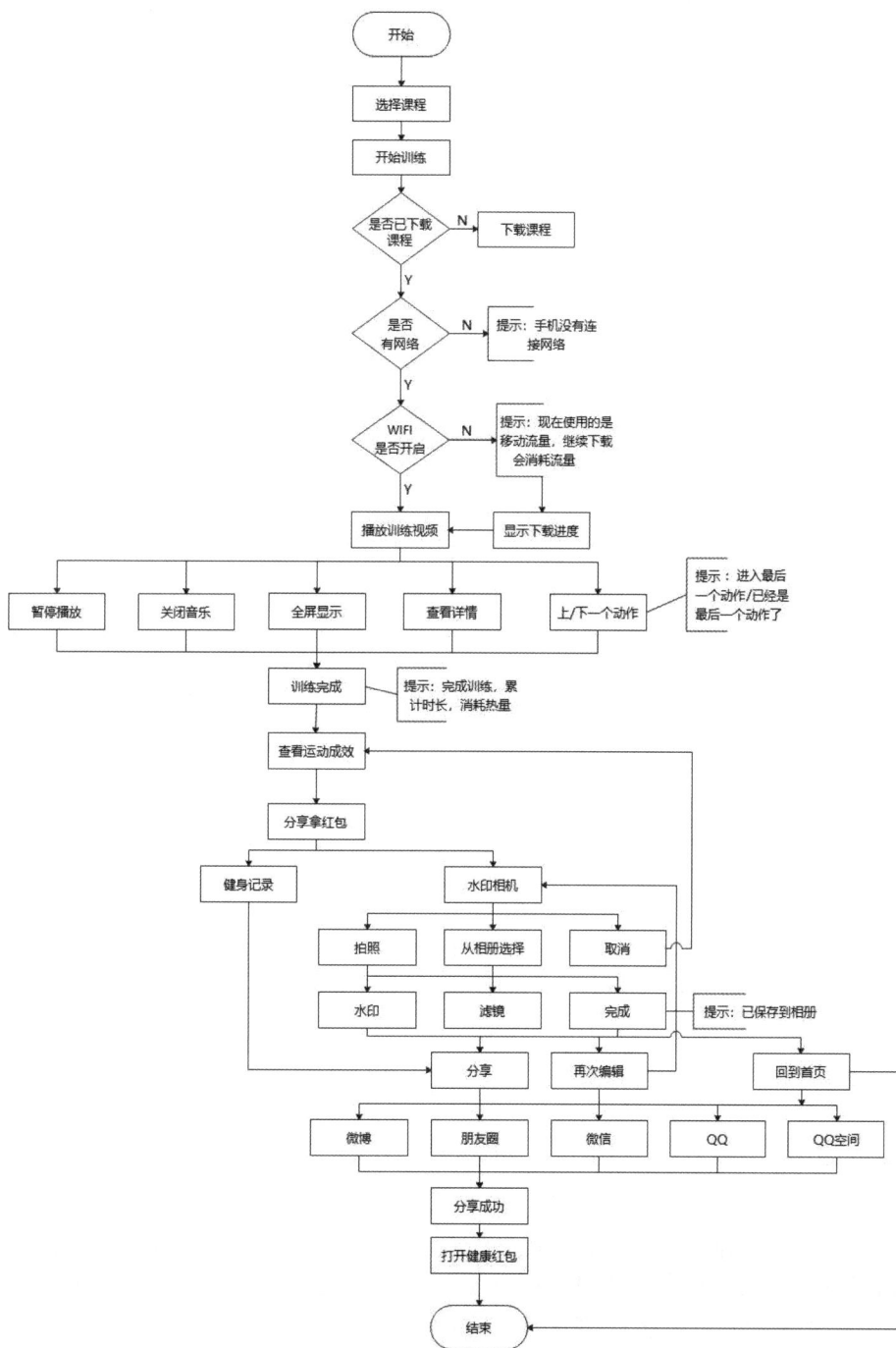

图 4-2 悦动圈健身功能业务流程

2. 竞品功能结构对比

乐动力健身功能结构如图 4-3 所示。

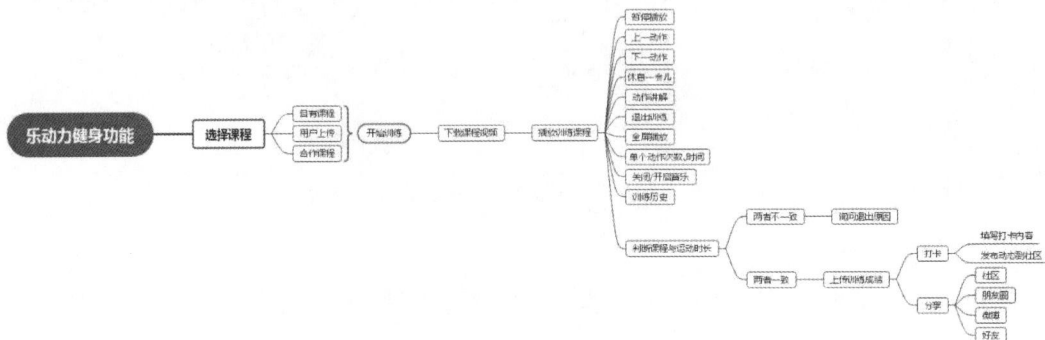

图 4-3　乐动力健身功能结构

悦动圈健身功能结构如图 4-4 所示。

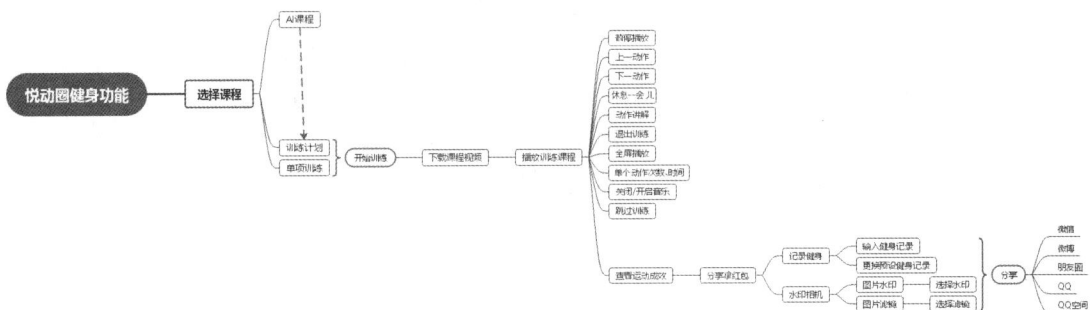

图 4-4　悦动圈健身功能结构

通过对比分析，我们发现两款产品有着类似的业务流程和功能结构。其中，悦动圈的 AI 课程、水印相机功能比较新颖，分享拿红包功能则可以有效地刺激用户分享训练成果，这是悦动圈健身功能设计中值得借鉴的地方。

相对于悦动圈，乐动力的健身功能设计得比较传统，没有过多的趣味性。其中，判断训练与课程时长是否一致的功能设计得不太恰当，已经成为记录分享功能的使用"卡点"。

4.3.4　第四步：观察竞品新功能的数据表现

可以通过观察竞品新功能上线后的数据表现情况，进一步完成产品功能调研。

所谓观察竞品新功能的数据表现，其实就是通过查看竞品新功能上线之后的用户反馈、竞品在应用市场的评分变化以及竞品新功能上线后的核心数据（如下载量、活跃度），获知竞品新功能上线后的整体表现状况的一种调研方法。

要想获取竞品的完整核心数据并不容易，特别是竞品的活跃度、留存度这类核心数据，获取有一定难度。因此，在这一步只要做到尽可能多地收集竞品数据，为调研起到支撑作用即可。

案例分析：某跑步应用产品功能调研（观察竞品新功能的数据表现）

沿用上文的案例，这一步需要对竞品新功能上线后的用户反馈、产品评分、下载量、活跃度变化等数据进行收集与对比分析，以支持从数据维度对竞品新功能进行进一步的调研。

1. 悦动圈与乐动力下载量对比

悦动圈与乐动力两款产品的月下载量数据如图 4-5 所示，图中纵轴的 m 代表以百万（million）为单位。

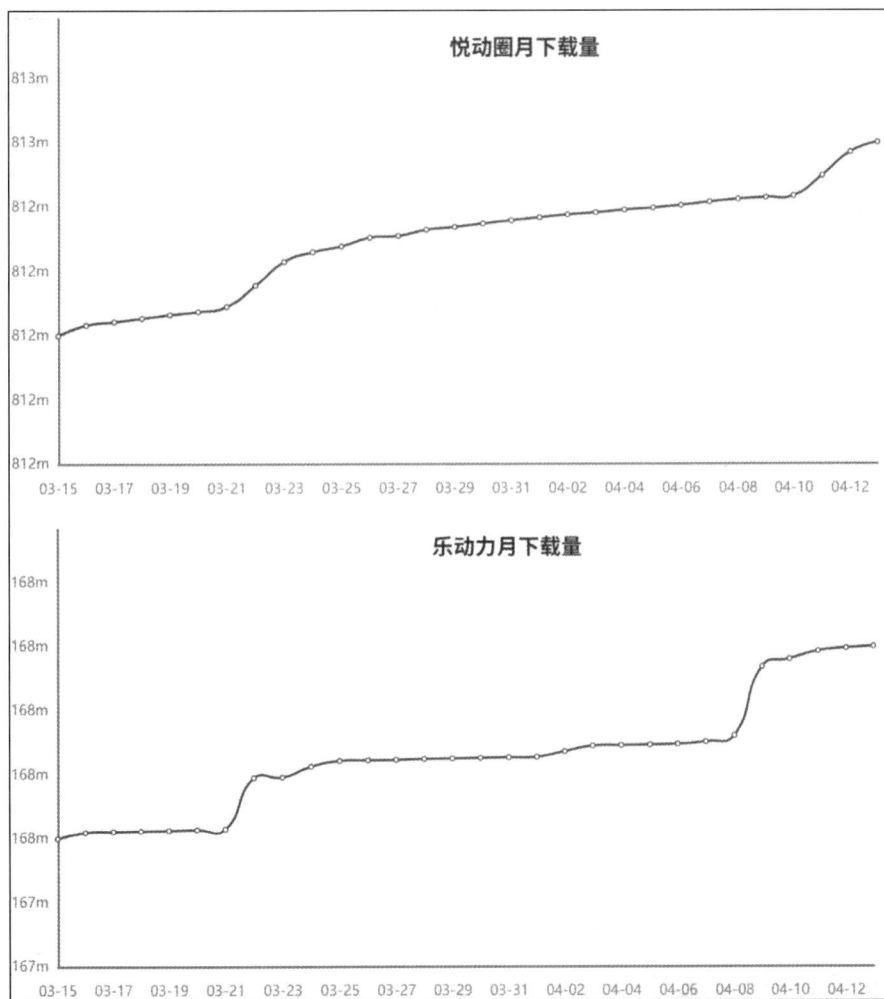

图 4-5　悦动圈与乐动力月下载量（来源：酷传网）

通过对比可以发现，两款产品增加健身功能后下载量均有一定幅度的提升。

2. 悦动圈与乐动力日活跃用户数对比

接下来，通过图 4-6 对比悦动圈与乐动力两款产品的日活数据（图 4-6 中纵轴的 k 代表以千为单位）。

对比之后可以发现，两款产品增加健身功能后日活跃用户数均有小幅提升。

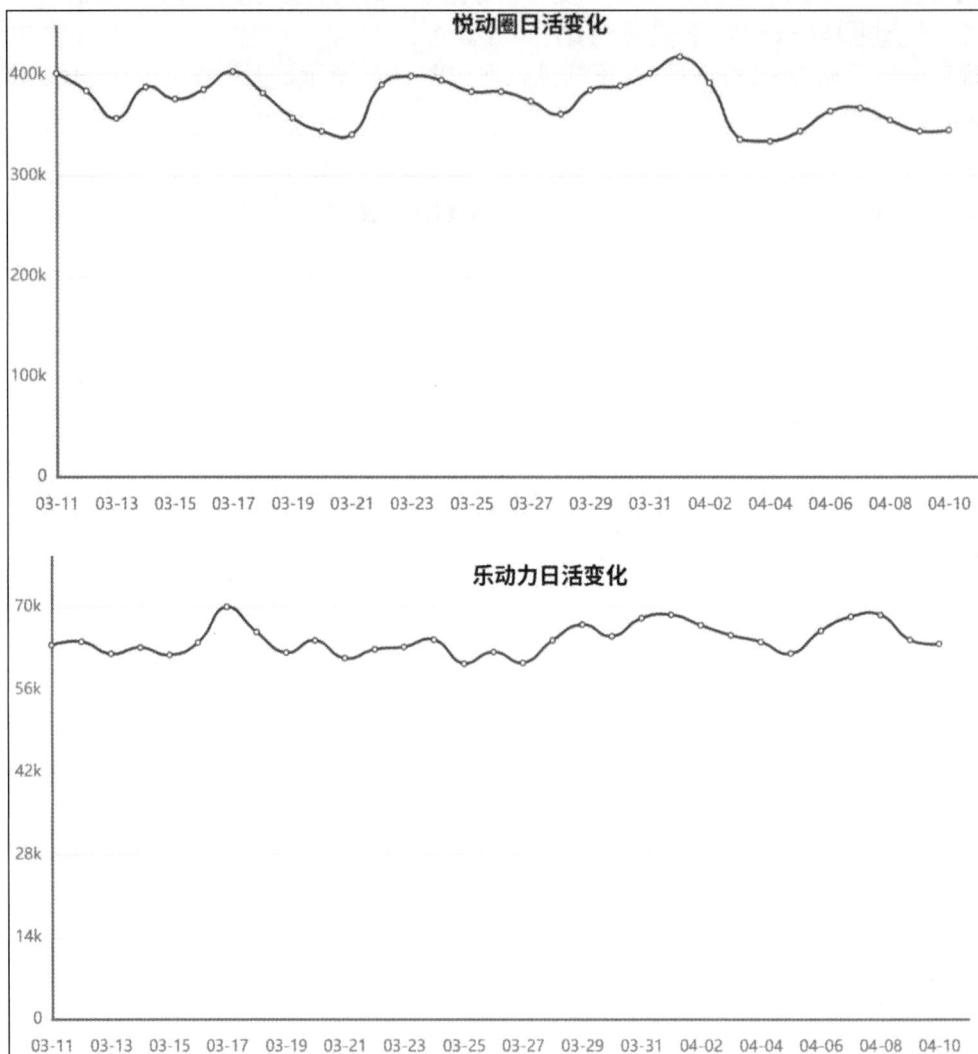

图 4-6 悦动圈与乐动力日活变化（来源：酷传网）

3. 乐动力与悦动圈用户评论

下面，通过图 4-7 对比两款产品的用户评价。

对比两款产品的用户评价可以发现，两款产品的用户均未对健身功能给出负面评价，部分用户甚至还表扬了新增的健身功能。

从数据表现维度看来，新增健身功能确实能为产品带来更多的正向刺激。

			悦动圈评论	
★★★★★	跑步　　作者：██ ▃▃▃▃▃▃			2021-03-30 18:49:51
	看到很多小伙伴在用!督促自己健身!可以随时看到自己运动的状态,这款跑步软件太好用了。,			
★★★★★	想随时锻炼还是跑步合适　　作者：██▃▃▃▃			2021-03-30 18:44:57
	健身的好帮手悦动圈步数修改器,悦动圈使用体验真不错,让我多运动,以前运动是自己想跑就跑.-			
★★★★★	坚持不懈悦动圈.步行之约大家享　　作者：██▃▃▃▃			2021-03-30 18:04:20
	而且还能跑步比赛,非常好的产品-跑步还有红包,很不错的一个减肥软件! 有了悦动圈跑步都有规律了 哈哈~			
★★★★★	运动健康　　作者：██▃▃▃		乐动力评论	2021-03-09 16:45:11
	非常好用,特别是健身很有效果			
★★★★★	告别懒惰　　作者：██▃▃▃			2021-03-04 22:54:27
	用了软件可以告别懒惰了			
★★★★★	运动成绩记录　　作者：██▃▃▃▃▃▃			2021-03-02 00:23:20
	非常好			

图 4-7　悦动圈与乐动力的用户评论截图（来源：酷传网）

4.3.5　第五步：调研页面的交互体验

作为功能的表现，页面的交互体验也是值得调研分析的。好的交互体验不但可以让用户更加流畅、愉悦地使用产品，还可以降低用户的学习成本，让用户快速上手新功能的使用。因此，进行产品功能调研需要对竞品新功能从页面交互体验的角度进行分析，找到竞品在页面交互上的可学习与可借鉴之处。

案例分析：某跑步应用产品功能调研（调研页面的交互体验）

沿用上文的案例，这一步将从页面交互体验的角度对这两个竞品进行调研分析。图 4-8 展示了两款产品的核心页面交互。

对比两款产品的页面交互可以发现：两款产品均以训练播放页为核心，采用情景触发的方式来显示其他二级页面和系统提示信息；两款产品的整体设计都非常简洁、高效，这种交互形式非常适合用户在健身的场景下使用。

相对于乐动力，悦动圈的交互更加流畅与自然，在后续的产品交互设计中可将其作为重点参考对象。

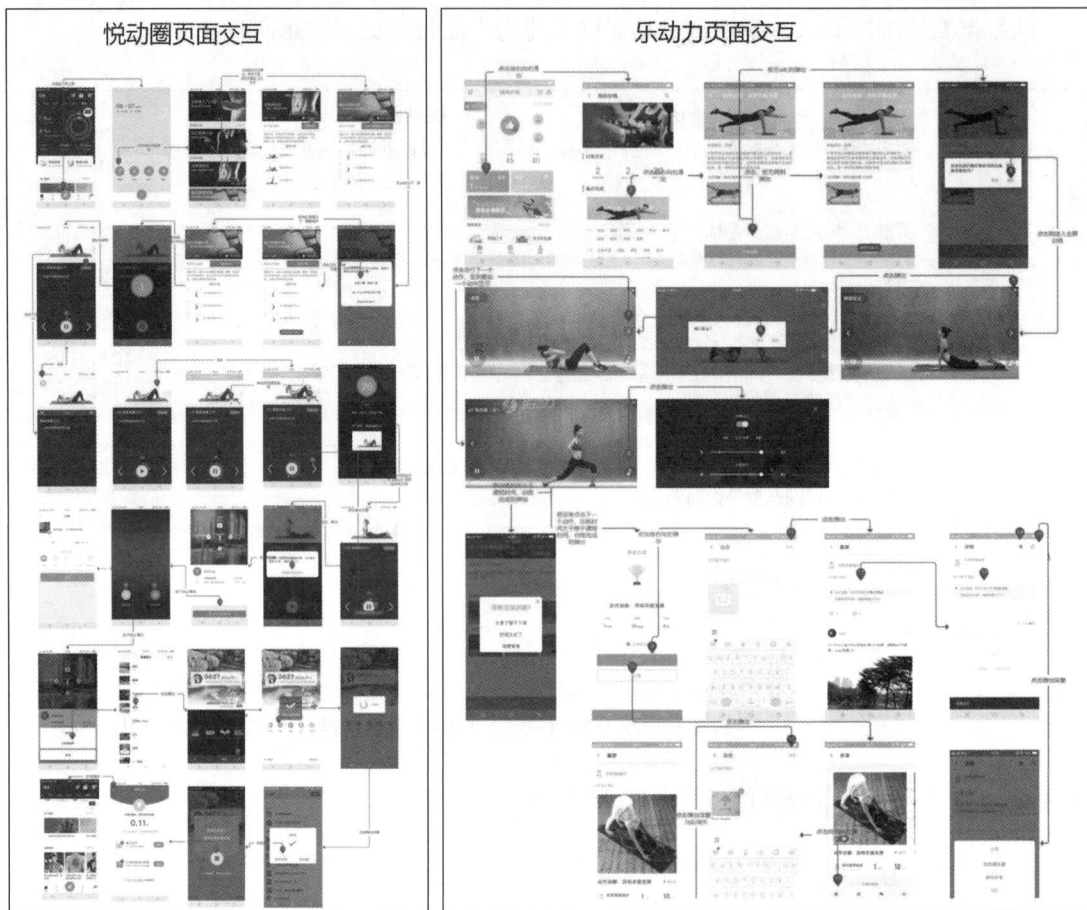

图 4-8　悦动圈与乐动力的核心页面交互

4.3.6　第六步：分析各竞品新功能异同点

这一步需要对各竞品新功能的异同点进行分析，理解造成设计差异背后的原因，有选择地借鉴竞品新功能的设计亮点。

在这一步，需要先建立这样一个认知：各竞品新功能的相同点就是要开发的新功能的关键点（核心功能点），不同点则是各竞品在功能设计上的亮点（差异化价值点）。有了这个认知后，就可以通过分析两款竞品新功能的异同点，快速获得功能设计中的核心要点及值得借鉴的设计亮点。

案例分析：某跑步应用产品功能调研（分析各竞品新功能异同点）

沿用上文的案例，这一步将结合第三步绘制出的两款竞品的功能结构图，对比乐动力与悦动圈健身功能的相同点和差异点，找到健身功能的核心功能点和功能设计亮点，为新功能的设计做好准备。两款竞品的对比结果如图 4-9 所示。

图 4-9　乐动力和悦动圈健身功能异同点

4.3.7　第七步：得出调研结论

终于到最后一步了，这一步需要得出相应的调研结论。

针对场景一的产品功能调研，最终的结论主要体现在以下方面。

- 要不要借鉴：竞品功能与自有产品的整体业务框架是否符合？竞品新功能的数据表现如何？

- 能不能借鉴：新功能是否有技术壁垒？有没有进入门槛？

如果调研结论是值得借鉴，需要在此步逐条列出可借鉴的理由；反之，如果结论是不值得借鉴，则需要逐条罗列并分析不值得借鉴的原因。

针对场景二的产品功能调研，最终的结论主要体现在以下方面。

通过调研得到新功能应该具备的基础功能点和差异化设计要点。对比自有产品与竞品的产品定位、发展方向、当前问题、用户群体等，参考竞品现有的产品功能，设计出符合自有产品特征的新功能。

基于场景三的产品功能调研，最终的结论主要体现在：分析与记录产品的需求与功能实现方式，学习竞品功能的设计要点，提升自己的设计能力。

案例分析：某跑步应用产品功能调研（得出调研结论）

沿用上文的案例，通过上述 6 步调研分析可以发现：相对于乐动力，悦动圈的健身功能更加实用，特别是独特的 AI 课程和水印相机功能，为产品增加了不少亮点；页面交互体验方面，乐动力也做得更为舒适，值得我们在后续自有产品设计中重点借鉴。

关于某跑步应用添加健身功能的调研结论如下。

1. 健身功能的核心功能点

● 暂停运动。

健身中难免有突发事件或体力不支的情况发生，暂停功能是必不可少的。

● 上/下一个动作切换。

这个功能可以帮助用户在上/下一个动作之间切换，对于用户来说，无论是回看上一个动作，还是预习下一个动作，都非常重要。

● 退出训练。

对于线上健身用户来说，随时随地退出训练是健身功能必须要具备的一个基础功能。

● 动作讲解。

相较于跑步来说，健身的专业性更强。相对于线下健身有健身教练，线上健身的动作讲解是必不可少的。

● 全屏显示。

线上健身是专业性比较强的运动，用户需要跟着视频的动作不断练习，全屏显示可以帮助用户更好地看清动作，提升用户体验。因此，全屏显示是不可缺少的一项核心功能。

注：由于本书篇幅有限，只列举了部分核心基础功能，对此感兴趣的读者可自行尝试分析其他功能。

2. 健身功能的设计亮点

● 显示训练人数及次数。

这个功能有两个亮点。第一，可以突出所选课程的火热程度；第二，可以提示用户有他人正在跟自己一起训练，提升其训练热情。

● 训练成果展示。

这个功能可以展示已训练完课程的内容，便于用户重复训练，增加用户的健身成就感，提升用户使用黏性。

● 完成后加油打气。

这个功能可以增加用户的荣誉感与成就感，提升用户使用黏性。

注：由于本书篇幅有限，只列举了部分功能亮点，对此部分感兴趣的读者可自行尝试分析其他功能亮点。

4.4　撰写产品功能调研报告

相对于其他的调研报告，产品功能调研报告的写法相对比较简单，只要在报告中依次写明竞品的版本信息、本次调研的核心目的，罗列自有产品及竞品的用户、场景、需求，列出竞品功能的业务流程图、功能逻辑图和数据表现对比图，写出竞品功能的页面体验感受，列出竞品的功能异同点，并得出相应结论即可。

关于调研报告部分还需要强调一点：报告的内容只要做到简单易读即可，无须在这个部分里大费笔墨，把节省下的时间多用在对竞品的分析与研究上。

要想做好产品功能调研，除了需要掌握一定的方法外，还需要了解如何避免产品功能调研的常见错误，以防自己在调研中犯类似错误。

4.5 产品功能调研常见错误

以下三种产品功能调研中的常见错误，在工作中需要引起注意并尽量避免。

1．错误 1：调研目的和结论不明确

产品功能调研的第一种常见错误就是调研的目的和结论不明确。

在正式调研之前一定要明确调研的目的，并有针对性地展开调研。对于调研的结论，不要觉得"这个地方好像还可以，那个地方好像也不错"，给出模棱两可的结论。

对于调研结论，要勇于从整体进行判断，给出"行就是行，不行就是不行"的明确结论。

2．错误 2：大杂烩式的调研

产品功能调研的第二种常见错误是把产品功能调研搞成了"大杂烩"，不加区分地将用户画像、运营策略、市场分析统统堆在一起。

我们要知道，每种调研都有侧重点和适用范围，做产品功能调研要按照产品功能调研 7 步法，从功能层面说清楚如何调研、有什么结论等。做产品功能调研不需要堆砌一些没用的内容，耗费了大部分精力不说，结果还没什么用。

3．错误 3：提一堆改进意见

产品功能调研的第三种常见错误是提一堆改进意见。

有一些产品经理为了使结论看起来更加丰富，在结论部分拼凑一堆改进意见。产品功能调研不是结论越多，调研得就越成功；也不是每次调研都必须提一堆改进意见。我们要记住，调研结论始终服务于调研的目的。对于结论，有就是有，没有就是没有，有多少就是多少。

4.6 产品功能调研的行动清单

在进行产品功能调研时，可以对照下面的行动清单，一步步地完成整个产品功能调研。

- 明确产品功能调研目的。
- 探究自有产品和竞品的用户、场景、需求。
- 理清业务流程和功能逻辑。
- 观察竞品新功能的数据表现。
- 调研页面的交互体验。
- 分析各竞品新功能异同点。
- 得出调研结论。
- 撰写产品功能调研报告。

4.7　本章小结

本章介绍了如何用产品功能调研 7 步法轻松搞定产品功能调研，重点内容如下。

（1）了解产品功能调研和产品调研之间的区别。

（2）明确产品功能调研的调研背景和目的。

（3）根据产品功能调研的 3 种典型使用场景展开调研。

（4）使用产品功能调研 7 步法进行产品功能调研。

（5）撰写产品功能调研报告时注意内容简洁易读。

（6）避免犯产品功能调研常见错误。

4.8　知识模型

我总结了本章的知识模型，读者可以关注公众号"cpzjguoshan"，输入关键词"B1C401"，下载收藏模型，为自己的产品经理知识拼图新增一块内容。

注：知识模型为脑图软件 MindMaster 专用格式，请读者使用 MindMaster 软件查看。

4.9　工作模板

我还特别准备了产品功能调研报告的模板，读者可以关注公众号"cpzjguoshan"，输入关键词"B1C402"下载模板，以完成高质量的产品功能调研报告。

4.10　大咖助力

产品大咖说：产品功能调研的终极目标是要搞清楚"要不要""能不能""该不该"的问题。

如果你在产品功能调研中遇到了什么困难，欢迎你加我微信：pmguoshan，让我来帮帮你。

4.11　练习实践

假如你是某读书应用的产品经理，你的竞争对手"网易蜗牛读书"和"微信读书"都推出了写书评功能。请你对"写书评"功能进行产品功能调研，研究自有产品"要不要"和"能不能"添加写书评功能。

第 5 章　如何做好竞品分析

本章导语：竞品分析是一种应用非常广泛的调研分析方法，也是产品经理必须要掌握的核心技能之一。高效严谨的竞品分析，可以帮助团队人员了解当前市场形势以及竞争对手产品的优劣势、运营策略、发展思路，从而使自有产品更好地发展与演进。

本章我们将一起学习如何做好竞品分析。

5.1　为什么需要做竞品分析

要回答这个问题，首先需要了解什么是竞品分析，也就是竞品分析的定义。

5.1.1　竞品分析的定义

竞品分析是对现有或潜在竞争对手从产品或市场的角度进行客观分析，找到竞品或自有产品的优势与不足，为下一步决策提供科学依据的一种分析方法。简单来讲，竞品分析就是知己知彼的过程。

了解了竞品分析的定义，接下来，就需要探讨为什么要做竞品分析。

要想搞明白为什么要做竞品分析，需要把竞品分析划分为产品开发前、产品开发中和产品开发后三个阶段，然后针对每个阶段分别说明其目的。

5.1.2　竞品分析的目的

产品开发前、产品开发中和产品开发后三个不同阶段的目的各不相同。

1．阶段 1：产品开发前

在产品开发前，竞品分析主要解决产品"做什么"的问题。因此这一阶段通过竞品分析达到如下目的。

- 看看市面上有没有和自有产品类似的竞品。
- 快速了解这个领域当前处于什么阶段（蓝海还是红海）。
- 快速了解竞品的产品模式、用户群体、运营模式，确定是否可以借鉴竞品改进自有产品。

2．阶段 2：产品开发中

在产品开发中，竞品分析主要解决产品"怎么优化"的问题。因此这一阶段通过竞品分析达到以下三个核心目的。

- 建立产品差异化优势。
- 辅助进行产品需求分析。
- 辅助确定产品功能特性。

3．阶段 3：产品开发后

在产品开发后，竞品分析主要解决产品"怎么推广"的问题。因此这一阶段通过竞品分析达到下面四个主要目的。

- 了解自有产品与竞品的区别、差距，找到自有产品的优势与劣势。
- 了解产品的市场份额及竞争力，及时调整产品/运营策略。
- 了解用户对产品的评价与反馈，改良或创新产品及服务。
- 关注竞品的最新动向，发现新的增长点，及时调整产品/运营策略。

日常工作中，一些产品新人在做竞品分析时毫无目的，导致写竞品分析报告时毫无重点，最终竞品分析报告洋洋洒洒地写了几十页，有价值的内容却没多少。

因此，在做竞品分析之前，一定要先搞清楚本次竞品分析的目的，再结合所示的内容，有针对性地完成竞品分析任务。这样不但省时省力，而且产出的竞品分析报告质量也很高。

了解了竞品分析的目的后，还需要清楚什么时候做竞品分析。

5.2 什么时候做竞品分析

竞品分析适用于以下四种情况。

- 当公司想要进入新市场时，可以通过竞品分析直接了解当前市场的情况以及未来的竞争态势。
- 当公司业务发展遇到问题的时候，通过竞品分析，对比自身和竞争对手的发展情况，发现问题的根源，参照竞争对手的情况制定自有的发展计划。
- 在公司发展过程中，想在当前行业有所突破时，一份高质量的竞品分析报告可以帮公司找到发展的突破口和切入点。
- 在公司制定预防性策略的时候，可以通过竞品分析对竞争对手的运营策略有更深入的了解，从而推断其下一步动态，提前做预防性布局。

我刚做产品经理的时候，领导交代的一项重要任务就是定期给公司的高层做各种竞品分析报告，帮助他们找到产品的发展方向，为产品发展及战略决策提供支持。所以，有时候竞品分析也作为战略决策的支持工具，贯穿产品生命周期的各个阶段。

你可能已经迫不及待地想要知道该如何做竞品分析了，别着急，在做竞品分析之前，还需要做一些准备工作。

5.3 竞品分析前准备工作

在做竞品分析前，需要按照熟悉行业或领域、筛选相关竞品、体验竞品功能的顺序，依次完成准备工作。

5.3.1 熟悉行业或领域

对于一个全新的行业或领域，我们之前可能毫不了解或仅有模糊的概念。因此，在做竞品分析前，需要花时间了解和熟悉这个行业或领域。例如，可以通过百度、知乎等平台了解相关信息，也可以通过查阅行业报告或者阅读相关媒体资讯的方式快速了解这个行业或领域。

5.3.2 筛选相关竞品

光是熟悉行业或领域还不够，还需要有针对性地对市场上的竞品进行初步筛选。建议选择行业里领先的、与自有产品具有直接竞争关系的竞品，了解其核心功能、运营策略、设计思路和发展历史。

5.3.3 体验竞品功能

做竞品分析前，有必要体验竞品的相关功能，清楚竞品的核心功能和使用人群，了解竞品的优缺点和独特卖点，借此建立对竞品的基本认知。

一定不要轻视这些简单的准备工作。前期准备得越充分，对调研行业或领域和竞品越熟悉，后期做竞品分析时才会更得心应手，产出的竞品分析报告质量才会更高。

因此，在做竞品分析前，需要按照图 5-1 所示的竞品分析准备流程，做好准备工作。

图 5-1　竞品分析准备流程

5.4 如何做竞品分析

一次完整的竞品分析需要经过明确竞品分析目标、选择要分析的竞品、确定竞品分析框架、收集竞品数据信息、整理分析数据信息、撰写竞品分析报告这样 6 个步骤，即竞品分析 6 步法。

下面我们就一起学习竞品分析 6 步法。

5.4.1 第一步：明确竞品分析目标

竞品分析 6 步法的第一步是明确竞品分析目标。在这一步，需要根据产品所处的不同阶段，制定不同的竞品分析目标。

- 产品概念阶段：此阶段竞品分析的关注点是解决"做不做"的问题，对应的竞品分析目标是"找到产品机会、明确产品定位、判断做不做产品"。
- 产品规划阶段：此阶段竞品分析的关注点是解决"做什么"的问题，对应的竞品分析目标是"建立产品差异化、辅助产品需求分析、辅助确定产品功能列表"。
- 产品开发阶段：此阶段竞品分析的关注点是解决"怎么优化"的问题，对应的竞品分析目标是"找到竞品优势与自有产品的不足、找到产品优化与体验改进的方向"。
- 产品运营阶段：此阶段竞品分析的关注点是解决"怎么推广"的问题，对应的竞品分析目标是"建立产品差异化、了解竞品运营策略、辅助确定运营策略"。

在实际工作中，可以结合表 5-1 所示的产品各阶段的竞品分析关注点，来制定相应的竞品分析目标。

表 5-1　竞品分析目标制定参考

产品阶段	竞品分析关注点	竞品分析目标
产品概念阶段	解决"做不做"的问题	找到产品机会、明确产品定位、判断做不做产品
产品规划阶段	解决"做什么"的问题	建立产品差异化、辅助产品需求分析、辅助确定产品功能列表
产品开发阶段	解决"怎么优化"的问题	找到竞品优势与自有产品的不足、找到产品优化与体验改进的方向
产品运营阶段	解决"怎么推广"的问题	建立产品差异化、了解竞品运营策略、辅助确定运营策略

此外，还可以借助回答预设问题的方式，明确竞品分析的目标。

- 产品是什么？（给哪个产品做竞品分析）
- 产品当前处于什么阶段？（概念阶段、规划阶段、开发阶段、运营阶段）
- 产品主要面临什么问题与挑战？
- 本次竞品分析的目的是什么？（学习借鉴、决策支持、市场预警、产品改进）
- 本次竞品分析的目标是什么？（该不该做产品、找到产品定位、确定产品卖点、制定产品竞争策略、缩小与竞品的差距、与行业标杆比较）
- 竞品分析输出的成果是什么？

只要能清晰明确地回答上面这些预设问题，就可以轻松地确立本次竞品分析的目标。

我发现，大多数失败的竞品分析案例，其失败原因或多或少都跟分析目标不明确有关。因此，在做竞品分析时，一定要先明确竞品分析的目标。

5.4.2　第二步：选择要分析的竞品

在这一步，需要重点关注以下 4 类竞品。

- 本品所属市场中份额居前三的竞品。

- 具有大公司背景（支持）的竞品。
- 通过用户反馈了解到的竞品。
- 该领域的"鼻祖产品"。

相比其他类型的竞品，这 4 类竞品对后续竞品分析的借鉴意义更大。

在选择竞品时，首选直接竞品，然后才是间接竞品。因为，相比间接竞品，直接竞品的借鉴意义更大。

对于直接竞品与间接竞品之间的区别，有的读者可能不太了解，这里进行补充说明。直接竞品是指产品形式一致、用户群体一致的产品；间接竞品是指产品形式不同、用户群体类似的产品。

当完成以上两步之后，便来到了竞品分析的第三步。

5.4.3　第三步：确定竞品分析框架

做竞品分析时，借助竞品分析框架，可以快速确定竞品分析维度、方向及竞品数据收集范围，让之后的分析工作更容易。

确定竞品分析框架，可以把竞品数据收集控制在有限的范围之内，相当于给竞品数据收集任务确定了"边界"，从而更有针对性地完成竞品数据的收集，也提升了数据收集的效率。

确定竞品分析框架的方法是：结合本次竞品分析的任务，根据本次竞品分析想要达成的目标，从竞品分析框架库中挑选合适的分析维度和方向，把它们组织起来即可。

完整的竞品分析框架库主要包含以下 7 个部分。

- 行业发展部分：包括行业简介、发展现状分析、行业现状分析、市场规模分析、宏观经济环境分析和竞争态势分析。
- 团队背景部分：包括人才构成分析、资金优势分析、资源优势分析、技术背景分析。
- 产品定位部分：包括产品价值差异点分析、产品需求对比分析、产品定位对比分析。
- 产品用户部分：包括用户画像分析和用户场景分析。
- 功能设计部分：核心功能对比（部分分析需要精确到三级功能）分析、信息结构对比分析、功能结构对比分析和业务流程对比分析。
- 用户体验部分：包括页面布局分析、页面色彩分析、LOGO 设计分析、交互体验分析、使用体验分析。
- 竞争策略部分：包括产品策略分析、布局规划分析、商业策略分析、推广策略分析、运营策略分析、盈利模式分析。

关于竞品分析框架的确定，还需注意一点：做竞品分析时，一定要根据竞品分析的目标，有针对性地选择竞品分析的维度和方向，不要什么都分析；若什么都分析，既费时费力，还可能偏离本次分析的核心目标。

完成以上三步后，就得到了竞品分析的整体分析目标，找到了待分析的竞品，获得了完整的竞品分析框架。

接下来要做的就是围绕竞品分析框架进行竞品数据信息的收集，为正式的竞品分析做好准备。

5.4.4 第四步：收集竞品数据信息

在竞品分析 6 步法的第四步，需要搜集以下 6 类竞品数据信息。

- 第一类：行业报告。例如，行业分析报告、市场分析报告、行业趋势报告等。这类报告所提供的数据丰富，内容较为可靠。通过阅读行业报告，可以找到大量的竞品数据。行业报告是竞品数据的重要来源。如艾瑞网、199IT、企鹅智酷等都是可用的行业报告网站。

- 第二类：公司背景信息。产品经理可以通过访问相关专业网站获取竞品公司背景信息。例如：可以通过 IT 桔子网站的公司库和人物库，获知竞品公司的核心团队成员、创始人背景、投融资情况；也可以通过天眼查等平台获取竞品公司的经营状况、核心团队成员等数据信息。

- 第三类：媒体信息。例如，相关媒体发布的各类文章、竞品公司创始人的公开演讲，以及竞品公司发布的各类信息。这类信息中通常会夹杂一些产品经理需要的数据，但由于信息的准确性难以保证，因此其不作为竞品分析的主要信息来源。

- 第四类：核心数据信息。产品经理可使用专业工具来获取竞品的核心数据信息，如 App 的日活跃用户数、留存率、启动次数、使用时长等。这类专业工具的数据库里会存放大量竞品的数据信息，使用时只需要输入竞品名称，就能找到相应的竞品数据。例如：可以用艾瑞指数这个工具来获取竞品的用户画像信息；App 的日活跃用户数、启动次数、使用时长等核心数据，可以借助易观千帆这个工具来得到；对于运营中的推广效果数据，则可以通过 App Growthing 这个工具来获得。

- 第五类：产品基础信息。可以在 App Store 或者安卓应用商店里输入竞品名称，查看竞品在该渠道的下载量、版本迭代说明、用户反馈评价以及产品卖点等基础信息；也可以通过七麦数据、App Annie 这类竞品监控工具来获得所需的产品基础信息；对于 Web 类产品，则可以通过 Alexa 之类的工具来获取其排名、流量等基础信息。

- 第六类：竞品体验信息。这类信息主要通过产品经理亲身体验竞品的核心功能来获取。亲身体验竞品的核心功能，有助于产品经理充分了解竞品的功能、交互体验、优缺点及核心卖点。在整个体验过程中，需要牢记体验的目的是收集竞品数据信息，以免过于关注竞品有趣的功能，而忘记收集数据信息的情况发生。

在这一部分，建议大家先列出体验收集提纲，然后依照提纲完成相应的收集工作，最后将收集到的数据信息分门别类地放入不同的文件夹以备分析时使用。

在实际的竞品数据信息收集过程中，并不是所有的数据信息都能正常收集到。有时候，需要换个思路，通过其他方式来收集竞品数据信息。例如，可以向其他产品经理求助，也可以约竞品公司的人进行线下访谈等。

表 5-2 是我常用的竞品数据信息收集工具箱，大家可以根据不同的任务类型，从该工具箱中选取不同的工具进行竞品数据信息的收集。

表 5-2 竞品数据信息收集工具箱

分类	名称	简介	适用于查询的数据信息类型
行业报告网站	艾瑞网	中文互联网数据资讯研究平台	行业报告
	199IT	中文互联网数据资讯研究平台	
	比达网	市场研究和数据交流平台	
	易观分析报告	易观数据旗下的行业报告发布平台	
	QuestMobile	专业的移动互联网商业服务平台	
	企鹅智酷	腾讯科技旗下互联网产业趋势研究、案例与数据分析专业机构	
	行行查	行业研究数据库	
	艾媒报告中心	行业研究网站	
	易观千帆报告	易观千帆发布的行业分析报告	
	三个皮匠报告	专业行业报告分享网站	
	TalkingData	大型数据服务平台	
	极光报告	极光推送发布的行业报告	
专业网站	IT 桔子	商业信息与投融资项目数据库	公司信息 投资融资信息
	天眼查	企业信息查询平台	
专业工具	艾瑞指数	互联网用户行为数据分析平台	产品数据 用户画像信息
	易观千帆	移动互联网产品竞争分析工具	
	移动观象台	TalkingData 出品的移动应用数据监测平台	
专业工具	易观博阅	行业分析数据库	行业市场数据
	App Growthing	移动广告情报分析平台	运营推广数据
	阿拉丁	小程序数据统计分析平台	产品数据 产品方向数据
	艾媒数聚中心	行业数据、报告、资讯、研究专题聚合搜索工具	行业市场 行业报告
应用市场	七麦数据	可用于获取用户反馈、下载量、独特卖点、迭代历史信息	产品数据 运营数据
	App Annie	可用于获取用户反馈、下载量、独特卖点、迭代历史信息	
	CQASO	可用于获取用户反馈、下载量、独特卖点、迭代历史信息	

5.4.5 第五步：整理与分析数据信息

到了第五步，就可以正式做竞品分析了。在这一步，需要先从竞品分析方法库中，结合本次竞品分析的目标，挑选相应的分析方法，对获取的竞品数据信息进行科学、准确的分析，得出可靠的分析结果。

完整的竞品分析方法库由行业市场分析模块、团队背景分析模块、产品定位分析模块、用户特征分析模块、功能设计分析模块、用户体验分析模块和竞争策略分析模块组成。

接下来逐一介绍各模块下的分析方法如何使用。

5.4.5.1 行业市场分析模块

在行业市场分析模块中，主要使用行业/市场简介、发展状况分析和行业背景分析等分析方法。

● 行业/市场简介。

这个分析方法非常简单，主要是简述行业/市场相关背景信息。

● 发展状况分析。

发展状况分析由市场现状、市场规模、产品规模三部分组成。通过对上述三部分的分析，综合展现行业市场目前的发展状况，为企业进入新的市场领域及预测行业发展趋势，提供决策依据。

● 行业背景分析。

行业背景分析由宏观经济分析（PEST 分析）和竞争态势分析（波特五力分析）两部分组成，其主要作用是帮助企业掌握行业发展趋势和竞争态势的变化。

PEST 分析是从政治环境、经济环境、社会环境和技术环境对行业和市场进行分析的一种方法。PEST 分析模型如表 5-3 所示。

表 5-3　PEST 分析模型

环境	行业及市场分析
政治（Politics）	政策持续刺激教育信息化产品发展，包括建设三通两平台、微课创客、STEAM 教育等政策
经济（Economy）	1. 国家与家庭的投入拉动需求，资本推动行业竞争 2. 消费升级，知识付费习惯形成
社会（Society）	1. 移动互联网已经渗透大众生活的方方面面 2. 三孩政策出台 3. "70 后""80 后"家长普遍重视教育
技术（Technology）	1. 大数据智能分析 2. 语音识别与测评 3. 视频直播与互动 4. 智能设备与终端 5. 3D 打印、AR、VR 等技术

波特五力分析是从潜在进入者的威胁、供应商的议价能力、同行业现有竞争者的能力、替代品的威胁和购买者的议价能力 5 个不同的维度对行业市场进行分析的方法。图 5-2 为波特五力分析示例。

图内容：

作业盒子波特五力分析

潜在进入者的威胁
作业帮

供应商的议价能力
出版社资源授权

同行业现有竞争者的能力
家长通
小孩子点读

购买者的议价能力
有很多竞品供选择
转换成本很低

替代品的威胁
步步高点读机
好未来（线下）

图 5-2　波特五力分析示例

行业市场分析十分复杂，产品经理很难凭一己之力完成。因此，进行此模块的分析时，可采用摘抄专业的行业报告的方式去完成。

5.4.5.2　团队背景分析模块

团队背景分析模块主要分析竞品团队的背景，包括对竞品团队人才构成、资金优势、资源优势和技术背景的分析等。

这一模块的分析方法比较简单，只需要从之前搜集的资料中，找到并摘录相应的介绍即可。

5.4.5.3　产品定位分析模块

产品定位分析模块主要对竞品的产品定位进行分析，找到竞品之间的产品定位差异及各竞品的迭代路线。该模块中，使用的方法包括产品需求对比分析、产品价值差异点分析、产品定位对比分析三种分析方法。

1．产品需求对比分析

在产品需求对比分析中，需要预先研究用户有哪些核心需求，在表 5-4 所示的产品需求对比分析表的"产品需求"一栏中罗列出来；然后，在表的右侧勾选满足相应需求的竞品；最后，得出相应结论，完成产品需求对比分析。

表 5-4 产品需求对比分析表

产品需求	竞品 A	竞品 B	竞品 C	竞品 D	竞品 E

2．产品价值差异点分析

在产品价值差异点分析中，需要先找到竞品的相同对比点（如竞品都提供快捷搜索服务），然后通过同一个对比点，对比分析竞品的差异化价值（如竞品 A 主要提供生活服务类快捷搜索服务，而竞品 B 主要提供航班信息类快捷搜索服务）。产品价值差异点分析表如表 5-5 所示。

表 5-5 产品价值差异点分析表

竞品	对比点 A	对比点 B	对比点 C
竞品 A			
竞品 B			
竞品 C			

注：描述在相同对比点下竞品的差异化价值。

3．产品定位对比分析

在进行产品定位对比分析前，需要先找到竞品的产品定位、关键词和宣传语，然后依次填入表 5-6 所示的产品定位对比分析表中，进行对比分析。产品经理通过产品定位对比分析可以发现竞品之间的定位差异及各竞品的迭代路线。

表 5-6 产品定位对比分析表

竞品	产品定位	关键词	宣传语
竞品 A			
竞品 B			
竞品 C			
竞品 D			
竞品 E			

关于产品定位对比分析，还需要注意一点：在进行产品定位分析时，一定要从产品整体的

角度进行分析，避免出现过于追求细节的情况。

5.4.5.4　用户特征分析模块

用户特征分析模块主要分析用户的一些典型特征，借此发现自有产品与竞品之间的用户特征异同点。在这个模块，主要会用到用户场景分析和用户画像分析两种分析方法。

1．用户场景分析

进行用户场景分析需要在表 5-7 所示的用户场景分析表中依次填写各竞品的典型用户群体、主要使用场景和用户核心需求，然后进行横向对比分析，找到竞品的用户、场景、需求的差异点。

表 5-7　用户场景分析表

竞品	典型用户群体	主要使用场景	用户核心需求
竞品 A			
竞品 B			
竞品 C			
竞品 D			
竞品 E			

2．用户画像分析

进行用户画像分析时，需要先完成各竞品的典型用户画像，然后对典型用户画像进行综合对比分析，找到竞品用户的差异点，以辅助完成自有产品的核心导向设计分析。用户画像分析表如表 5-8 所示。

表 5-8　用户画像分析表

类别	竞品用户画像表
竞品名称	
姓名	
年龄	
性别	
婚姻状况	
收入	
兴趣	
职位	
用户特征	
用户需求	

注：用词或短语来描述用户的独特特征。

对竞品的典型用户画像进行分析，可以清楚地了解自有产品和竞品在用户、场景、需求层面的重合度。

5.4.5.5 功能设计分析模块

在这个模块，主要通过对比分析竞品的核心功能、信息结构、功能结构以及业务流程，找到竞品的设计亮点及可学习、借鉴之处，为自有产品的迭代提供思路。

1. 核心功能对比分析

进行核心功能对比分析时，首先需要列出竞品的功能结构（精确到三级功能），将各竞品相同的功能归类，形成表 5-9 所示的产品核心功能对比表。

表 5-9　产品核心功能对比表

一级功能（模块）	二级功能（功能）	三级功能（功能点）	竞品 A	竞品 B	竞品 C	自有产品
一级功能 A	二级功能 A	三级功能 A				
		三级功能 B				
	二级功能 B	三级功能 C				
		三级功能 D				
	二级功能 C	三级功能 E				
		三级功能 F				
一级功能 B	二级功能 A	三级功能 A				
		三级功能 B				
	二级功能 B	三级功能 C				
		三级功能 D				
	二级功能 C	三级功能 E				
		三级功能 F				

注：表格空白处填写 yes/no，yes 表示有该功能，no 表示无该功能。

其次，需要在产品核心功能对比表中依次填入竞品和自有产品的各项功能。

接下来，依据功能对比表，对比分析不同竞品对各功能点的实现情况（勾选已实现相应功能点的竞品）。

最后，根据对比分析结果，找到自有产品与竞品之间的功能差异，发现竞品在功能层面的可学习、借鉴之处，为自有产品的迭代提供思路。

2. 信息结构对比分析

进行信息结构对比分析时，首先需要绘制各竞品的信息结构图（信息结构图的绘制方法见本书第 10 章）。然后，对各竞品的信息结构图进行横向对比分析，发现竞品之间信息结构的设计差异，找到竞品在信息结构部分的可学习、借鉴之处。

3．功能结构对比分析

进行功能结构对比分析时，首先需要绘制各竞品的功能结构图（功能结构图的绘制方法见本书第 10 章）。然后，对各竞品的功能结构图进行横向对比分析，发现竞品之间功能结构的设计差异，找到竞品在功能结构部分的可学习、借鉴之处。

4．业务流程对比分析

进行业务流程对比分析时，同样需要先绘制各竞品的业务流程图（业务流程图的绘制方法见本书第 9 章）。然后，对各竞品的业务流程图进行横向对比分析，找到竞品在业务流程设计上的优势和可借鉴之处，指导改进和优化自有产品的业务流程设计。

5.4.5.6 用户体验分析模块

在用户体验分析模块，主要分析各竞品的页面设计、交互体验和使用体验。

1．页面设计分析

页面设计分析主要对比各竞品页面设计的差异点，找到竞品在页面设计上的亮点和可学习、借鉴之处。进行页面设计分析时，只需要列出竞品的核心页面，阐述相关分析结果即可。

2．交互体验分析

和页面设计分析类似，交互体验分析也需要列出竞品的交互设计截图，阐述竞品在交互体验部分的可学习、借鉴之处。

3．使用体验分析

相比于前两个分析，使用体验分析更加主观。因为使用体验分析要求对竞品的使用体验进行总结式分析，给出竞品在使用体验上的优缺点和可学习、借鉴之处。

5.4.5.7 竞争策略分析模块

在竞争策略分析模块，主要分析竞品的产品策略、商业策略、推广策略、运营策略和盈利策略。

在这个模块的分析中，需要结合之前搜集的各类资料，归纳总结出竞品的竞争策略和竞争优势，并撰写相应的分析结果，为自有产品的发展提供决策依据。

进行该模块的分析时，要从整体策略角度对竞品进行分析，避免出现过于追求细节的情况。

5.4.5.8 总结分析模块

总结分析模块主要总结整个竞品分析的结果，从而对自有产品的发展从整体给出策略性建议。这个模块最常用的分析方法是 SWOT 分析。在进行 SWOT 分析时，需要填写 SWOT 分析表某短视频产品的 SWOT 分析，如表 5-10 所示。

表 5-10 某短视频产品的 SWOT 分析

机会（Opportunity，O）	优势（Strength，S）	劣势（Weakness，W）
1．碎片化娱乐流行，短视频行业站上风口	1．市场份额大	1．商业模式仍然比较单一
2．网速提升，短视频为主要娱乐方式	2．获今日头条资金支持，海外布局领先	2．原创内容门槛高，用户原创热情不高
3．"网红经济"发展，关键意见领袖带动力强	3．具有强大的算法分发机制，形成技术壁垒	3．过度依赖算法，易产生信息茧房效应
4．传统媒体转型，自媒体发展	4．具有丰富的原创内容，内容风格独特	4．审核机制不完善，容易触碰红线
	5．信息流广告变现能力强	5．缺乏社交生态

续表

	SO 战略　　增长型战略	WO 战略　　扭转型战略
	利用强有力的智能算法、有效的运营模式，提高内容质量，快速占领用户群，抢占市场份额 利用庞大的用户量，提高产品在短视频领域的竞争力	激励更多用户创造内容，沉淀社交关系，建立更加贴近用户的运营架构，优化流量分发机制
威胁（Threat，T） 　1．监管政策严格 　2．赛道产品拥挤度高 　3．人口红利见顶，获客费用提高 　4．头部用户忠诚度存疑	ST 战略　　多种经营战略 研发算法审核机制，规避政策风险 利用自身技术运营优势，抢占市场份额	WT 战略　　防御型战略 优化推荐算法，提高用户黏度；使市场下沉，抢夺 3、4、5 线市场用户；完善质量把控机制，防范政策风险

5.4.6　第六步：撰写竞品分析报告

竞品分析报告是产品经理给团队成员和公司领导传递竞品分析结果的重要工具。

在撰写竞品分析报告时，一定要本着利于他人阅读和理解的原则，采用结构化的展现方式将全部的分析结果依次呈现于报告之中。

竞品分析报告的内容需要重点明确，做到简洁、有效。整个报告力求以简洁的语句向读者展示分析过程及结论，以节约读者阅读报告的时间。

此外，还需要在竞品分析报告中写明本次竞品分析的目的，填写目标竞品的相关信息（竞品的名称、版本信息、体验环境、体验时间、竞品概述）。

对于报告中引用的第三方数据、图表和论点，要标明其来源。例如，"来源：易观千帆移动社交 2021 年度分析报告"。

最后，报告附录中需要写明本次竞品分析数据的详细出处，整个报告做到有理有据，令人信服。

5.5　竞品分析中的常见错误

要想做好竞品分析，除了需要掌握竞品分析 6 步法中每一步的分析技巧，并且合理使用相关竞品分析框架和分析方法外，还需要了解竞品分析中的一些常见错误。

竞品分析主要有以下六类常见错误。

5.5.1　错误一：没有给出分析结论

整个竞品分析只有对各部分宽泛的说明，没给出相应的分析结论。做竞品分析为的是给自有产品找寻发展机会、提供发展思路与发展方向。没有结论的竞品分析，对自有产品发展的参考意义非常有限。

5.5.2 错误二：没有明确的分析目的

整个竞品分析缺乏明确的分析目的，随意分析。竞品分析是一个目的性非常强的工作，无法帮自有产品解决现有问题的竞品分析，对于自有产品的发展来说，其参考价值也是非常有限的。

5.5.3 错误三：分析带有主观倾向性

这种错误主要体现在没有对竞品进行客观公正的分析，整个分析过程带有严重的主观倾向性。竞品分析是一种严谨、科学的工作，每个结论的得出都要有数据或证据的支撑。因此，在做竞品分析时要学会正视自有产品的不足，用理性的方式进行分析，不要在分析的过程中掺杂个人情感，按自己的主观喜好判断竞品的好坏。

5.5.4 错误四：一味追求大而全

评价竞品分析做得好不好的标准之一是竞品分析报告是否产生价值。好的竞品分析报告内容具体、重点明确，对自有产品的发展具有参考价值。而一味追求大而全，堆砌过多内容的竞品分析报告看上去很完美，实际对自有产品的发展起到的促进作用微乎其微。

5.5.5 错误五：内容浅显、缺乏深度

内容浅显、缺乏深度的竞品分析看似产出了很多的分析结论，但每一条结论都无法对改善自有产品起到实质性的作用。做竞品分析时，要以得出有深度、有价值、有作用的分析结论为宗旨，避免流水账式的浅显分析。

5.5.6 错误六：数据缺乏严谨性

数据缺乏严谨性是竞品分析中常见的错误之一。竞品分析是一个严谨的过程，相关数据也必须具有严谨性。一个连数据来源都不明确的竞品分析，其结论的可信度可想而知，谁又敢拿它作为后续产品改进的行动指南呢？

最后，产品经理还需要知道：竞品分析中用到的套路和模板只是辅助分析的工具。进行具体的竞品分析时，要学会变通，以达到最终目标为宗旨，根据实际的分析目标，适当地选择分析维度和方法，不要一开始就生搬硬套各种套路和模板，最终做出看起来很专业，但实际用途非常有限的竞品分析报告。

下面，我们就结合案例，一起来看看竞品分析到底该怎么做。

5.6 案例分析：叨叨记账竞品分析

案例背景：假如你是叨叨记账的产品经理，有一天你接到产品总监安排的一个任务，需要你对叨叨记账进行竞品分析。其目的主要是通过与同类寡头 App 做对比，从产品功能、市场

和战略布局角度为叨叨记账未来的发展给出建议。

5.6.1 先导步骤：分析前的准备工作

接下来，我们就使用竞品分析 6 步法对叨叨记账进行竞品分析。

5.6.2 第一步：明确竞品分析目标

竞品分析 6 步法的第一步是明确竞品分析目标。这次竞品分析的主要目标是通过分析竞争对手的产品，取长补短，不断优化改进自有产品；同时，通过研究市场和竞争对手的战略布局，为自有产品下一步的发展提供建议。

5.6.3 第二步：选择要分析的竞品

竞品分析 6 步法的第二步是选择要分析的竞品。结合应用市场记账类 App 的排名，竞品公司的规模和背景、行业知名度等信息，最终选择随手记作为本次分析的竞品。

随手记属于叨叨记账的直接竞品，其市场份额居前三（如图 5-3 所示）、具有大公司背景，而且是这个领域的"鼻祖产品"，因此，选择随手记这款产品作为竞品是非常合适的。

	应用榜(免费)	财务(免费)
1. 鲨鱼记账-　　　　　　　 Beijing Shark Pioneer Network Technology Co.,Ltd 财务 ★★★★★ 4.9　搜索排名相比 昨天 ↗ 0 ┗	203	17
2. 随手记-　　　　　 Kingdee 财务 ★★★★★ 4.9　搜索排名相比 昨天 ↗ 0 ┗	455	49
记账投资随享会员 -　　　　 随手记-记账财务专业软件		
3. 喵喵记账-　　　　　　　 重庆书漫文化传播有限公司 财务 ★★★★★ 4.9　搜索排名相比 昨天 ↗ 0 ┗	708	69
	应用榜	效率(免费)
4. 圈子账本-　　　　　 杨冬雨 刘 效率 ★★★★★ 4.9　搜索排名相比 昨天 ↗ 0 ┗	-	107

图 5-3　随手记在应用市场的排名

5.6.4 第三步：确定竞品分析框架

竞品分析 6 步法的第三步是确定竞品分析框架。根据本次竞品分析任务的描述，从完整的竞品分析框架库中挑选如下分析维度和方向，组成本次竞品分析所用的竞品分析框架。

- 行业发展部分：市场规模分析、行业现状分析、发展现状分析、行业背景分析。
- 产品定位部分：产品需求对比分析、产品定位对比分析、产品价值差异点分析。

- 产品用户部分：用户场景分析、用户画像分析。
- 功能设计部分：核心功能对比分析、信息结构对比分析、功能结构对比分析和业务流程对比分析。
- 用户体验部分：页面布局分析、交互体验分析。
- 竞争策略部分：产品策略分析、商业策略分析、运营策略分析。

本次竞品分析所用的竞品分析框架如图 5-4 所示。

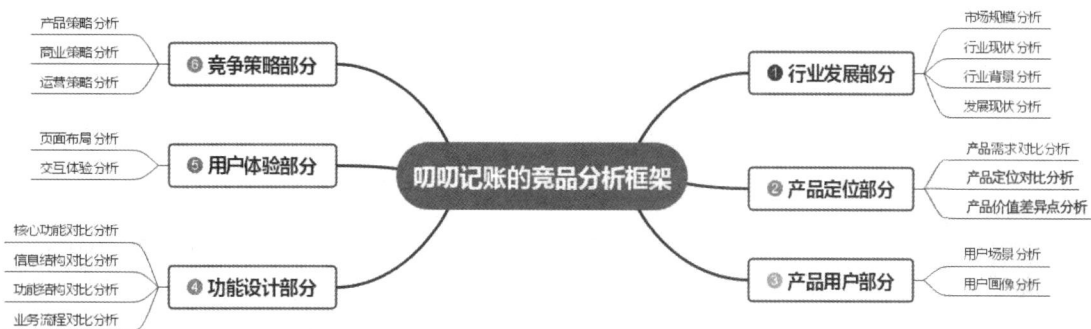

图 5-4　叨叨记账的竞品分析框架

注：竞品分析框架的确定在实际工作中没有统一标准。即使同一个竞品分析任务，不同的产品经理搭建的竞品分析框架也可能各不相同。

5.6.5　第四步：收集竞品数据信息

本次竞品分析，主要通过以下渠道收集竞品数据信息。

- 通过易观千帆、199IT、艾瑞网获取行业报告。
- 通过 36Kr、百度获取媒体资讯中随手记的相关信息。
- 通过酷传、七麦数据获取随手记的基础信息。
- 通过易观千帆、艾瑞指数获取随手记的核心数据信息。
- 通过亲身体验获取随手记的功能和体验信息。

5.6.6　第五步：整理与分析数据信息

经过上面四步的准备工作，这一步就可以开始正式的竞品分析了。

5.6.6.1　行业发展部分

在这一部分，首先要做的是行业背景分析。结合图 5-5 所示的记账类 App 活跃人数总量与增长率，可以简要地描述分析结果：人们对记账类 App 有着强烈的需求，希望借助工具管理个人财务，了解个人收支情况。另外，这类 App 也是金融理财产品的天然流量入口。

完成行业背景分析后，接下来要做的是市场规模分析。这一部分主要从用户规模和市场表现两个方面进行分析。

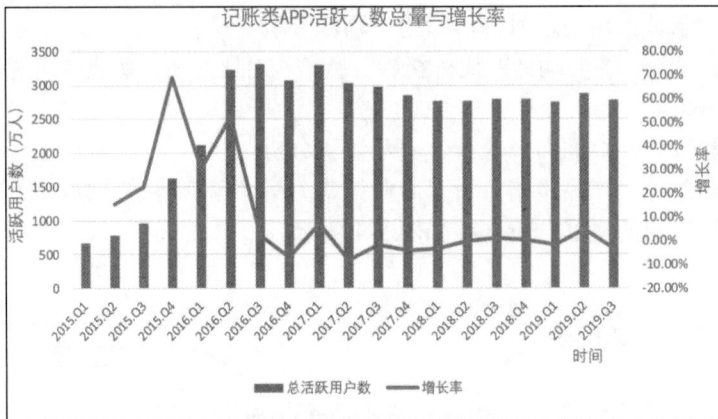

图 5-5　记账类 App 活跃人数总量与增长率（来源：易观数据记账类 App 行业报告）

用户规模方面：通过查看行业报告可以发现"2016 年"是个重要的时间节点，在此之前各类记账 App 的用户规模一直在高速增长；2016 年之后由于红利消失，增长放缓，用户规模的增长趋于稳定。

市场表现方面：通过研究图 5-6 所示的行业资料发现，记账类 App 梯队分层明显，经过这么多年的发展，随手记始终占据榜首，与第二名相比优势明显。

2019 年第 3 季度，叨叨记账的用户规模表现出了 34.8% 的环比增幅，成为第二梯队的领头羊；叨叨记账作为一款记账类新产品，处于快速成长期。

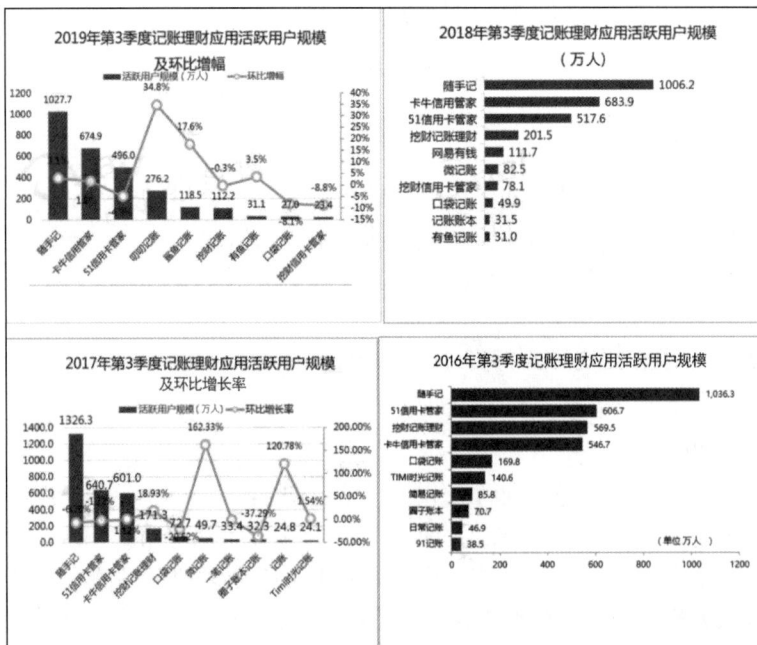

图 5-6　记账理财应用用户规模（来源：易观千帆记账理财应用分析报告）

5.6.6.2 产品定位部分

仅仅弄清楚两款产品的用户规模和市场表现还不够，还需明确两款产品各自的核心价值。经过分析，随手记的核心价值主要体现在以下方面。

- 提供市场占有率高，用户规模大。
- 提供专业记账服务，对记账需求深度挖掘。
- 记账社区极大地提升了用户黏性，大大增加了用户使用时间。

叨叨记账的核心价值则主要体现在以下方面。

- 开辟了新的使用场景。
- 新颖的记账形式带来话题与新鲜感。

5.6.6.3 产品用户部分

这一部分主要分析两款产品的用户使用场景。

用户的需求主要体现在随时随地快速有趣地记账，便捷地对账目分类、汇总与可视化显示、消费预算设置与余额更新提醒，获取有用的理财知识和高性价比的消费指导上。

叨叨记账在账目分类与汇总、特殊场景记账、理财知识获取功能上，相比随手记有明显的差距，不过随手记缺乏高性价比消费指导功能。对比的结果如表 5-11 所示。

表 5-11　用户场景分析

使用场景	用户需求	随手记功能	叨叨记账功能
日常开销多且杂乱，用纸笔记账没办法做到随花随记	随时随地快速、简单地记账	记一笔功能：快速模板化记账	用户发出消息，记录账目
进行账目汇总及分析时有困难，需要长时间计算	便捷地对账目进行分类、汇总与可视化显示	超级流水功能：支持收支分类，图表（饼图和条形图）显示	账目分析功能：支持收支分类，图表（饼图和折线图）显示
想细分账目，了解自己在日常生活、投资、借贷等方面的账目细节	账目细分，形成二级账本，进行并汇总与可视化显示	超级流水功能：支持收支、投资、借贷、娱乐四方面的二级账本的可视化显示	无
在特殊场景下，希望使用定制的账本	有针对不同场景的定制账本	场景功能：存在多种针对不同人群、不同场景的定制账本	无
想通过记账的方式，控制自己的支出，每个月按预算花钱	设置预算，并随时更新预算余额	支持总预算与二级预算的设置，随时显示预算余额	支持总预算设置，并提醒用户每天的支出是否超过预算
记账枯燥乏味，难以长期坚持	需要记账方式有趣味性，以保持记账动力	记账社交化：通过社区组件，促进用户互动，利用用户的社交化行为增强用户持续记账的动力	记账娱乐化：通过聊天的方式记账，用户可将聊天对象设置为偶像、恋人、家人等，将记账过程变成与对方互动聊天的过程，增强了趣味性；调教功能使得聊天对象回复更加智能，引起用户兴趣，增强用户的记账意愿

续表

使用场景	用户需求	随手记功能	叨叨记账功能
记账过程中对如何理财有疑惑,不知道如何解决财务问题	在记账的同时获得理财知识,在财务问题上获得帮助	社区模块:用户可在此分享理财经验;内嵌理财学院、信用卡办理、贷款业务的推广页入口,可进行商业导流	无
记账过程中,有了一定的积蓄,想进行消费,尤其是能省钱的消费	在记账的同时有了消费欲望,想找到省钱渠道	无	通过 0 元购、购物返利入口,进行各种消费平台的导流

通过上述分析,我们可从整体了解两款产品各自的特点,如表 5-12 所示。

表 5-12　两款产品的特点

随手记	叨叨记账
1. 市场占有率高,用户规模大。用户的使用习惯已经形成,长时间的使用使得其迁移成本高。并且行业龙头的地位使得产品有更大的议价空间,容易拓展周边合作,提升用户黏性 2. 专业的记账服务,对记账需求深入挖掘。深挖用户需求,独创记一笔、超级流水、模板记账、场景账本等功能,对各种场景、各类用户的各方面财务需求,都能提供专业、细致、便捷的服务 3. 记账社区的形成。社区形成与用户的互动习惯,极大地提升了用户黏性,大大增加了用户使用时间	1. 开辟了新的使用场景。新的记账模式,增强了趣味性;开拓了新的使用场景,覆盖了传统记账 App 覆盖不到的用户 2. 新颖的记账形式带来话题与新鲜感。这有助于形成一定的网络口碑,带来巨大的流量

经过上述几步,我们差不多弄清了两款产品的整体功能设计思路。接下来,要对竞品的功能设计进行进一步的分析。

5.6.6.4　功能设计部分

在这一部分,需要对两款产品从整体视角进行功能对比分析。

注:由于两款产品的功能点对比分析比较简单,在这里就不详述了,感兴趣的读者可自行对比分析。

1. 核心功能对比分析

通过对比可以发现,随手记凭借场景化及专业化的记账服务,形成差异化竞争优势,成为行业龙头。并且凭借其优势地位更多地与金融机构、其他软件合作,进一步巩固自己的地位,形成良性循环。

叨叨记账则另辟蹊径,在对于记账模块力求简单直接的同时,在娱乐性、趣味性方面进行探索,将记账与虚拟人物对话联系起来,开辟出新的使用场景,同时增强了用户使用意愿并提升了用户使用黏性。

2. 信息结构对比分析

通过绘制叨叨记账和随手记的信息结构图(信息结构图的绘制方法见本书第 10 章),发现叨叨记账的信息结构更为简单,模块划分也更为清晰,各模块之间的信息结构相对独立,提升了用户的操作效率，降低了用户的学习成本。不过，由于模块间信息独立，叨叨记账也出现模块间信息导流效果较差的问题。叨叨记账信息结构图如图 5-7 所示。

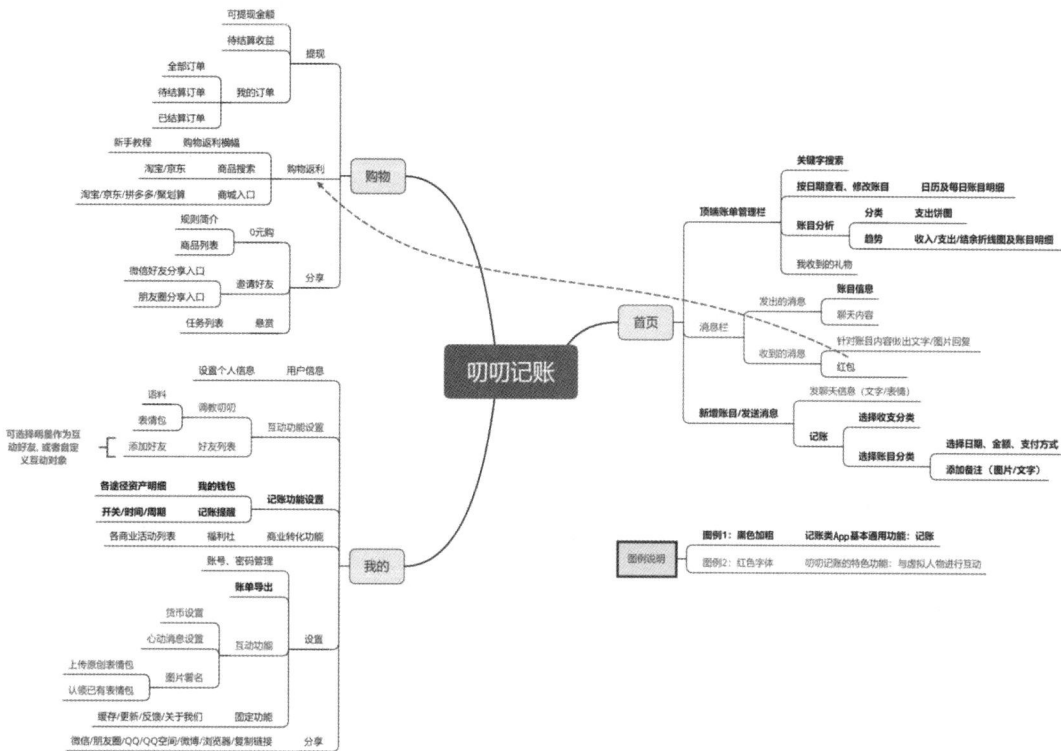

图 5-7　叨叨记账信息结构图

相比于叨叨记账，随手记的信息结构要复杂得多，如图 5-8 所示。随手记的功能丰富，但整体信息结构不够清晰，有较多冗余，产品使用体验不如叨叨记账。

产生这种情况的原因一方面是随手记走的是全局路线，模块之间相互嵌套，相同的信息在不同位置反复出现，用户在使用过程中难免会感到混乱；另一方面，随手记将商业化导流策略贯彻得十分彻底，导流模块被嵌入其他各个模块，在提升导流效果的同时，对整体的信息结构会有较大的影响。

3．功能结构对比分析

这两款产品主要的功能是记账功能、查看收支功能和商业化功能。功能结构对比分析主要围绕这三个功能展开。

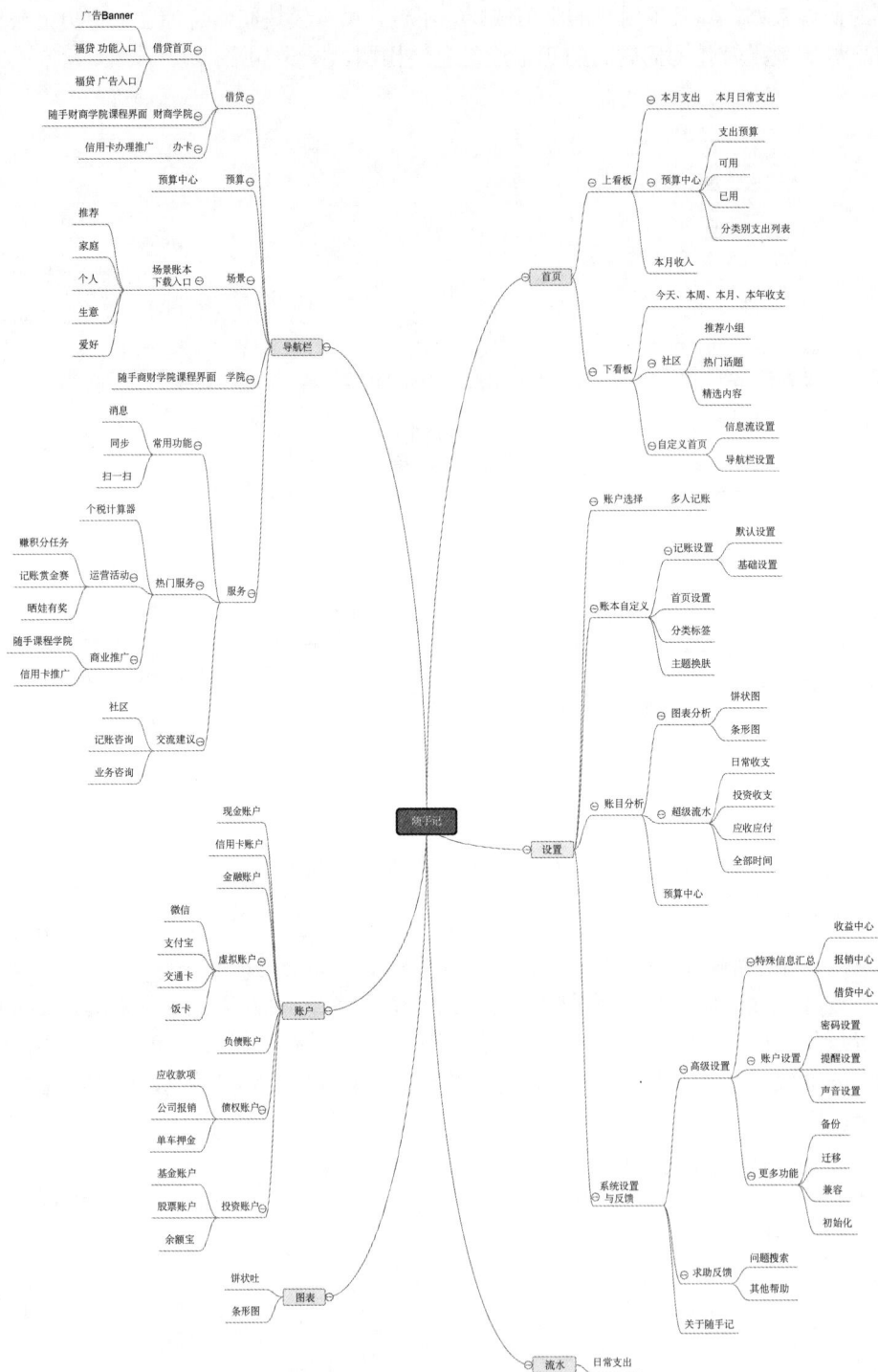

图 5-8 随手记信息结构图

　　首先，对比这两款产品的记账功能流程图（如图5-9和图5-10所示），发现对于记账功能，两款产品都有直达式的业务流程，都能满足用户便捷记账的需求。

　　叨叨记账的记账入口仅有一个，而随手记的记账入口较多，通过各种方式引导用户记账。相对于叨叨记账，随手记在功能细节、记账场景和人群需求方面都做得较好，充分体现了其专业性。

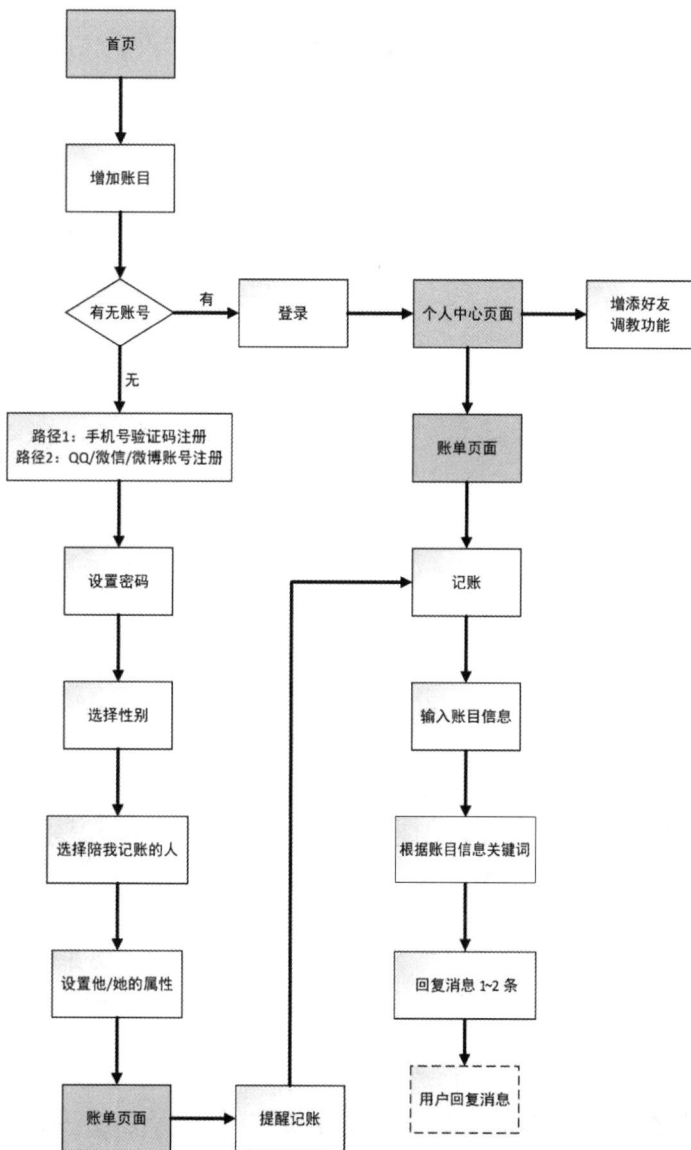

图5-9　叨叨记账的记账功能流程图

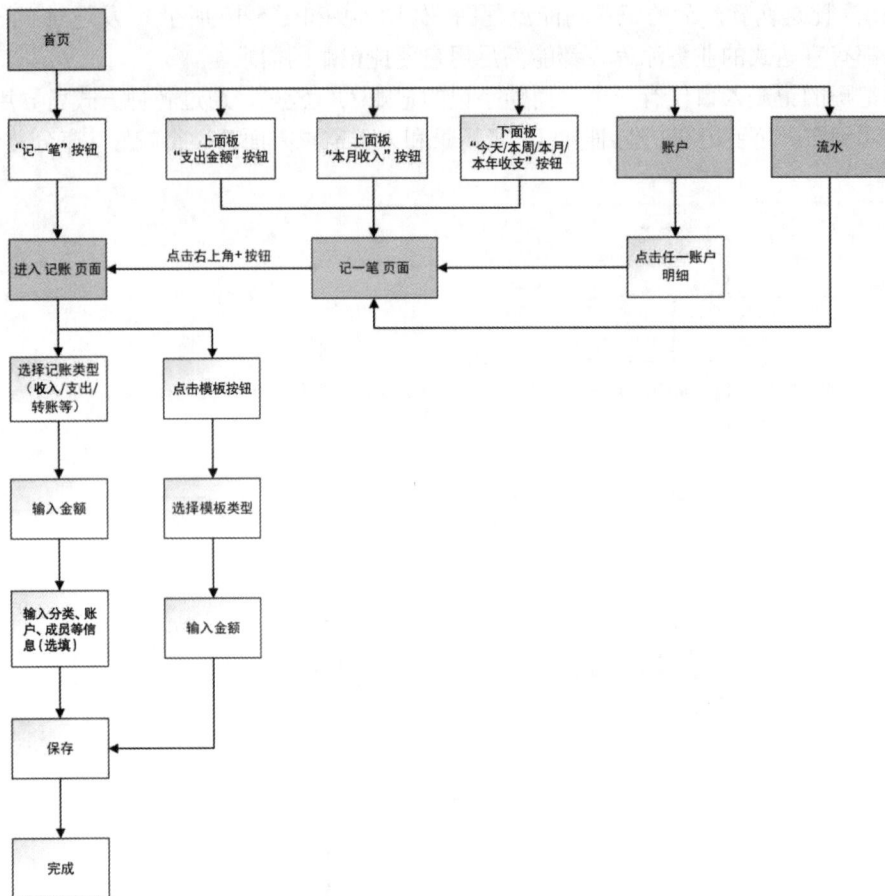

图 5-10 随手记的记账功能流程图

接下来对比两款产品的查看收支功能流程图。

通过对比分析图 5-11 和图 5-12，发现叨叨记账查看收支的路径十分清晰，其用较少的入口引导用户一步步操作，信息一次性全部呈现，简单明了。而随手记由于追求查看入口的多样性，记账入口较多。

由于随手记的账目更加细化，所以随手记采用分层的方式来呈现各种明细信息。对于粗浅的账目信息，查看路径非常浅，而对于更加详细的账目信息，查看路径比较深。这对于有不同需求的用户来说是非常不错的设计。

最后，对比两款产品的商业化功能流程图。

随手记的商业化模块有较多导流入口，但没有完整的商业化功能。其原因是，具有较大体量的随手记，仅仅做好导流，商业化营收效果就非常可观了。

叨叨记账的商业化功能流程图如图 5-13 所示。叨叨记账因为没有产品矩阵的联动，内嵌的购物功能就成为商业化的重要手段，整个商业化模块几乎与其他模块平行存在。

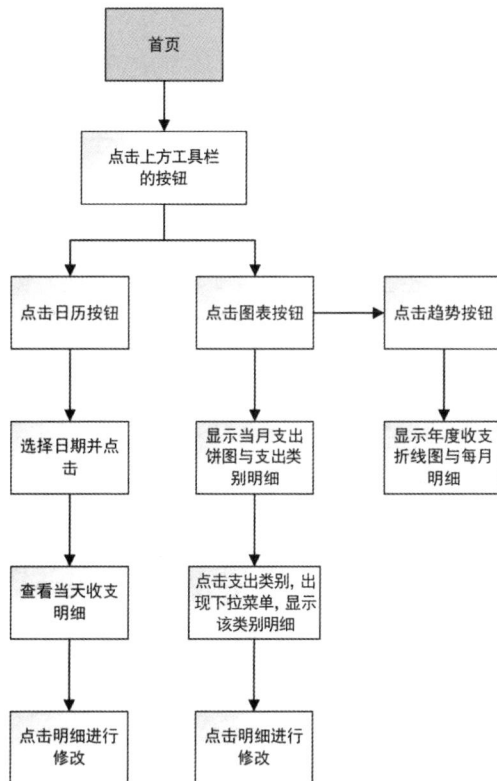

图 5-11 叨叨记账的查看收支功能流程图

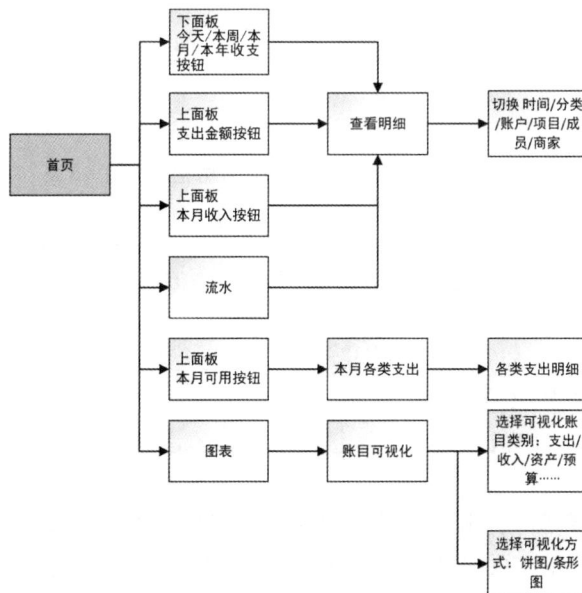

图 5-12 随手记的查看收支功能流程图

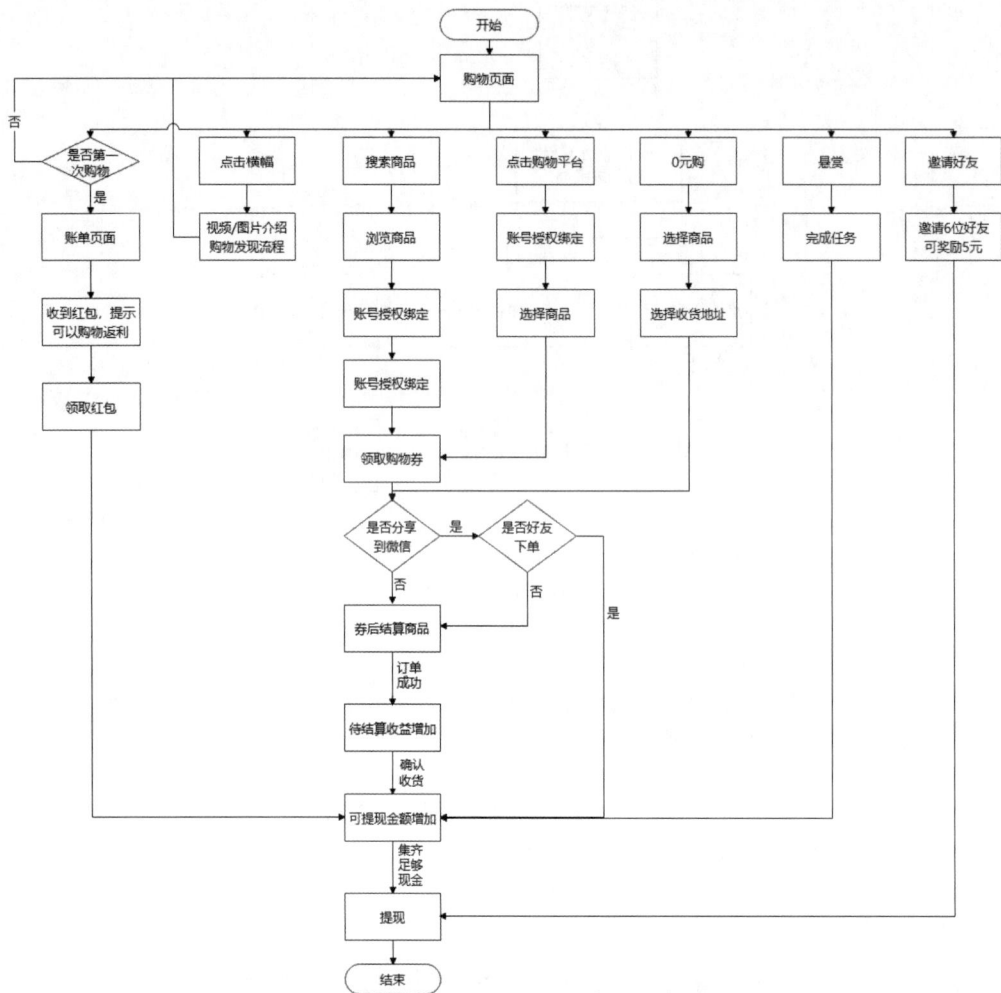

图 5-13 叨叨记账的商业化功能流程图

虽然叨叨记账的商业化模块提供现金奖励、零元购物的激励，并联动各个电商平台，刺激用户消费，但整个流程十分长且复杂，购物模块与记账功能模块严重割裂，极大地削弱了此模块的可用性。

因此叨叨记账在这一部分的功能流程设计上存在较大的改进与提升空间。

5.6.6.5 用户体验部分

完成了两款产品的功能设计分析之后，接下来要做的是分析产品的页面布局和交互体验两个方面。

随手记秉承专业、全面、细致的风格，整体偏向工具类软件。因此，随手记的页面更像记账本，如图 5-14 所示；记账页面分类也更细，并且提供了各种模板供用户使用。随手记的页面设计非常具有专业感。

图 5-14 随手记页面设计风格

叨叨记账将记账与和虚拟人物互动相结合，所以整个页面设计得完全不像账本，而是以对话页面的形式呈现，如图 5-15 所示。叨叨记账整个页面以及与虚拟人物对话的风格走可爱路线，目标用户群体十分明确，非常符合其娱乐向工具产品的定位。

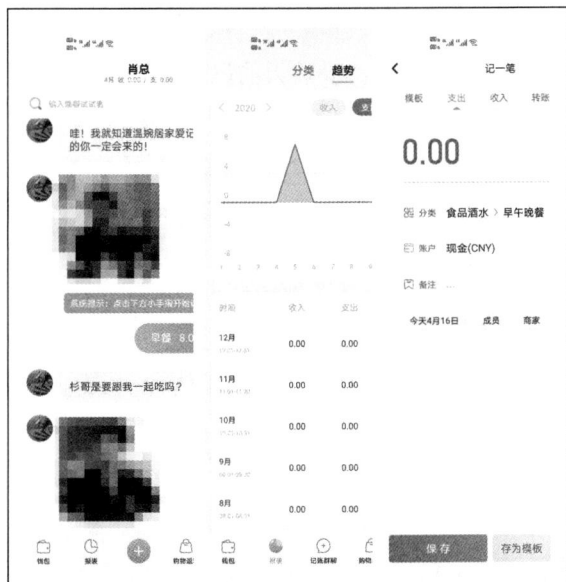

图 5-15 叨叨记账页面设计风格

通过这部分的对比分析可以发现，由于两款产品的定位完全不同，因此页面布局和交互体验也是迥然不同的。

5.6.6.6 竞争策略分析部分

在这一部分，主要对两款产品的发展策略（也就是迭代策略）进行分析。

通过七麦数据的历史记录功能，可以追踪到两款产品的版本更新历史记录。对比分析后，有了如下发现。

随手记作为行业领头羊，产品定位一直是"专业的全能账本"，且产品迭代方向一直遵循这一定位。而且，通过分析图 5-16 发现，就算是处于行业领先地位，随手记的迭代速度依然很快。这说明随手记希望通过快速迭代拉开与竞争对手的差距，进一步稳固自己的行业领先地位。

图 5-16　随手记迭代策略演进

叨叨记账在经过几次迭代后，找到了"会聊天的记账本"的产品定位。其迭代侧重点为娱乐功能，记账功能迭代的速度反而不是那么快，如图 5-17 所示。

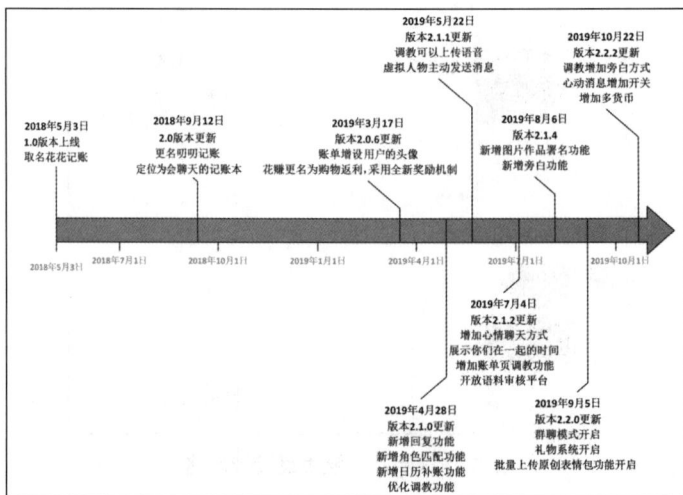

图 5-17　叨叨记账迭代策略演进

通过对产品的迭代策略进行分析,发现两款产品的迭代方向和迭代趋势与两款产品的定位策略高度符合。

5.6.7 第六步:分析总结

除了需要完善基础记账功能之外,如何找到令用户不反感的变现模式,利用好当前的种子用户,发掘用户更多的娱乐消费场景,形成商业正向循环,也是叨叨记账未来需要重点考虑的。

最后,还需要写一份有效的竞品分析报告,才算完成任务。

注:由于篇幅有限,笔者精简了案例分析的部分内容。对这部分感兴趣的读者,可借助本书所述的竞品分析6步法,自行分析。

通过案例分析可以得知,竞品分析能够让我们对自有产品有更加深入的了解。只有在真正了解竞品的情况之后,才能根据实际情况找到自有产品的发展策略与改进方向。

5.7 竞品分析行动清单

可以对照下面的行动清单,一步步地完成竞品分析。

- 明确竞品分析目标。
- 选择要分析的竞品。
- 确定竞品分析框架。
- 收集竞品数据信息。
- 整理与分析数据信息。
- 撰写竞品分析报告。

5.8 本章小结

本章主要介绍如何做好竞品分析,重点内容如下。

(1)根据竞品分析的使用场景,选择不同的分析侧重点。

(2)做好竞品分析前的准备工作,了解相关行业和竞品。

(3)明确竞品分析的目标,避免随意地分析。

(4)注意选择高价值竞品进行分析与研究。

(5)根据竞品分析的目标,确定竞品分析框架。

(6)做好竞品数据信息收集,没有足够的数据信息作为支撑,分析结论的价值非常有限。

(7)要从分析中发现结论,而不是通过分析来证明自己的主观结论。

(8)竞品分析报告中的分析逻辑和观点要简明有力,让人读不懂的竞品分析报告毫无价值。

(9)根据情况灵活运用套路和模板,避免生搬硬套的情况发生。

(10)避免犯竞品分析的常见错误。

5.9　知识模型

我总结了本章的知识模型，读者可以关注公众号"cpzjguoshan"，输入关键词"B1C501"下载收藏模型，为自己的产品经理知识拼图新增一块内容。

注：知识模型为脑图软件 MindMaster 专用格式，请读者使用 MindMaster 软件查看。

5.10　报告模板

我还准备了竞品分析报告的模板，读者可以关注公众号"cpzjguoshan"，输入关键词"B1C502"下载模板，以完成高质量的竞品分析报告。

5.11　实用工具

我还归纳整理了竞品分析数据收集工具箱、竞品分析框架等实用工具，读者可以关注公众号"cpzjguoshan"，输入关键词"B1C503"下载这些工具，帮助自己提升竞品分析的效率。

5.12　大咖助力

产品大咖说："竞品分析是优秀产品经理的必备核心技能。"

如果你在竞品分析中遇到了什么困难，欢迎你加我微信：pmguoshan，让我来帮帮你。

5.13　练习实践

假设你是某笔记类应用的产品经理，请你为自有产品进行一次全面的竞品分析。

第6章　如何高效获取与判断需求

本章导语："需求"一词对产品经理来说并不陌生。在产品经理的日常工作中，每天都要和各种需求打交道。因此如何获取需求、如何判断需求的真伪性是产品经理必须要掌握的核心技能之一。

那么，到底该如何获取需求，又如何判断需求的真伪性呢？

本章将围绕需求的获取与判断这个话题，介绍高效获取与判断需求的方法，帮助产品经理掌握这项技能。

6.1　需求的定义

古语说："知己知彼，百战不殆。"要想成功获取需求，首先需要知道需求到底是什么。

营销学之父菲利普·科特勒在他的著作《营销管理》中界定了三个概念：需要、欲望和需求。

- 需要指人在某些方面没有得到满足而产生的不足或短缺的感觉，是人们对某种东西感到缺失的一种心理状态。在此基础之上，马斯洛将需要进行细分，提出了图 6-1 所示的马斯洛需求层次理论模型。
- 欲望指人们想得到基本需要的具体满足物的愿望。欲望有明确的指向性和选择性，比需要更具体。例如，有的人饿了想吃汉堡和薯条，而有的人饿了想吃米饭和炒菜，等等。
- 需求指人们在一定场景下，产生的某种欲望或者解决某些问题的需要。相对于"需要"和"欲望"，需求更强调产生于一定的场景下。离开场景的需求，算不上真正的需求。

为了帮大家更好地理解什么是需求，接下来介绍需求的 3 种类型。

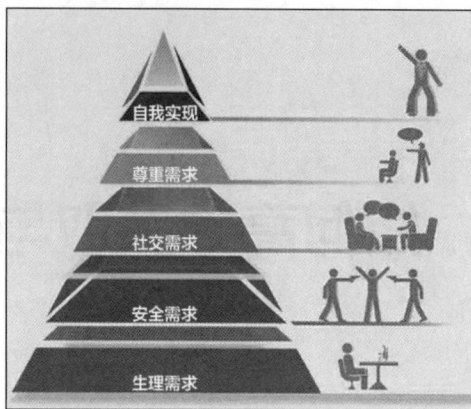

图 6-1 马斯洛需求层次理论模型

6.2 需求的 3 种类型

需求的 3 种类型分别为用户需求、业务需求和产品需求。

- 用户需求指由用户驱动,在某个特定的场景下,产生的解决某个问题或者满足某个欲望的需要。例如,饿了用外卖 App 点餐、出门用出行 App 叫车。
- 业务需求指由公司或组织利益驱动,为实现公司或组织相关利益或者提升工作效率而产生的需求。例如,图 6-2 所示的微信的支付服务和今日头条的信息流广告。

图 6-2 微信的支付服务和今日头条的信息流广告

● 产品需求指由产品经理提出的用于满足用户和业务需求的产品方案的表达。

其中，用户需求和业务需求分别代表用户和公司或组织在特定场景下的"需要"和"欲望"，是产品需求的核心来源。而产品需求是产品方案的一种表达方式。用户需求、业务需求和产品需求三者之间的关系如图 6-3 所示。

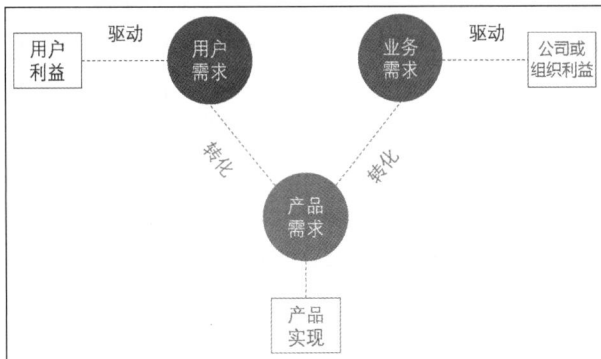

图 6-3 三类需求之间的关系

明确了需求的定义和类型后，就可以开始获取需求了。获取需求的方法有很多，这里推荐采用需求获取矩阵获取需求。

6.3 需求获取矩阵

需求获取矩阵由内外两大获取渠道、7 种有效获取途径组成。通过这个矩阵，需求获取变得更加体系化和结构化。因此，其也是很多产品经理首选的需求获取方法。

下面让我们来看看这个需求获取矩阵该怎么用。

首先，需要明确矩阵中提供的需求获取方法哪些适用于日常产品迭代，哪些适用于定期进行产品改进，哪些适用于新产品方向的探索。例如，矩阵中的用户反馈、数据分析、亲身体验这 3 种方法用于日常获取用户需求就很不错，而用户访谈、竞品分析、问卷调查、行业研究这些耗时费力还占用公司资源的方法就非常不适合用于日常的需求获取。

其次，还需要根据产品的迭代周期，制定需求获取计划。应做到按时获取各类需求，不要等到临近发布需求的时候，才发现一个像样的需求都没有获取到，就随便把几个需求凑在一起作为版本更新的内容。

很多需求获取机会需要产品经理自己争取。对于那些需要花经费定期进行的需求获取工作，产品经理也要制定好计划，积极争取公司经费和部门领导的支持，有计划地开展工作。

对于需求获取矩阵中的公司领导及合作伙伴这两类人员的需求，由于其具有特殊性，没法按计划定期获取，需要产品经理临时对需求进行获取。

只要制定好需求收集计划，合理使用需求获取矩阵，就能高效地获取需求。

在需求获取矩阵的全部渠道中，产品经理平日接触较多、使用较广泛的就是"用户反馈"

这个渠道。接下来就针对用户反馈渠道的需求获取方法，进行详细阐述。

6.4　用户反馈渠道的需求获取方法

标准的用户反馈渠道由公开渠道（如应用商店、微博、贴吧、知乎）、半公开渠道（如微信朋友圈、用户点评）和内部渠道（如应用内置反馈、客服投诉）组成。

对于公开渠道，获取策略是使用监控工具结合关键词订阅的方式，定期进行需求的获取。对于半公开渠道，主要采用定期分析用户评论、搜索关键词的方法来获取需求。对于内部渠道，产品经理应该学会主动出击，经常跟用户沟通，还需要经常走到一线去，听听客服们的反馈。

例如，我在新浪工作的时候，每周都要求手下团队的产品经理抽一下午的时间，轮流充当客服，直接面对用户的各种反馈。刚开始他们还有些抵触，但后来他们跟我说："这样直接获取需求的方式非常好，非常便于自己理解需求以及需求产生的真实原因"。

并不是所有需求都是真实的，也并不是所有需求都具有价值。产品经理在日常工作中，除了需要用需求获取矩阵广泛收集各类需求外，还需要用真伪需求多维分析表，判断需求的真伪。

在了解如何判断需求的真伪之前，需要清楚需求强弱程度的含义。

6.5　需求强弱程度

关于需求强弱程度，360 的创始人周鸿祎和易到用车的创始人周航都曾经多次提到。这里，我想借用两位创始人的观点来解释这个概念。

两位创始人都说过："一个需求的刚性越强、痛点越强烈、发生的频率越高、普适性越强，就越有可能是真实存在的强需求；反之则越有可能是非常弱、没有价值的伪需求。"

两位创始人对需求强弱程度的解释非常到位，但实际工作中，产品经理拿到一个具体的需求时，该怎么判断它的真伪呢？

这时候就需要用到一个名为"真伪需求多维分析表"的工具了。

6.6　判断需求的真伪

真伪需求多维分析表从 8 个不同的维度对需求进行分析，并对每一维度的分析结果打分，最后使用总分作为判断需求真伪的依据。

用于判断需求真伪的 8 个维度分别如下。

- 需求是否符合产品定位。
- 是否是目标用户的需求。
- 需求的受众群体大不大。

- 是否是必须要解决的问题。
- 需求发生的频率高不高。
- 实现需求是否能够对现有业务产生正面影响。
- 需求后续是否有延展性。
- 目前的技术能否支持该需求的实现。

在使用真伪需求多维分析表（如表 6-1 所示）时，只要把获取的原始需求带入表中，依次分析并填写每一维度预设问题的答案，并对每个答案进行打分（5 分表示最好、1 分表示最差），最后计算总分，判断总分是否大于满分的 60%（标准值可根据不同情况自由更改）。

若总分小于满分的 60%（满分是 40 分，满分的 60% 为 24 分），说明这个需求较弱，属于伪需求；反之，总分越接近满分，说明此需求越强，是真需求。

表 6-1　真伪需求多维分析表

判断维度	分析结果		打分
需求是否符合产品定位			
是否是目标用户的需求			
需求的受众群体大不大			
是否是必须要解决的问题			
需求发生的频率高不高			
实现需求是否能够对现有业务产生正面影响			
需求后续是否有延展性			
目前的技术能否支持该需求的实现			
备注：	5 分制（5 分表示最好；1 分表示最差）	总分	

案例分析：判断某读书 App 增加领读模块的需求的真伪

背景描述：假如你是某读书 App 的产品经理，近期经常收到用户反馈，希望增加类似于网易蜗牛读书的领读模块，请使用真伪需求多维分析表对这个需求的真伪进行判断。

先从"需求是否符合产品定位"这一维度进行判断。案例中"增加领读模块"这个需求与读书 App 的整体定位基本相符，所以在这一维度上打 4 分。

接下来，从"是否是目标用户的需求"这个维度来判断。虽然"增加领读模块"这个需求是读书 App 目标用户的需求，但并不是所有用户都需要领读这个功能，所以在这项打 4 分。

然后，判断"需求的受众群体大不大"。通过分析可以发现并不是所有用户都需要领读模块，这个领读模块的受众群体有限，因此在这个维度上打 2.5 分。

然后从"是否是必须要解决的问题"这个维度来判断。虽然领读模块有助于读者更好地读书，提升用户的活跃度和用户黏性，但自有产品在核心功能上存在大量需要解决的问题，增加领读模块并不是当下急需解决的问题,因此在这个维度打 2 分。

第五个维度是判断"需求发生的频率高不高"。对领读模块的需求虽然真实存在,但相比于其他需求,发生的频率不高。因此在这个维度上,打 3 分。

第六个维度是判断"实现需求是否能够对现有业务产生正面影响"。增加领读模块,会对现有业务产生正面影响,因此在这一维度上打 5 分。

第七个维度是判断"需求后续是否有延展性"。对比竞品功能的发展,可以发现增加领读模块这个需求后续有非常大的延展性,因此这个维度可以打 4 分。

第八个维度是判断"目前的技术能否支持需求的实现"。经过和公司的研发主管就该需求对接之后了解到,依照公司的研发实力,实现这样的需求应该没有什么问题,也不需要进行技术攻关。因此这项保守打 4 分。

最后,计算总分:4 + 4 + 2.5 + 2 + 3 + 5 + 4 + 4 = 28.5 分,虽然高于及格分数 24 分(满分的 60%),但是与满分 40 分还有一定差距,因此可以说这是个真需求,但并不是高频强需求。分析结果及打分如表 6-2 所示。

表 6-2 分析结果及打分

判断维度	分析结果	打分
需求是否符合产品定位	基本符合产品定位	4
是否是目标用户的需求	是目标用户的需求,但不是所有用户的需求	4
需求的受众群体大不大	不是所有用户都需要领读模块	2.5
是否是必须要解决的问题	并不是产品当下急需解决的问题	2
需求发生的频率高不高	领读需求发生的频率不算特别高	3
实现需求是否能够对现有业务产生正面影响	会对现有业务产生正面影响	5
需求后续是否有延展性	需求后续具有较大的延展性	4
目前的技术能否支持该需求的实现	不需要进行技术攻关,现有技术可以实现	4
备注:	5 分制(5 分表示最好;1 分表示最差) 总分	28.5

对于上述的案例分析,还需要强调一点:需求的真伪性判断没有标准答案。即使是同一个需求,不同产品经理的判断结果可能各不相同。在实际工作中,要学会结合公司实力和产品的情况,合理使用真伪需求多维分析表这个工具,对需求真伪性给出正确的判断结果。

6.7 需求的结构化记录与表达

当成功获取需求并对需求的真伪性进行判断之后,接下来要做的就是对需求进行整理与表达,以结构化的方式记录和展示获取的需求,以备后续需求分析之用。

虽然记录需求的方式有很多种，这里建议大家使用单项需求采集卡来记录需求。

单项需求采集卡的核心在于以 9 个 W（Who/Where/When/What/Why/How/How much/When/Which）的方式结构化地呈现需求的信息，反映需求的重要性、紧急程度。表 6-3 为单项需求采集卡模板。

表 6-3　单项需求采集卡模板

需求编号（可由产品经理填写）：	需求类型（可由产品经理填写）：
获取需求的时间以及由谁获取：	功能需求/非功能需求：
来源（Who；重要信息）：	
提出需求的用户（最好有该用户的联系方式）：	
用户背景资料（用户的一些相关背景资料）：	
场景（Where、When；重要信息）：	
产生该需求的特定时间、地点、环境等：	
描述（What；重要信息，尽量用主谓宾的语法结构，不要加入主观的修饰语句）：	
原因（Why；重要信息）：	
为什么会有这样的需求：	
验收标准（How）：	需求重要性权重（How much）：
如何确认这个需求被满足了（尽量量化需求，无法量化的可举例说明）：	满足后（一般到非常高兴）： 未实现（略感遗憾到非常懊恼）：
需求的特征（When）：	需求关联（Which）：
需求的紧急程度（时间持续性）：	人（和此需求关联的任何用户）： 事（和此需求关联的用户需求与其他需求）： 物（和此需求关联的用户系统、设备等）：
参考材料（选填）：	竞争者对比（选填）：
相关参考材料：	打分（1～10 分；1 分表示最差，10 分表示最好）：

案例分析：某骑行 App 增加导航功能需求的记录与表达

案例背景：某骑行 App 的产品经理，近期获取到在 App 里增加导航功能的用户需求。这位产品经理采用单项需求采集卡的方式对需求进行整理、表达与记录，以供后续分析之用。

使用单项需求采集卡整理、记录该需求的结果如表 6-4 所示。

表 6-4　某骑行 App 增加导航功能的单项需求采集卡

需求编号（可由产品经理填写）：	需求类型（可由产品经理填写）
获取需求的时间以及由谁获取：2021-5-28	功能需求-增加导航功能
来源（Who）重要信息：	
反馈来源：App Store 用户反馈：	

续表

场景（Where、When）重要信息：	
使用 App 的骑行路上：	
描述（What）重要信息：用户在骑行过程中，可以使用 App 搜索目的地，规划最佳路线，对目的地进行导航	
原因（Why）重要信息：骑行的时候，不知道如何到达目的地，需要打开第三方导航软件（如高德地图、百度地图）进行导航，非常麻烦	
验收标准（How）：用户可以根据 App 内置的导航路线到达目的地	需求重要性权重（How much）： 满足后：高兴； 未实现：略感遗憾
需求的特征（When）：仅针对部分不认识路的用户，需求可替代性强，普适性不高，不是用户的核心痛点	需求关联（Which）： 人：骑行 App 用户； 事：搜索栏、顶部导航、定位； 物：手机
参考材料（相关参考材料，选填）：	竞争者对比（选填，按照 1 分差—10 分好进行评估）：

6.8　需求获取与判断的行动清单

在进行需求的获取与判断时，可以对照下面的行动清单，一步步地完成整个过程。行动清单具体如下。

- 确定三类需求的获取渠道。
- 制订需求获取计划。
- 按计划有序获取需求。
- 对获取的需求进行真伪性判断。
- 舍弃无价值的伪需求。
- 用单项需求采集卡整理、记录需求。

6.9　本章小结

本章介绍了需求的获取与判断方法，重点内容如下。

（1）需求获取矩阵分内外两大渠道。

（2）7 种有效获取途径组成了需求获取矩阵。

（3）以"日常获取""定期获取""临时获取"划分矩阵中的获取方法。

（4）做好日常获取和定期获取计划，按计划有序获取需求。

（5）需求有强弱之分，越强的需求越真实。

（6）刚性、痛点、发生频率、普适性是判断需求强弱的标准。

（7）可用真伪需求多维分析表判断需求的真伪性。

（8）可用单项需求采集卡整理、记录采集到的需求。

6.10　知识模型

我总结了本章的知识模型，读者可以关注公众号"cpzjguoshan"，输入关键词"B1C601"下载收藏模型，为自己的产品经理知识拼图新增一块内容。

注：知识模型为脑图软件 MindMaster 专用格式，请读者使用 MindMaster 软件查看。

6.11　工作模板

我准备了一份需求获取矩阵模板，读者可关注公众号"cpzjguoshan"，回复关键词"B1C602"自行下载使用。

我还准备了一份真伪需求多维分析表，读者可关注公众号"cpzjguoshan"，回复关键词"B1C603"下载使用。

6.12　大咖助力

产品大咖说："好的产品经理需要学会收集高质量的需求，并能够很好地判断需求的真伪性。"

如果你在需求的获取和判断中遇到了什么困难，欢迎你加我微信：pmguoshan，让我来帮帮你。

6.13　练习实践

（1）使用需求获取矩阵，尝试用亲身体验、收集用户反馈、竞品分析 3 种方法为黄油相机 App 收集用户需求。

（2）使用真伪需求多维分析表，为一点资讯这款产品分析判断"听新闻"需求的真伪性。

第 7 章 需求分析的 4 种方法

本章导读:"需求分析"一词,想必产品经理们再熟悉不过了。产品经理每天都会接触各种需求。对于产品设计来说,分析与挖掘需求是需求转化的开始,也是产品经理必备的核心技能之一。那么,该如何对需求进行分析与挖掘呢?

本章就如何做好需求分析这个话题展开讨论,并重点介绍需求分析的常用方法和技巧。

7.1 什么是需求分析

需求分析是指从用户提出的原始需求出发,通过一系列专业分析与挖掘,提炼出用户的真实需求,最终转化为产品功能的过程。可以说,需求分析是将用户需求转化为产品需求的过程。

7.2 为什么要做需求分析

用户表达的需求多数情况下只有大概的方向或仅仅是表达用户自己的某种感受。这些模糊不清的原始需求,无法成为产品设计的依据。因此,需要对用户的原始需求统一进行分析,让模糊的原始需求变为清晰的用户需求。同时还需要对清晰的用户需求进行进一步的挖掘,让用户需求转化为产品需求。随后,产品经理可以依据这些产品需求,进行相应的产品规划与设计,把产品需求最终变成待实现的产品功能。

可以说,需求分析是从原始的用户需求到后续的产品功能转化过程中的重要环节,没有需求分析,整个产品设计的过程将无法运转。

了解为什么要做需求分析后,接下来介绍产品经理在日常工作中常用的几种需求分析方法。

首先介绍用户反馈整理法,这是产品经理常用的一种需求分析方法。

在开始介绍之前,我想先问读者一个问题:"你会整理用户反馈吗?"相信很多读者会说:"这还不简单,直接收集、汇总用户反馈不就完了?"但是这可能会让你错失通过用户反馈发现用户需求的机会。

那该如何通过用户反馈发现用户需求呢?这时候就需要借助上文提到的用户反馈整理法。

7.3　用户反馈整理法

使用用户反馈整理法时，需要按照以下 5 个步骤，对收集到的原始用户反馈，进行相应的挖掘与分析。

7.3.1　第一步：导入原始用户反馈

用户反馈整理法的第一步，是汇总从各渠道收集的原始用户反馈；并填入表 7-1 所示的用户反馈收集表中。

表 7-1　用户反馈收集表

反馈用户	反馈渠道	联系方式	反馈标题	反馈内容	反馈主题	用户需求	反馈分类
填写用户名/昵称	填写反馈的渠道	填写联系方式	填写此条反馈的标题	填写用户的具体反馈内容	填写此条反馈的主题	填写整理后的用户需求	

如果产品的用户反馈渠道有自动导出用户反馈的功能，则可以采取先批量导出用户反馈，再将用户反馈批量导入用户反馈收集表的方式，以提升整体的工作效率。

在这一步，要对用户反馈的内容进行分析与总结，然后在表 7-1 的"用户需求"一栏中填入整理后的用户需求。这是将模糊的原始用户反馈转变成清晰易懂的用户需求的过程。

7.3.2　第二步：过滤无效用户反馈

第二步需要过滤用户反馈收集表中的无效反馈。对于一些无实际意义的用户反馈（例如：这个 App 真好用），可以直接过滤掉。

由于在上一步已经将原始用户反馈转化为实际的用户需求，因此可以借助第 6 章提到的真伪需求多维分析表对需求的真伪性进行判断，过滤掉低价值的伪需求并标注过滤原因，填入表 7-2 中。

表 7-2　过滤无效用户反馈

反馈用户	反馈渠道	联系方式	反馈标题	反馈内容	反馈主题	用户需求	过滤原因
填写用户名/昵称	填写反馈的渠道	填写联系方式	填写此条反馈的标题	填写用户的具体反馈内容	填写此条反馈的主题	填写整理后的用户需求	填写过滤原因

7.3.3　第三步：归类统计反馈次数

过滤掉无效反馈后，留下对产品改进和发展有意义的用户反馈。第三步需要把这些反馈进行归类，统计各类反馈出现的次数并填入表 7-3 中。

表 7-3 用户反馈归类表

反馈类型	问题描述	用户需求	反馈次数
产品 BUG	此处填写用户关于问题的描述	此处填写用户需求描述	此处填写统计的反馈次数
功能改进	此处填写用户关于问题的描述	此处填写用户需求描述	此处填写统计的反馈次数
性能问题	此处填写用户关于问题的描述	此处填写用户需求描述	此处填写统计的反馈次数
交互体验	此处填写用户关于问题的描述	此处填写用户需求描述	此处填写统计的反馈次数
内容问题	此处填写用户关于问题的描述	此处填写用户需求描述	此处填写统计的反馈次数
其他问题	此处填写用户关于问题的描述	此处填写用户需求描述	此处填写统计的反馈次数

分析过程中，可根据具体情况，按照业务需要对反馈类型适当进行增减；需要对相同的问题描述和用户需求进行合并，确保表中的各条记录相互独立。

7.3.4　第四步：汇总转化用户需求

经过前面三步的整理分析，我们对收集到的用户反馈有了一个整体的认识。第四步首先需要对用户反馈进行汇总并填入表 7-4 中；然后选取用户反馈次数最多、描述最清晰、对产品改进最有价值的用户需求进行分析，将其转化为产品需求。

表 7-4 用户反馈汇总表

反馈次数	反馈问题	用户需求	产品需求	需求类型
此问题反馈次数	原始的用户反馈内容	用户需求描述	产品需求描述	BUG 修复
此问题反馈次数	原始的用户反馈内容	用户需求描述	产品需求描述	功能改进
此问题反馈次数	原始的用户反馈内容	用户需求描述	产品需求描述	性能提升
此问题反馈次数	原始的用户反馈内容	用户需求描述	产品需求描述	交互体验
此问题反馈次数	原始的用户反馈内容	用户需求描述	产品需求描述	内容问题
此问题反馈次数	原始的用户反馈内容	用户需求描述	产品需求描述	其他问题

可能有些读者会提出疑问："不是说五步法吗？怎么好像四步就已经完成分析了？那剩下的最后一步是干什么呢？"其实，最后一步是用来挖掘用户深层需求的。

7.3.5　第五步：对需求的深入挖掘

最后一步主要从用户的行为特征、心理特征和典型特征 3 个方面，对用户需求进行深入挖掘。

只有深入了解用户特征后，才能更好地理解用户为什么会这样反馈，以及用户反馈时的内心状态是什么样的，什么样的产品功能能满足用户的内心诉求。实际工作中可以借助表 7-5 所示的用户特征分析框架完成对需求的深入挖掘。

表 7-5　用户特征分析框架

行为特征
通过分析用户反馈，列出用户具有的行为特征

心理特征
通过分析用户反馈，列出用户具有的心理特征

典型特征
通过分析用户反馈，列出用户在使用产品时的典型特征

至此，通过用户反馈整理法完成了从原始用户反馈到用户需求，再到产品需求的分析与转化工作。下面通过一个简单的案例讲解用户反馈整理法具体该怎么用。

7.3.6　案例分析：某读书 App 的用户反馈整理分析

案例背景：某读书 App 正在进行新版本的设计。通过该读书 App 的用户反馈渠道，产品经理收集了一定量的用户反馈。产品经理将使用用户反馈整理法对需求进行分析与挖掘，完成从原始用户反馈到产品需求的转化。

注：由于篇幅有限，本案例仅截取了该读书 App 的部分用户反馈。

1．第一步：导入原始用户反馈

第一步需要将收集的原始用户反馈导入用户反馈收集表中，并对原始用户反馈进行分析，将原始用户反馈转化成相应的用户需求并填入用户反馈收集表中。某读书 App 的用户反馈收集表如表 7-6 所示。

表 7-6　某读书 App 的用户反馈收集表

反馈用户	反馈渠道	联系方式	反馈标题	反馈内容	用户需求
君乐宝	App Store	junxx@icloud.com	使用起来太卡了	选择文字时有问题，往下拖动时非常卡，经常选不中	可以选中书中的文字，减少选择文字时的卡顿现象
小宝的大宝	华为市场	xbxx@163.com	选不中书中的文字	想选中书中段落进行复制粘贴时，经常选不中	对书中文字复制粘贴时，可以选中书中文字

续表

反馈用户	反馈渠道	联系方式	反馈标题	反馈内容	用户需求
那个我	App 内置	nnmmxx@sohu.com	根本选不中啊	这个 App 太难用了吧，根本选不中书中的文字，怎么复制粘贴啊	对书中文字复制粘贴时，可以选中书中文字
BlueMe	App Store	bluxx@icloud.com	怎么没有 iPad 版	习惯用 iPad 看书，这个应用怎么没有专门的 iPad 版呢	新增 iPad 版
小香香	App Store	xiaoXX@icloud.com	增加 iPad 版	希望增加一个 iPad 版	新增 iPad 版
拿笔的大象	App 内置		App 很好用	App 很好用，以后看书就用这个产品了	
H2020	小米市场		增加一个 AI 总结功能	能不能增加一个 AI 总结功能，只要一点击就能把书中要点都总结出来	增加 AI 总结要点功能
夏天	App 内置	182****1009	搜索不到书	根本搜不到书，别人介绍的经济类书单，我按名称挨个搜，结果就搜出来一本	增加经济类书籍的数量，书库覆盖热门经济类书籍

在这个案例中，用户"小宝的大宝"和"那个我"反馈的内容虽不相同，但本质上都指向"想复制粘贴书中文字，经常无法选中"这一问题。因此，在"用户需求"一栏中填写"对书中文字复制粘贴时，可以选中书中文字"。用户"君乐宝"除了反馈了无法选中文字这一问题外，还反馈了选择文字时存在卡顿的问题。因此，在"用户需求"一栏中填写"可以选中书中的文字，减少选择文字时的卡顿现象"。虽然用户"夏天"的反馈表面上在说搜索功能不好用，找不到书，但其真正的需求是希望增加经济类书籍的数量，书库覆盖热门经济类书籍。

2. 第二步：过滤无效用户反馈

第二步需要通过表 7-7 对该读书 App 的用户反馈进行过滤，留下有价值的反馈信息。

表 7-7　某读书 App 过滤的无效用户反馈

反馈用户	反馈渠道	联系方式	反馈标题	反馈内容	用户需求	过滤原因
拿笔的大象	App 内置		App 很好用	App 很好用，以后看书就用这个产品了		无效反馈
H2020	小米市场		增加一个 AI 总结功能	能不能增加一个 AI 总结功能，只要一点击就能把书中要点都总结出来	增加 AI 总结要点功能	伪需求

在收集到的所有用户反馈中，"App 很好用，以后看书就用这个产品了"这类反馈，虽然是对产品的好评，但对改进产品没有什么实质性帮助，可以直接过滤掉。而"增加 AI 总结要点功能"这个需求，利用真伪需求多维分析表对其进行分析后发现，这是一个无法实现的伪需求，也应被过滤掉。

3．第三步：归类统计反馈次数

第三步需要对过滤后的用户反馈进行归类并统计反馈次数，某读书 App 的用户反馈归类表如表 7-8 所示。

表 7-8　某读书 App 的用户反馈归类表

反馈类型	问题描述	用户需求	反馈次数
产品 BUG	想选中书中段落进行复制粘贴，经常选不中	对书中文字复制粘贴时，可以选中书中文字	3
功能改进	希望增加一个 iPad 版	新增 iPad 版	2
内容问题	根本搜不到书，别人介绍的经济类书单，我按名称挨个搜，结果就搜出来一本	增加经济类书籍的数量，书库覆盖热门经济类书籍	1
性能问题	选择书中文字时有问题，往下拖动时非常卡	减少选择文字时的卡顿现象	1

经过对用户反馈的归类统计，发现产品 BUG 类的反馈次数为 3 次，是本案例用户反馈中数量最多的，也是需要在下一个版本中优先解决的。

其次，功能改进类反馈的反馈次数为 2 次，可以考虑开发应用的 iPad 版来满足这部分用户的需求。接下来，对降低选择文字时的卡顿现象的需求有 1 次反馈，需要同无法选中书中文字的问题一起解决。

最后，"增加经济类书籍的数量，书库覆盖热门经济类书籍"的需求被反馈了 1 次，也可以纳入进来。

4．第四步：汇总转化用户需求

第四步需要汇总有价值的用户反馈，并对汇总的用户需求进行分析，用"产品语言"把用户需求转化成相应的产品需求，某读书 App 的用户反馈汇总表如表 7-9 所示。

表 7-9　某读书 App 的用户反馈汇总表

反馈次数	反馈问题	用户需求	产品需求	需求类型
3	想选中书中段落进行复制粘贴，经常选不中	对书中文字复制粘贴时，可以选中书中文字	1. 修复无法选中文字的 BUG 2. 提升选择文字的顺畅度	BUG 修复
2	希望增加一个 iPad 版	新增 iPad 版	开发 iPad 版	功能改进
1	选择书中文字时有问题，往下拖动时非常卡	减少选择文字时的卡顿现象	1. 降低文字选择功能的响应时间 2. 提升拖动选择文字的响应速度	性能提升
1	根本搜不到书，别人介绍的经济类书单，我按名称挨个搜，结果就搜出来一本	增加经济类书籍的数量，书库覆盖热门经济类书籍	1. 与第三方书城合作 2. 以合作形式引入第三方版权书籍库	内容问题

在这个案例中，对于用户提出的"对书中文字复制粘贴时，可以选中书中文字"的需求，转化后的产品需求非常简单，即在下一个版本里解决无法选中书中文字这个产品现存的 BUG。

对于"减少选择文字时的卡顿现象"这个用户需求，则需要通过降低文字选择功能的响应时间和提升拖动选择文字的响应速度来解决。

对于"增加经济类书籍的数量，书库覆盖热门经济类书籍"这一用户需求，则可以通过与第三方书城合作和以合作形式引入第三方版权书籍库的形式来解决。

对于"新增 iPad 版"这一用户需求，可用开发 iPad 版读书 App 的方式来解决。

5. 第五步：对需求的深入挖掘

最后，需要对获取的用户反馈和需求从行为特征、心理特征和典型特征 3 个角度进行深入挖掘，发现更深层次的用户需求。这个过程比较专业且烦琐，这里就不详述了，感兴趣的读者可结合表 7-10，自行分析用户的深层次需求。

表 7-10　某读书 App 的用户特征分析框架

行为特征
1. 排斥网络小说，更倾向于读一些有质量、有口碑的书
2. 平时利用碎片时间读书，需要比较便捷的学习方式
3. 没有良好的阅读习惯
4. 倾向于免费产品，没有形成良好的知识付费习惯
5. 有自主选择书籍的能力，不喜欢靠别人推荐
心理特征
1. 需要通过阅读记录的激励，养成阅读的习惯
2. 在免费阅读一小时的理念下，对时间的观念比较有意识
3. 喜欢沉浸式的阅读体验
4. 想要免费获取更多的阅读时长
5. 对本品牌有比较好的印象
典型特征
1. 会和其他读书 App 做比较
2. 希望在产品中记录个人阅读的总时长、文字量和进度等来激励自己养成阅读的习惯
3. 建议产品提供更多的免费获取时长的方式
4. 喜欢通过购买时长而不是直接购买电子书的方式来阅读，认为通过这种方式可以提升自己对时间的感知
5. 有自主选择书籍的能力，喜欢沉浸式的阅读体验，抵触领读模块
6. 整体上对本品牌的印象比较好

至此，将收集到的原始用户反馈转化成了可用于功能设计的产品需求，完成了整个读书 App 的需求分析工作。

接下来，将学习需求分析的另一种常用方法——需求脑图整理法。

在学习需求脑图整理法之前，还需要理解产品设计三要素的概念。

7.4 产品设计三要素

所谓产品设计三要素，其实就是用户、场景和需求。所有的产品设计，都是为了解决用户在特定场景下的需求，离开场景谈需求是无意义的。

产品设计三要素理解起来非常简单。当遇到一个问题，我们首先要想谁会用这个功能。这就是用户；其次，要考虑用户在什么情况下会用这个功能，这就是场景；最后，要思考用户在相应场景下会碰到什么问题，这就是需求。

当理解了产品设计三要素之后，就可以使用需求脑图整理法对需求进行分析与挖掘了。

7.5 需求脑图整理法

需求脑图整理法是产品经理常用的一种简单、快速、有效的需求分析方法。需求脑图如图 7-1 所示。

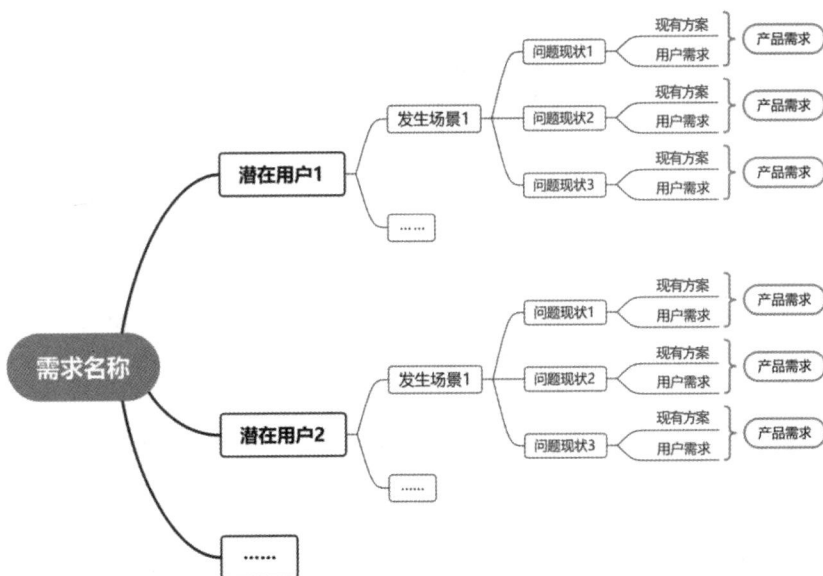

图 7-1 需求脑图

7.5.1 如何使用需求脑图整理法

产品经理通过使用需求脑图整理法，可在潜在用户、发生场景、问题现状、现有方案和产品需求五个维度上，快速分析整理出产品需求。

- 潜在用户：分析并列出谁会是这个需求的潜在用户。
- 发生场景：分析并列出这些用户会在什么场景下产生需求。
- 问题现状：分析并列出用户在不同场景下会遇到什么问题、挑战或困难。
- 现有方案：分析并列出用户现有解决方案存在的问题及用户的需求。
- 产品需求：给出针对用户需求的产品化解决办法。

接下来结合某移动电商 App 发优惠码的需求，讲解需求脑图整理法具体该怎么用。

7.5.2 案例分析：某移动电商 App 发优惠码的需求脑图整理

案例背景：假如你是某移动电商 App 的产品经理，近日收到来自产品总监的为产品添加发优惠码功能的需求。接到这个需求后，你希望通过需求脑图整理法来深入分析和挖掘这个需求，设计出更加符合用户期望的产品功能。

1．分析潜在用户

首先，需要了解谁对优惠码感兴趣，也就是发优惠码功能的潜在用户，然后用脑图把所有潜在用户罗列出来。

在这个案例中，该 App 的新注册用户、有下单记录的老用户、无下单记录的老用户和内部运营人员都是这个需求的潜在用户，因此把这些潜在用户列在图 7-2 中。

图 7-2　某移动电商 App 发优惠码需求的潜在用户

然后，继续分析这些潜在用户在什么场景下会产生对优惠码的需求。

2．分析发生场景

这一步主要是针对每一类用户分别往下分解，把发生场景描述清楚。

在这个案例中，新注册用户在购物时想省钱、看到下单页面有填优惠码的位置以及刚注册完进入 App 这 3 个场景下会对优惠码产生需求。

有的读者会问："为什么用户在刚注册完进入 App 的场景下会对优惠码有需求呢？"这是因为给新注册用户发优惠码或优惠券是各大电商及生活服务类 App 为了增加现金流而普遍采取的做法。

无下单记录的老用户则在购物时想省钱、看到下单页面有填优惠码的位置两个场景下会对优惠码有需求。

有下单记录的老用户会在再次购物时想省钱、推荐产品给朋友、用优惠码刷单这 3 个场景下对优惠码有需求。

该 App 的内部运营人员则是在发优惠码刺激用户下单和发优惠码吸引用户参加活动两个场景下对优惠码有需求。

把该步骤的分析结果都列在图 7-3 所示的脑图中。

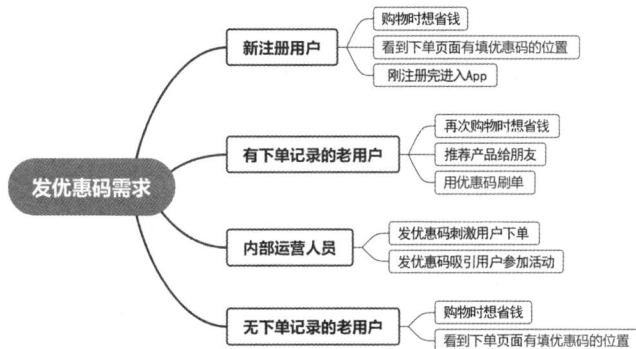

图 7-3　某移动电商 App 发优惠码需求的发生场景

3. 分析问题现状

接下来，关注这些用户在不同场景下会遇到什么问题，并对这些问题逐一进行分析。注意，这里是分别列举，不要怕重复。

新注册用户遇到的主要问题是不知道哪里可以获取优惠码、不知道优惠码、不知道用优惠码购物可以省多少钱和不知道优惠码在 App 内存放的位置。

老用户（有下单记录和无下单记录）的问题集中体现在不知道哪里可以获取优惠码、不知道用优惠码购物可以省多少钱、不知道优惠码怎么用和不知道如何将优惠码发给朋友等方面。

而内部运营人员遇到的问题则是如何把优惠码精准地发到用户手中并刺激用户用优惠码购物和如何用优惠码吸引用户参加活动。

这一步依然需要把分析结果列在图 7-4 所示的脑图中。

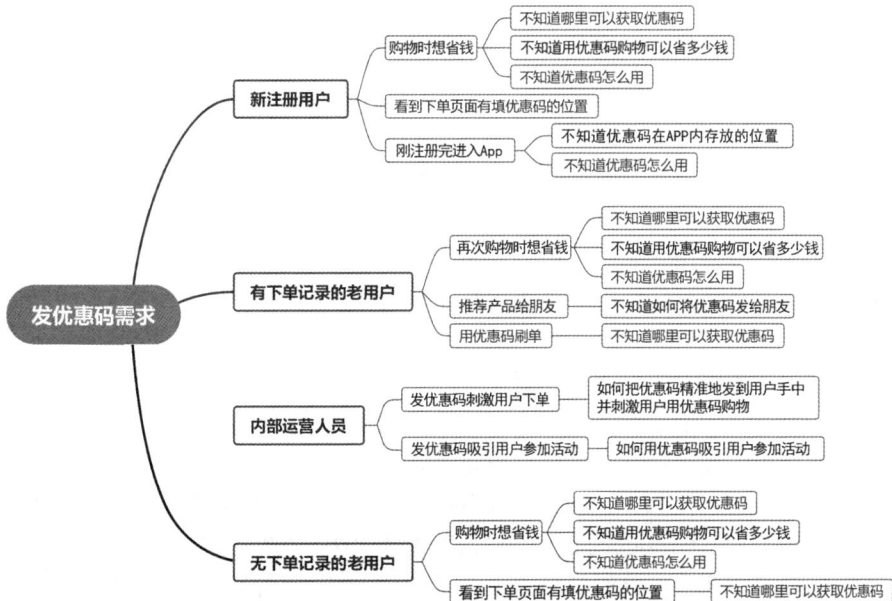

图 7-4　某移动电商 App 发优惠码需求的问题现状

4．分析现有方案

接下来要做的是分析用户现有的解决方案和用户需求。这里要说明的是用户现有的解决方案，而不是产品即将实现的功能。

在这个案例中，不管新用户还是老用户，现有主要解决方式要么是到百度和各大优惠码网站搜索由内部运营人员发放的优惠码，然后自己计算用优惠码后的折扣价格；要么是不用优惠码直接购买或干脆不买了。对于这部分用户来说，需求主要是：减少优惠码获取的成本，希望优惠码被精准地发到 App 中；标明用优惠码购物可以节省的金额；降低用优惠码购物的难度。

有分享意愿的用户，由于不知道怎么通过 App 分享优惠码给好友，因此现阶段在向朋友分享商品时，无法做到将优惠码和商品一起分享。部分用户会采用从第三方网站粘贴优惠码说明的方式，把优惠码分享给朋友，但因受第三方网站的限制，分享的内容可读性较差且经常出现优惠码使用不了的情况。有些用户由于分享优惠码受阻，直接选择不给好友分享商品。

因此，有分享意愿的用户的核心需求是：在简单快速地分享商品给好友的同时把可用的优惠码也分享给好友。

很多内部运营人员现阶段基本只负责发优惠码不管效果，导致现有的优惠码发放方式根本无法刺激用户下单购物和吸引用户参加活动。把优惠码快速精准地发到用户手中和用优惠码吸引用户参加活动是内部运营人员的需求。

注：由于案例脑图尺寸较大，本书版面有限，这里就不展示此步骤的脑图了。对此部分感兴趣的读者可以关注公众号"cpzjguoshan"，输入关键词"B1C701"下载查看。

5．分析产品功能需求

最后一步是根据之前需求脑图整理的结果分析、提炼产品需求，用以指导后续的产品功能设计。

根据前面对需求的分析与挖掘，该 App 在发优惠码功能的基础上，将增加如下功能项。

- 优惠码直达用户的功能。
- 根据用户购物喜好，精准发送不同类型的优惠码。
- 商品列表增加可用优惠码购物的过滤条件。
- 系统自动标明优惠码的抵值金额。
- 系统自动标明使用优惠码后的商品折扣价格。
- 购买商品时系统直接匹配并填入可用优惠码。
- 个人中心增加优惠码列表。
- 增加提示优惠码存放位置的功能。
- 增加可用优惠码购买商品的聚合页。

到这里，就完成了案例中针对发优惠码这个需求的分析与挖掘工作。

注：由于案例脑图尺寸较大，本书版面有限，这里就不展示完整的脑图了。对这一部分感兴趣的读者可以关注公众号"cpzjguoshan"，输入关键词"B1C702"下载查看。

通过需求脑图整理法，可以对简单需求背后的用户痛点和深层用户需求进行挖掘与分析，从而更有针对性地进行产品功能设计。

下面要介绍的黄金圈分析法，也是需求分析中常用的一种方法。

7.6　黄金圈分析法

"黄金圈分析法"是营销大师西蒙·斯涅克在《从为什么开始》一书中提出的一种思维方法。

在书中他用图 7-5 所示的 3 个同心圆来描述人的思维模式，黄金圈从外到内依次是做什么（What）、怎么做（How）以及为什么（Why）。斯涅克据此提出了消费者更愿意为本质需求买单的分析理论。

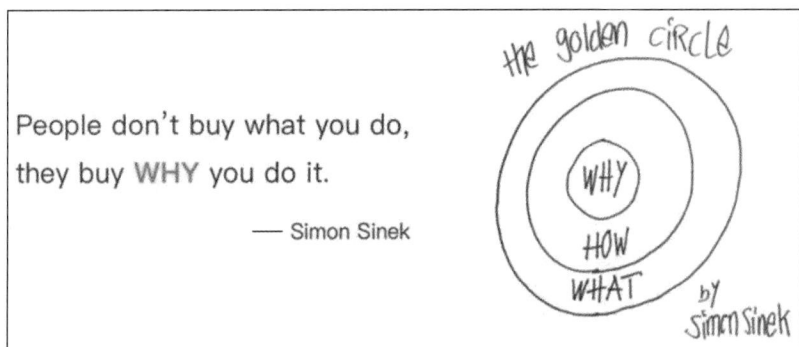

图 7-5　黄金圈分析法

7.6.1　如何使用黄金圈分析法

黄金圈分析法本身是一种思维模型，产品经理可以借用这种思维模型，以结构化的方式分析产品需求。

在使用黄金圈分析法时，首先要从 What 层面挖掘用户的痛点，借此发现用户的潜在需求。比如用户都抱怨在某电商平台上买东西经常要找好半天，还可能找不到自己喜欢的，那么"产品多、筛选难"就是待解决的痛点。

其次，要从 how 层面验证需求。

关于这一点，索尼就发生过一个有趣的故事。索尼推出过一款游戏机，邀请用户进行访谈，其中有一个问题是"两种外观设计，你更喜欢黄色还是黑色"，大多数用户的回答是"黄色"。访谈结束时索尼的工作人员对用户说："感谢你的时间，你可以拿走一台游戏机作为纪念。"结果大多数用户拿走了黑色的游戏机。

用户"怎么说"表达了他们的观点，而"怎么做"反映了他们的需求。因此，不能只是听用户怎么说（即 What），一定要通过观察用户怎么做（即 How）来验证需求。

产品经理需要学会跳出用户的思维，主动从 Why 层面去挖掘用户的真正需求，从而提炼出产品需求并制定正确的解决方案。

黄金圈分析法作为一种思维模型，在实际的需求分析中没有固定的格式和步骤。遵守 What—How—Why 的分析顺序，合理利用黄金圈分析法，能对已知需求进行深入的挖掘与分析。

下面就结合案例，具体介绍黄金圈分析法该怎么用。

7.6.2　案例分析：某手机桌面产品用户反馈功能黄金圈分析

案例背景：这是一款面向海外发行的安卓手机桌面（Android Launcher）产品。产品经理在后台查看用户反馈时，发现大量用户提出需求——想要一个好用的用户反馈功能。随后，这位产品经理使用黄金圈分析法对需求进行了更深入的分析与挖掘。

一开始，产品经理以为是用户比较热心，想通过应用内置的反馈系统多提一些需求与建议。因产品设计人员一直致力于整体核心功能的设计与迭代开发，对于应用内置的反馈功能设计得不太全面，用户使用起来确实不太方便。利用黄金圈分析法从 What 层面分析，用户的需求是想要一个更好用的应用内置反馈功能，可以发产品截图，与客服和运营人员进行即时对话等。

然后这位产品经理从 How 去验证为什么用户会有这样的需求。他反馈此需求的用户进行了抽样（用户调研的方法，参见本书第 15 章），并对这部分用户进行了线上的深度访谈调研。通过分析访谈内容后发现，其实是用户不知道产品的一些新功能该怎么用，想通过用户反馈功能得到及时的帮助。用户提到的更好用的反馈功能，其实是类似于帮助中心的功能。

这时，这位产品经理才明白，其实用户想要的并不是反馈功能，他们真正需要的是一个"帮助中心"。

接下来，这位产品经理又从 Why 对需求进行深入的挖掘与分析。结论是：虽说帮助中心可以解决用户不会使用新功能的问题，但是这不是最佳的解决方案。因为帮助中心的体验是阻断式的，用户在使用产品的过程中有任何问题，都要停止当前的操作，转而去翻看帮助中心的内容。此外，用户的核心痛点是"一遇到使用问题，就能获取及时有效的帮助"，帮助中心的方案根本做不到这点。

最后，这位产品经理换了一种思路，为用户提供了一种情景化的帮助功能。这个功能可以让用户在使用过程中不被打断的同时得到相应的帮助。

至此，这位产品经理完成了对"更好的用户反馈功能"这个需求的分析过程。

最后，让我们一起了解如何通过需求四要素拆解分析法进行需求分析。

7.7　需求四要素拆解分析法

首先，需要了解需求四要素。用一个形象的公式来表示：需求=用户+场景+目标+任务。

其中，用户和场景的概念在前面的章节已经介绍过，这里就不赘述了。公式中的目标是指用户想解决什么问题，而任务是指用什么方式解决用户的这个问题。例如，某同事晚上加班时肚子饿了，想用手机上的外卖软件点夜宵来填饱肚子。这里的某同事就是用户，晚上加班时肚子饿了就是场景，点夜宵来填饱肚子就是目标，而使用手机上的外卖软件点餐就是任务。

当了解需求四要素后，就可以从四要素的维度对需求进行拆解与分析。

7.7.1　如何使用需求四要素拆解分析法

需求四要素拆解分析法非常简单，只需要按照表 7-11 所示的维度逐步进行分析即可。

表 7-11　需求四要素拆解分析法

需求	用户	场景	目标	任务
用户表达的需求是什么	表达这个需求的用户是谁	这个需求在什么场景下发生	用户想要解决的问题是什么	用什么方式解决用户的这个问题

在使用需求四要素拆解分析法时，还需注意以下两点。

一是要针对每个不同的需求，逐一进行需求四要素拆解分析，不要把所有需求混在一起分析。这样的分析方式可以帮产品经理更好地理解、分析与挖掘用户需求。

二是要记住每个需求都有相应的用户、场景、目标、任务，即使是同一个用户，处在不同的场景和目标下，产生的需求也是不同的。产品经理需要为不同的需求提供不同的解决方案。

7.7.2　案例分析：某美图类手机应用的需求四要素拆解分析

案例背景：某美图类手机应用，后台经常收到用户提出的"想让照片变美"的需求，作为这款应用的产品经理，你决定使用需求四要素拆解分析法对这个需求进行分析与挖掘。

首先对提出这个需求的用户进行区分，便于之后针对不同的用户进行需求四要素拆解分析。

注：由于篇幅有限，本案例只选取了其中 3 类典型用户的需求四要素拆解分析过程进行简述。

对用户特征进行统计分析，发现年轻女性用户、年轻男性用户和老年用户是"想让照片变美"这个需求的主要提出者。接下来，就针对这 3 类用户，分别进行需求四要素拆解分析。

1. 年轻女性用户的需求四要素拆解分析

经过对年轻女性用户的调研分析，结合需求四要素拆解分析法，可以对需求有如下的认识。

- 用户：年轻女性（16～28 岁）。
- 场景：发美图到朋友圈。
- 目标：向朋友炫耀，获得朋友的点赞与赞美。
- 任务：拍美颜照片。

通过对年轻女性用户的需求四要素拆解分析，可以发现"照片美颜"是这部分用户的核心需求。因此在产品设计上，拆解应该顺应用户需求，增加"美颜拍照"功能，让用户轻松快速地拍摄美颜照片。

2. 年轻男性用户的需求四要素拆解分析

经过对年轻男性用户的深度访谈，结合需求四要素拆解分析法，可以对需求有如下的认识。

- 用户：年轻男性用户（18～35 岁）。

- 场景：为女朋友美化照片。
- 目标：美化效果让女朋友满意。
- 任务：简单快速地美化照片。

通过对年轻男性用户的需求四要素拆解分析，可以发现"美化效果让女朋友满意"是这部分用户的核心需求。因此在产品设计上，应该顺应这部分用户的需求，增加"一键 P 图"和"一键美颜"功能，让用户能简单快速地对照片进行美化操作。

3．老年用户的需求四要素拆解分析

经过对老年用户的电话访谈，结合需求四要素拆解分析法，可以对需求有如下的认识。

- 用户：老年用户。
- 场景：节假日送祝福。
- 目标：用照片传递祝福。
- 任务：发送动态祝福照片。

通过对老年用户的需求四要素拆解分析，可以发现"用照片传递祝福"是这部分用户的核心需求。因此在产品设计上，应该顺应老年用户的需求，让静态的照片动起来，以动图的形式帮助老人进行祝福的传递。为此可以增加"动态照片"功能，让用户可以一键生成动态祝福照片。

上述案例通过对用户提出的"想让照片变美"的需求进行需求四要素拆解分析，在充分理解与分析不同用户的需求后，最终为产品挖掘出了"美颜拍照""一键 P 图""一键美颜""动态照片"4 个新功能。

7.8 需求分析与挖掘行动清单

在进行需求分析与挖掘时，可以对照下面的行动清单，一步步地完成整个过程。行动清单具体如下。

- 使用用户反馈整理法对需求进行分析与挖掘。
- 使用需求脑图整理法整理、分析与挖掘需求。
- 使用黄金圈分析法从 What、How、Why 三个层面分析与挖掘需求。
- 使用需求四要素拆解分析法对需求从 4 个方面进行分析与挖掘。

7.9 本章小结

本章介绍了需求分析的 4 种方法，重点内容如下。

（1）需求=用户+场景+目标+任务。

（2）需求分析是一个把用户需求转化成产品需求的过程。

（3）任何简单的显性需求背后都有可能隐藏着巨大的隐性需求。

（4）使用用户反馈整理法可以有效整理与分析用户需求。

（5）需求脑图整理法是一种简单、快速、有效的需求分析方法。

（6）任何产品设计都是围绕用户、场景和需求这三个要素展开的。

（7）使用黄金圈分析法时，需要在 What 层面发现需求，在 How 层面验证需求，在 Why 层面挖掘真实需求。

（8）需求四要素拆解分析法从用户、场景、目标、任务 4 个维度对需求进行拆解与分析。

（9）需求分析重在分析的过程和产出的结果，工具和方法只能起到辅助作用。

7.10　知识模型

我总结了本章的知识模型，读者可以关注公众号"cpzjguoshan"，输入关键词"B1C703"下载收藏模型，为自己的产品经理知识拼图新增一块内容。

注：知识模型为脑图软件 MindMaster 专用格式，请读者使用 MindMaster 软件查看。

7.11　工作模板

我还准备了一份实用的需求分析工作模板，读者可以关注公众号"cpzjguoshan"，输入关键词"B1C704"下载模板。

7.12　大咖助力

产品大咖说："不会做需求分析的产品经理不及格。"

如果你在需求分析过程中遇到了什么困难，欢迎你加我微信：pmguoshan，让我来帮帮你。

7.13　练习实践

使用本章所述的 4 种需求分析方法，就网易新闻 App 用户提出的"听新闻（语音朗读新闻）"这个需求，进行需求分析与挖掘。

➤ 第 8 章　需求管理的 5 个实用方法

本章导读：需求（本章所述"需求"均指产品需求）管理的好坏对于产品来说非常重要，甚至可以决定一个产品能否成功。很多研究机构发现，好的需求管理不仅可以推动项目的进行，还可以提高项目的成功率；而糟糕的需求管理（或根本就没有进行需求管理）常常是项目失败的首要原因。

产品经理平日常与需求打交道，需求管理是产品经理必须要掌握的一项核心技能，也是评价产品经理需求把控能力的重要标准。既然需求管理如此重要，那么该如何进行需求管理呢？

在本章中，我们就一起学习需求管理的 5 个实用方法。

8.1　需求的分类

要想做好需求管理，首先需要知道如何对需求进行分类。可以根据需求来源的不同，将需求分为功能需求和非功能需求两大类。

- 功能需求是指用户希望产品拥有的某项功能或能力，功能需求是最基础、最核心的产品需求。功能需求是产品的核心，也是产品存在的根本。
- 非功能需求是指在功能之外的产品需求。非功能需求包括可用性需求、性能需求、可靠性需求和安全需求等。

虽然非功能需求也是产品需求的一个组成部分，但在产品快速迭代发展的阶段，相比功能需求，非功能需求的重要性往往较小。

不过，随着产品功能逐步完善，非功能需求的重要性也会不断上升，例如淘宝、美团、微信这类产品，对于非功能需求的重视程度不输于功能需求。

知道如何进行需求分类后，接下来要探讨需求管理的价值，也就是为什么要做需求管理。

8.2　为什么要做需求管理

在产品经理的日常工作中，总会遇到来自各个方面的需求，这些需求的重要性、紧迫性各不相同。而研发团队受限于资源和精力的问题，没有办法做到有求必应，把所有的需求全都实现。

换句话说，即便是在百度、腾讯、阿里巴巴这样的头部互联网公司，项目可用资源不足的问题也依然存在。这就要求产品经理必须对需求的优先级进行评估，找到性价比高的需求优先实现。

如果需求管理没有做好，就无法辨别需求的重要性，无法合理评估需求的优先级，还会将产品设计方向带偏。这样，不但浪费公司大量的研发资源，还会错过产品发展的最佳时机，让产品失去竞争力，从而丢掉市场和用户。如果需求管理做得好，就能够合理地利用公司资源，挑选性价比高的需求并据此进行研发，在产品的迭代演进中，逐步提升产品的竞争力。

下面介绍评估需求优先级的方法——需求优先级多维评估法。

8.3　需求优先级多维评估法

使用需求优先级多维评估法时，需采用由发生频率与用户量、开发难度与见效速度、重要与紧急程度、商业价值与用户价值和 Better-Worse 评估组成的需求优先级评估矩阵。矩阵中每一种评估方法都以二维四象限坐标系的形式从一个特定的维度评估需求的优先级。通过从不同维度对需求优先级进行评估，最终得到需求的整体优先级。

8.3.1　发生频率与用户量评估

这是一个从发生频率和用户量的维度去评估需求优先级的方法。发生频率与用户量评估模型如图 8-1 所示，其中：

- 用户量大且发生频率高的需求得 4 分；
- 用户量大但发生频率低的需求得 3 分；
- 用户量小但发生频率高的需求得 2 分；
- 用户量小且发生频率低的需求得 1 分。

最后，根据需求落入的象限，对需求打分。再根据分值的高低，得到这个需求在此维度上的优先级。

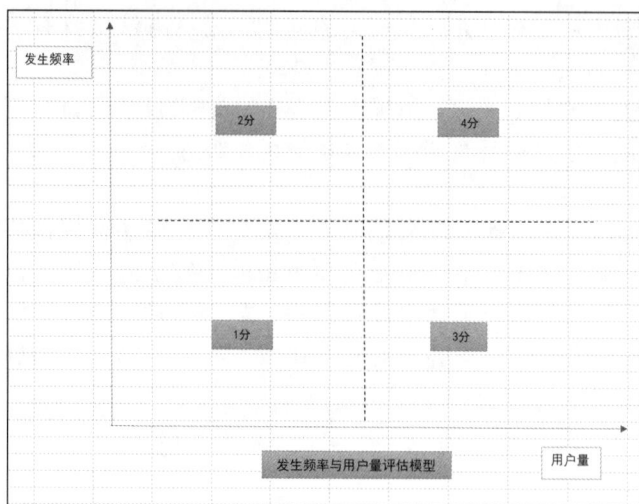

图 8-1　发生频率与用户量评估模型

8.3.2　开发难度与见效速度评估

这是一个从开发难度和见效速度的维度来评估需求优先级的方法。开发难度与见效速度评估模型如图 8-2 所示，其中：

- 开发难度小且见效速度快的需求得 4 分；
- 开发难度大但见效速度快的需求得 3 分；
- 开发难度小但见效速度慢的需求得 2 分；
- 开发难度大且见效速度慢的需求得 1 分。

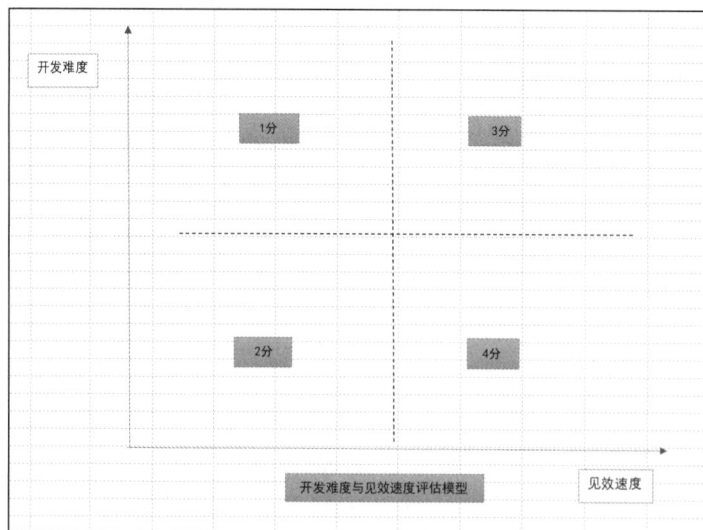

图 8-2　开发难度与见效速度评估模型

根据需求落入的象限，对需求打分，就可以得知需求在这个维度上的优先级。

8.3.3 重要与紧急程度评估

这是从重要与紧急程度的维度去评估需求优先级的方法。重要与紧急程度评估模型如图 8-3 所示，其中：

● 重要且紧急的需求得 4 分；
● 重要但不紧急的需求得 3 分；
● 紧急但不重要的需求得 2 分；
● 不重要且不紧急的需求得 1 分。

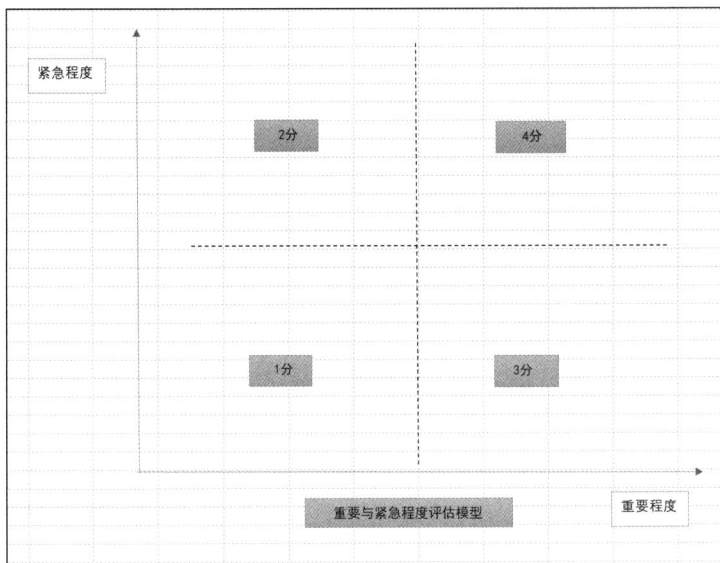

图 8-3 重要与紧急程度评估模型

最后，根据需求落入的象限，对需求打分，从而得到需求在这个维度的优先级。

8.3.4 商业价值与用户价值评估

商业价值与用户价值评估模型是构建在需求的商业价值和用户价值基础上的（如图 8-4 所示），其中：

● 用户价值高且商业价值高的需求得 4 分；
● 用户价值高但商业价值低的需求得 3 分；
● 用户价值低但商业价值高的需求得 2 分；
● 用户价值低且商业价值低的需求得 1 分。

最后，根据对需求的评分结果，确定需求在这个维度的优先级。

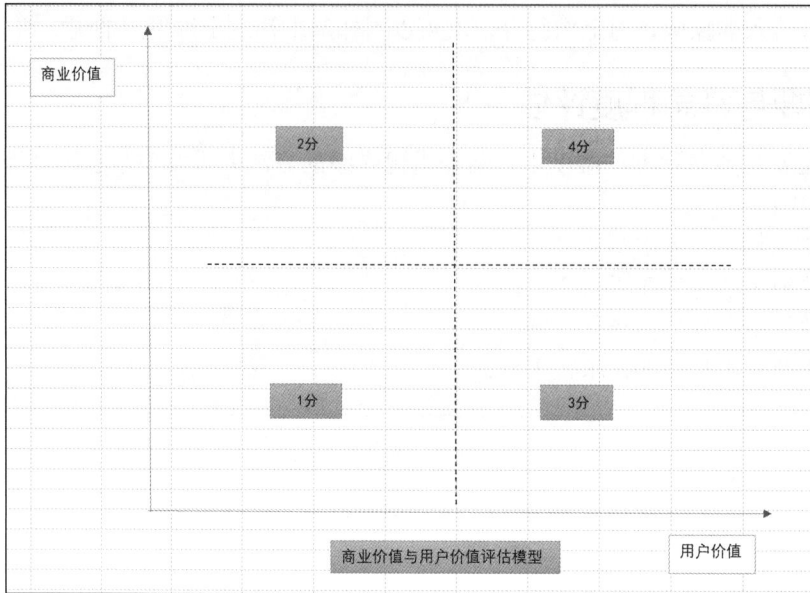

图 8-4 商业价值与用户价值评估模型

8.3.5 Better-Worse 评估

图 8-5 所示的 Better-Worse 评估模型来源于卡诺（KANO）模型，是一种通过分析需求对用户满意度的影响，评估需求优先级的方法。其中的各项属性如下。

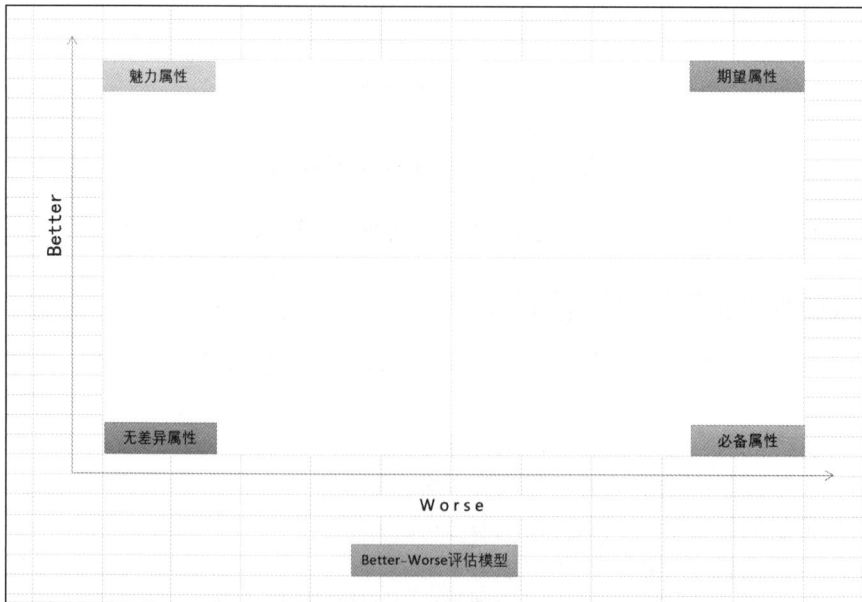

图 8-5 Better-Worse 评估模型

- 无差异属性：无论需求是否被满足，用户满意度都不会有任何变化。
- 必备属性：当需求被满足，用户满意度不会提升；当需求无法被满足，用户满意度会大幅降低。
- 期望属性：用户期待的需求，当需求被满足，用户满意度会提升，当需求不被满足，用户满意度会降低。
- 魅力属性：超出用户期待的需求，当需求不被满足，用户满意度不会下降，当需求被满足，用户满意度会有很大提升。

使用 Better-Worse 评估模型对需求的价值进行评估，可以对需求的不同价值进行评分。其中：

- 具有魅力属性的需求得 4 分；
- 具有期望属性的需求得 3 分；
- 具有必备属性的需求得 2 分；
- 具有无差异属性的需求得 1 分。

从而，便可得到需求在这个维度的优先级。

注：KANO 模型是东京理工大学教授狩野纪昭（Noriaki Kano）提出的对用户需求进行分类和优先级评估的有用工具。其以分析用户需求对用户满意度的影响为基础，体现了产品性能和用户满意度之间的非线性关系。

在使用需求优先级多维评估法时，只需要把待评估的需求依次放入上文所述的各个评估模型中，从不同维度对需求进行评估，得出需求在每个维度的得分，最后计算需求在评估矩阵中的总分。

接下来，依次把各需求的评分结果填入表 8-1 所示的需求优先级评分表中，并采用总分由高到低的顺序对需求进行排序，完成对需求优先级的整体评估。

表 8-1　需求优先级评分表

Better-Worse 评估	开发难度与见效速度评估	发生频率与用户量评估	重要与紧急程度评估	商业价值与用户价值评估	总分	需求优先级
						P0
						P1
						P2
						P3
						P4

案例分析：某弹幕视频应用的需求优先级评估

案例背景：在一次版本迭代中，某弹幕视频应用新增了"支持 iPad 分屏功能""增加播单功能""增加弹幕与视频同时缓存功能""视频分区增加学习专区""增加免流卡识别功能""增加自动播放下一个视频的开关功能""增加 UP 主原创内容护盾功能""增加番剧申请收录功能"

"视频内容支持切换语种"共 9 个功能需求。

很显然，这么多需求，很难在一个版本里全都实现。这就要求产品经理对这些需求进行优先级评估，找到性价比高的需求优先实现。

首先，使用需求优先级评估矩阵，把上述需求带入发生频率与用户量评估模型中进行评估，如图 8-6 所示。

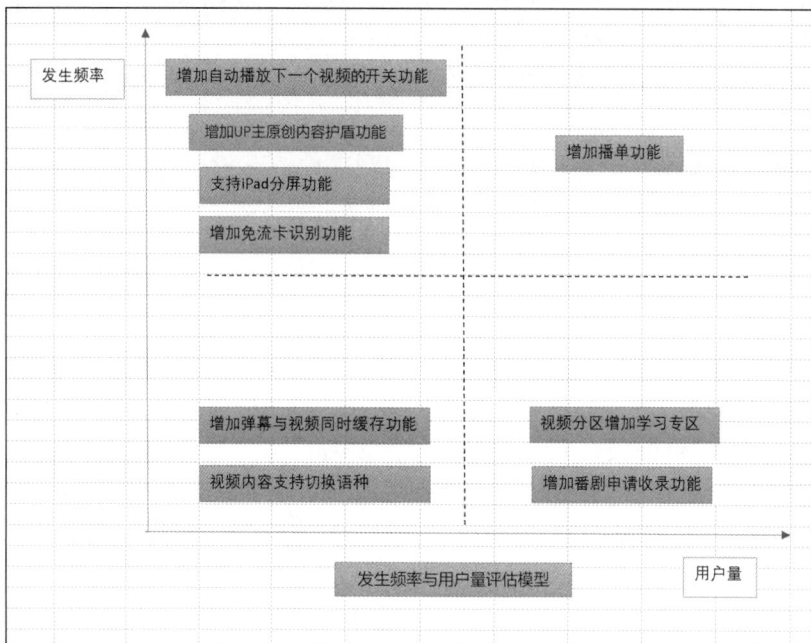

图 8-6　某弹幕视频应用发生频率与用户量评估

在新增需求中增加免流卡识别功能、支持 iPad 分屏功能、增加 UP 主原创内容护盾功能和增加自动播放下一个视频的开关功能属于用户量小、发生频率高的需求，评估后得 2 分；而增加弹幕与视频同时缓存功能和视频内容支持切换语种属于发生频率低、用户量小的需求，仅得 1 分；视频分区增加学习专区和增加番剧申请收录功能属于用户量大、发生频率低的需求，得 3 分；增加播单功能属于用户量大、发生频率高的需求，得 4 分。

接下来，从开发难度与见效速度的维度进行评估。这部分需要把需求带入开发难度与见效速度评估模型中进行评估，如图 8-7 所示。

增加番剧申请收录功能、增加自动播放下一个视频的开关功能和增加免流卡识别功能属于开发难度小、见效速度快的需求，得 4 分；增加播单功能、视频分区增加学习专区、增加 UP 主原创内容护盾功能属于见效速度快但开发难度大的需求，得 3 分；而支持 iPad 分屏功能属于开发难度小、见效速度慢的需求，得 2 分；视频内容支持切换语种和增加弹幕与视频同时缓存功能属于开发难度大、见效速度慢的需求，得 1 分。

完成上面两个维度的评估后，将需求代入 Better-Worse 评估模型，如图 8-8 所示。

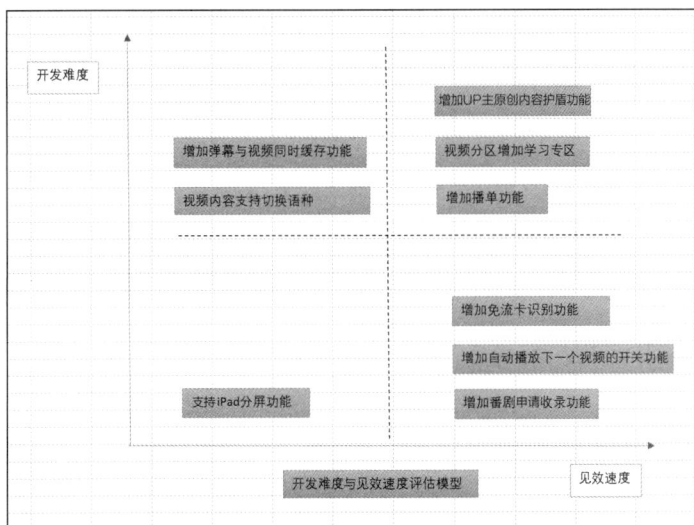

图 8-7 某弹幕视频应用开发难度与见效速度评估

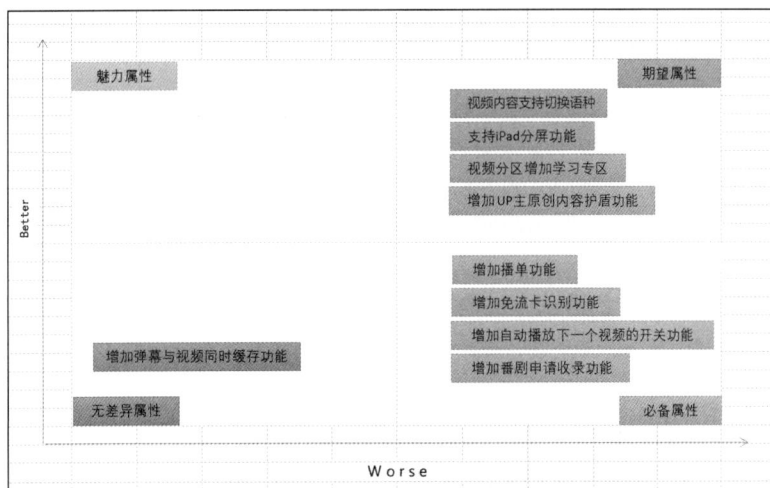

图 8-8 某弹幕视频应用 Better-Worse 评估

经过分析发现，增加弹幕与视频同时缓存功能属于具有无差异属性的需求，得 1 分；增加播单功能、增加免流卡识别功能、增加自动播放下一个视频的开关功能和增加番剧申请收录功能属于具有必备属性的需求，得 2 分；而视频内容支持切换语种、增加 UP 主原创内容护盾功能、视频分区增加学习专区和支持 iPad 分屏功能属于具有期望属性的需求，得 3 分。

接下来，从重要与紧急程度和商业价值与用户价值两个维度对这些需求进行评估。评估方法同上述几个维度，这里不详述。最后，对 5 个维度的评分结果求和，以总分的高低来确定需求的优先级。

这个版本的需求中增加番剧申请收录功能得到最高分 17 分，为 P0 需求；增加播单功能和视频分区增加学习专区得到 15 分，为 P1 需求；增加免流卡识别功能和增加 UP 主原创内容护盾功能为 P2 需求；支持 iPad 分屏功能和增加自动播放下一个视频的开关功能为 P3 需求；其他需求为 P4 需求。至此，就得到了最终的需求优先级排序结果。

有的读者可能会问："为什么同一个需求，别人给它打了高分，而自己却有不一样的打分呢？"

这是因为需求优先级多维评估法虽然好用，但产品设计并没有标准答案，每个产品经理对需求的理解各不相同，所以基于各自对需求的理解与分析，在同一个需求上给出的打分结果也可能会各不相同。

了解如何评估需求优先级后，接下来介绍需求管理的第二个实用方法——需求池管理。

8.4 需求池管理

在产品经理的日常工作中，各类需求每天都在产生。为了避免某些需求被遗漏，就需要一个用来管理和沉淀需求的工具，这就是需求池。

8.4.1 需求池的价值

需求池是产品经理用来收集、存放和管理各类需求的工具。它不仅能记录和存放各类需求，还是产品经理追踪需求状态的有力工具，能为产品版本迭代提供支撑。

需求池就像一个分类容器。一开始，各种原始需求源源不断地涌入池中，在经过分析和处理后，最后需求以结构化的方式存放在需求池中，为后续产品各版本的功能迭代提供支撑。

产品经理在工作中要学会建立自己的需求池，对需求进行有效的管理，为每次产品版本迭代提供有力支撑。

8.4.2 需求池的组成

需求池模板如表 8-2 所示，需求池一般由以下元素组成。

- 需求编号：为需求编号，便于进行需求管理。
- 需求名称：简单描述需求。
- 所属模块：需求所属产品一级及二级类目。
- 需求来源：反映需求的来源。
- 需求类型：分为新增功能、功能改进、BUG 修复、体验提升、内外部合作需求、增长需求和商业需求。
- 需求描述：从场景、目标和任务这三方面具体地描述需求。
- 提交人：需求由谁提交。
- 提交时间：需求进入需求池的时间。

- 需求状态：每个需求随着项目的推进，会有不同的状态（待确认、需求评审中、开发中、待开发、已上线）。
- 需求优先级：P0 为最高优先级、P1 为高优先级、P2 为中优先级、P3 为低优先级。

表 8-2 需求池模板

需求编号	需求名称	所属模块	需求来源	需求类型	需求分类	需求描述	提交人	提交时间	需求状态	需求优先级	备注信息
										P0	
										P1	
										P2	
										P3	

8.4.3 需求池的使用

首先，日常获取的原始需求，都需要以统一的格式录入需求池。每个需求入池后，都需要对其进行统一管理，确保各个需求清晰明了，状态可被追踪。

在管理需求时，需要定期对需求池进行整理，不要在需求池中需求过多或混乱时才整理，这样不仅非常费时费力，效率还很低下。

目前常见的需求池形式有 Word 文档、Excel 表格、思维导图和专业软件，可以根据实际情况选用不同形式的需求池。如果池中需求较多，可以通过将需求划分为"待处理"和"处理中"的方式，把一个大需求池分为两个小需求池进行管理。一旦"待处理"需求池中某个需求被纳入产品的版本计划，就要把它从"待处理"需求池移动到"处理中"需求池，这样方便对需求进行管理与监控。

8.4.4 使用需求池的注意事项

在使用需求池管理需求时，需要注意以下 3 个问题。

（1）需求池是对现有需求的统计和汇总，它的主要作用是对需求进行评估和管理。池中录入的需求不需要详细描述，但产品经理必须在阅读单项需求采集卡后，将其转化成可被开发人员理解的需求。

（2）需求池中的需求如果在需求评审会上被拒绝或暂缓，需要在备注信息中说明情况，并告知需求提出人，切忌毫无反馈，打消需求提出者的积极性。

（3）如果需求已经进入开发队列，产品经理需要不断跟进直到开发完成，切忌只顾头不顾尾，要确保每个需求都有结果。

8.4.5 案例分析：某电台应用的需求池管理

在这个案例中，将结合某电台应用某版本的"增加删除功能"和"查看缓存进度"这两个需求，来给大家讲讲需求池应该怎么管理。

首先,"增加删除功能"这个需求是用户 Danel 在 App Store 反馈的,反馈的内容是:"无法删除单个电台节目,只能全部删除,非常不方便,误操作还特别多。"

收到需求后,经过分析,发现这是一个真需求,使用单项需求采集卡对其进行采集。接下来,将这个需求录入需求池并对其进行管理。

该需求的提交人为 Danel,需求来源为 App Store,需求描述为增加删除单个电台节目的功能,提交时间为入池时间。这样需求池中就有了这个需求的基本信息。

然后,这个需求属于产品的电台管理模块,需求类型为功能需求,而需求分类为新增功能。

最后,由于这个需求是新采集的,还没有被纳入任何待发布的版本中,因此,需求池中的需求优先级、备注信息和需求状态 3 栏无须填入任何内容。

处理好"增加删除功能"这个需求后,处理"查看缓存进度"这个需求。

"查看缓存进度"是 BUG 修复类需求,由于该需求入池的时间较早,已排定随下一个版本一起发布。因此,该需求的基本信息在入池之初就填写好了。

经过分析发现,查看不了缓存进度的 BUG 存在于产品的核心功能路径下,且会影响所有华为渠道的用户,问题比较严重且影响面比较广。因此这个问题应优先解决,该需求被评为 P0 需求,状态为测试中。

更改该需求的优先级和状态后,在备注信息一栏注明需求即将随哪个版本发布,即可在需求池中完成对需求的跟进与更新。整理后的需求池如表 8-3 所示。

表 8-3　某电台应用的需求池

需求编号	需求名称	所属模块	需求来源	需求类型	需求分类	需求描述	提交人	提交时间	需求状态	需求优先级	备注信息
1	增加删除功能	电台管理	App Store	功能需求	新增功能	增加删除单个电台节目的功能	Danel	2020-5-8			
2	查看缓存进度	音频播放	华为市场	功能需求	BUG修复	解决无法查看缓存进度的 BUG	王小王	2020-4-10	测试中	P0	计划随 V4.51 版本发布

虽然已经排定了需求的优先级、制定了版本计划,但并不是版本计划中所有的需求最终都会被实现。还需要对需求进行评审,只有评审通过的需求才会被纳入正式开发阶段。

接下来,我们就一起了解需求管理的第三种实用方法——需求评审会。

8.5　需求评审会

需求评审会在产品正式进入开发之前召开,是决定一个需求能否被纳入开发阶段的重要环节。

8.5.1　为什么要召开需求评审会

对于需求评审会，有的读者会心生疑问：为什么要召开需求评审会呢？既然都排好了需求的优先级，那接下来让开发人员照着优先级一个个实现不就行了吗？

召开需求评审会的原因如下。

首先，需求评审会可以让与会者更加清晰地了解需求是什么，需求从哪里来，对现有业务有什么影响，实现后预期收益有哪些。

其次，召开需求评审会可以让开发及测试人员对需求有更详细的了解，使后续开发及测试更高效，避免在后续开发及编写测试用例阶段反复沟通确认需求。

再次，召开需求评审会可以让各方与会者清楚地知道自己在整个产品方案落地过程中处于什么位置、职责是什么、需要做什么、需要准备什么、需要提供什么帮助，对各自负责部分的实现难度及排期有一定的心理预期。

最后，召开需求评审会便于评估产品方案的技术难度、实现周期（例如，是一期全部实现，还是分期逐步实现）及投入产出比，便于权衡产品设计、技术成本以及商业利益之间的关系。

8.5.2　需求评审会都需要谁参加

如果需求规模较小，仅为产品较小的迭代改进，核心干系人参与会议并快速进行评审即可。

但如果是中大型需求（比如 App 大改版），涉及的与会者可能比较多，除了技术、架构、测试人员以外，视觉设计师（交互设计师）也需要参加评审。有时还需要多次评审，与会者才能达成共识。

不管是什么样的需求评审会，核心干系人必须参加，如果实在参加不了，需要核心干系人指定一个代理人员来参加。

8.5.3　需求评审会应在什么时间召开

需求评审会一般在确定下个版本迭代的需求列表之后，开发正式开始之前 3～5 天进行。如果间隔过久，一些技术细节可能会被遗忘；如果评审过早，开发人员可能被抽调导致评审无效；而如果评审过晚，则可能会缺乏后续评审时间。

8.5.4　案例：某新闻资讯类 App 需求评审会

案例背景：这是某新闻资讯类 App 的需求评审会，召开需求评审会的核心目标是敲定下一个迭代版本的需求列表。团队将需求评审的过程划分为"需求评审前""需求评审中""需求评审后"三大环节。下面介绍需求评审的全过程。

1.　需求评审前

首先，产品经理要确定是否有必要召开需求评审会。按照产品团队评审的要求，产品经理获取的需求，开发周期超过一周的都要进行需求评审。

其次，产品经理需要让所有与会者知道本次评审的目的，即让与会者统一思想，了解需求的意义以及明确需求涉及的具体范围。

然后，产品经理需要事先准备好相关的产品需求文档、产品原型图、交互稿，提前发送给会议干系人，还需要把需求资料、会议主题、配合资源等通过邮件和工作群发送给与会者。

此外，产品经理还需要口头通知与会者。因为，很多人是不看邮件和群消息的。

如果哪位产品经理在这一步没有做到位，那他的需求评审很大概率不成功。

最后，还有一点特别重要，参加需求评审前，产品经理需要提前准备好会上可能遇到的问题及应对措施，不要在需求评审会上被开发、测试和运营人员不断发现各种问题并追问解决方法，自己却不知道该怎么回答。

在我负责的产品团队里，正式召开需求评审会前，我一般都会跟其他产品经理梳理一遍准备好的问题和应对措施，最大限度地保证需求评审会的效果。

经过评审前的各种精心准备，便可以开始正式的需求评审会了。

2．需求评审中

需求评审会的第一件事是召集与会者。产品经理还需要在会议正式召开前明确本次会议的目的、涉及的内容、所需的结果。

然后，就是做好会议记录。会议记录除了要记录会议内容外，重点记录核心争论点以及讨论结果。接下来，整个需求评审的流程要从介绍需求从哪里来、为什么要实现这个需求开始，也就是从介绍需求的背景开始。随后，概述用户需求。下一步，产品经理讲解每个模块的功能、主要的流程图、产品原型图与交互稿。最后，介绍各个需求的优先级以及需要哪些关键的数据指标，介绍的时候务必条理明确、逻辑清晰，不要把听者搞得晕头转向，不知道在介绍什么。

在召开需求评审会的过程中，争论是少不了的，在争论过程中，产品经理需要保持自己的原则，不断明确本次会议的目标，讨论不宜偏题。对于非常细的内容，在不涉及主流程环节的情况下，可采用会后讨论解决的办法；不过，一旦在主流程环节上出现争议，一定要在会上解决，千万不要到会后解决。

当讲解完整个需求后，产品经理还需要复述总体需求内容，确保与会者完全了解整个需求的内容，明确落实相关问题需要哪些人、哪些资源进行配合。最后，还要确定工期以及上线时间。

关于这一点，我曾遇到一个失败的案例。在某次需求评审会上，与会者聊得都不错，最后也达成了一致，但就是忘了确定工期和上线时间，结果开发人员按照自己的想法排定了工期和上线时间，导致整个项目的上线延误了一周。其实，开完需求评审会只是完成了需求评审一半的工作，确定工期和上线时间后才算走完整个需求评审流程。

3．需求评审后

需求评审圆满结束并不意味着产品经理的工作就到此结束了，在需求评审后，产品经理还需要做好以下三点。

第一，总结会议上所有争论点以及讨论结果，并在当天及时发布会议纪要（因为很多时候，第二天多数与会者已经记不清昨天会议上讨论的内容了）。会议纪要需要包含会议讨论的主要内容、各方争议点及最后的处理方式、初步定稿时间与相关责任人。

第二，处理会议上未能解决的内容，尽快确认是否需要对方案进行调整，调整范围是多少，并及时反馈处理结果；如需要再次召开需求评审会，讨论相关内容，则需要快速确定下次需求评审会召开的时间。

第三，当整个需求评审定稿后，需要明确行动计划，确定内容时间节点，落实具体排期，开始跟进项目，并将定稿内容发送给相关责任人。

接下来介绍需求管理的第四个实用方法——需求的变更与控制。

8.6　需求的变更与控制

产品经理经常会在实际项目中遇到需求变更的情况，因为即使之前计划做得再详细，也难免在实施过程中出现各种变化。这时候，就需要对需求的变更进行控制与跟踪，确保需求变更有序地进行，最大限度地减少需求变更给产品带来的负面影响。

8.6.1　需求变更 5 步法

实际工作中，可以借助需求变更 5 步法做好需求变更的管理与控制工作。需求变更 5 步法的流程如下。

第一步：对需求变更的流程规范做出清晰的定义，根据不同团队的工作流程制定相应的需求变更标准流程和特殊变更流程（针对特殊情况下的需求变更）。

第二步：当需求发生变更时，需要组织相关人员对变更后的需求进行分析与评审。明确变更范围及变更完成的时间（例如，是在当前版本完成变更，还是在后续某次版本迭代中完成变更）。

第三步：确定团队各成员的职责，并做好需求变更后续事宜的跟进。

第四步：建立需求变更控制文档。将需求变更的时间、变更的版本、提出人、变更原因、变更前的需求描述及变更后的需求描述全部记录在需求变更控制文档上，方便后续查找与回溯，避免产品需求管理因变更而混乱。

第五步：向团队成员发一封需求变更邮件。在邮件中附上需求变更控制文档并注明相关干系人，便于后续的沟通与协作。

8.6.2　需求变更管理的注意要点

在进行需求变更管理时，需要注意以下三点。

第一，在进行需求变更分析时，需要先明确变更动机或目的，然后对变更内容进行分析。

第二，在进行需求变更评估时，需要同时评估需求的可行性、重要性、必要性、变更成本。

第三，在进行需求变更影响分析时，需要明确需求变更对当前计划的影响、利弊和造成的风险。

让我们一起了解需求管理的最后一个实用方法——需求的变化跟踪。

8.7 需求的变化跟踪

需求管理是一个持续、动态的过程。在产品正式上线运营后，每隔一段时间就会有一批新的需求产生，同时又有一批待实现的需求落地开发。

产品经理需要对需求状态进行跟踪，随时更新需求的状态，这也是产品经理进行需求管理时的核心工作之一。

需求状态跟踪包括以下两个方面。

一是对需求状态信息的跟踪：主要通过维护每个需求的进度状态变化，记录与需求开发实现进展相关的重要信息（维护产品需求池）。

二是对需求状态变化的跟踪：主要通过维护记录产品需求变更的历史信息，记录需求变更的详细情况（维护产品需求变更控制文档）。

8.8 需求管理与评审行动清单

在进行需求的管理与评审时，可以对照下面的行动清单，逐一完成。

- 使用需求优先级多维评估法，对需求的优先级进行排序。
- 使用需求池，管理需求状态。
- 召开需求评审会，确定版本可实现的需求。
- 使用需求变更 5 步法，管理与控制需求变更。
- 对需求的状态变化持续跟踪。

8.9 本章小结

本章介绍了需求管理的 5 个实用方法，重点内容如下。

（1）需求分为功能需求和非功能需求两大类。

（2）优秀的需求管理能力是产品经理必备的核心技能之一。

（3）使用需求优先级多维评估法评估需求的优先级。

（4）使用需求池沉淀和管理需求。

（5）需求评审会是产品开发之前必要的环节。

（6）需求评审的过程可划分为需求评审前、需求评审中和需求评审后。

（7）根据需求的开发周期评估是否需要召开需求评审会。

（8）使用需求变更 5 步法管理与控制需求的变更。

（9）产品经理需要对需求状态信息与需求状态变化进行定期的跟踪与记录。

8.10　知识模型

我总结了本章的知识模型，读者可以关注公众号"cpzjguoshan"，输入关键词"B1C801"下载收藏模型，为自己的产品经理知识拼图新增一块内容。

注：知识模型为脑图软件 MindMaster 专用格式，请读者使用 MindMaster 软件查看。

8.11　工作模板

我准备了一份实用的需求优先级多维评估工作模板，读者可以关注公众号"cpzjguoshan"，回复关键词"B1C802"下载使用。

我还准备了一份需求池管理工作模板，读者可以关注公众号"cpzjguoshan"，回复关键词"B1C803"下载使用。

8.12　大咖助力

产品大咖说："能否管理好产品需求，是评价一个产品经理优秀与否的标准之一。"

如果你在需求管理中遇到了什么困难，欢迎你加我微信：pmguoshan，让我来帮帮你。

8.13　练习实践

（1）假如你是微信的产品经理，现在有如下需求：

- 消息一键已读；
- 好友互删；
- 进群验证；
- 朋友圈支持发布 GIF 格式的图片；
- 订阅号分组；
- 禁止被拉进群；
- 朋友圈分组；
- 检查被删除好友；
- 朋友圈评论带图片。

请用本章学到的需求优先级多维评估法，对这些需求的优先级进行排序。

（2）基于本章案例中某弹幕视频应用的产品需求，模拟练习使用需求池对需求进行管理。

9

第9章 如何绘制优秀的产品流程图

本章导读：对于产品设计来说，构建流程是一个绕不开的环节。流程既奠定了后续的产品框架，也是用户体验的基石。同时，流程设计也是产品经理日常工作中必不可少的一项内容。

可以说流程是产品设计的"核心"与"灵魂"，流程设计在整个产品设计中非常重要。因此，经常有产品经理说："产品设计就是流程设计。"

混沌大学的创办人李善友先生曾说过："要想彻底掌握一个知识，最重要的一点就是透彻地了解它的概念，在理解概念的前提下去扩展方法论和实践"。所以，本章将从流程和流程图这两个基本的概念出发，深入阐述产品流程图的作用及绘制方法等。

9.1 流程与流程图的概念

流程和流程图是组成流程设计的两个基本要素。

9.1.1 什么是流程

流程是一项活动或一系列连续、有规律的事项及行为进行的程序。流程通常会把资源、过程、结构、结果、对象和价值这6个基本要素串联起来。

具体来说，一个流程的内容就是：由谁来负责资源输入、由哪个对象来执行、执行后会影响到谁、执行过程具体是如何设计的又是如何被执行的、执行后会产生什么样的结果及价值。

了解了什么是流程后，接下来介绍另一个重要的概念——流程图。

9.1.2 什么是流程图

流程图（Flow Chart），顾名思义，就是用来直观地描述一个工作过程的具体执行步骤图。流程图通常使用图形表示各种类型的操作，在图形内写出各个步骤，再用带箭头的流程线把各图形连接起来，用来表示执行的先后顺序。用图形表示执行步骤，既直观形象，又易于理解。

接下来介绍产品流程图的作用。

9.2 产品流程图的作用

首先，作为一个设计工具，产品流程图可以帮助产品经理更好地梳理产品逻辑、了解业务如何运转、找到流程中不合理的步骤并对其进行优化。其次，一张清晰的产品流程图，可以方便相关人员了解业务，理清业务流程，节省反复沟通的成本。再次，通过对产品流程图的不断迭代与优化，可以逐步完善产品的核心流程。也可以通过对产品流程图的对比分析，找到产品功能与业务流程可以优化、改进的地方。

总之，即使是比较复杂的业务，一张简明的产品流程图也能让产品设计思路更清晰、逻辑更顺畅。

此外，产品经理可以通过梳理、研究产品流程图中的关键步骤，发现自有产品设计的不足之处，并及时调整优化，保证产品方案顺利执行。在工作中，遇到用语言很难表达清楚的问题时，用一张产品流程图，能高效地解决问题。因此，在日常工作中无论创建什么类型的流程，产品流程图对产品设计的重要性都是不言而喻的。

接下来，就让我们深入了解三类常见的产品流程图。

9.3 三类常见的产品流程图

产品流程图通常由业务流程图、功能流程图和页面流程图三类组成，如图 9-1 所示。

这三类产品流程图，很多产品经理在刚接触时，非常容易混淆，总是搞不清三者之间的关系，下面就为大家一一说明。

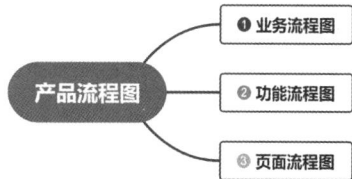

图 9-1　三种不同类型的产品流程图

- 业务流程图主要面向需求提出者、产品用户及公司领导等，用于描述完整的业务流程（包括角色、环节），即完成一项任务所涉及的操作流程。

- 功能流程图主要面向产品开发团队。功能流程图以业务流程为主线，用于明确功能的设计细节，细化每个环节的功能逻辑（如状态判断、异常处理、操作权限），判断用户在操作过程中可能存在的细节问题并做出相应的处理，确保产品功能可正常使用。

- 页面流程图主要面向前端开发工程师和 UI 设计师等，用于明确用户在操作产品时，所涉及的页面以及页面之间的跳转关系，便于相关人员明确要设计的页面数量及页面之间的跳转关系。

不难发现，每一类产品流程图都有其特定的使用场景和用途，要根据具体的场景选用不同类型的产品流程图。了解三类产品流程图的区别后，就可以正式开始学习如何绘制这三种不同类型的产品流程图了。

接下来，从业务流程图开始说起。

9.4 业务流程图常用的图形符号及其含义

标准的业务流程图主要由以下几个图形符号组成，如图 9-2 所示。

- 圆角矩形表示流程开始或结束。需要注意的是，业务流程图只能有一个表示开始的图形，表示结束的图形不能超过 3 个。
- 矩形表示流程，指要执行的处理步骤或操作动作。
- 菱形表示决策/判断。流程进入这个节点，需要进行判断。判断有两种结果：是和否。判断必须有一个输入，两个输出。
- 半括号表示备注信息，反映流程执行到相应步骤的提示。在流程中，需要做执行说明，或者标注相关注释信息时会用到它。
- 有向箭头表示流程线，反映流程执行的方向。
- 平行四边形表示数据，反映数据的输入/输出。
- 文档表示文件，反映以文件的方式输入/输出。可以是生成的文件，也可以是调用的文件，将文件的题目或说明写在图形内。
- 圆形表示流程的跳转与连接。圆形内有一个数字或字母，在互相联系的业务流程图内，连接符号（即圆形）内使用同样的字母或数字，表示各个过程是如何连接的。

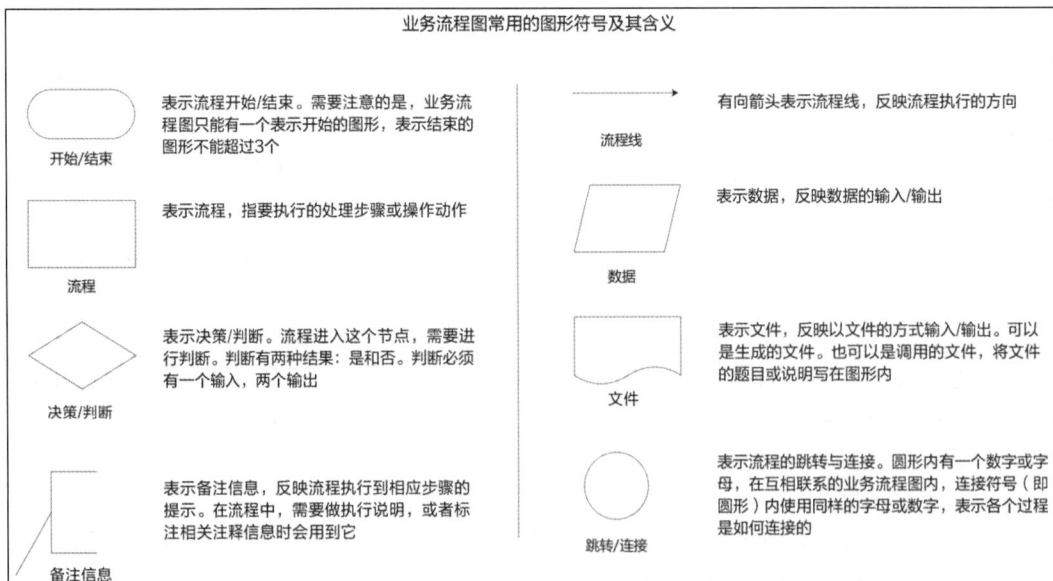

图 9-2 业务流程图常用的圆形符号及其含义

接下来介绍产品流程图的三种结构。

9.5 产品流程图的 3 种结构

产品流程图由顺序结构、选择结构和循环结构组成。

1. 顺序结构

顺序结构是一种简单的基本结构。在顺序结构中，各个流程（或步骤）是按先后顺序执行的。即完成上一个指定的流程（或步骤）才能执行下一个流程（或步骤）。如 A、B、C 是连续的流程（或步骤），在顺序结构中，必须先完成流程 A（或步骤 A），接着完成流程 B（或步骤 B）后才可以完成流程 C（或步骤 C），任一流程（或步骤）不可以跳过与省略。顺序结构如图 9-3 所示。

2. 选择结构

选择结构又称分支结构，用于判断给定的条件，同时根据判断的结果控制程序的走向（在实际运用中，某一判定结果可以为空）。选择结构如图 9-4 所示。

图 9-3 顺序结构

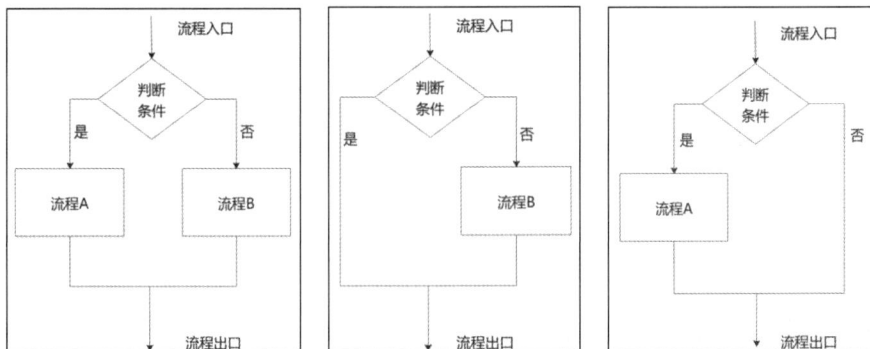

图 9-4 选择结构

3. 循环结构

循环结构是指在一定的条件下，反复执行某一操作的流程结构。循环结构又可分为当型循环结构和直到型循环结构。循环结构主要包括 3 个要素：循环变量、循环体和循环终止条件。

在绘制循环结构时，需要在判断框内写明条件，两个出口分别对应着条件成立和条件不成立时所执行的不同流程，其中一个出口要回指循环体，再从循环体回到判断框的入口处。

- 当型循环结构如图 9-5 所示。进入循环，先判断所给条件 T 是否成立，若成立，则执行后续的流程 A；当流程 A 执行后，再返回判断条件 T 是否成立，若成立，则又执行一次流程 A。如此反复，直到条件 T 不成立时，退出循环。

● 直到型循环结构如图 9-6 所示。进入循环，先执行流程 A，再判断所给条件 T 是否成立，若不成立，则再执行流程 A。如此反复，直到条件 T 成立，退出循环。

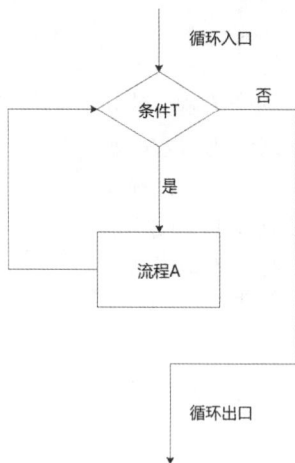

图 9-5　当型循环结构　　　　　　图 9-6　直到型循环结构

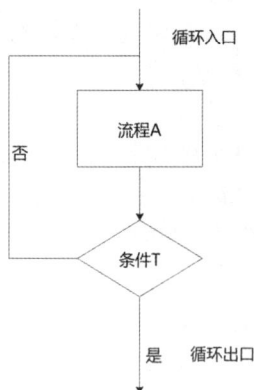

9.6　业务流程图

对于建设大厦来说，设计图纸的重要性不言而喻，没有设计图纸，建设的大厦非常容易出问题。业务流程图在产品设计中的重要性，就好比设计图纸对建设大厦的重要性，没有业务流程图的产品设计同样容易出问题。那么，业务流程图都有哪些类型呢？

9.6.1　业务流程图的两种类型

业务流程图可以分为图 9-7 所示的基本给流程图和跨职能业务流程图（泳道图）两种类型。
● 基本业务流程图主要用于描述单一角色在处理某一个事项时的流程。
● 跨职能业务流程图描述的是多个角色同时处理某一个事项时的流程。

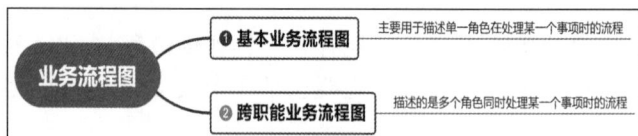

图 9-7　业务流程图的两种类型

基本业务流程图虽然可以明确地说明整个流程，但无法让人清楚地知道流程中每一个具体的步骤是由谁负责的。为了能清楚地表示流程中的各环节都是由谁来负责的，我们需要使用跨职能业务流程图（泳道图）。跨职能业务流程图不仅能体现整个活动的流程，而且还能清楚反映各个角色在流程中所承担的责任。因此，在画业务流程图的时候，需要根据不同的场景，选择使用基本业务流程图或跨职能业务流程图。

9.6.2 业务流程图的组成要素

一个典型的业务流程图主要包含以下 4 个组成要素。

● 事项：要做什么事情，用户执行流程的目标是什么。
● 用户：什么样的用户会执行这个流程。
● 信息：从开始到结束，这个流程是怎么被执行的。
● 异常：出现的问题。

了解业务流程图的组成要素后，就可以按照组成要素来绘制业务流程图了。

9.6.3 业务流程图的绘制

上文提到业务流程图可以分为基本业务流程图和跨职能业务流程图两大类。接下来，就针对这两类业务流程图，分别介绍它们的绘制方法。

9.6.3.1 基本业务流程图的绘制方法

基本业务流程图的绘制方法比较简单，只要按照流程的顺序依次绘制即可，具体如下。

第一步，明确基本业务流程图针对的用户和任务分别是什么。即流程由哪个用户发起，要完成什么样的任务。

第二步，明确开始和结束分别是什么。即任务以什么方式开始，又以什么方式结束。

第三步，明确流程的先后顺序。因为顺序决定了用户的体验，所以在明确任务的开始与结束之后，需要对流程各环节的先后顺序进行梳理与调整。例如 App 登录流程，对于完成登录，是需要先输入用户密码进行验证，还是根据产品不同的使用情境选择触发式的验证机制，就需要考虑产品的用户体验与用户使用习惯。

第四步，明确流程可能出现的异常以及应对办法。这一步需要发现流程中可能出现的异常，并对这些异常给出对应的解决方法。在初步绘制业务流程图时，难免会因考虑不周全，漏掉一些异常。这是正常的，因为即使是经验丰富的产品经理，也没法做到一次就把业务流程图画得完美，后续仍需要不断地对业务流程图进行优化与修正。

第五步，不断优化和调整业务流程图。在这一步，需要针对现有流程进行持续的调整与优化，如拆分合并流程、优化异常处理等。

第六步，输出完整的业务流程图。这一步比较简单，主要就是结合自己的工作方式将流程图输出到文档或邮件中。

图 9-8 是基本业务流程图的示意。

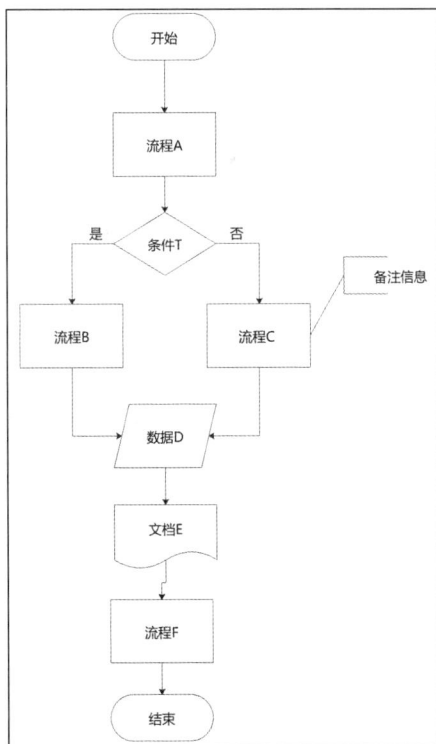

图 9-8 基本业务流程图示意

了解基本业务流程图的绘制方法后，接下来介绍基本业务流程图的绘制要领。

9.6.3.2 基本业务流程图的绘制要领

可以按下面 4 个绘制要领进行基本业务流程图的绘制。

（1）主线清晰：关键路径、关键任务一目了然。

（2）先主后次：先确定关键路径，再补充细节路径。

（3）优化调整：通过与产品原型设计过程对比，优化异常流程。

（4）先繁后简：先考虑最长路径，再合并操作流程。

下面，结合案例，来看看基本业务流程图该怎么画。

9.6.3.3 案例分析：用户登录业务流程图

案例背景：简化版的用户登录流程，帮助读者熟悉基本业务流程图的画法。

第一步，明确针对的用户和需要完成的任务。在这个案例中，用户是想登录系统的人，而任务是输入用户名和密码登录系统。

第二步，明确开始和结束分别是什么。在这个案例中，开始是进入登录页面，结束是成功登录系统。

第三步，明确流程的先后顺序。在这个案例中，没有注册的用户是无法登录系统的。因此，判断用户是否注册应该置于其他流程前。而对于忘记密码的用户，即使多次输入用户名和密码也依然无法登录，因此判断用户是否忘记密码在判断已经注册之后。依此方式，明确整个登录流程的先后顺序。

第四步，明确流程可能出现的异常及其应对办法。由于案例比较简单，仅在用户输入用户名和密码时会出现异常。对于这个异常，处理的方式也比较简单，只需提示用户用户名或密码错误即可。

第五步，优化调整业务流程图。在这个案例中，当用户输入错误的用户名或密码时，将流程连接至找回密码。

第六步，也是最后一步，输出这个案例的完整的业务流程图。

完整的业务流程图如图 9-9 所示。

了解了基本业务流程图的绘制后，接下来介绍跨职能业务流程图该如何绘制。

9.6.3.4 跨职能业务流程图的绘制

相对于基本业务流程图，跨职能业务流程图的绘制会稍微复杂一些。

1. 跨职能业务流程图的三个维度

从组成的角度看，跨职能业务流程图共分为三个维度——部门维度、阶段维度和活动维度。

（1）部门维度：通过部门/责任人来区分，明确每个部门/责任人负责完成的任务环节。

（2）阶段维度：通过任务阶段来区分，明确每个阶段需要处理的任务环节。

（3）活动维度：在不同部门/责任人处理的不同任务阶段，会有不同的活动与之对应。

一般情况下，跨职能业务流程图的纵向表示部门维度，横向表示阶段维度（如图 9-10 所示），纵轴和横轴交汇形成的格子表示活动维度。

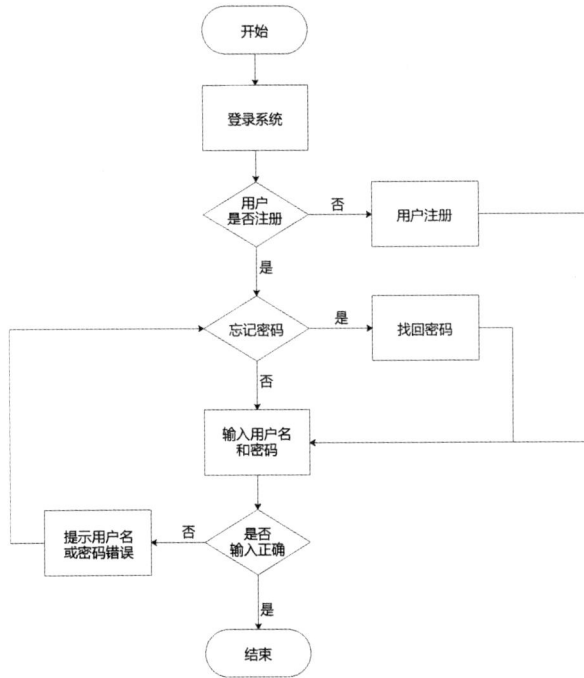

图 9-9　用户登录业务流程图

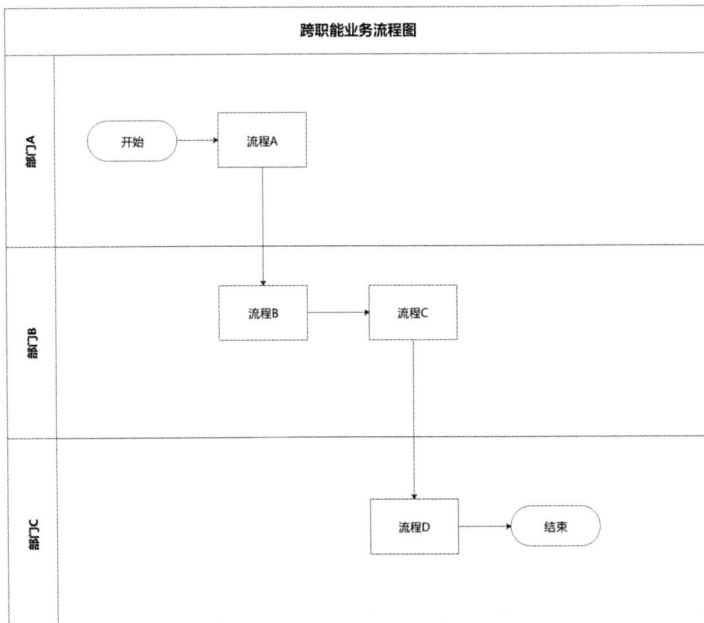

图 9-10　跨职能业务流程图示意

因此在绘制跨职能业务流程图之前需要思考以下 3 个问题。

（1）跨职能业务流程图涉及哪些部门/组织机构。

（2）跨职能业务流程图涉及哪些阶段。

（3）每个阶段涉及哪些活动，活动间的具体流程。

注：绘图时可根据业务需求，将跨职能业务流程图设置为水平或垂直方式。

2. 跨职能业务流程图绘制 6 步法

一般使用跨职能业务流程图绘制 6 步法完成跨职能业务流程图的绘制工作，具体步骤如下。

第一步是分析功能的关键逻辑：分析流程里都有哪些人员参与，这些人员各自分别扮演了什么角色，以及在流程中要做哪些事情。不同角色所要完成的任务是不一样的。

第二步是明确用户与任务：明确所有用户与参与者（系统也作为一个参与者）。确定这些参与者之间有什么关系（是上下级关系，还是上下游关系），以及所有参与者最终的目标是什么。

第三步是明确开始与结束：明确流程从哪里开始，到哪里结束。流程开始只有 1 个，结束一般不超过 3 个。如果结束设置得过多，流程会变得非常难理解。有些流程还需区分时间段，例如 O2O 服务，分下单前、下单中、下单后等。

第四步是确定核心流程与路径：有哪些流程会参与其中，流程中核心流向一定要清晰。如果核心流程不清晰，读者可能会难以理解。

第五步是不断调整优化流程图：考虑流程中各种异常及其处理情况，并不断优化和调整整个流程图。

第六步是合并或拆分流程：本着"先做加法再做减法"的原则，先把能想到的流程都绘制出来，然后根据业务调整相关流程顺序，进行合并与简化。

接着让我们来看看跨职能业务流程图的绘制误区与规范。

3. 跨职能业务流程图的绘制误区与规范

跨职能业务流程图主要有以下 3 个绘制误区和对应的规范。

误区 1：绘图时，没有考虑人员的流动性，直接将角色对应到具体人员身上，如张三、王五等。

规范 1：将流程角色落到部门/岗位上，每个人员都有自己的岗位，在岗位上承担具体的任务，相对变动频率较低。

误区 2：绘图时角色属性不统一，有的是部门，有的是岗位，还有的是具体员工。

规范 2：统一角色属性。

误区 3：绘图时没有分清主次，将流程所涉及的所有部门、岗位、人员都罗列到图中。

规范 3：确定流程中活动的主要角色。

4. 案例分析：医院挂号业务的跨职能业务流程图

案例背景：某互联网医疗软件公司正在为一家医院设计管理软件。经过对医院挂号业务的详细了解，这个公司的产品经理决定使用跨职能业务流程图（泳道图）来构建产品挂号系统的核心业务流程。

第一步：分析功能的关键逻辑。这个案例中，整个流程主要由病人、挂号窗口工作人员、服务台工作人员和科室医生共四个角色参与完成。先将这四个角色填入图 9-11 所示的泳道中。

医院挂号业务的跨职能业务流程图			
病人	挂号窗口工作人员	服务台工作人员	科室医生

图 9-11 医院挂号业务流程的四个角色

第二步：明确用户与任务。在这个案例中，病人主要的任务是前往挂号窗口挂号和拿到挂号单就诊。挂号窗口工作人员主要负责收取病人的挂号小票和收挂号费。服务台工作人员的任务比较单一，主要是分配病人的挂号小票。剩下科室医生这个角色，主要负责为病人看病这个核心业务。明确用户与任务后的跨职能业务流程图如图 9-12 所示。

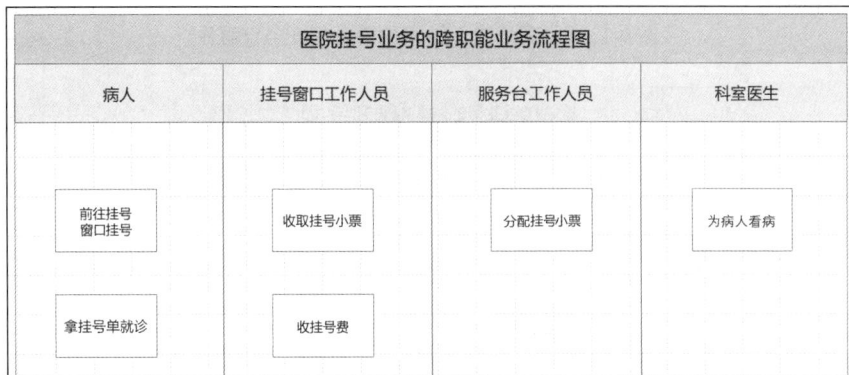

图 9-12 明确用户与业务后的跨职能业务流程图

第三步：明确开始与结束。整个流程由病人发起直到科室医生为病人看病后结束。有一点需要注意，如果病人没有领取挂号小票，则需要服务台工作人员人工分配挂号小票，整个挂号流程需要重置。明确开始与结束的跨职能业务流程图如图 9-13 所示。

第四步：确定核心流程与路径。经过前三步的梳理与分析，医院挂号业务的跨职能业务流程图的流向已经非常清晰了。在这一步，则需要反映出医院现有的挂号流程，将四个泳道内的流程串联起来，完成案例的跨职能业务流程图。完整的跨职能业务流程图如图 9-14 所示。

本案例的第五步和第六步比较简单，这里就不详细阐述了。

注：不同医院的挂号流程存在差异，此流程只适用于本案例。

介绍完业务流程图，接下来介绍功能流程图。

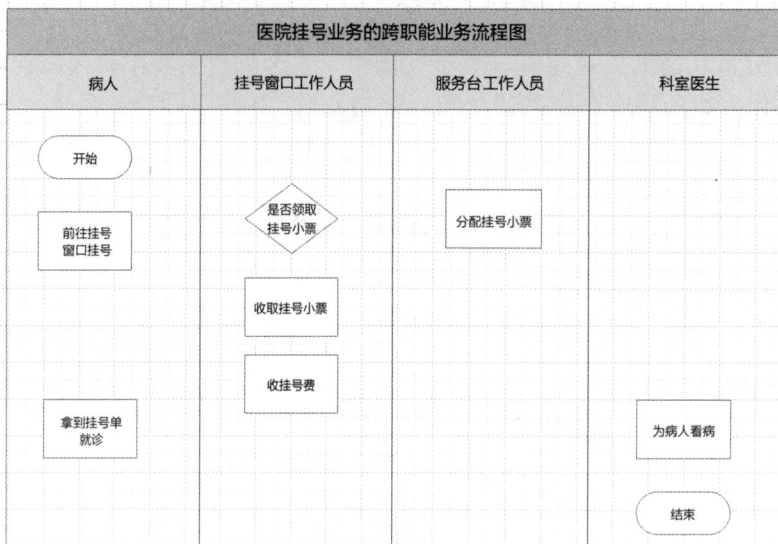

图 9-13 明确开始与结束的跨职能业务流程图

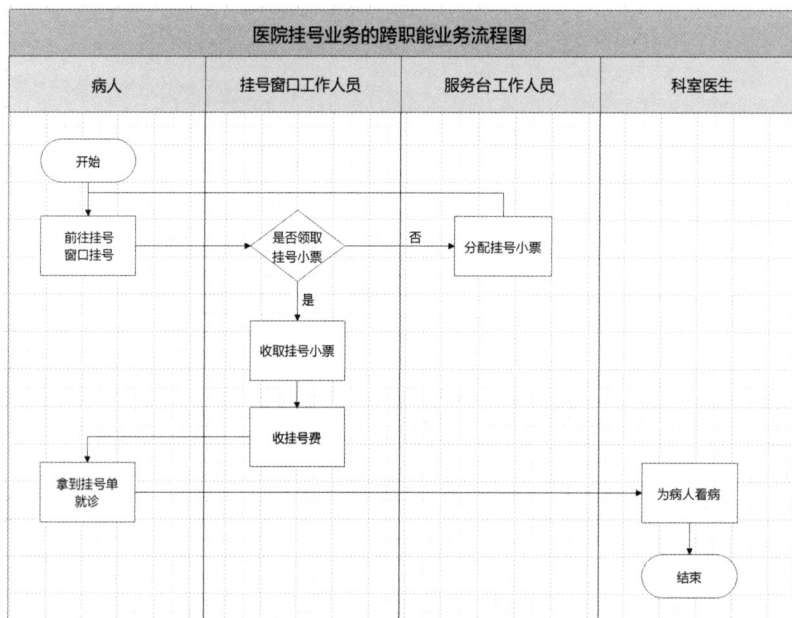

图 9-14 完整的跨职能业务流程图

9.7 功能流程图

功能是逻辑意义上的概念，一个功能可以横跨多个页面，也可能仅存在于某个页面，功能之间也是相互独立的。功能流程是指产品的所有功能及其相互间关系，绘制功能流程图的重点在于理清各功能间的逻辑关系。

9.7.1 功能流程图的基本元素

功能流程图包含以下 3 类基本元素，如图 9-15 所示。

（1）产品功能：用矩形表示，常用名词或动宾短语命名。

（2）功能流向：用有向箭头表示，箭头的方向表示功能的流向。

（3）判断条件：用菱形表示，通过短句表示判断条件。

功能流程图包含的基本元素	用哪种图形表示	如何命名	备注信息
产品功能	▭	名词、动宾短语	
功能流向	→		箭头的方向表示功能的流向
判断条件	◇		通过短句表示判断条件

图 9-15 功能流程图的 3 类基本元素

在绘制功能流程图时，还需要注意功能的命名规则。

9.7.2 功能流程图中功能的命名规则

功能可以是名词，如表情；可以加定语，如我的卡包；可以是动宾短语，如确认订单；或者是表示从属关系的通用叫法，如我的收藏夹。在对功能命名时可多参考行业 TOP5 竞品的命名方式，避免命名不标准、不规范。

9.7.3 功能流程图的绘制

可以按照以下 5 步，绘制功能流程图。

第一步，列出流程内所有功能。首先按照设定的用户使用流程，绘制出每个节点的功能。这里需要注意的是，罗列的仅是功能名称。除非页面与功能同名，否则不要随意把页面名也罗列出来（如首页只是页面的叫法，而不是功能）。此处以下班回家为例，列出下班的 4 个主要动作（功能），如图 9-16 所示。

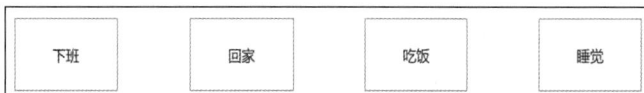

下班	回家	吃饭	睡觉

图 9-16 下班的 4 个主要动作

第二步，用有向箭头串联功能。这一步需要使用有向箭头将各功能联系起来。需要注意的是，箭头方向代表用户的使用步骤，需按用户使用步骤依次连接功能。串联结果如图 9-17 所示。

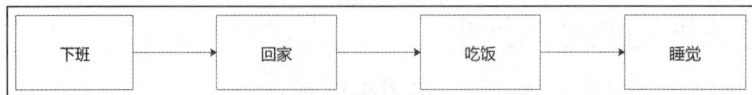

图 9-17　串联相关功能

第三步，增加判断条件。很多功能的触发需要一定的判断条件，所谓的判断条件就是前后端需要判断的逻辑。功能流程图有顺序结构（无判断条件）、选择结构（有判断条件）、循环结构（有判断条件）3 种结构。这 3 种结构在本章业务流程图部分已经介绍过了，这里不赘述。功能流程图的 3 种结构如图 9-18 所示。

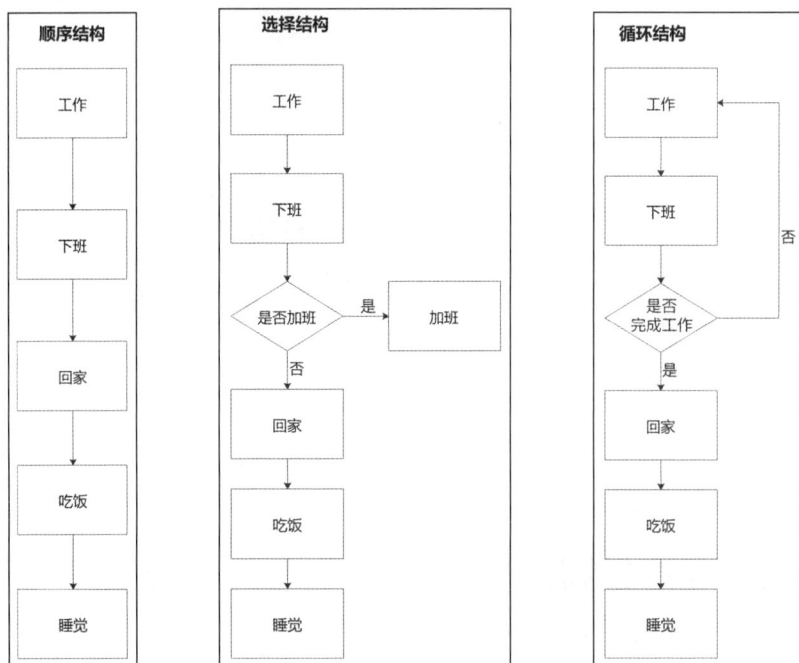

图 9-18　功能流程图的 3 种结构

第四步，检查与优化功能流程图。检查现有功能流程图的错误，并持续进行优化。

第五步，生成完整的功能流程图。将绘制好的功能流程图插入文档、邮件中。

要想绘制好功能流程图，除了需要了解功能流程图的绘制方法，还需要知道如何避免绘制功能流程图的一些常见错误。

9.7.4　绘制功能流程图的常见错误

绘制功能流程图主要有以下 3 类常见的错误。

　　常见错误 1：功能流程图混入业务流程。一些产品经理在绘制功能流程图的时候，容易把业务流程也加进去，最后画出一个"四不像"的流程图。

　　提示：要分辨功能流程图里是否掺杂了业务流程，做法非常简单，只要判断图中的每个节点是否都是产品中真实存在的功能名称即可。如果不是，则说明该功能流程图已混入业务流程图的内容。

　　常见错误 2：功能流程图混入页面，即把某些页面加入功能流程图。例如微信的"发送照片给好友"是一个功能，但是所涉及的页面上的"照片""选择相册""某一相册详情""选中某一照片"都不是功能，不应该出现在功能流程图里。

　　常见错误 3：功能流程图混入操作。通常来说，一个功能会包含很多的操作。如微信的"发送照片给好友"这个功能就包含"点击相册""滚动照片列表"等操作，因此在绘制功能流程图时要区分功能与操作，功能流程图体现的是功能，而非如何操作。

　　了解绘制功能流程图常见的错误后，接下来，让我们一起了解绘制功能流程图的一些实用技巧。

9.7.5　功能流程图的绘制技巧

　　可以按照以下两个步骤，逐步提升功能流程图的质量。

1. 第一步：设计功能的基础流程

　　在功能流程设计之初，需要先设定功能流程的整体框架。在这个阶段，无须考虑功能的所有分支流程及异常流程，只需要设计简单、基础的流程即可。例如，当设计一个手机注册流程时，首先考虑的是由"输入手机号""点击获取验证码""输入验证码""确定注册"4个功能组成的核心流程。当然，这个流程只能作为一条主线，并不能直接成为最终的功能流程图。

2. 第二步：模拟用户场景，检验优化流程

　　到了第二步，需要模拟用户场景，检验及优化流程的完整度。模拟用户场景时，需要考虑下面 3 个维度：

　　（1）用户在什么时候会使用这个功能（如何开始）；

　　（2）用户在使用这个功能的时候希望满足他们什么需求（如何行进）；

　　（3）用户在什么时候结束这个功能（如何结束）。

　　沿用上面的案例，首先要考虑如何开始，即需要考虑这个功能的入口是否合理。

　　其次，需要考虑这个功能在执行的时候，是否可以满足用户的需求。例如，将"输入验证码"修改为"自动读取验证码并输入"，这个优化可以让用户在输入时无须来回切换。

　　这一步主要是将自己代入流程，进而感受流程是否合理、是否让用户感到舒适，以及为了更好地提升用户体验，应该增加或优化哪些功能。

　　为了确保对功能流程考虑得足够完善，最后还需要根据制作好的功能流程图，从各个环节模拟在极端或异常情况下流程的处理方式。可以通过代入极端数值验证流程是否能够应对异常情况；对于无数值输入的功能，则采用是否判断的形式去验证。

沿用上述手机注册的例子，采用"是否判断+极值模拟"的办法考虑异常流程。

是否判断。

是：如果用户输入的是手机号，怎么办？

否：如果用户输入的不是手机号，怎么办？

极值模拟。

最大数值：在输入的手机号有无限多个数字时，怎么办？

最小数值：在不输入手机号或只输入 1 个数字的时候，怎么办？

通过是否判断和极值模拟中的四个问题，可以对流程做出如下限制。

● 用户在此输入框中，只能输入数字。

● 用户在此输入框中，必须输入 11 位的数字。

关于这个技巧，还需要注意一点，上文所述的流程优化是一个反复循环的过程，每一轮的流程优化完毕后，都要回到第一步进行思考，再前往第二步进行优化，直到最后得到比较满意的结果。

9.7.6 案例分析：某共享单车应用的功能流程图

案例背景：本案例需绘制某共享单车应用的功能流程图，主要是用户借车及还车的整个功能流程。

第一步，列出流程内所有功能。这里只需要列出"共享单车借还车"这个流程所涉及的全部功能即可，如图 9-19 所示。

第二步，用有向箭头串联功能。在这一步，需要用有向箭头串联起整个功能流程。串联后的案例的功能流程图如图 9-20 所示。

第三步，增加判断条件。在这个案例中，需增加"是否符合免押金条件""是否设置自动支付"两处判断条件，补全功能流程。增加判断条件的案例的功能流程图如图 9-21 所示。

第四步，检查与优化功能流程图。在这一步，需要结合之前介绍的功能流程图绘制技巧并对照绘制功能流程图的常见错误，对案例的功能流程图进行检查与优化。

第五步，生成完整的功能流程图。经过前面四步操作，在这一步即可获得共享单车借还车功能完整的功能流程图。

接下来介绍页面流程图。

图 9-19 共享单车借还车功能

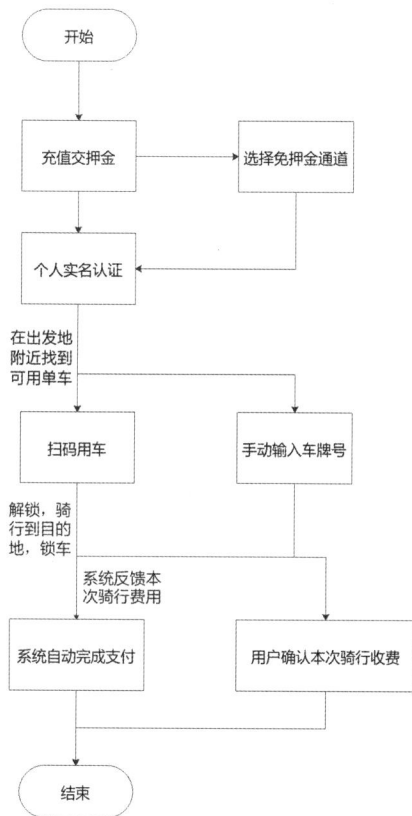

图 9-20 串联后的共享单车借还车功能流程图

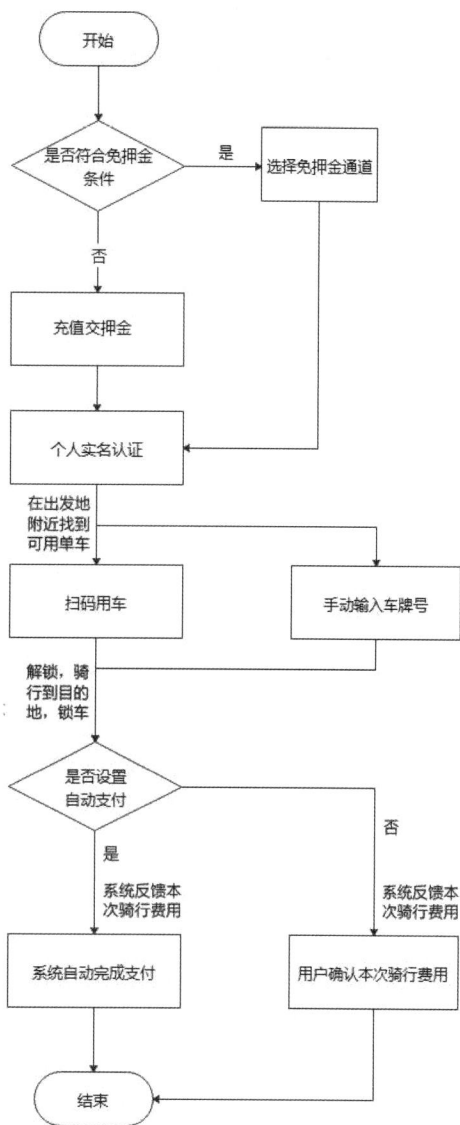

图 9-21 增加判断条件的共享单车借还车功能流程图

9.8 页面流程图

所谓页面流程，其实就是用户通过操作进入了哪些页面，以及进入这些页面后的一系列操作和页面之间的跳转过程。页面流程图是产品经理模拟用户的操作场景、发现页面流程存在的问题并对其进行优化的重要参考依据。

9.8.1　页面流程图的绘制

可以使用页面流程图绘制 5 步法完成页面流程图的绘制工作。

第一步，明确业务流程，明确页面核心功能主线。业务流程图是产品视角的流程图，页面流程图是用户视角的流程图。只有确定产品视角后，才能确定用户视角。因此，页面流程图的绘制一般都在业务流程图确定之后。

简而言之，页面流程图是在业务流程图的基础上，加入对页面核心元素和上下游触发说明的一种产品流程图。

第二步，列出所有页面，明确核心元素。这一步需要找到并列出流程中的所有页面，明确各页面包含的核心元素（关键功能），并将这些核心元素标注在各页面内，具体做法见图 9-22。

图 9-22　页面核心元素

注：仅标注页面核心元素（关键功能），无须列出该页面全部功能元素。

注意，有些操作可能不会指向一个实际的页面，而是指向诸如"发短信""发邮件"这样的预设功能，在绘制页面流程图时，这些功能也需要表现出来。

第三步，确定操作指令、流程目标，并用流程线进行连接。操作指令是指用户需要触发的事件，如点击按钮、提交表单等。用户通过这些操作，可以看到同一个页面上不同的内容，或者跳转到其他的页面。

流程目标则是用户触发不同的操作指令后页面的跳转关系。当全部的操作指令和流程目标都确定好后，便可以用流程线连接各页面。页面流程图示意如图 9-23 所示。

第四步，优化和调整页面流程图。当页面流程图初步绘制完成后，就可以开始对页面流程图进行优化和调整了。优化调整的方式是"先做加法，再做减法"。首先，尽可能列出所有页面及其操作指令和流程目标。然后，再对整体流程进行优化，将具有相同功能或者相同页面元素的页面进行合并，并优化页面连接顺序。

第五步，输出完整的页面流程图。这一步比较简单，主要是将页面流程图输出到相关文档或邮件中。

接下来介绍页面流程图的绘制要点。

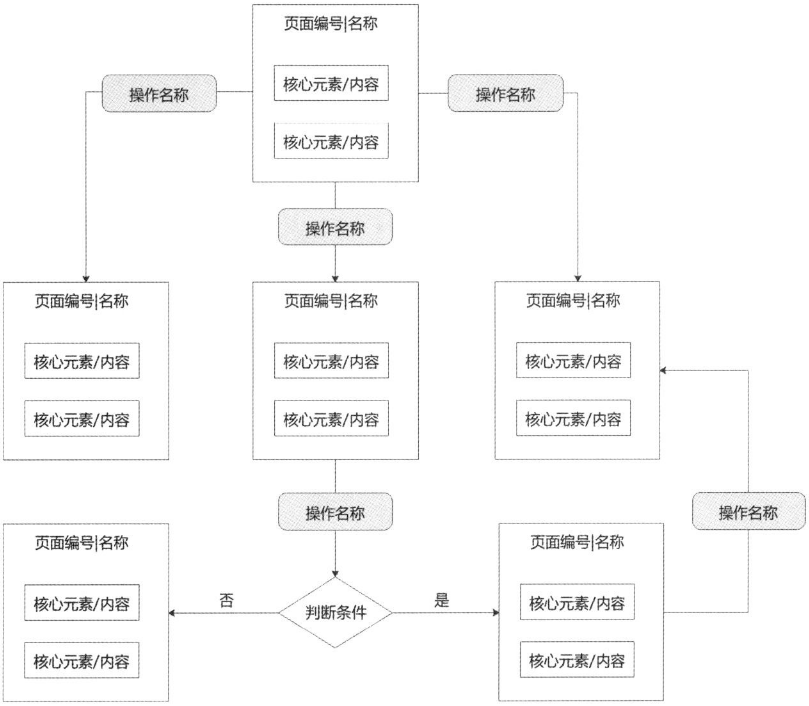

图 9-23 页面流程图

9.8.2 页面流程图的绘制要点

要想绘制好页面流程图，需要遵循以下 4 个绘制要点。

（1）页面用矩形表示，页面流程图上要体现关键的内容及主要操作。

（2）把圆角矩形放到流程线上表示各项操作。一个页面可引出多个操作指向不同的页面。

（3）只体现系统判断，用户个人的行为判断无须体现出来。

（4）并不是所有的页面流程都适合用页面流程图表示，对于无法使用页面流程图表示的页面关系，用其他方式表述清楚其从属关系即可。

9.8.3 案例分析：某读书 App 个人书架添加藏书的页面流程图

案例背景：某读书 App 个人书架有添加藏书的模块。用户通过 App 的扫码功能，扫描图书背面的 ISBN 码识别图书，将图书加入 App 的个人书架中。

第一步，明确业务流程，明确页面核心功能主线。案例的业务流程图如图 9-24 所示。通过对业务流程图的分析，可以清楚地了解扫码添加藏书的核心功能主线。

第二步，列出所有页面，明确核心元素。经过梳理，整个流程有图 9-25 所示的 5 个页面。

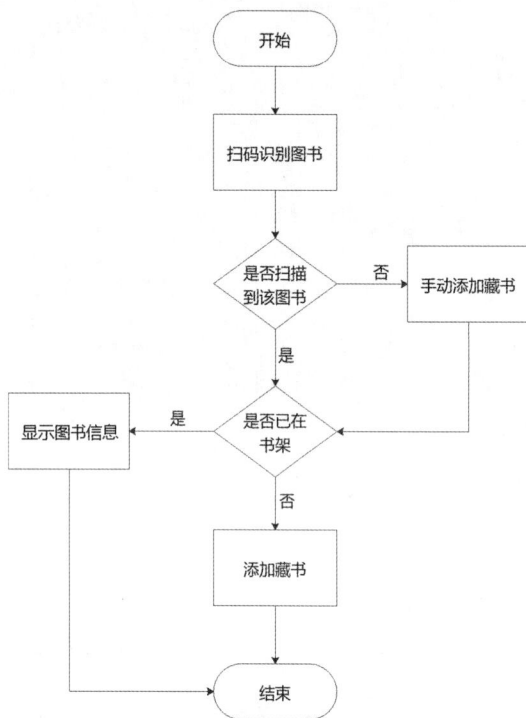

图 9-24 某读书 App 个人书架添加藏书业务流程图

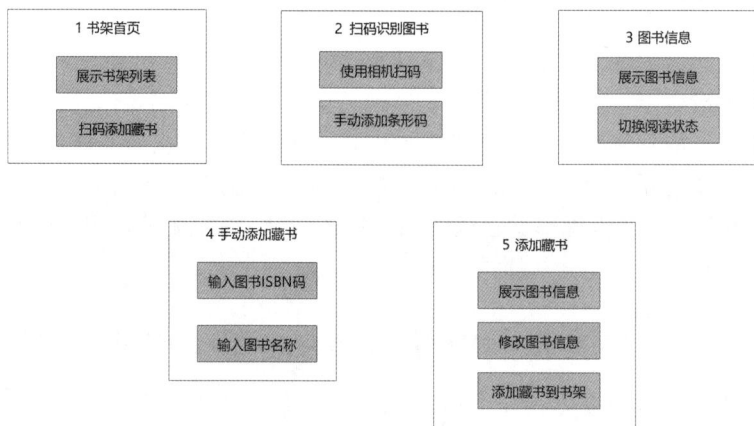

图 9-25 某读书 App 个人书架添加藏书的页面汇总

第三步，确定操作指令、流程目标、并用流程线进行连接。对照业务流程与页面元素，某读书 App 个人书架添加藏书的页面流程图如图 9-26 所示。

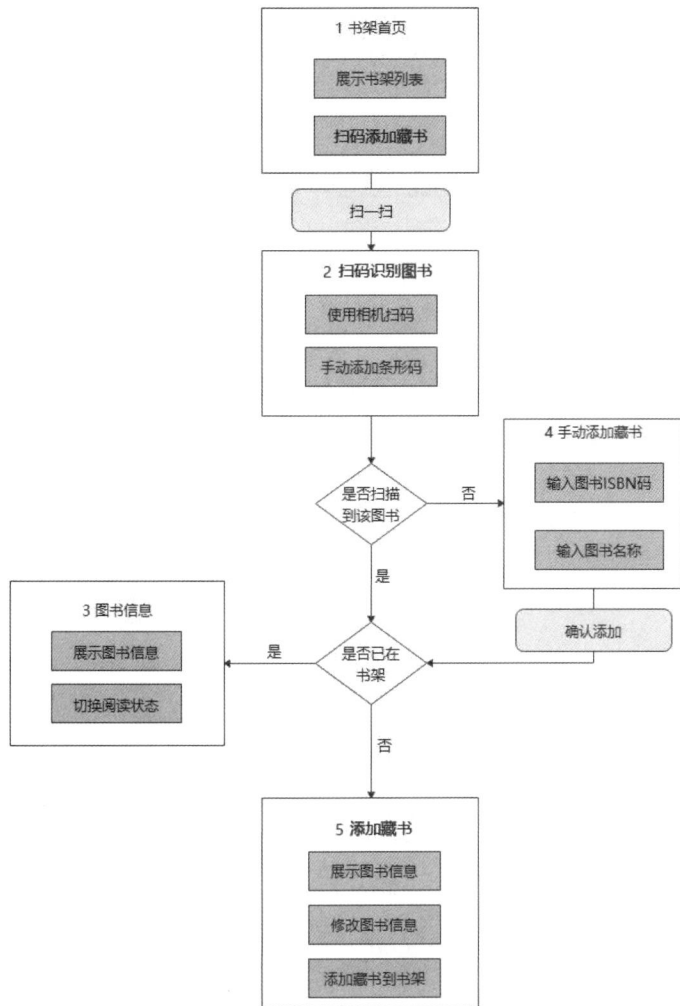

图 9-26　某读书 App 个人书架添加藏书的页面流程图

本案例的最后两步比较简单，这里就不赘述了。

至此，便完成了某读书 App 个人书架添加藏书的页面流程图。

产品经理绘制产品流程图时可以使用绘制工具。接下来就讲讲绘制产品流程图的一些常用工具。

9.9　产品流程图的绘制工具

产品流程图的绘制工具可以分为计算机软件和线上应用两大类。

- 计算机软件：Windows 系统的 Visio、Axure、Edraw 和 Mac OS 系统的 OmniGraffle 都是很不错的绘制工具。
- 线上应用：使用 ProcessOn 和 MindFlow 可以轻松实现线上画图。

最后强调一下绘制产品流程图的注意事项。

9.10 绘制产品流程图的注意事项

要想绘制好产品流程图，除了需要了解产品流程图的基本图形符号及其含义和绘制方法之外，还需要了解绘制产品流程图的相关注意事项。

9.10.1 产品流程图的 5 个基本要素

要想绘制好一个产品流程图，首先需要了解产品流程图的基本要素。一个标准的产品流程图主要由以下 5 个基本要素组成。

- 角色：流程中所涉及的角色。
- 任务：完成某个流程所要进行的操作或动作。
- 顺序：完成某个流程，要进行的任务和诸多子任务之间的逻辑先后顺序。
- 输入：在某条件下要完成某项任务/指令，这个条件就是任务的输入。
- 输出：完成某项任务/指令后，所要达成的结果。

产品流程图少了以上 5 项的任何一项都是不完整的。因此在绘制产品流程图时，务必确保 5 项基本要素齐全。

除了 5 项基本要素外，要想绘制好一个产品流程图，还需了解绘制产品流程图的 6 步操作。

9.10.2 绘制产品流程图的 6 步操作

可以按照以下 6 步，逐步完善和优化产品流程图。

第一步：绘图前要明确谁是用户及其需要完成什么样的事。

第二步：绘图前需要明确流程的开始和结束分别是什么。

第三步：绘图前需要设计好流程的先后顺序，流程的顺序决定了用户体验。

第四步：产品流程图中需要明确指示会出现哪些异常，及这些异常出现了要怎么办。

第五步：产品流程图不是"画一次就完稿"，需要对产品流程图进行不断的优化与调整。

第六步：检查产品流程图的完整性，确保输出完整可用的产品流程图。

除了以上几点之外，要想绘制好产品流程图，还得知道产品流程图的绘制规范。

9.10.3 产品流程图的绘制规范

要想画出逻辑分明、结构清晰、简单易懂的优质产品流程图。需要遵循以下绘制规范。

第一，产品流程图的形状、颜色、文字字号统一。每个流程都要有开始和结束，产品流程图中只能有一个开始，结束可以有多个，但不要超过 3 个。

第二，产品流程图应该从左端或上端输入，从右端或下端输出。采用从左到右、从上至下的顺序排列，而且流程线之间不可交叉。

第三，除非有判断条件，否则产品流程图的箭头不可以回调，每个判断只有两种结果：是和否。

第四，如果需要通过一条比较长的流程线来连接两个相距较远的节点，可以考虑采用流程线一头连接一个图形符号，另一头连接跳转点的方式。

第五，如果流程较长且复杂，可以采用将流程分割成主流程和若干子流程的方式，然后用跳转点来表明各流程之间的关系。

第六，产品流程图中流程逻辑必须完整。有开始就要有结束，有判断结果为"是"的分支就要有判断结果为"否"的分支。

第七，菱形判断框必须包括两个条件判断（是或否）的流程走向，并将判断条件写在流程线上，对应其执行结果。

第八，检查并优化产品流程图。检查并优化流程的某些节点可以降低成本、减少时间或提升效率。

9.11　本章小结

本章主要介绍了产品流程图的绘制方法，重点内容和需要注意的事项如下。

（1）流程图是用来直观地描述一个工作过程的具体执行步骤图。

（2）产品流程图可以帮产品经理梳理逻辑、了解业务的运转方式。

（3）对产品流程图的梳理与优化，可以帮产品经理发现并调整设计的不足。

（4）三类常见的产品流程图为业务流程图、功能流程图和页面流程图。

（5）三类产品流程图的作用各不相同，注意根据实际情况选择不同的产品流程图。

（6）业务流程图有基本业务流程图和跨职能产品流程图两种类型。

（7）顺序结构、选择结构和循环结构是产品流程图的三种结构。

（8）跨职能业务流程图需要统一角色属性，避免角色属性不统一造成混乱。

（9）绘制功能流程图需要避免混入业务流程、页面和操作。

（10）任何优秀的流程设计都要经过"完成""完善""完整"三个步骤。

（11）页面流程图只需体现核心元素和系统判断，个人行为判断无须体现。

（12）完整的产品流程图必须包含角色、任务、顺序、输入和输出 5 个基本要素。

（13）应遵循绘制产品流程图的 6 步操作和产品流程图的绘制规范。

9.12　知识模型

我提炼总结了本章的知识模型，读者可以关注公众号"cpzjguoshan"，输入关键词"B1C901"

下载收藏模型，为自己的产品经理知识拼图新增一块内容。

　　注：知识模型为脑图软件 MindMaster 专用格式，请读者使用 MindMaster 软件查看。

9.13　工作模板

　　我准备了业务流程图、功能流程图和页面流程图的工作模板，读者可以关注公众号"cpzjguoshan"，输入关键词"B1C902"下载使用。

9.14　大咖助力

　　产品大咖说："产品流程图最能检验产品经理的功力，想绘制好产品流程图必须经过一番刻苦的训练。"

　　如果你在绘制产品流程图的过程中遇到了什么困难，欢迎你加我微信：pmguoshan，让我来帮帮你。

9.15　练习实践

　　请结合本章学到的内容，尝试完成美团外卖 App 的登录和注册模块的业务流程图、功能流程图和页面流程图的绘制。

10

第 10 章 如何进行产品结构设计

本章导读：在本章开始前，想问大家一个问题："假如把一些产品功能元素不分主次、先后，一股脑儿堆积在产品页面上，然后把产品直接拿给用户使用，接下来会发生什么？"

不出意外，接下来发生的应该是：用户不知道从何处开始使用产品，不知道点击按钮之后会发生什么，也找不到自己想要的功能，没法得到想要的结果，最后用户带着深深的挫败感放弃这款产品。

根据所提供的服务不同，一款产品会包含各种各样的功能元素。产品结构设计就是将产品不同的功能元素，围绕特定的目标进行分类整合，让用户按照自己的预期去使用产品，实现用户的目标。

而产品结构图就是实现这一目标的工具，也是产品经理进行产品结构设计时的最终产物。产品结构图能够帮助产品经理梳理产品功能、页面流程，建立产品的整体架构。

本章就带大家一起学习如何进行产品结构设计。

10.1 为什么要进行产品结构设计

"结构"这个词往往代表了"骨骼"和"脉络"，是一个抽象模型。每个人都有骨骼，骨骼能决定身材的高、矮等。而产品结构就好比产品的骨架，它决定了产品的方向、产品边界和产品的路径。同时，产品结构是否清晰也是衡量产品优秀与否的标准之一。

在日常工作中，常常会听到"功能结构""信息结构""产品结构"这 3 个不同的用于描述结构的词语。那么，三者之间到底存在什么关系呢?要想弄清楚这个问题，首先需要明确功能结构图、信息结构图和产品结构图三者之间的关系。

10.2 三类结构图之间的关系

接下来详细介绍功能结构图、信息结构图和产品结构图及三者之间的关系。

10.2.1 功能结构图

功能结构图是以功能模块作为类别，结构化地展示模块下各功能组成的一种图。功能结构图是产品设计的有力工具。通过绘制功能结构图,产品经理可以进一步思考并明确产品的功能模块及其功能组成。

同时,功能结构图可以帮助产品经理从全局的角度对整个产品页面中的功能结构形成一个直观的认识,防止在产品需求转化为功能需求的过程中出现功能模块和功能点缺失的现象。

10.2.2 信息结构图

信息结构图是指脱离产品的实际页面,将产品的数据抽象出来,进行组合分类的一种图。信息结构图的绘制通常晚于功能结构图的绘制,一般是在产品功能框架已确定、功能结构已完善的情况下进行。通过信息结构图,产品经理可以梳理复杂产品的信息组成,避免信息混乱或遗失。信息结构图也可以为开发人员建立数据库提供参考依据。

10.2.3 产品结构图

仅有功能结构图和信息结构图还不能称为完整的产品结构图,只有将两者结合在一起后才能形成真正的产品结构图。

产品结构图是综合展示产品信息和功能逻辑的图,简单来说,产品结构图就是产品原型图的简化表达。从某种程度上来说,产品结构图确定后,产品原型图上的信息和功能基本就确定了。

可以用一个公式来表示上述三类结构图的关系,如图 10-1 所示。

图 10-1 三类结构图之间的关系

因此,在产品设计的过程中,一般先绘制功能结构图,然后绘制信息结构图,直到最后完成产品结构图。

对于较复杂的产品,在产品结构图没有画好之前,不建议直接进行产品原型设计。因为这个时候对产品的整体框架、流程还没有形成完整的认知,过早地进行原型设计往往是做无用功。

接下来介绍三类结构图的画法等。

10.3 产品的功能结构图

功能结构图体现的是功能、功能点的从属关系,每个分支都是一个功能/功能点。用一句话来说:功能结构图就是对功能、功能点的梳理。

那产品的功能和功能点是什么,它们之间存在什么样的关系呢?

10.3.1　功能和功能点的区别

功能是指产品中完整解决某一个问题或需求的方案的集合,功能点是指功能中某个单一的分支逻辑,是功能的子集,如图 10-2 所示。一个功能可以包含多个功能点,而一个功能点必属于某一个功能。

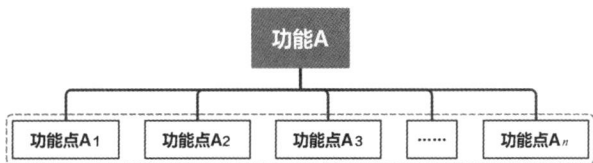

图 10-2　功能和功能点的关系

例如,登录/注册是一个功能,包含账号密码登录/注册、第三方登录/注册和手机验证码登录/注册三种方式,而其中的手机验证码登录/注册就是登录/注册功能下的一个功能点。

有读者可能会问:"为什么需要功能结构图呢?"

10.3.2　为什么需要功能结构图

使用功能结构图主要有以下 4 点好处。

首先,功能结构图是梳理复杂功能的利器。对于一些简单的功能,所需要描述的信息非常清晰明了,完全没必要绘制功能结构图,甚至可以直接绘制产品原型图。但如果是复杂的功能,仅凭大脑分析,很难将整个产品或整个功能模块的功能梳理清楚,也很难对产品或功能模块有一个整体的、全局的认识。有了功能结构图,产品有多少个功能,每个功能下面有多少个功能点,功能之间存在什么样的逻辑关系,就一目了然了。

其次,功能结构图能指导方案设计,避免边做边改。在没有功能结构图的情况下,产品经理容易想到哪里就做到哪里,缺乏对功能的整体考虑。有了功能结构图,产品经理就可以根据图中的层级关系,先搭建好产品功能结构,再对照功能点,逐个设计方案。这样做出来的产品方案,既不会产生结构错误,也不会产生遗漏或冗余,产品设计自然就会顺利很多。

再次,功能结构图是产品分析的有力工具。产品经理在做产品或功能分析时,经常需要查看产品的功能全貌。如果没有功能结构图,就很难透彻分析整个产品。只有把产品或功能的结构绘制出来后,才能看清楚这个产品的核心功能及这些功能之间的层级关系。

最后,功能结构图可以作为开发工作量评估的参考依据。当产品经理将产品的功能结构图给到开发人员时,开发人员很快就可以根据功能结构图评估开发工作量。但如果没有功能结构图,开发人员则必须花较长时间消化需求,弄清产品的功能数量,据此评估开发工作量。

既然使用功能结构图有这么多的好处,那该如何绘制功能结构图呢?

10.3.3 如何绘制功能结构图

可以使用罗列功能和功能点、寻找对应从属关系、合并及调整的 3 步法来绘制产品的功能结构图。下面就以微信通讯录模块为例来说明。

第一步：罗列功能和功能点。这一步主要是梳理产品的主要功能逻辑，把全部的功能和功能点按图 10-3 所示的方式依次罗列出来。

第二步：寻找对应从属关系。把功能和功能点按从属形成进行归类，关系图 10-4 所示的树状图。

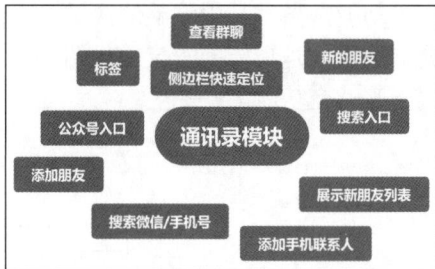

图 10-3 微信通讯录模块功能及功能点

第三步：合并及调整。对上一步形成的树状图中的功能、功能点进行合并及调整，生成图 10-5 所示的功能结构图。

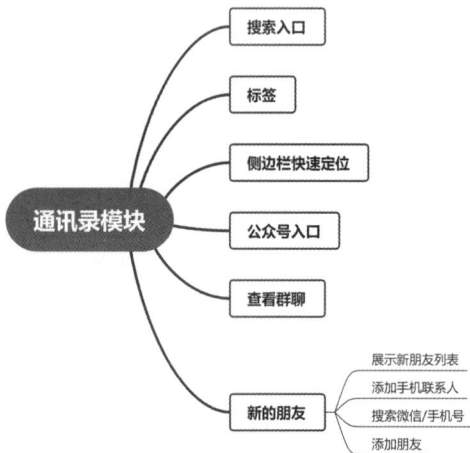

图 10-4 微信通讯录模块功能结构图初稿

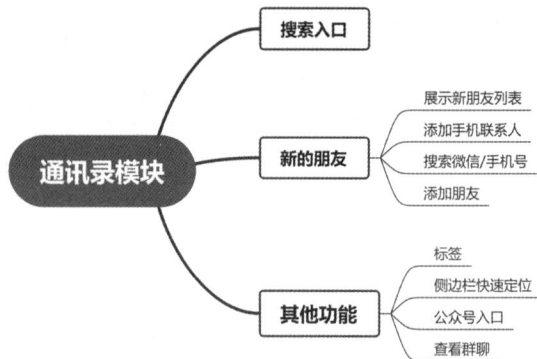

图 10-5 微信通讯录模块功能结构图

至此，便完成了微信通讯录模块功能结构图的绘制。接下来，让我们一起看看功能结构图的绘制要点。

10.3.4 功能结构图的绘制要点

要画好功能结构图，需要注意以下 5 点。

- 功能结构图展示的是功能、功能点的从属关系。功能结构图的绘制不要受限于功能名称或页面，整体要从产品功能的角度进行拆分、归类与合并。
- 注意功能拆分的颗粒度。一般来说，功能拆分的颗粒度可粗可细，可以根据实际场景，将功能拆分成一级、二级、三级。一般拆分的级次不超过三级，拆分得过细，功能结构图会显得十分复杂，整体可读性较差。

- 在拆分功能时，还要看分析的维度；如果是分析大的功能模块，拆分到一级即可；如果想分析得更细致，则需要拆分到三级。
- 功能结构图中主功能模块划分数量不宜过多，一般 5～9 个为最佳。
- 适度地合并、归纳功能点。可以对功能结构图中的功能点进行适度的调整，该合并的合并，该归纳的归纳。

10.3.5　案例分析：某书籍阅读 App 的功能结构图

案例背景：这是一款类似微信读书的书籍阅读 App。用户可以阅读图书，查看图书的封面、目录、书评和介绍信息；也可以搜索相关图书；还可以购买电子书或通过书架来管理藏书。

经过梳理，发现这款书籍阅读 App 的主要功能集中在"阅读书籍""搜索书籍""整理书籍""购买书籍""推荐书籍""了解书籍" 6 个功能模块上。

其中，"阅读书籍"模块包含"加入书签""调整字体""日/夜间模式切换""书评"等功能；"了解书籍"模块包含"查看封面信息""查看书籍目录""选择书籍章节""查看书评"等功能；"整理书籍"模块包含"书籍分组""加入书架""删除书籍""分享书籍"等功能；"购买书籍"模块包含"购买会员卡""直接购买""记录个人信息""记录购买记录"等功能；"推荐书籍"模块包含"分类推荐""推荐畅销书""推荐新书""作家推荐"等功能；"搜索书籍"模块包含"热门搜索""搜索历史记录"等功能。

接下来，按照上文介绍的 3 步法，绘制该书籍阅读 App 的功能结构图。

第一步，罗列功能及功能点。在这一步，需要罗列之前整理好的该书籍阅读 App 的功能和功能点。由于案例中书籍阅读 App 所涉及的功能和功能点较多，为了保证功能结构图的易读性和美观性，结合拆分颗粒度的原则，只对功能和功能点拆分到三级。功能、功能点的罗列结果如图 10-6 所示。

图 10-6　某书籍阅读 App 功能及功能点

第二步，寻找对应从属关系。在这一步，需要把拆分好的功能和功能点按从属关系形成树状图，如图 10-7 所示。

第三步：合并及调整。对功能、功能点进行合并与调整，完成最终的功能结构图。该书籍阅读 App 的功能结构图如图 10-8 所示。

经过以上 3 步操作，就完成了这款书籍阅读 App 功能结构图的绘制。由于案例中 App 本身结构复杂，即使拆分到三级，依然无法展示全部功能及功能点的从属关系。

对于这类结构复杂的产品，可以采用拿出某个具体的子功能，继续向下拆分的方式绘制更细致的功能结构图。

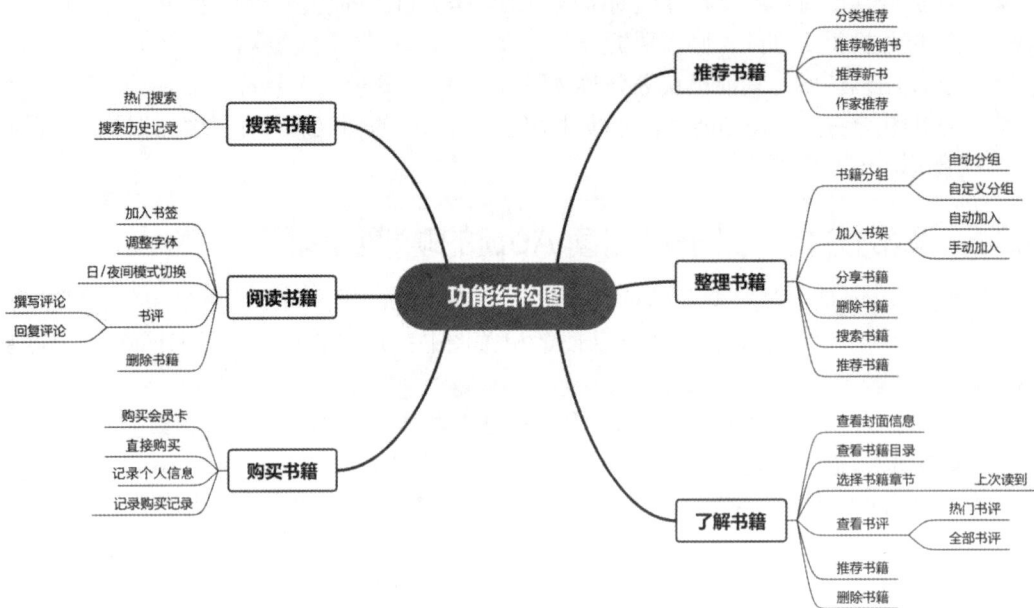

图 10-7　某书籍阅读 App 功能结构图初稿

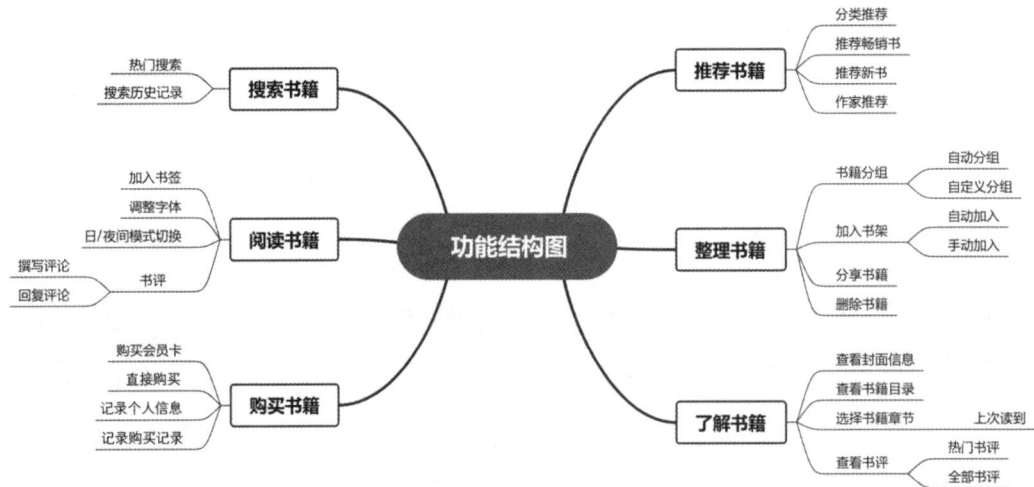

图 10-8　某书籍阅读 App 功能结构图

例如拿出"推荐书籍"模块下的"分类推荐"功能，针对该功能绘制功能结构图，如图 10-9 所示。

介绍完功能结构图之后，我们一起看看信息结构图该怎么画。

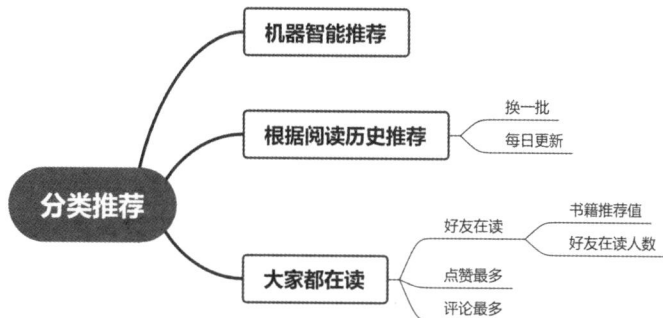

图 10-9　分类推荐功能结构图

10.4　产品的信息结构图

到底什么才是信息结构图呢？要想回答这个问题，需要从什么是信息结构讲起。

10.4.1　什么是信息结构

简单来说，信息结构是指产品中各信息元素的组成方式。信息结构设计通常需要解决两方面的问题，一是怎样使信息更易理解与浏览，二是如何确保信息结构具有扩展性，使其在未来能够承载更为复杂的信息与功能。

信息结构类似于作家在下笔写作之前拟出的故事大纲与故事主线，等到实际撰写的时候，只要按照故事大纲和故事主线，就能一步步完成整个故事的创作。

那信息结构对于产品来说，又有什么价值呢？

10.4.2　信息结构的价值

信息结构决定了产品包含的内容及内容之间的关系，也决定了用户对于产品功能的直观感受。信息结构最直接的功能就是分类，通过信息结构，用户能够快速找到自己所需要的内容。

例如，当你进了一家超市，想买一瓶可乐，这个时候你可以直接问工作人员或者先看看超市货柜的分类标签。根据分类标签你就可以轻松地找到摆放各种饮料的货柜，再通过可乐的独特包装，你就可以轻松买到心仪的可乐了。

又如，可以通过图 10-10 所示的京东首页的信息结构，快速找到自己想要购买的商品。

那么信息结构又是如何分类的呢？To C 类和 To B 类产品的信息结构各自有哪些特点呢？

图 10-10 京东首页的信息结构

10.4.3 信息结构的分类

根据不同的业务类型，可以将信息结构分为"轻结构"和"重结构"两种不同的类型。

轻结构：To C 类产品面向的是大众用户。如果其信息结构过于复杂，用户付出的学习成本过高，会导致用户流失。对于这类产品而言，需要简单明了的信息结构，降低用户的学习成本，便于用户快速体验及使用产品。

例如，图 10-11 所示的抖音推荐页的信息结构就属于典型的轻结构。其信息结构简单清晰，便于用户上手使用。

重结构：To B 类产品面向的是某类有特定需求的用户。重结构产品很难通过做减法来聚焦核心用户场景，而是需要对海量功能进行合理整合、灵活布局来聚焦核心用户场景。因此，这类产品通常具有严谨的信息结构，需要用户付出一定的学习成本。To B 类产品的信息结构设计通常比较复杂，且更重要。

图 10-12 所示是某 ERP 产品的信息结构，其模块独立，可配置、可定制，功能完备且结构严谨。

图 10-11 抖音推荐页的信息结构 　　　　　图 10-12 某 ERP 产品的信息结构

下面介绍信息结构的主要作用。

10.4.4　信息结构的主要作用

信息结构主要有以下 4 种作用。

作用一：产品结构信息的展示。以信息结构作为组织系统，展示产品结构信息。图 10-13 所示为天猫首页的信息结构。

图 10-13　天猫首页的信息结构

作用二：产品分类标签的展示。用信息结构作为分类系统，展示产品分类标签。标签是指对用户来说有意义的描述 分类、选项、链接等。图 10-14 所示为天猫商品列表页。

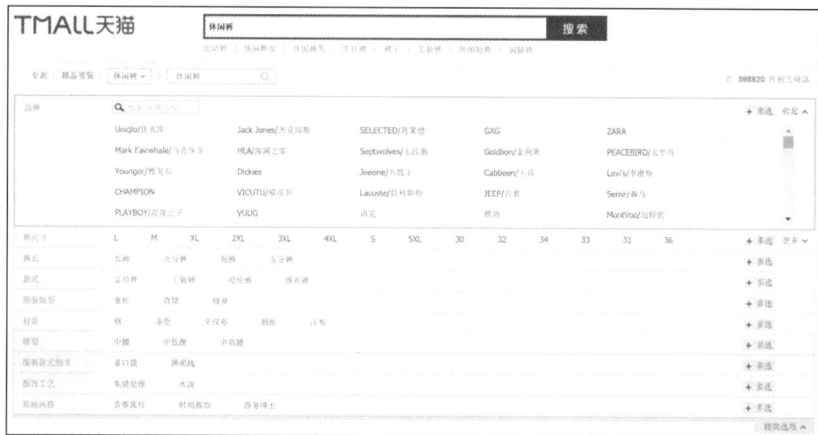

图 10-14　天猫商品列表页

作用三：产品导航关系的展示。用信息结构作为导航系统，协助用户查看不同内容。图 10-15 所示为今日头条 App 的频道导航。

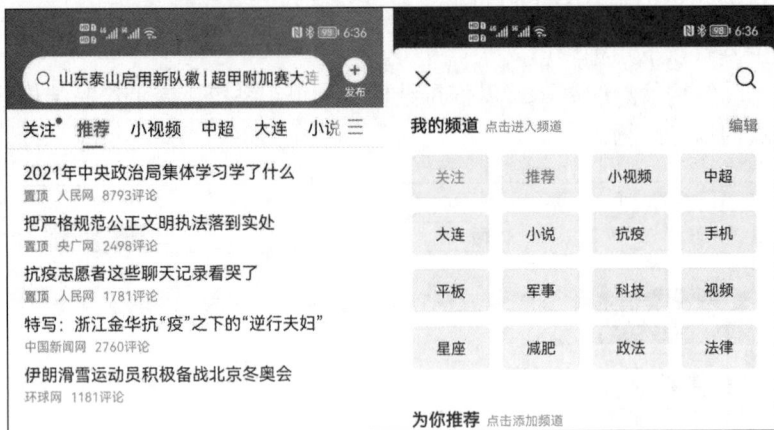

图 10-15 今日头条 App 的频道导航

作用四：让用户直接搜索查找内容。信息结构作为产品搜索引擎内容组织与展示的形式，以结构化的方式向用户展示搜索的结果。图 10-16 所示为百度的搜索结果展示页。

图 10-16 百度的搜索结果展示页

"精心准备是做好一件事的前提。"因此，在正式设计信息结构之前，也需要做好相应的准备工作。

10.4.5 设计信息结构前的准备工作

在设计信息结构前，需要做好以下 4 项准备工作。

首先，任何信息结构设计都必须以尊重用户行为习惯为基础。因此正式设计信息结构前，需要确定目标用户、分析用户的使用场景。实际工作中可以结合以下问题进行分析。

- 用户通常用产品做什么？
- 用户最关心的是什么？
- 用户有哪些思维定式（固定习惯）？
- 用户用过什么类似产品？

只有在充分了解了用户习惯，尊重用户习惯的前提下，才能设计出更好的信息结构。

其次，在设计信息结构之前，还需要充分了解业务需求。这可以让产品的信息结构设计与业务需求更加贴合，让用户可以更加轻松地找到产品核心功能。同时，这样还能让信息结构具备更强的兼容性，赋予产品更强的活力和生命力。

再次，在正式设计信息结构前，还可以找 3～5 个竞品，借助思维导图工具对其进行信息结构的分析，找出竞品信息结构的共性。竞品信息结构具有共性，能说明相应设计符合用户的心智模型和使用习惯，在设计自有产品的信息结构时，不要轻易尝试改变相应设计，不要因刻意追求不一样的设计而违背用户习惯。

最后，可以借助卡片分类法，进一步探索用户的心智模型。可以事先准备一些卡片，在卡片上写好产品的功能名称和介绍。然后，邀请用户对这些卡片进行归类，让用户给归好类的功能起个名称。当用户把所有卡片都归好类后，便可以对用户进行简单的访谈，了解用户归类的逻辑。最后，再为归好类的卡片拍照，进行存档和后续整理。这样就有了产品的信息结构图，以为后续产品信息结构设计提供有力参考。

当一切准备就绪时，就可以开始绘制信息结构图了。

10.4.6 绘制信息结构图

可以按照如下 3 步，完成信息结构图的绘制。

1. 第一步：按照总分结构确定关键的一级节点

要想绘制信息结构图，首先，需要按照总分结构确定关键的一级节点（根节点）。一级节点是指产品最主要的信息模块，一般是围绕中心主体而展开的一系列节点。通常一级节点的个数不会太多。

例如，App 的各个功能是围绕底部标签导航系统（TabBar）展开的（底部的标签不超过五个），在绘制时，就可以将底部标签导航作为一级节点，其余功能及内容从属于这几个一级节点，一级节点的信息结构示意如图 10-17 所示。

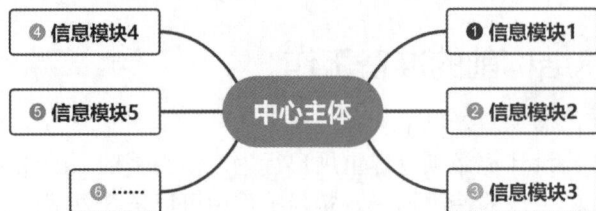

图 10-17　一级节点的信息结构示意

2．第二步：先绘制单一节点的信息结构图

这一步需要先绘制单一节点的信息结构图，然后完善整体的信息结构图。在这一步，还需要根据需求来确定信息的层级，一般绘制的信息层级达到 5 级，就基本涵盖了产品信息结构的主体界面。图 10-18 所示的信息模块 1 已绘制到了第四级节点。

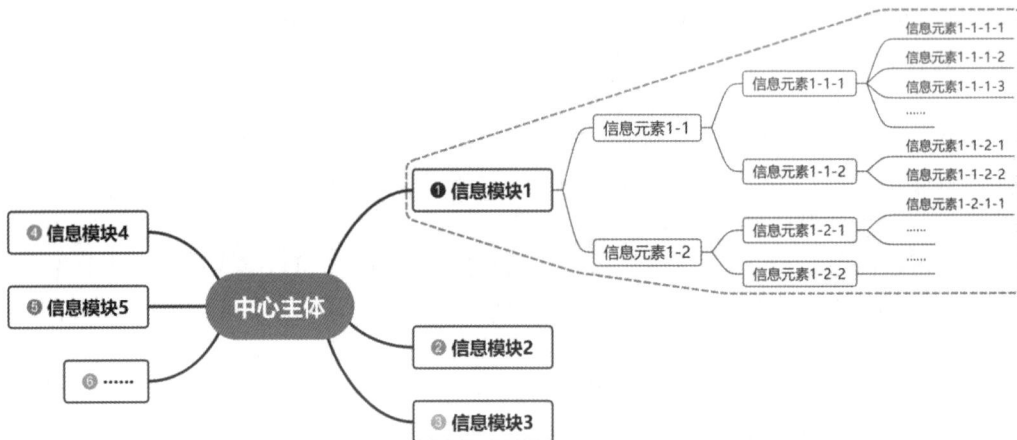

图 10-18　单一节点的信息结构示意

一般层级越深的信息元素，其隐蔽性越强，用户就越不容易察觉和发现。因此，对于核心业务的信息结构设计，一定要控制好信息元素的层级深度，便于用户发现和使用。

图 10-18 所示的"信息元素 1-1-1-1"的深度达到四级，具有较强的隐蔽性，如果其承载的是核心业务，这个信息结构就设计得非常不合理。

3．第三步：若某个信息元素在不同的一级节点内出现需要明确标识

如果某个信息元素在产品内可由不同路径触达（如电商平台中的商品详情页就有很多不同的触达路径），在绘制信息结构图时，该信息元素只需在某个信息模块内展开即可。当其他信息模块也要用到该信息元素时，只需填写其名称，无须再次绘制其展开状态。另外，不同的一级节点下，如果使用了相同的信息元素，建议明确标识，便于快速辨识。绘制方法如图 10-19 所示。

要想画好信息结构图，除了需要了解信息结构图的画法，还需要了解绘制信息结构图的注意事项。

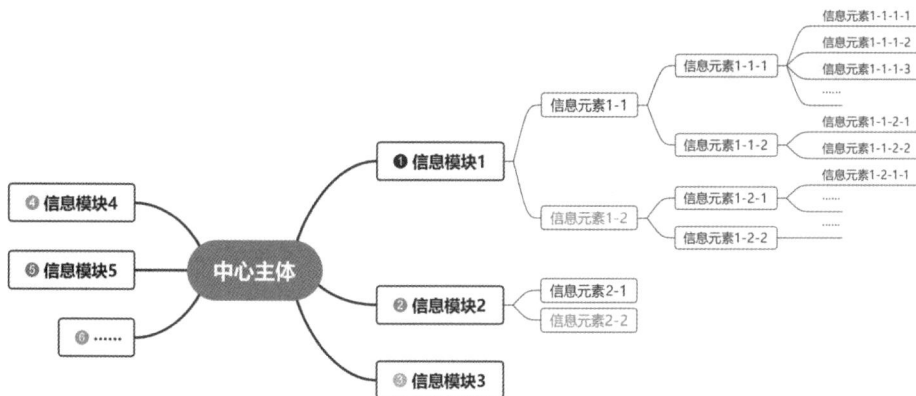

图 10-19　明确标识相同信息元素的信息结构图

10.4.7　绘制信息结构图的注意事项

需要注意的是，信息结构图的绘制需要脱离实际页面。在绘制时，不能将信息结构图完全按照页面逻辑进行分类组合。

例如，对于微信个人信息模块，用户通过点击"更多"来进入下一级的信息页面，如图 10-20 所示。

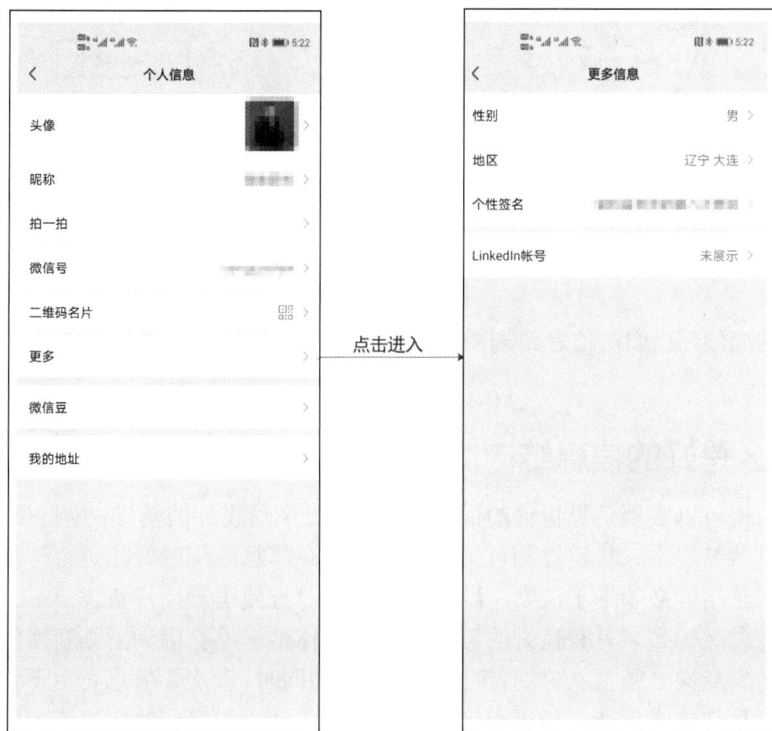

图 10-20　微信个人信息模块的页面

而在绘制信息结构图时，就不能按照这样的页面顺序来绘制，需要脱离实际的产品页面进行绘制，以更加准确地表示信息元素之间的从属关系。微信个人信息模块正确与错误的信息结构图如图 10-21 所示。

图 10-21 中示例 1 的错误在于按照实际产品页面之间的关系绘制信息结构图，而没有真正脱离页面，按照信息元素的从属关系绘制微信个人信息模块的信息结构。

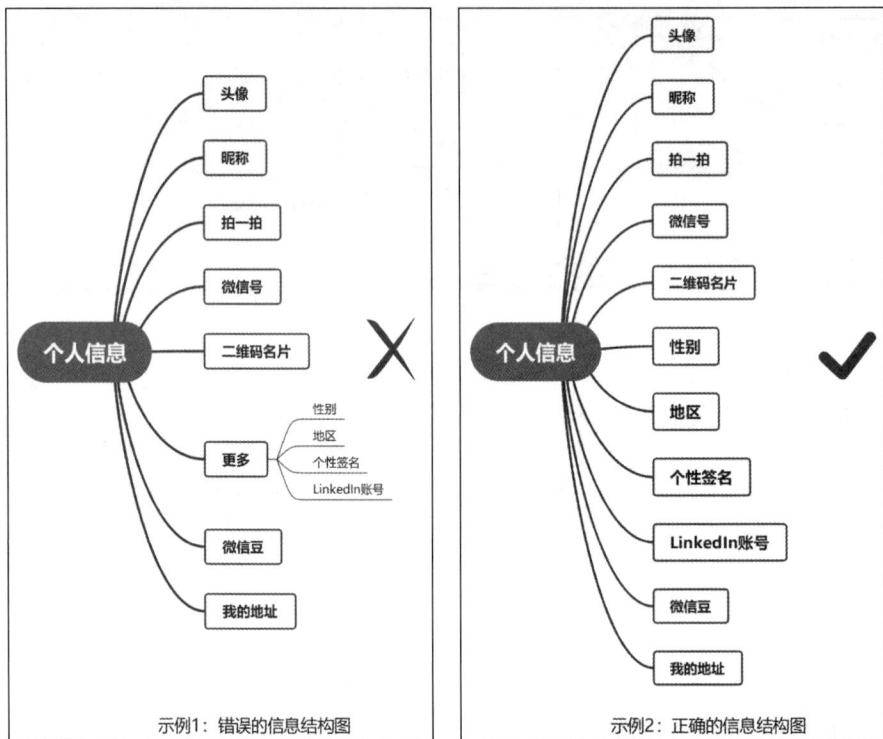

图 10-21　正确与错误的信息结构图示例

通过上文的介绍，我们对信息结构图的画法有了一定的了解。那么，到底什么才是好的信息结构呢？

10.4.8　什么是好的信息结构

好的信息结构可以实现信息价值的最大化，是优秀产品设计的基础，也是提升用户体验的关键。我们可以从易用性、稳定性和可扩展性等方面对信息结构的好坏进行评价。

- 好的信息结构必须主干清晰、结构简单明了，方便引导用户查找。
- 好的信息结构必须具有良好的可扩展性，整体结构不会因为后续新增的功能而改变。
- 好的信息结构必须主次分明，突出主干信息的同时，以次要信息对主干信息进行补充。
- 好的信息结构必须能有效平衡信息的深度和广度。信息层级太深或范围太广都不妥。
- 好的信息结构上下级内容应具有一定的相关性，平级内容需要保持一定的独立性。

10.4.9　案例分析：某书籍阅读 App 的信息结构图

案例背景：上个案例绘制了某书籍阅读 App 的功能结构图，在本案例中，绘制这个书籍阅读 App 的信息结构图。

要想画出该 App 的信息结构图，需要按照上文所述的方法，先做好相关的准备工作。

首先，必须了解该 App 用户的使用习惯与使用目的；其次，需要了解该 App 的核心业务有哪些；最后，还需要找到这个 App 的一些竞品（如微信读书、多看阅读、掌阅），研究它们的信息结构设计方式。上述几项工作有助于产品经理更好地理解竞品为什么要这样设计信息结构。

上述准备工作做好后，就可以着手画这个 App 的信息结构图了。

首先从信息的维度确定该 App 信息结构的关键一级节点（根节点）。经过分析，该 App 信息结构的一级节点为"书籍""书架""我的""评论"。

确定关键一级节点后，需要从一个一级节点入手绘制其信息结构。选取"我的"这个一级节点，在这个节点下有"个人信息""购买信息""我的钱包""消息通知"4 个二级节点，而"个人信息"这个二级节点下又有"头像""用户名""性别""年龄"4 个三级节点（该分支下其他二级节点画法类似）。当该分支下全部信息元素的从属关系分析完毕后，就得到"我的"这一级节点的完整信息结构。

逐一完成其他一级节点信息结构的绘制后，就得到该书籍阅读 App 完整的信息结构图，如图 10-22 所示。

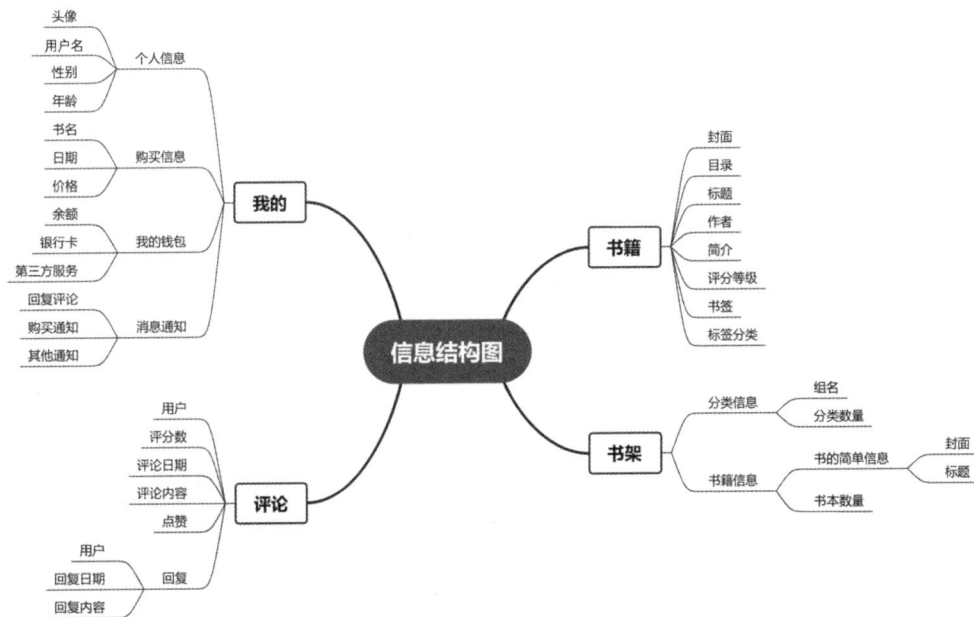

图 10-22　某书籍阅读 App 的信息结构图

通过观察该户籍阅读 App 的完整信息结构图，可以发现这个案例的信息结构非常简单，节点之间的关系也很明确。该 App 信息结构整体的易用性、稳定性和可扩展性都非常好。

虽然有了产品的功能结构图，也有了产品的信息结构图，但它们还不能被称为产品结构图，还需要把两者结合起来。把功能结构图和信息结构图用一种有序的方式连接起来，才能形成真正的产品结构图。

10.5　产品结构图

产品结构图是综合展示产品信息结构和功能逻辑的图，简单地说，产品结构图就是产品原型图的简化表达。

10.5.1　产品结构图的价值

产品结构图能够在前期的需求评审或其他类似场景中作为产品原型图的临时替代品。相对于产品原型图，产品结构图具有实现成本低的优势，产品经理利用产品结构图能够快速对产品功能结构进行增、删、改、查等操作，从而减少功能设计中的实现成本。

产品结构图比信息结构图多了功能结构，比功能结构图多了信息结构，而且还细化了产品的信息结构和功能结构，增加了页面跳转逻辑。可以说，产品结构图是信息结构图和功能结构图的结合体。

10.5.2　产品结构图的绘制

产品结构设计是指以一种合理的逻辑，把功能结构图和信息结构图中的内容放入产品的每一个页面。

要想绘制产品结构图，需要先完成产品的功能结构图和信息结构图，然后根据页面结构填充功能点和跳转流程。这样才能画出完整的产品结构图。

10.5.3　案例分析：某书籍阅读 App 的产品结构图

案例背景：在前面的案例中，已经绘制了某书籍阅读 App 的功能结构图和信息结构图。本案例中，完成该书籍阅读 App 的产品结构图。

首先，通过分析该书籍阅读 App 的功能结构图，发现该 App 大致可以设置为 "首页" "搜索" "书籍详情页" "书籍阅读页" "书架" "个人中心" 6 个功能页面。然后，根据各功能页面功能的权重，分别对其填充相应的信息，逐步形成产品结构图。该书籍阅读 App 的首页与书籍详情页的产品结构图如图 10-23 所示。

最后我们一起来看看产品结构设计的注意事项。

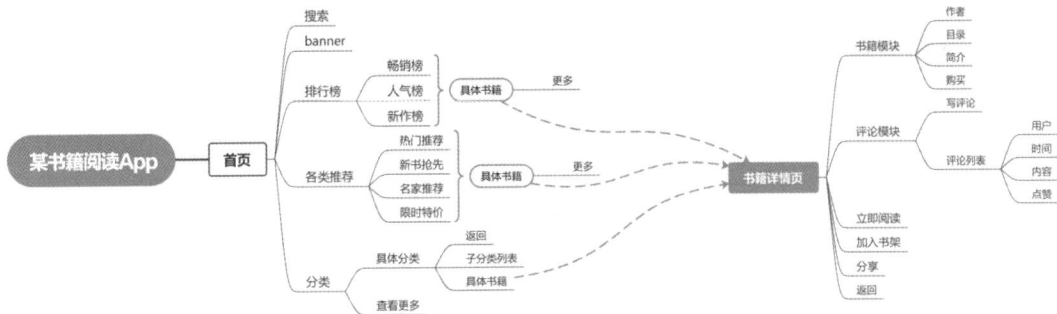

图 10-23　某书籍阅读 App 首页与书籍详情页的产品结构图

10.6　产品结构设计注意事项

在进行产品结构设计时，需要注意以下 3 点。

（1）在实际工作中，有时候并不需要做过于细致的划分。本着将事情说清楚的原则，可以将 3 类结构图融为一体。

（2）在设计产品结构的过程中，一般先从产品的功能结构图开始画，然后进行信息结构图的绘制，最终完成产品结构图的绘制，以产品结构图作为产品原型设计的依据。这样做的好处是可以让产品原型设计有所参考，避免产品原型设计过程中边画边改的现象发生。

（3）平日在完成产品结构的设计后要学会复盘，这样有助于发现自己在设计过程中的不足。只有不断积累、不断思考，才能提升自己的产品结构设计能力。

10.7　本章小结

本章重点介绍了产品的信息结构、功能结构和产品结构的设计方法，重点内容如下。

（1）信息结构图、功能结构图和产品结构图在定义上存在本质差异。

（2）绘制信息结构图需要先找到关键的一级节点，然后逐步绘制。

（3）功能结构图中，主功能模块确认后，需要再次检查，确保没有遗留任何主功能模块。

（4）功能结构图主功能模块划分数量不宜过多，一般 5～9 个为佳。

（5）产品结构图=功能结构图+信息结构图。

（6）正确的从属关系是功能结构图绘制中需要考虑的重点。

（7）绘制功能结构图时，需要注意拆分的颗粒度。

（8）信息结构分为"轻结构"和"重结构"两种不同的类型。

（9）绘制结构图前需要做好充足的前期准备工作。

10.8 知识模型

我总结了本章的知识模型，读者可以关注公众号"cpzjguoshan"，输入关键词"B1C1001"下载收藏模型，为自己的产品经理知识拼图新增一块内容。

注：知识模型为脑图软件 MindMaster 专用格式，请读者使用 MindMaster 软件查看。

10.9 大咖助力

产品大咖说："产品结构设计是产品设计的基石。"

如果你在产品结构设计中遇到了什么困难，欢迎你加我微信：pmguoshan，让我来帮帮你。

10.10 练习实践

尝试绘制微信视频号的功能结构图、信息结构图和产品结构图。

11

第11章　如何设计出优秀的产品原型

本章导语：产品原型设计是产品设计中必不可少的环节，也是产品经理的核心工作之一。通过清晰规范的产品原型设计，产品经理能够直观、高效地给产品开发、视觉设计等相关人员展示产品的最终表现形态，提高沟通效率和降低产品开发成本。

此外，通过产品原型的可视化，还可以验证用户使用流程及产品逻辑是否完善以及操作体验是否符合预期。如何做出高质量的产品原型设计是产品经理圈热议的话题之一。

不过，很多产品经理在画产品原型图时，不是画得太粗糙，就是过于追求精美，结果不但浪费了大量时间，还没法产出高质量的产品原型图。其实，只要合理使用画产品原型图的一些方法技巧，想要产出高质量的产品原型图并不难。

本章中，我们就一起学习如何设计出优秀的产品原型。让我们从产品原型的基础知识讲起。

11.1　产品原型基础知识

要想设计出优秀的产品原型，首先需要对产品原型有全面的认知。这样在设计产品原型时才能做到有的放矢，提高产品原型的质量，产出高质量的产品原型图。

11.1.1　什么是产品原型

简单来说，产品原型是产品方案设计的一种比较直观的展示方式，是每个产品经理必备的工具和重要的设计产出物，也是项目团队的其他成员（如视觉设计师、交互设计师、开发人员、测试人员）在工作中重要的参考、评估依据。

伴随着产品原型设计，产品经理通常会产出产品原型图。产品原型图，是用线条和图形绘制出的一种产品框架图。它是产品从概念设计到落地的关键节点，也是产品经理在产品设计阶段产出的关键内容。

那么，为什么要画产品原型图呢？

11.1.2 为什么要画产品原型图

通过绘制产品原型图,产品经理可以将思考产品方案时整理的流程图、结构图等具象化,让团队成员一眼就能看懂产品设计方案,便于向交互设计师、视觉设计师准确传达产品需求。同时,产品原型图也会成为后续产品开发的重要参考资料。

那么,优秀的产品原型图都有哪些特征呢?

11.1.3 优秀产品原型图的特征

从整体角度来说,优秀的产品原型图必须具有页面结构清晰、跳转关系明确、与业务流程保持一致的特性。此外,优秀的产品原型图还必须能完整表达当前版本的产品需求。

从产品页面角度来说,优秀的产品原型图能够清晰地体现出产品页面的元素位置与整体状态的变化,页面布局清晰,方便用户使用。从交互设计角度来说,优秀的产品原型图必须有清晰的交互逻辑、一致的交互方式和统一的界面。

对优秀的产品原型图有了基本认知后,就可以着手设计产品原型了。不过,在设计产品原型之前,还需要知道产品原型图的 3 种类型及其区别。

11.1.4 产品原型图的 3 种类型

根据产品原型的分类不同,可以将产品原型图分为低保真原型图(手绘草图)、中保真原型图(产品线框图)和高保真原型图(产品交互设计图)3 种不同的类型。

1. 低保真原型图(手绘草图)

特征:低保真原型图通常由产品经理手绘完成,整体比较粗糙,用于体现产品的雏形,如图 11-1 所示。

用途:主要用于快速表达想法、验证需求、展示思考的过程。

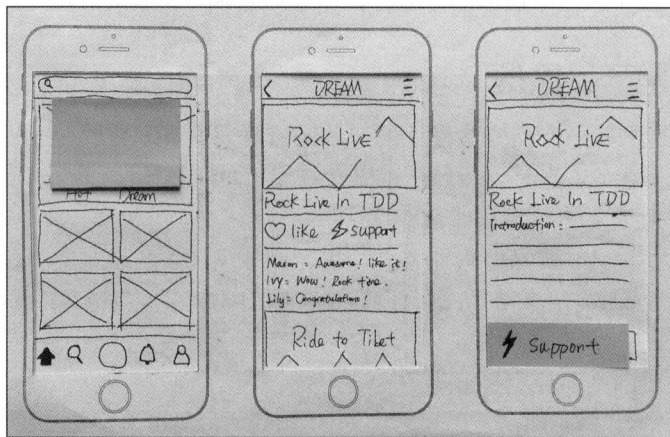

图 11-1 低保真原型图(手绘草图)

2．中保真原型图（产品线框图）

特征：中保真原型图能够完整地展示产品的大体框架，如图 11-2 所示。

用途：主要用于展示、梳理产品的大体框架，便于后续优化产品功能。

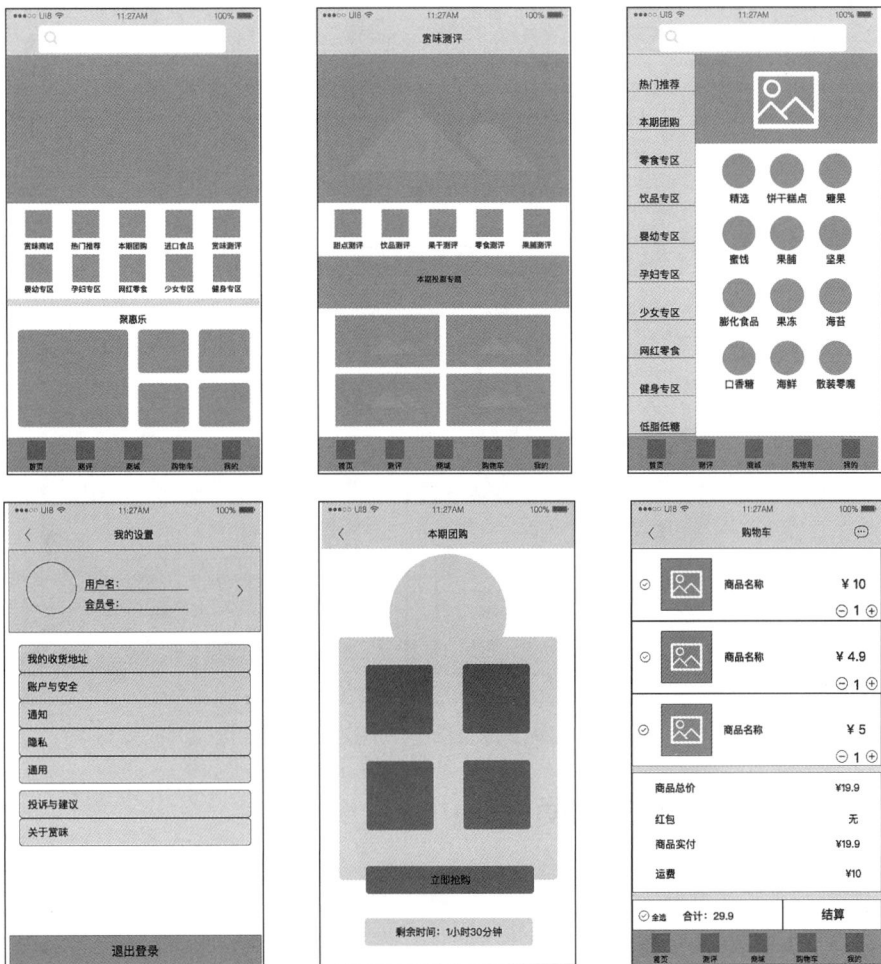

图 11-2　中保真原型图（产品线框图）

3．高保真原型图（产品交互设计图）

特征：整体布局精致、功能清晰、带有明确的交互规则，如图 11-3 所示。

用途：主要用于为设计人员和开发人员提供相关依据、制作产品交互样例、产品早期用户反馈测试、产品设计过审等。

了解 3 种常见的产品原型图后，我们继续了解 3 种产品原型图的使用时机。

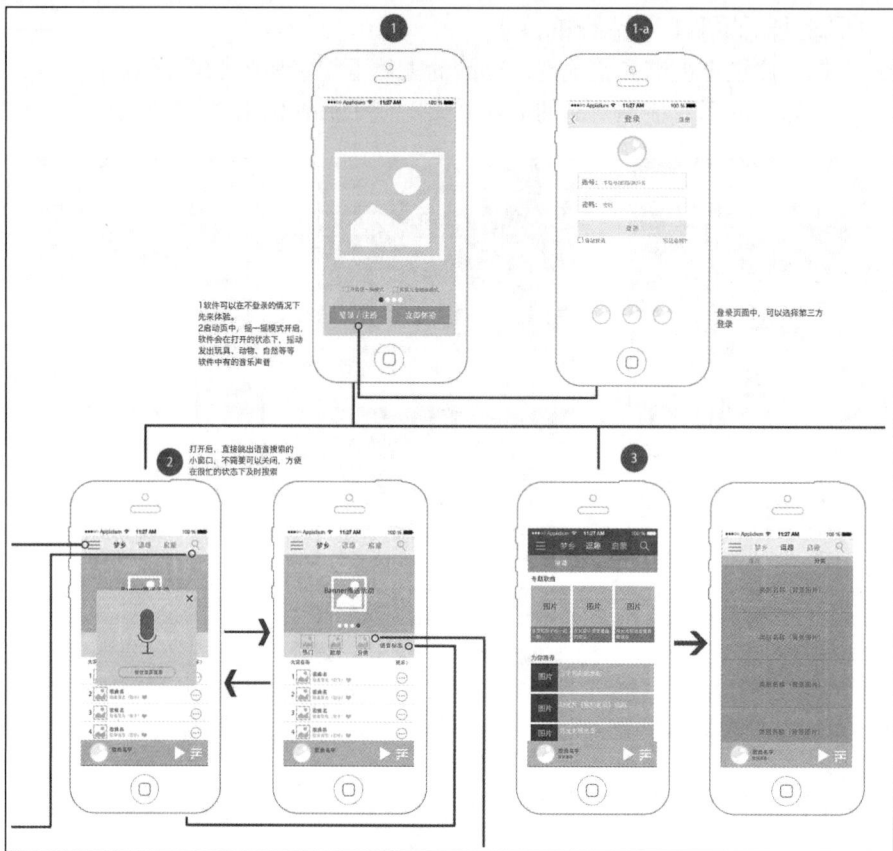

图 11-3　高保真原型图（产品交互设计图）

11.1.5　3 类产品原型图的使用时机

产品原型设计没有好坏之分，只有合不合适之说。产品处于不同阶段，产品原型设计的重点也各不相同。

1. 想法阶段

产品设计的初始阶段，此时产品的整体概念比较模糊，具体的产品功能尚未形成，大部分想法也仅停留在产品经理的头脑之中。

这个阶段，产品经理常用手绘草图（低保真原型图）快速勾勒出产品原型的框架，将自己的想法以可视化的方式表达出来，以摸清产品方向，验证需求的合理性与目标的正确性。

用手绘草图表达的产品原型，除了可以帮产品经理快速表达想法、探索方向之外，还可以帮助产品经理提升快速思考、验证假设、优化产品方案的能力，有助于产品经理向他人展示自己的思维过程，体现自己的专业性。

2. 落地阶段

到了这个阶段，产品设计目标和方向比较清晰，整体框架已经形成。因此，这个阶段产品经理常用产品线框图（中保真原型图）向团队成员展示一个大体上能让人看得明白、能理清产品功能的中保真原型，方便在需求评审会、团队讨论中推动产品功能的优化，对产品原型进行即时修改，向最后的产品定型过渡。

落地阶段主要是理清产品设计目标，逐步梳理出产品原型需要展示的功能内容、界面布局及其他相关信息，以便最终确定需求和功能落地后的展示样式。

3．确定阶段

到了确定阶段，产品的功能内容、界面布局、信息展示设计全部确定。这时，一个全面、严谨的高保真原型就显得尤为重要。

在这个阶段，产品经理需要跟交互设计师（有些公司由产品经理兼任）合作，基于上一阶段绘制的产品线框图，设计出产品的高保真原型图（产品交互设计图）。

一方面，高保真原型图可以为视觉设计师的视觉设计稿输出、开发人员的方案落地等提供依据。另一方面，在各种工作场景中，如产品最终评审、上级审核、A/B测试等，高保真原型图都发挥着重要作用。

11.2　产品经理/交互设计师/视觉设计师眼中的产品原型

产品经理、交互设计师和视觉设计师的工作内容存在一定的差异，即使对于同一个产品原型，各自的关注点也会各不相同。画好产品原型图的前提条件是了解不同职位对于产品原型的关注点。

11.2.1　产品经理眼中的产品原型

产品经理眼中的产品原型是一种粗略的线框图，目的是让团队成员一眼就能看懂自己想表达的意思，便于准确地传递产品需求。因此产品经理会特别关注产品原型所表达出的产品大体界面、业务流程和产品的功能逻辑。

11.2.2　交互设计师眼中的产品原型

交互设计师眼中的产品原型则是一种带有各种状态和逻辑规则的精细线框图，目的是快速呈现产品的交互逻辑，便于进行产品的评审、修改与最终的视觉设计。因此交互设计师更关注产品原型的布局与结构、交互细节、任务流程、功能与内容，以及各界面元素之间的位置/层次/顺序。

11.2.3　视觉设计师眼中的产品原型

视觉设计师既不关注产品长什么样，也不关注产品的界面逻辑，他们关注的是产品的视觉呈现。视觉设计师的目的是完成产品的视觉设计，如设计产品的情感元素，以及控制产品的视觉风格。视觉设计师会更关注产品原型的整体视觉设计、色彩与质感、图标/配图和排版等。

要清晰地了解不同角色对产品原型图的关注点,既不要拿备注了密密麻麻的交互规则的产品原型图去找交互设计师,也不要拿着颜色混乱的产品原型图去找视觉设计师。

对于产品经理来说,绘制出优秀的产品原型图绝不是一件容易的事。在做产品原型设计时除了需要尽量细化分析、考虑各种可能的场景、因素、条件外;还要让整个产品原型图简单易懂,便于他人阅读理解。

下面,我们就从产品经理的角度去了解产品原型设计的相关流程。为了让产品原型设计更加简单、高效,可以使用产品原型设计 6 步法完成产品原型的设计工作。

11.3　产品原型设计 6 步法

一个优秀的产品原型设计必须经过明确用户、场景和需求,了解产品流程与功能,拆解产品核心业务流程,手绘产品原型草图,全局说明设计和绘制产品原型图这 6 个步骤。每个步骤都有其侧重点,做产品原型设计时不可跳过其中的某个步骤,或者随意修改步骤内的预设任务。

11.3.1　明确用户、场景和需求

第一步,需要先明确产品的目标用户和使用场景。这就需要产品经理在画产品原型图之前,花一点时间了解产品的目标用户是谁,并根据产品的用户画像和特征了解每一类用户的基本属性、社会属性和使用爱好等。这一步对后续的产品原型设计是非常有帮助的,毕竟产品是要给用户用的。

仅仅了解用户还不够,还需要了解用户在什么时候使用产品,也就是用户的使用场景。

例如,假设某 App 的用户大多数情况下都是在公交或地铁的场景下使用产品。这时候,就需要考虑产品原型设计可以让用户在单手持机的情况下顺利完成操作,而不需要用双手来操作。换句话说,产品经理要知道用户使用产品的主场景和扩展场景,这样在画产品原型图的时候才能将场景有效地融入进去。

了解了用户和场景依然不够,还需要了解产品可以帮用户解决什么问题。

在画产品原型图前,还需要清晰地知道产品帮用户在哪个场景下解决什么问题。产品经理在做产品原型设计时应对用户、需求和场景了然于胸,也就是掌握图 11-4 所示的用户、需求、场景三角模型。这样,画产品原型图的时候才能更聚焦于产品功能,而非无约束地画一堆无用的页面。

最后,还需要找到产品的设计亮点,也就是找到那些会吸引用户使用的点。

例如,在做美团外卖 App 的产品原型设计时,"快速送达""品质保障""多样服务"就是需要在产品原型上体现的产品亮点。

在画产品原型图前,可以参考产品设计方案中用户、场景、需求的部分,获取产品的相关信息,为画产品原型图做好准备。关于用户、场景、需求的分析方法,请参见本书第 7 章。

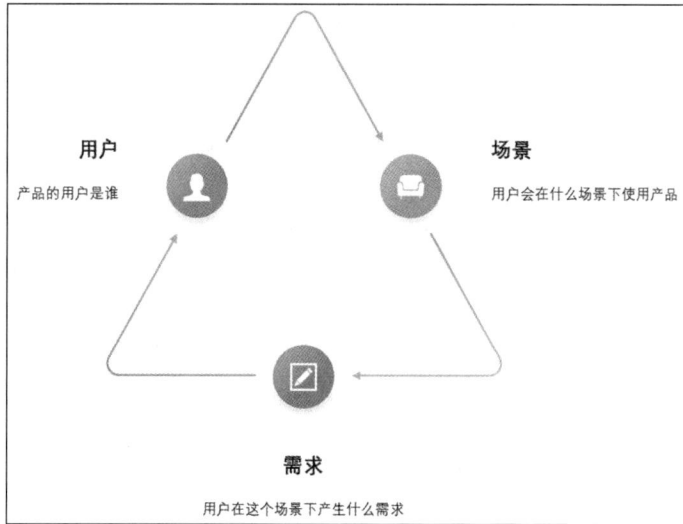

图 11-4　用户、需求、场景三角模型

11.3.2　了解产品流程与功能

开始画产品原型图之前，还需要了解产品的流程与功能，知道图 11-5 所示的产品核心业务流程图，知道产品的业务流向、内容流向和用户流向。

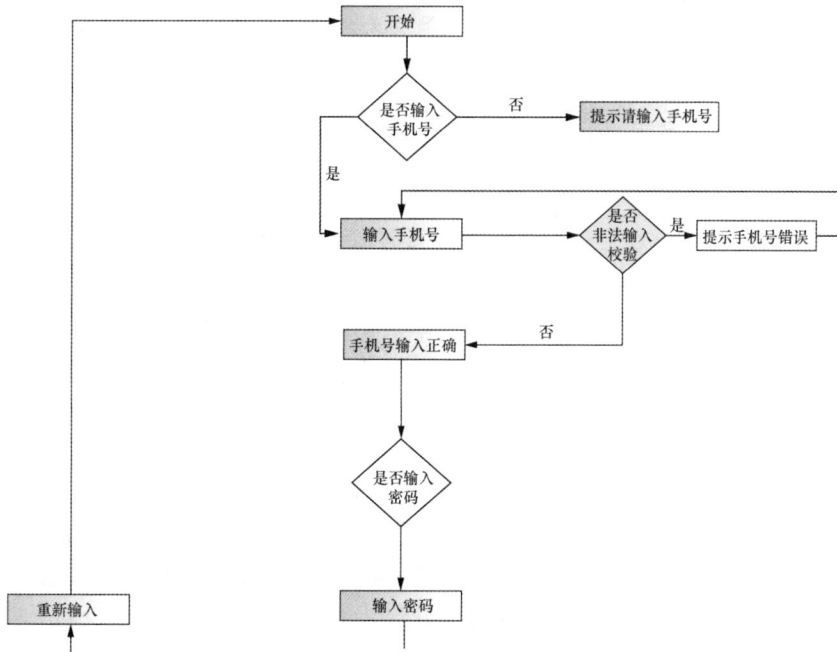

图 11-5　产品核心业务流程

关于这一部分，只要翻看之前已经做好的产品方案中关于产品流程设计部分的内容，就可以快速了解产品各核心业务流向。

注：关于业务流程图的部分，请参见本书第 9 章的相关内容。

其次，还需要了解产品的功能结构。也就是产品包含哪些模块，每个模块下面有哪些功能点，为绘制产品原型图做好准备。

例如，如果画的是微信读书某版本的产品原型图，就需要提前了解微信读书所包含的模块，如"发现""书架""看一看""我的""搜索"等，以及每个模块下的产品功能。这样，在绘制产品原型图的时候，才不会出现漏画、错画产品模块和功能的情况。关于这一部分，只要翻看产品方案中关于功能结构部分的详细描述，就能搞懂产品包含哪些模块和功能了。

再次，还需要了解产品的信息结构。也就是各页面所包含的信息元素以及信息元素之间的关系。信息结构图能够帮产品经理在绘制产品原型图的时候准确摆放页面上的各信息元素，突出重点元素以及正确处理页面元素之间的关系，防止页面元素丢失、重点元素没有突出显示以及元素结构混乱导致的页面问题。

关于这一部分依然只需要翻看产品方案中关于产品信息结构设计部分的详细描述，就可以搞懂产品页面所包含的信息元素、重点元素以及页面元素之间的关系。

注：关于功能结构图及信息结构图的部分，见本书第 10 章相关内容。

最后，在画产品原型图之前，还需要了解产品未来的版本迭代演进计划，也就是了解产品要达到一个相对完整的状态，需要迭代几个版本，以及每个版本大致包含哪些功能模块，以便于在进行产品原型设计时，能合理安排产品未来的功能布局和预留空间。例如，招聘类产品未来必定会有很多不同类别的信息，那么在做当前版本产品原型设计的时候，就要为后续的信息流预留一定的空间。

11.3.3　拆解产品核心业务流程

在上一步，通过查看产品的业务流程图，对产品的核心业务流向有了完整的了解。到了这一步，则需要进一步拆解产品各模块的核心业务流程，了解每个功能模块的业务流程细节。

例如，Keep 中包含"训练课程"和"课程付费"这两个核心模块，在正式画产品原型图前，就需要拆解这两个模块的核心业务流程，搞清楚这两个模块的流程细节。

这样，正式绘制产品原型图的时候，才不会画错产品各模块的核心业务流程。同时，明确业务流程也能让我们更聚焦于产品原型设计本身，减少因业务流程设计不当，发生反复修改产品原型的情况。Keep 的核心业务流程如图 11-6 所示。

要想画好产品原型图，仅仅拆解业务流程是不够的，还需要拆解如图 11-7 所示的产品的页面流程，从产品页面关系的角度，搞清楚用户的使用流向和各页面的交互流程。

关于这一部分，可以通过查看产品方案中的页面流程设计部分，从整体搞清楚产品页面流程之间的关系和用户的交互流向；也可以通过拆解某一模块的页面流程，搞清楚这个模块所包含的页面及其关系，以及用户在该模块的交互流向。

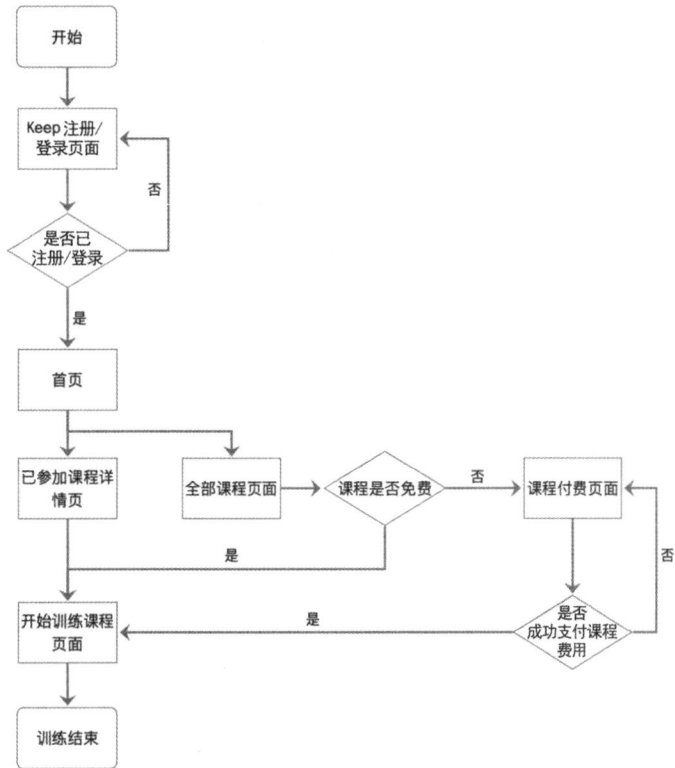

图 11-6　Keep 的核心业务流程

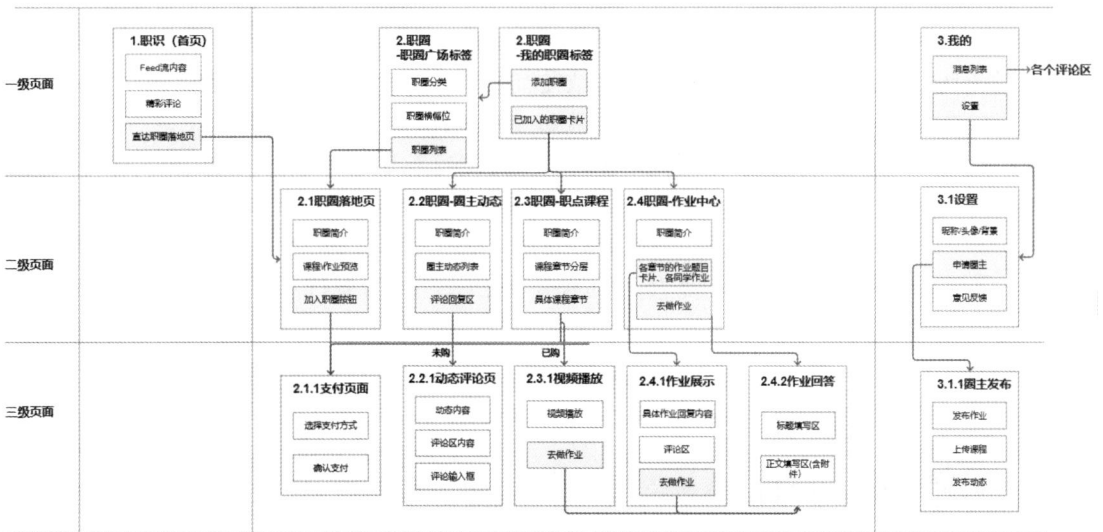

图 11-7　某职场社交产品的页面流程图

上面两张图是做产品原型设计的关键。只有在画产品原型图前明确这两张图所包含的内容，充分掌握产品页面、核心业务流程所包含的内容及其上下游的关系，在进行产品原型设计时才不会迷失方向，才能避免出现错画业务流程、漏画页面和交互流向混乱等问题。

11.3.4 手绘产品原型草图

在产品原型设计早期阶段，产品原型往往要经过大量修改，过早地使用工具反而会大大增加修改的成本，导致设计效率降低。因此，在这一步手绘产品原型就是极好的一种设计方法，无论是在白板上，还是在白纸上都可以迅速画出图 11-8 所示的产品原型的手绘草图。

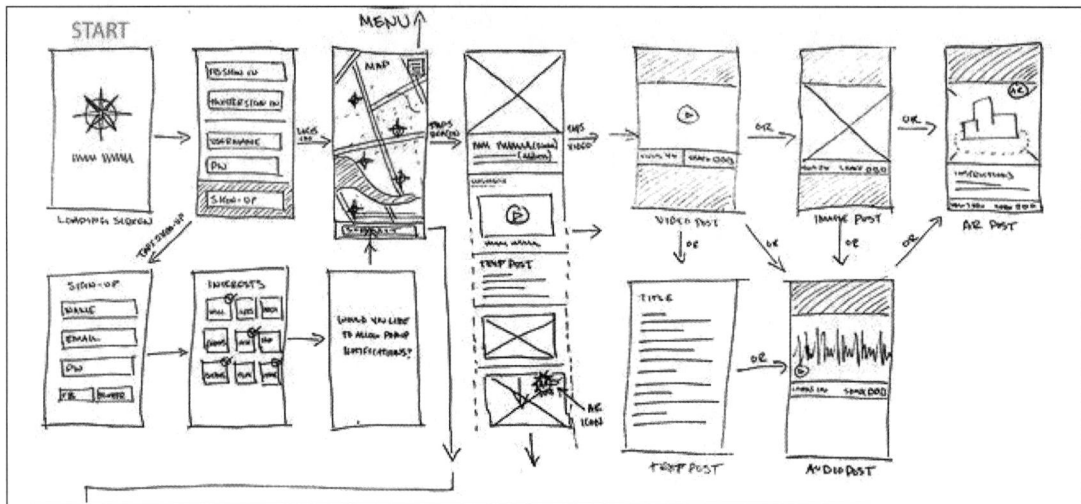

图 11-8 产品原型手绘草图

利用产品原型的手绘草图，可知某元素放在某位置行不行，会有什么样的问题。把有问题的部分用橡皮擦擦掉重新画，或者拿出另一张纸重新画，就可以实现对产品原型的快速调整。通过手绘产品原型，可以快速确定页面逻辑、调整关键元素及布局。相比于使用工具，手绘产品原型可以说是这个阶段效率最高的产品原型设计方法。

另外，手绘产品原型还方便产品经理随时随地同交互设计师、开发人员和视觉设计师讨论产品原型的可行性，并对讨论中发现的问题及时优化与修正，提升产品原型设计的准确度和工作效率。

当通过手绘产品原型确定产品原型的基本展现样式之后，就可以使用工具进行产品原型设计了。

11.3.5 全局说明设计

为了提升产品原型设计的效率，对于在产品原型图中反复出现的部分，以图 11-9 所示的全局说明的形式统一阐述，避免后续在产品原型设计图中多次重复说明。

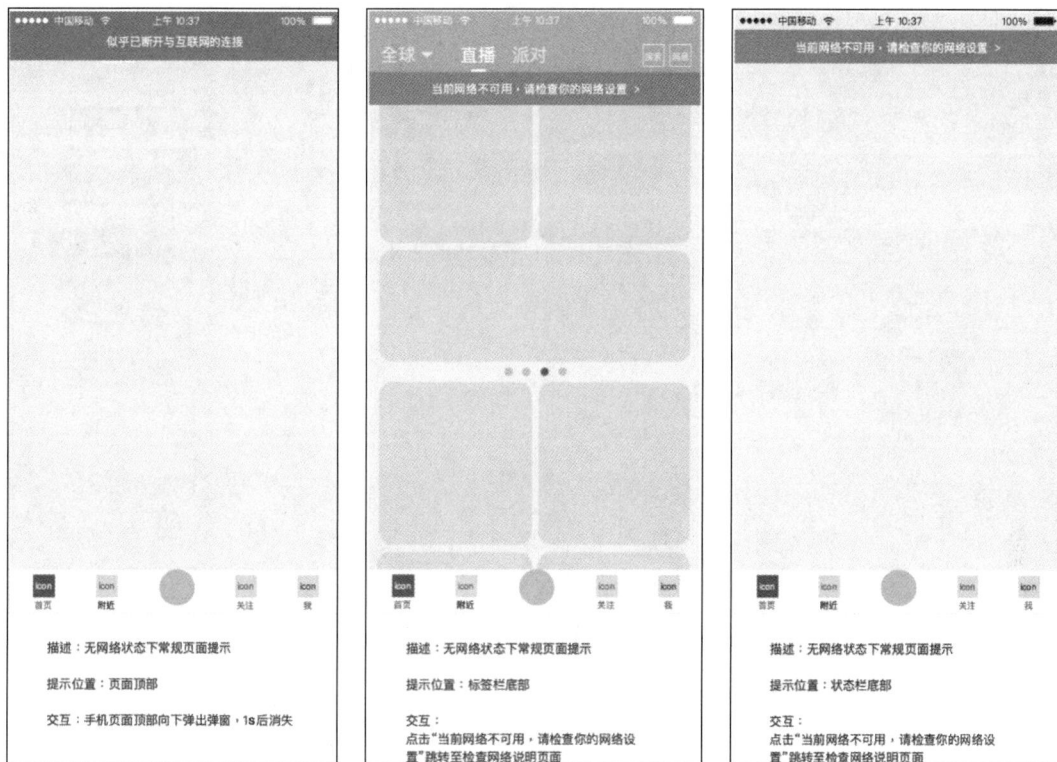

图 11-9　产品原型设计全局说明

全局说明主要适用于以下 5 类情况。

（1）统一的页面内交互规则。例如，产品原型中全部页面均采用从下到上弹出弹窗的方式。

（2）统一的页面间交互规则。例如，产品原型中页面间转场方式均采用从右到左滑出的形式。

（3）统一的异常提示说明。例如，突遇网络问题、应用 BUG、服务器连接失败时的统一提示说明。

（4）统一的交互规则说明。例如，用户执行关键操作后全局统一的提示说明。

（5）统一的移动端手势说明。例如，单击、双击、缩放、滑动的全局手势说明。

采用全局说明的好处是，在接下来的产品原型设计中，遇到同样的情况不用重复画图并一一说明，只要统一引用规定好的全局说明即可。

完成全局说明部分后，就可以绘制产品原型图了。

11.3.6　绘制产品原型图

当上面的几步都完成后，产品原型设计就会变得非常简单。只要按照准备好的页面流程和手绘产品原型，以图 11-10 展示的形式绘制产品原型图就可以了。

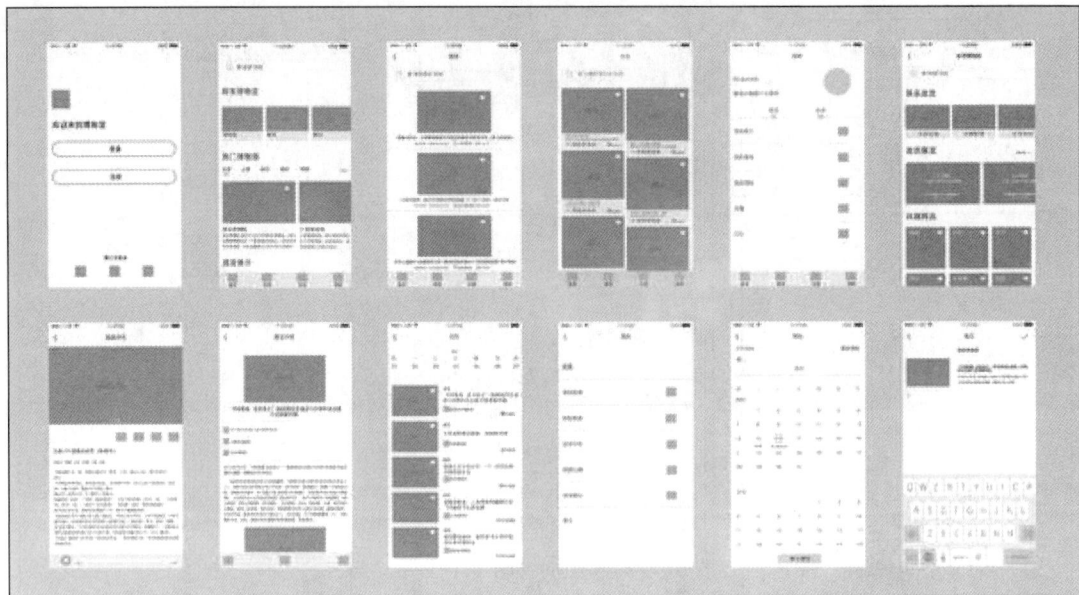

图 11-10 绘制好的产品原型图

在这一步，需要先画出整个产品原型图中各页面的大体框架，设置好页面间的跳转点和跳转顺序，检查页面之间的跳转链接，确保各项准确无误后，细化每个页面的产品原型。这样做的好处是，可防止因过于专注产品细节设计，而忽略整个页面间的跳转关系，最后不得不花大量时间返工的情况发生。

另外，还要特别注意产品原型设计文档的可读性与文档中各页面之间的从属关系，不要因为文档结构混乱而给阅读文档的人造成较大的阅读障碍。可以用图 11-11 展示的方式来组织和展示产品原型设计文档。

产品原型从另一个角度来说是产品方案的简单实验模型，用于快速、低成本地测试产品方案，并对产品设计理念及初始形态进行相应的验证，便于产品经理根据结果做出适当的改进或探索可能的方向。

因此，产品原型设计没有完美模板，也不拘泥于一种形式。实际上，可以使用任何方式进行产品原型设计。无论是用纸笔绘制的草图，还是用软件绘制的精美线框图，都是产品经理思考过程的体现，都代表着产品经理的想法。

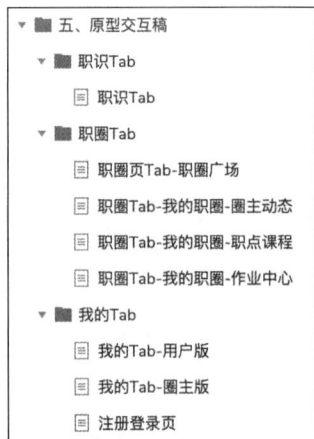

图 11-11 某职场社交产品
原型设计文档结构

虽然产品原型设计在整个产品设计中不可或缺，但产品原型作为一种工具并不局限于在某个阶段使用，而是在任何时间、任何设计阶段都能使用的一种设计手段。因此在日常工作中要学会利用好产品原型这个工具，以便随时随地地向他人阐述自己对产品的想法。

对于产品经理来说，每天都有大量的工作需要完成。虽说产品原型设计是产品经理的一项重要工作，但并不是产品经理每天就只画产品原型图。因此，产品经理平日工作时对画产品原型图和改产品原型图的时间要有所控制，尽量将其压缩到整个产品设计时间的 30%之内。如果一个产品原型图被反复地修改，说明没有理清产品的业务流程和功能需求，产品原型设计 6 步法的前面几步出现了问题，整体基础没有打好。

要想画好产品原型图，除了需要做好产品原型设计 6 步法的每一步之外，还需要选择一个好的画图工具。

11.4　产品原型设计工具的选择

常见的产品原型设计工具是 Axure，该工具在 Windows 和 Mac OS 两种系统下都可以用。Axure 可用于画出你想画的各种产品原型。

墨刀也是一个不错的在线画图工具，它支持在线多人协作，让很多人一起画产品原型，操作产品原型的界面。另外，它也提供了很多不错的模板，比如适合安卓系统和 iOS 系统的一些控件或者某些常见的功能。

如果你用的是 Mac OS 系统，可以用 Sketch 配合 Principle 来进行产品原型设计。很多视觉设计师、交互设计师也使用 Sketch，所以你可以在设计好产品原型后，直接发给他们，让他们直接使用 Sketch 进行相关设计。一般先用 Sketch 画好产品原型图，再用 Principle 展示。

注：专业的交互设计师一般先用 Sketch 画好产品原型图，再用 Principle 展示。这样设计出来的带交互规则的高保真原型图，可以在手机上直接查看，效果非常不错。

在产品原型设计之初，避免不了对原型进行大量的修改与优化。这时，相对于手绘草图，使用软件工具绘制的产品原型图修改起来就显得比较麻烦了。

因此，在产品原型设计时，不要一开始就使用软件工具，而是要学会使用手绘草图，让想法快速落地，并不断地修改与优化，待方案成型后，再使用软件工具设计产品线框图。这样可以降低画图的时间成本，提升产品原型设计的效率与速度。

下面，让我们继续了解产品原型设计的注意要点。

11.5　产品原型设计注意要点

要想设计出优秀的产品原型，还需要注意以下 5 点。

11.5.1　产品原型图不是最终设计稿

产品原型图不是最终的设计稿，它只是一个用于准确传达需求的工具。即使产品经理的产品原型图绘制得再好，设计人员依然可以根据需求修改产品经理的产品原型图。因此，在团队成员修改你的产品原型图的时候，不要有反感和抵触情绪。产品经理的产品原型图只是一个传达需求的工具，其他人每一次的修改也是为了使产品更加完善。

11.5.2　确保每个细节的正确性

产品原型设计最基本的一点是要确保每个细节的正确性。试想，如果产品经理交付的产品原型细节都是错误的，那么下游的交互设计师和视觉设计师只会"错上加错"。接下来，开发人员只会在错误的基础上开发产品。最后，等到产品上线才发现交付给用户的是一个错误百出的产品。

在画完产品原型图后，请务必检查产品原型是否正确，确保提交给交互设计师的产品原型的细节都是正确无误的。

11.5.3　必要时添加文字描述

有些产品经理在画产品原型图时，在产品原型图上加各种逼真的动效，企图使用逼真的动效来展示产品的交互细节。结果费时费力不说，还没法表达清楚具体想表达的内容，让团队的其他成员看得一头雾水。

有时候，我们只需要在产品原型图的旁边适当添加一些文字描述来辅助说明产品细节就可以了，如图 11-12 所示。

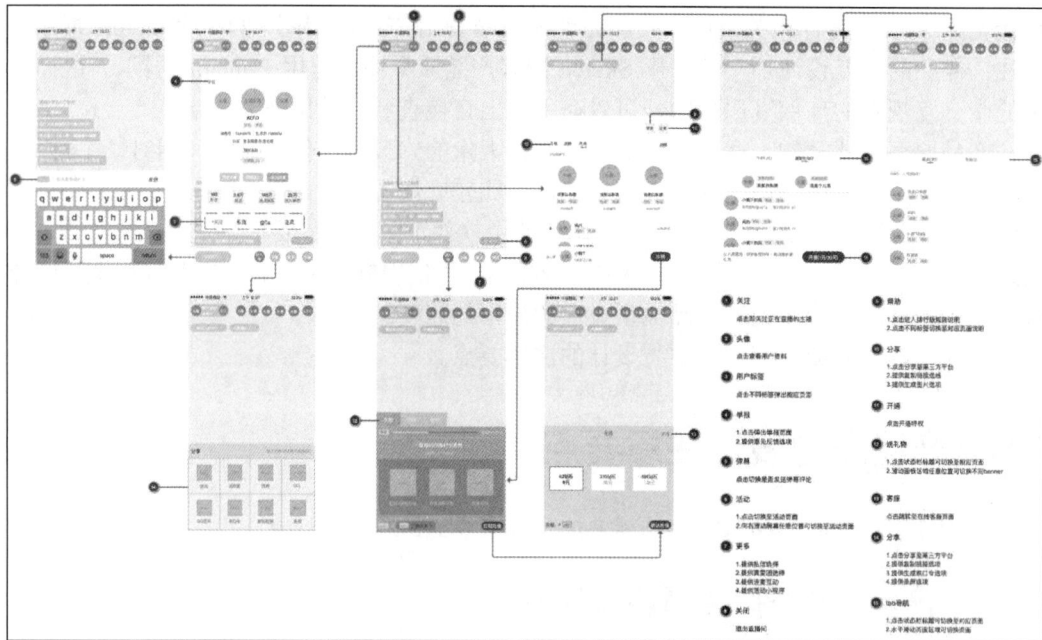

图 11-12　产品原型图加文字描述

画产品原型图的时候，还需要把握一点：画产品原型图的目的是向他人准确传达所要表达的意思。至于是用动效还是用文字来辅助说明，选择你认为最优的方式就可以了。

11.5.4 通过明暗描述优先级

有很多产品经理在画产品原型图的时候非常努力地给产品原型图上色，以为这样才够专业，结果弄得整个产品原型图花花绿绿的。要记住，术业有专攻，无论产品经理多么努力地给产品原型图上色，也始终没有视觉设计师做得专业。这样做反而会严重干扰视觉设计师的视觉设计工作。

正确的做法是，使用黑、白、灰的色彩变化（色彩明暗变化）描述产品原型的优先级，有时为了强调，可以加一点色彩，如图11-13所示。

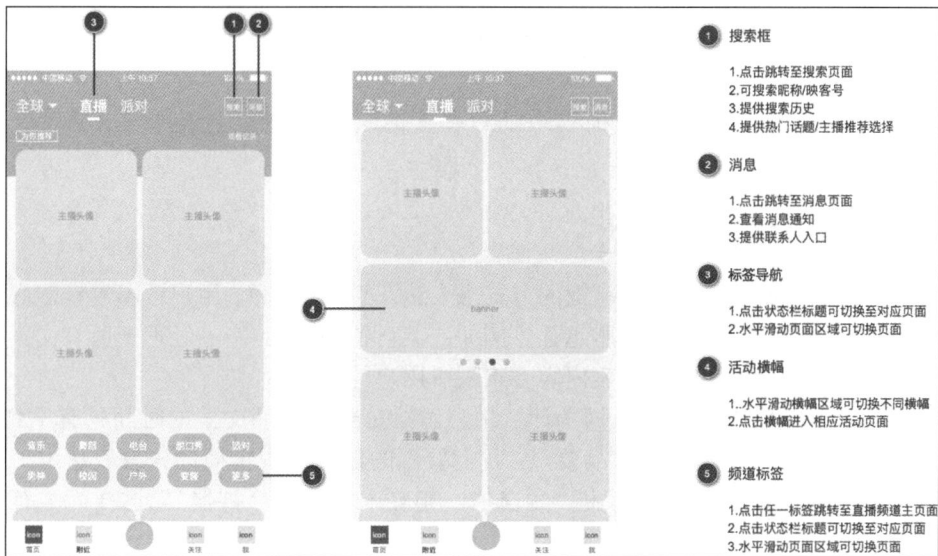

图 11-13　通过明暗描述优先级

11.5.5 采用真实的数据填充

很多产品经理在画产品原型图的时候喜欢用占位符来代替真实的数据，这是个非常不好的习惯。占位符无法模拟真实环境中可能出现的极端情况，特别是在移动端界面展现能力不足的前提下，如何合理地展现内容就变得尤为重要。因此，在画产品原型图的时候，不但要用真实的数据，还要将一些极端的数据展现在产品原型图上，这样才能合理展示产品真实的界面。

通过学习，我们发现产品原型图要展现众多内容，那是不是所有的内容都需要在产品原型图上展现出来呢？答案是否定的。接下来使介绍不需要在产品原型图上展现出来的内容。

11.6　产品原型图上不需要展现的内容

首先，产品原型图作为一个交流工具，不需要展现视觉规格（间距、尺寸），这是视觉设计稿应该呈现的内容。

其次，产品原型图上不需要写明业务逻辑（也就是产品功能是怎么设计的），这些内容是产品需求文档里应该包含的。

最后，不需要在产品原型图上写详细的文案描述，这会导致产品原型图上密密麻麻都是字，可读性变得很差。如果需要展现的文案特别多，只需要一个简洁的产品原型图加一个专门用来描述文案的 Word 文档即可。

对于产品原型来说，文案的作用也是非常明显的。要想设计出优秀的产品原型，还需要懂得如何整理出深受用户喜爱的文案。

11.7 产品原型设计的文案整理

文案是产品和用户沟通的重要方式，因此在做产品原型设计时，一定要注意产品文案的输出与整理。

11.7.1 用精简的语言表达

产品原型图的文案需要尽量用精简的方式来表达。多数情况下，用户根本没有耐心看完所有文案，文案写得越多用户的抵触感越强。例如：某自拍 App 的产品经理把所有文案不分主次地放入产品原型图中，企图以文案内容多来吸引用户的注意力。

这样的做法是非常不合理的。据统计，用户留给每一个产品文案的时间只有不到 3 秒，因此堆砌文案只会让用户抓不到产品要点。我们要做的仅仅是用精简的语言表达出产品的核心卖点。比如上面的例子，只要写出"爱自拍，年轻人的自拍'神器'"这样简洁有效的文案就可以了。

11.7.2 用大家都能明白的大白话

光精准地表达还不够，在产品原型的文案设计上还需要采用大家都能明白的大白话。试想，有一天用户看到某产品的错误提示文案是"缺少 user token 串，服务器并发处理失败"，其是不是会产生晕头转向、不知所云的感觉呢？

所以，在写产品原型的文案时，一定要站在用户的角度，使用大家都能明白的类似"连不上啦，网络不太给力啊！"这样的大白话去写文案，用户才能真正明白文案想表达的意思。

11.7.3 对应文案风格与用户类型

做到以上两点还远远不够，还需要把文案的风格跟用户的类型对应起来。比如产品用户大部分为职场白领女性，文案就可以使用"职场丽人""冰雪聪明"这样的词汇；又比如产品用户大部分为儿童，文案就可以使用"小可爱""乖宝贝"这样的词汇。

11.7.4 检查错别字和语句

最后，一定要检查在产品原型图上写好的文案是否有错别字、语句是否通顺、标点符号是否都用对了。不要在文案上犯低级错误，让带有错别字的版本上线，给用户造成产品非常不专业的感觉。

11.8 产品原型设计需要避免的六大错误

在做产品原型设计时，需要注意避免以下六大错误。

错误一：将画产品原型图视为浪费时间。一些产品经理认为自己应该侧重于对需求的洞察与分析，认为画产品原型图是交互和视觉设计师的事。产品原型图非常重要，它是需求和想法的展现，也是产品经理有力的沟通工具。

错误二：对自己设计的产品原型失去信心。即无法接受对产品原型图反复地调整与优化，对自己绘制的产品原型图失去信心。产品原型图的一种作用就是验证各种假设的可能性，只有通过对产品原型图不断地调整与优化，最终才能找到合适的设计方案。

错误三：漫无目的地进行产品原型设计。即整个产品原型设计缺乏重点，一味地为了设计而设计，不是设计得过于细致，就是设计得过于粗糙。产品原型设计需要把握好一定的度，做到整体适中即可。

错误四：对产品原型设计本身过于专注。即过于专注产品原型设计本身，执着于通过修改产品原型图的方式来解决出现的问题。很多问题看似源于产品原型设计，其实都是之前不合理的产品设计导致的。执着于产品原型设计本身，不利于产品经理找到问题的真正根源。

错误五：将时间浪费在无意义的讨论上。即在产品原型图没有画出来之前，就花费大量时间跟他人讨论产品原型图该怎么画才更合理，陷入一场"你觉得应该这样""我觉得应该那样"的无意义讨论中。在进行任何关于产品原型图的讨论之前，一定要先画好产品原型图，这样才能让讨论更有针对性，效率也更高。

错误六：思考得过于简单。绘制产品原型图时思考得过于简单，只考虑正常状态下的产品原型图，没有考虑各种异常和极端状态下的产品原型图该如何绘制与展示。

11.9 案例分析：某翻译 App 的产品原型设计

案例背景：一款定位于让翻译和语言交流更高效、简洁、快速、灵活的翻译 App，具有翻译效果准确、语音输入高效、音频识别准确、操作快捷、工具简洁的特点，非常适合在出国旅游、商务旅行、外语学习、跨国会议、日常办公、友人交流等情境中使用。本案例通过复现此 App 的产品原型设计过程，帮助大家理解产品原型设计的要领。

本案例采用产品原型设计 6 步法，逐步完成这款翻译 App 的产品原型设计。

第一步：明确用户、场景和需求。经过前期的产品调研分析，已经搞清楚了这款产品的主要用户群体、典型使用场景及用户需求，如表 11-1 所示。

表 11-1　某翻译 App 用户、场景、需求分析

用户群体	典型使用场景	用户需求
异国自由行用户	去国外旅游	翻译景点介绍，跟外国人沟通交流
异国旅行用户	入住酒店/登机	办理登机及酒店入住业务
异国出行用户	打车/乘坐公交	与司机沟通
跨国会议用户	视频会议/线下会议	同与会的外国人沟通交流
英语学习用户	学习英语时遇到问题	正确翻译单词和句子，并准确朗读
普通用户	日常使用	准确翻译内容，与外国人沟通交流

　　通过对产品的用户、场景、需求的分析，发现在全场景下，用户都有着非常明确的使用目的，加之环境的影响，用户会迫切地希望快速准确地完成整个翻译与沟通的过程。因此，在产品原型设计中，"简单"和"高效"是需要考虑的核心问题。

　　第二步：了解产品流程与功能。这一步，需要结合之前绘制好的产品功能与信息结构图，对产品的功能与信息结构有整体的认知。

　　某翻译 App 的功能结构图如图 11-14 所示。

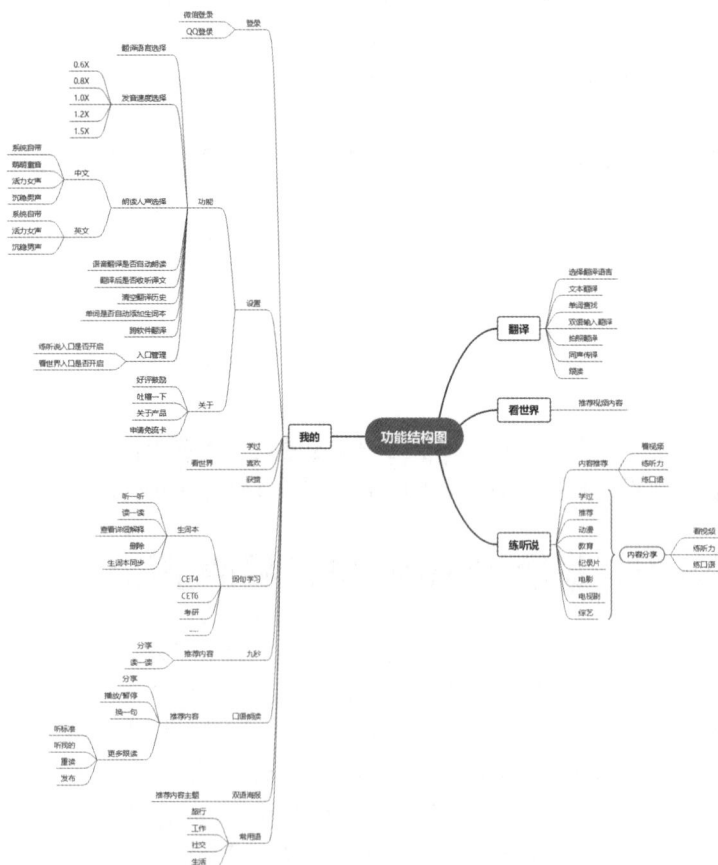

图 11-14　某翻译 App 的功能结构图

某翻译 App 的信息结构如图 11-15 所示。

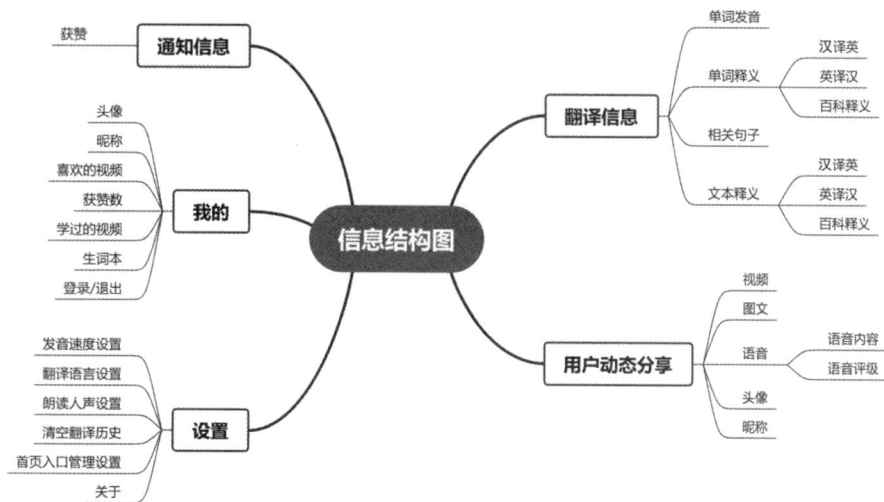

图 11-15　某翻译 App 的信息结构

这一步的重点是借助产品的功能结构图和信息结构图指导产品原型设计，让设计出的产品原型功能结构更合理，信息结构更顺畅。同时，避免在产品的原型设计中出现漏画、错画产品功能以及结构混乱的情况。

注：由于这款翻译 App 的页面结构比较简单，本案例就不详述了，感兴趣的读者可自行研究。

第三步：拆解产品核心业务流程。在这一步，需要拆解分析产品的核心业务流程，通过业务流程串联起一个个独立的页面。图 11-16 为该翻译 App 的核心业务流程图。

通过对该 App 的核心业务流程的拆解分析，可以清楚地了解产品的核心业务闭环。在后续的产品原型设计中，需要保持业务闭环的完整性，让业务流程完整地串联起各个页面。

第四步：手绘产品原型草图。在这一步，需要手绘产品原型草图，并积极与团队其他人员沟通产品原型的正确性。该步骤比较简单，这里就不详述了。

第五步：全局说明设计。在这一步，需要摄取全局所用到的核心元素，并对这些元素进行说明，方便在产品原型图的绘制过程中反复调用。该 App 的全局说明页如图 11-17 所示。

文本翻译, 单词
查询业务流程图

```
        ( 开始 )
           │
    ┌──────────────┐
    │  打开翻译界面  │
    └──────────────┘
           │
    ┌──────────────┐
    │  选择语言种类  │
    └──────────────┘
           │
    ┌──────────────┐
    │  点击搜索输入框 │
    └──────────────┘
           │
    ┌──────────────┐
    │     输入      │
    │  要翻译的文本  │
    └──────────────┘
           │
    ┌──────────────┐
    │   点击搜索    │
    └──────────────┘
           │
    ┌──────────────┐
    │     得到      │
    │  搜索翻译结果  │
    └──────────────┘
           │
        ( 结束 )
```

语音翻译
业务流程图

```
              ( 开始 )
                 │
        ┌──────────────┐
        │  打开翻译界面  │
        └──────────────┘
                 │
        ┌──────────────┐
        │  选择语音种类  │
        └──────────────┘
          ┌──────┴───────┐
  ┌──────────────┐  ┌──────────────┐
  │ 选择外语语音输入 │  │ 选择中文语音输入 │
  │ 中文语音输出模式 │  │ 外语语音输出模式 │
  └──────────────┘  └──────────────┘
          └──────┬───────┘
        ┌──────────────┐
        │ 选择要翻译的语音 │
        └──────────────┘
                 │
        ┌──────────────┐
        │     翻译      │
        └──────────────┘
                 │
        ┌──────────────┐
        │ 同时输出语音与文 │
        │ 字的翻译结果   │
        └──────────────┘
                 │
              ( 结束 )
```

同声传译
业务流程图

```
              ( 开始 )
                 │
        ┌──────────────┐
        │  打开翻译界面  │
        └──────────────┘
                 │
        ┌──────────────┐
        │     打开      │
        │  同声传译界面  │
        └──────────────┘
                 │
        ┌──────────────┐
        │ 选择同声传译结 │
        │ 果的输出方式   │
        └──────────────┘
          ┌──────┴───────┐
  ┌──────────────┐  ┌──────────────┐
  │ 选择外语语音输 │  │ 选择中文语音输 │
  │ 入模式       │  │ 入模式       │
  └──────────────┘  └──────────────┘
          └──────┬───────┘
        ┌──────────────┐
        │  实时接收     │
        │  语音信息     │
        └──────────────┘
                 │
        ┌──────────────┐
        │   实时翻译    │
        └──────────────┘
                 │
        ┌──────────────┐
        │   实时输出    │
        │   翻译结果    │
        └──────────────┘
                 │
              ( 结束 )
```

拍译
业务流程图

```
              ( 开始 )
                 │
        ┌──────────────┐
        │  打开翻译界面  │
        └──────────────┘
                 │
        ┌──────────────┐
        │  打开拍译界面  │
        └──────────────┘
                 │
        ┌──────────────┐
        │ 设置语音种类、 │
        │ 是否开启AR翻  │
        │ 译功能       │
        └──────────────┘
       ┌───────┬────────┐
  ┌────────┐ ┌────────┐ ┌────────┐
  │  拍照  │ │ 打开相册 │ │打开取词界面│
  └────────┘ └────────┘ └────────┘
       │        │          │
       │    ┌────────┐ ┌────────┐
       │    │  选择   │ │对准英文单词│
       │    │要翻译的图片│ └────────┘
       │    └────────┘      │
       └───────┴──────────┘
        ┌──────────────┐
        │   实时翻译    │
        │   图片内容    │
        └──────────────┘
                 │
        ┌──────────────┐
        │  输出翻译结果  │
        └──────────────┘
                 │
              ( 结束 )
```

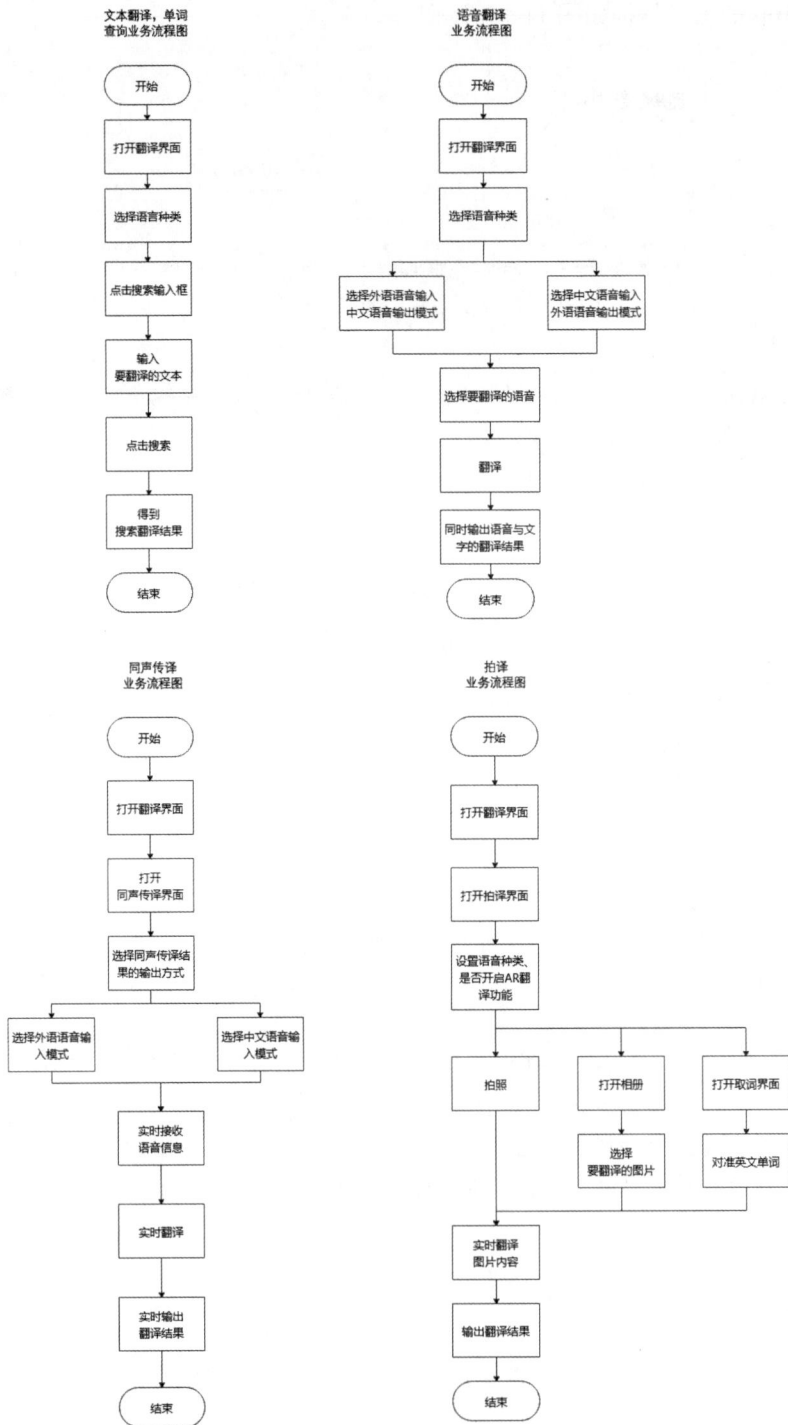

图 11-16 某翻译 App 的核心业务流程图

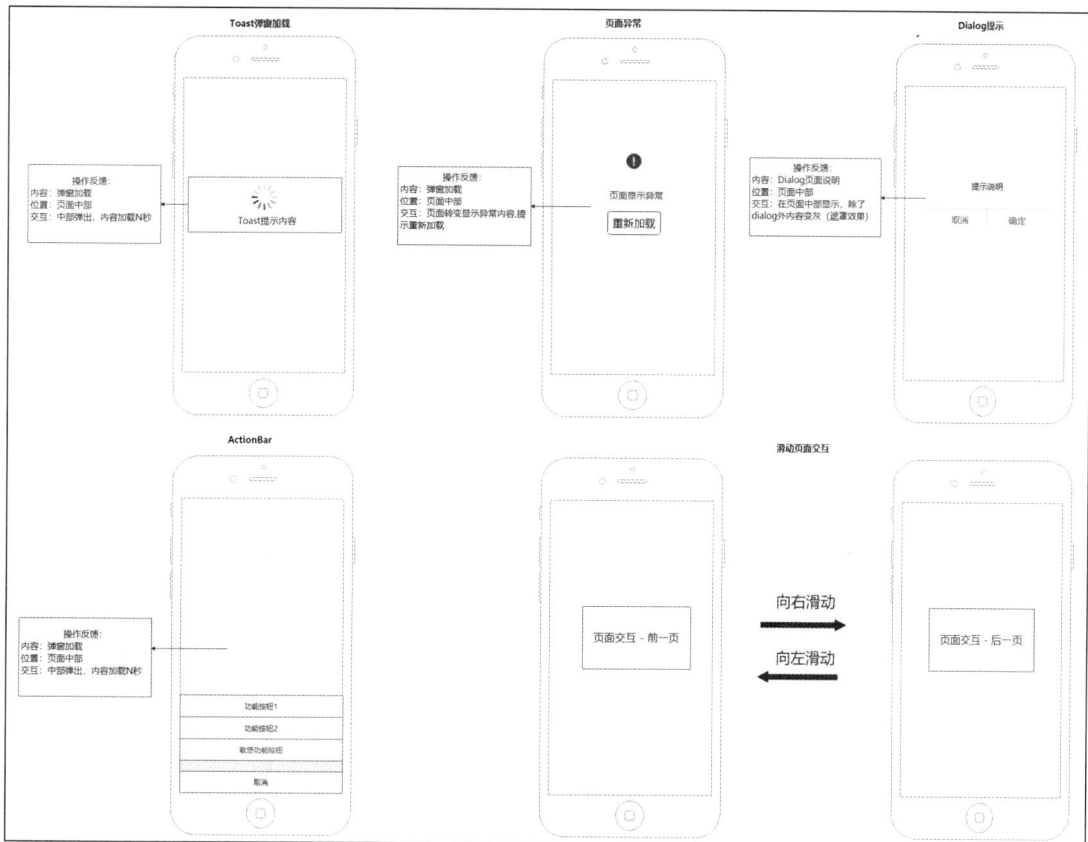

图 11-17 某翻译 App 的全局说明页

案例抽取了全局的 Toaste 提示、页面异常提示、对话框（Dialog）提示、操作栏（ActionBar）、页面切换提示这几个在产品原型图中会反复用到的标准元素组成全局说明页，供产品原型设计中各部分调用。

第六步：绘制产品原型图。有了前面 5 步的准备，在这一步，只要根据已经确定好的产品原型草图，利用软件工具绘制标准的产品原型图即可。该翻译 App 的核心原型图如图 11-18 所示。

通过上述的案例分析可以发现，产品原型设计是一项体系化的工作。无论是早期的用户、场景和需求分析，各种业务流程的搭建，还是产品的结构设计，所有的工作都具有关联性。每一步完成的工作，都会影响到下一步的结果，环环相扣、步步相连，直至最终设计出优秀的产品设计方案。因此，在做产品原型设计时，务必认真完成每一步。

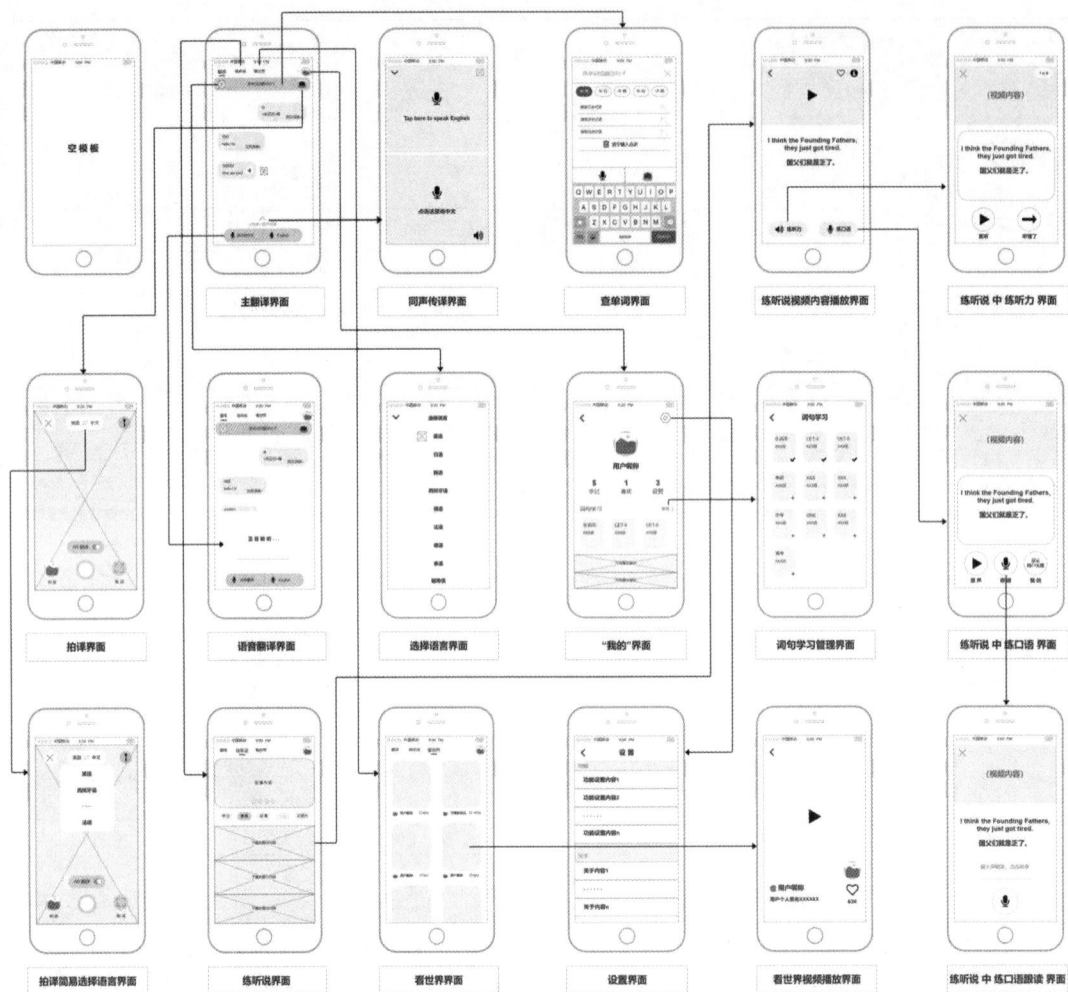

图 11-18 某翻译 App 的核心原型图

11.10 本章小结

本章主要讲解了如何设计出优秀的产品原型，重点内容如下。

（1）产品原型图是一种用线条和图形绘制出的一种产品框架图。

（2）产品原型图的本质是一种用来传递和交流产品设计思路的工具。

（3）根据产品所处的阶段不同，绘制不同类型的产品原型图。

（4）按照产品原型设计 6 步法逐步进行产品原型设计。

（5）遵循本章 11.5 节所述的产品原型设计的"五要点"。

（6）遵循本章 11.6 节所述的产品原型文案设计的"四要素"。

（7）避免产品原型设计的六大错误。

（8）铭记产品原型设计的"三不要"。

11.11　知识模型

我总结了本章的知识模型，读者可以关注公众号"cpzjguoshan"，输入关键词"B1C1101"下载收藏模型，为自己的产品经理知识拼图新增一块内容。

注：知识模型为脑图软件 MindMaster 专用格式，请读者使用 MindMaster 软件查看。

11.12　工作模板

我还特别准备了一份实用的工作模板，读者可以关注公众号"cpzjguoshan"，回复关键词"B1C1102"下载使用。

11.13　大咖助力

产品大咖说："产品经理哪有不会画产品原型的？"

如果你在产品原型设计中遇到了什么困难，欢迎你加我微信：pmguoshan，让我来帮帮你。

11.14　练习实践

请你结合学到的产品原型设计相关内容，尝试独立地通过倒推完成知乎 App 的产品原型设计。

第 12 章　如何写出高质量的产品需求文档

本章导读：产品需求文档（Product Requirement Document，PRD）是一种将概念化的需求图纸化的文档，PRD 质量的高低是决定项目成功与否的重要条件。PRD 对产品经理来说尤为重要，它能直观体现产品经理对产品从宏观规划到细节设计的思考，能反映产品经理的硬实力。

PRD 的写法是产品经理必须要掌握的。PRD 应层次分明、结构清晰，以便于读者快速了解文档的思路及整体内容。一份 PRD 就像一个产品，产品经理应该拿出做产品的态度来撰写 PRD。

那么，一份高质量的 PRD 到底该怎么撰写？撰写时有哪些技巧和需要注意的事项？如何才能在撰写 PRD 时避免常见的错误？本章将为你解答这些问题。

让我们先从 PRD 的定义说起。

12.1　产品需求文档的定义

PRD 是产品由概念化阶段推进到图纸化阶段，用于将需求落实到可开发状态的文档。PRD 主要用于完整地描述产品需求，侧重对产品功能和性能的说明。

可以说，PRD 的质量，很大程度上会直接影响产品的最终质量。此外，运用 PRD 还可以很好地管理已归档需求，避免需求迭代变更时出现找不到已归档需求的情况。

PRD 的主要阅读对象有开发人员、测试人员、项目经理、设计师、运营人员及其他相关业务人员等。开发人员可以根据 PRD 获知整个产品的功能逻辑；测试人员可以根据 PRD 创建测试用例；项目经理可以根据 PRD 拆分工作，并分配给相关开发人员；设计师则可以根据 PRD 来设计交互细节。

读到这里，有的读者可能会问："为什么要撰写 PRD 呢？产品经理组织一次项目会议，把需求逐个说清楚，让项目组成员照着实施不就可以了吗？"其实不然，PRD 是产品经理工作的核心产出物，撰写 PRD 有以下几点好处。

12.2 撰写产品需求文档的好处

撰写 PRD 主要有以下 5 点好处。

- 降低沟通成本：很多时候，在项目推进过程中，随着时间的推移，研发或者测试人员会忘记当初的产品需求，然后反复询问产品经理产品需求到底是什么。这时候，就需要一份 PRD 来向所有成员展示产品需求的详细内容，降低沟通的成本。
- 记录需求内容：PRD 非常重要的一个作用就是明确产品需求，方便团队中其他人员根据产品需求进行产品的开发与测试，对产品需求的实现起到约束作用，防止需求在开发过程中被开发人员随意修改。
- 记录需求变更情况：产品经理可以通过 PRD 的修订记录，追溯产品各个版本需求变更的情况，对产品需求进行存档。
- 为他人提供指南：当项目团队有新成员加入时，新成员通过阅读 PRD 可以快速了解产品需求。
- 提供测试标准：PRD 可以为测试人员提供产品测试标准。

要想写好 PRD，要做的第一件事就是做好相关准备工作。

12.3 撰写产品需求文档的前期准备工作

产品经理可以根据 PRD 撰写的不同场景，做好不同的前期准备工作。

对于全新产品，有重大改进或新增功能比较复杂的产品，在撰写 PRD 之前，需要对需求进行收集与分析（需求分析部分参见本书第 7 章）；绘制产品的功能结构图、信息结构图、产品结构图（绘制结构图部分参见本书第 10 章）和业务流程图、功能流程图、页面流程图（绘制流程图部分参见本书第 9 章），以及产品原型图与交互稿。做好这些前期准备工作之后，就可以开始撰写 PRD 了。

对于日常的产品功能迭代和优化更新，只需要在撰写 PRD 之前酌情准备相关内容即可。那么，PRD 由哪些部分组成呢？

12.4 产品需求文档的组成部分

一份标准的 PRD 由说明和用例两部分组成。

- 说明部分：主要包括文档修订记录（PRD 各版本的变更记录）、项目概述（项目的背景和意义）、功能总览（产品的全部功能点及其优先级）和非功能（性能、统计、埋点）需求等。

- 用例部分：由多个用例组成，每个用例对应产品的一个或多个功能点。这个部分包含产品结构图、信息结构图、功能结构图、业务流程图、功能用例说明（用例名称、用例编号、参与角色、用例描述、前置条件、基本流程、备选流程、异常流程、后置条件等）和界面交互说明。

了解了 PRD 的组成部分后，让我们继续了解 PRD 的写法。

12.5　产品需求文档的写法

完整的 PRD 主要由文档修订记录、文档文档目录、需求背景及项目目标、产品需求列表、产品结构与流程设计（流程图、结构图）、产品功能需求详述（用文字描述功能细节）、产品性能需求、产品数据需求及其他非功能需求组成。

接下来，我们就一起了解 PRD 各组成部分的写法。

12.5.1　文档修订记录

文档修订记录对于 PRD 来说是比较重要的，修订记录的核心是记录 PRD 每次更改的要点，包括修改时间、修订版本号、修改内容、撰写人以及有无特殊备注。

对于每一次文档的修改，都可以用一种颜色的文字表示，比如 V1.1 版本修正了产品逻辑，PRD 中对应的部分可以用红色的文字表示。再比如 V1.2 版本新增了通讯模块，PRD 中相应内容可以用蓝色的文字表示，这有助于读者快速在文档中找到对应的位置。

如果有需要删除的内容，不要直接将其从 PRD 中删除，可以用画横线的方式，将其划掉并加以备注，这样读者就能清楚地知道这个部分为什么会被删除了。

12.5.2　文档目录

文档目录也是 PRD 的一个必要组成部分，一般由编辑软件自动生成。优秀的文档目录逻辑结构清晰，能让读者迅速了解 PRD 中各个部分之间的逻辑关系。

12.5.3　需求背景及项目目标

需求背景及项目目标是 PRD 中不可缺少的部分，主要内容如下。

- 需求背景：简单来说就是用一段话概括为什么要实现这个版本的需求。产品经理要根据产品需求提炼需求背景描述，方便其他人员理解为什么要实现这些需求，从而在工作中做到有的放矢。
- 项目目标：定义项目的目标，也就是项目上线后验证数据完成情况的依据。需要注意的是，项目目标一定是比较具体的、可被量化的。例如，主页曝光量达到 10 万次，或订单转化率提升 5%。

有了具体的项目目标，等到产品发布之后，就可以根据具体的数据判断项目的完成效果。

在撰写项目目标时，有些产品经理容易把目标写得很大、很空，如日活跃用户数提升 10% 或者留存率提升 20%。要知道，这两个指标跟很多因素有关，不是新增一两个产品功能或一次版本迭代就能实现的。因此，在撰写项目目标时，一定要务实，不要随意将这两个数据的提升作为项目目标。

12.5.4　产品需求列表

产品需求列表可以让读者快速了解产品需求文档中包含哪些要点，让读者对所涉及的模块有初步的认知；也方便项目参与者了解需求，评估需求开发大致需要多长时间。

在产品需求列表中只需要列出这个版本要实现的所有需求（不在此版本实现的需求，不需要放入需求列表中）。如果需求较大，也可以把它拆分，如按模块拆分或者拆分成更细致的功能点。

产品数据需求需要在产品需求列表中单独列出来，以提醒开发人员在实现产品功能的时候还要做数据埋点。

相对于产品功能需求，产品技术需求略显不同。产品技术需求一般由开发人员提出（例如，对产品某些技术项的优化），而产品经理需要把产品技术需求排进版本需求里，并体现在产品需求列表中。需要注意的是，所有需求都是由产品经理统一提出的。因此，即使是开发人员提的产品技术需求，也要先提给产品经理，然后由产品经理统一列在产品需求列表中。

12.5.5　产品结构与流程设计

这一部分比较简单，要做的就是把画好的产品的功能结构图、信息结构图和产品结构图以截图的方式列在产品需求文档的结构图部分，并对应好名称及编号，以备功能需求详述部分调用（3 种结构图的画法参见本书第 10 章）。

同理，还需要把画好的产品核心业务流程图、功能流程图与页面流程图以截图的方式列在产品需求文档的流程图部分，对应好名称及编号，以备功能需求详述部分调用（3 类流程图的画法参见本书第 9 章）。

12.5.6　产品功能需求详述

产品需求文档的产品功能需求详述部分在撰写时并没有统一的格式要求，只要能把功能的表层逻辑（包含核心页面、入口、交互流程、文字内容、状态弹窗）和底层逻辑（包含业务/数据底层、异常逻辑、边界情况和后台）说清楚就可以了。

推荐大家使用表 12-1 所示的方式来撰写功能需求详述。

表 12-1 功能需求详述结构表

功能名称/用例名称：
功能编号/用例编号：
参与角色：
功能描述：
前置条件：
基本流程：
备选流程：
异常流程：
后置条件：
备注：

表 12-1 中各项内容的写法如下。

- 功能名称/用例名称：给功能/用例起个简单易懂的名称，如"修改个人头像"。
- 功能编号/用例编号：给每个功能/用例编号，如"/"，方便后续检索。编号的价值在于每次跟他人核对功能时，只要直接说出功能的编号，对方就知道说的是哪个功能，以免不断复述功能名称。
- 参与角色：功能的使用者或执行者，指的是与该系统发生交互的人或其他系统，如"注册用户"。
- 功能描述：介绍功能的作用和目的，如"注册用户修改个人头像"，方便读者了解功能的用途。
- 前置条件：执行功能之前系统/用户所处的状态，如"用户已登录个人中心页面"。
- 基本流程：最主要的一个场景下的流程。需要用简短的文字按照先后顺序对每个步骤进行描述，说明使用者与系统之间是如何交互的，即使用者对系统做了什么操作以及系统做出了什么反应。例如：（1）用户点击"修改头像"按钮，打开头像编辑页面，页面显示用户现有头像；（2）用户在头像编辑页面点击"选择本地图片"，系统弹出操作系统文件选择对话框（限制文件类型为 JPG、PNG、GIF）；（3）用户选择本地图片后，点击"打开"按钮，系统上传该图片并显示在头像编辑页面；（4）用户点击"确认"按钮，系统保存该图片为用户新头像（原头像图片不保存），打开用户个人资料首页。
- 备选流程：除主要场景外，其他场景下的流程称为备选流程。一个基本流程往往有多个备选流程，备选流程的描述常比基本流程多。备选流程除了要满足基本流程描述的要求外，还要说明是从哪个步骤开始的，在什么条件下触发，以及功能在备选流程结束后如何继续。例如：在点击"确认"按钮之前，用户点击了"返回"按钮，此时对头像的任何编辑均无效。

● 异常流程：在一些特殊情况下，用例里的流程可能会出现一些意外情况，这些情况下的流程称为异常流程。在这一项，需要尽量列举出所有可能出现的异常流程以及相应的处理方法。例如：异常一，选择的本地图片大于 5MB 时，用户点击"打开"按钮，此时对头像的任何编辑均无效；异常二，用户点击"确定"按钮，系统关闭提示对话框，重新弹出操作系统文件选择对话框让用户选择本地图片，用户点击"取消"按钮，系统关闭提示对话框。

● 后置条件：功能执行完毕后系统可能处于的状态，如用户个人资料首页中的头像更新。

● 备注：对功能的一些补充说明。

使用这种方式描述产品功能需求，有助于开发人员快速读懂产品的功能需求并进行相应功能的开发。

同时，测试人员可以根据功能需求详述结构表（简称"结构表"）各项内容的描述设计测试用例，以缩短从理解功能需求到完成最终的测试用例所需的时间。

结构表可以作为 PRD 产品功能需求详述部分的写作框架，规范文档写作，控制文档质量与统一内容风格。同时，使用该表还能避免在撰写需求时漏掉某些重要元素。

对于产品功能需求，产品经理除了要在 PRD 里说明功能逻辑，还要讲明前台界面与交互是如何设计的。可以在产品结构表的下面放上相应的产品界面设计图及产品交互设计稿，并对其进行说明。

12.5.7 产品性能需求

产品性能需求一般由开发人员提出。对于产品经理来说，也可以适当提出一些产品性能需求，但切记不要提"提高应用速度"这类空泛的需求，而要提可被量化的需求。例如"针对 iPhone7 以上机型，进入应用的时间控制在 3 秒内"，这样开发人员就有一个具体的参照目标，可以进行针对性的优化。

12.5.8 产品数据需求

产品数据需求也是在产品需求文档中必须要体现出来的一个部分。理论上，对所有新功能（不管是新增的页面，还是新增的功能入口或新增的可点击的位置）都要进行数据采集。另外，凡是改动优化的内容，需要进行前后数据的对比时，要进行数据埋点。

一些产品核心的数据指标，比如日活跃用户数（DAU）、月活跃用户数（MAU）等，在产品处于初始状态的时候就做好了埋点统计，不需要在每个版本的产品需求文档里重复撰写。

有不少产品经理在做新功能的时候，容易忘记在产品需求文档里加入数据埋点的需求，这会造成产品上线后版本数据无法上报的情况。即使后来发现了该问题并在后续版本采取了相应的弥补措施，但并不是所有用户都会升级到最新版本，对于那些不会升级到最新版本的用户来说，这部分数据就再也不可能找回了。另外，即使用户升级到最新版本，从上个版本到当前版本这个范围之内的数据也处在无法找回的状态。

大家一定要牢记：埋点数据遗失后不可找回。做新功能时，一定要考虑到数据埋点的需求。

对于数据的采集我们必须要知道：曝光量（PV）、DAU、MAU 等基础数据是必须要采集的；对按钮、功能入口和图标的点击次数和人数，也需要做好数据采集。

关于按钮点击次数和人数的数据统计，产品经理可以通过维护一个 Excel 表格的方式进行。这个表格包含按钮的 ID、按钮功能的描述（比如这是哪个功能入口）、埋点的版本（埋在了哪个版本）及负责人（由谁来埋的点）等内容。

按钮 ID 可以用模块划分，比如按钮 ID 为 001021，第一位代表主模块 0，第二位和第三位代表二级页面的模块 01，剩下的数字代表按钮的具体编号。

产品功能数据，例如电商应用的使用积分兑换优惠券的次数、兑换奖品的次数、用户的抽奖次数等需要依次在产品数据需求部分列出并写明相关的统计方法。

最后，对于页面路径，比如从商品详情页面到支付成功页面的转化漏斗，其数据需求的写法会比较复杂。产品经理在撰写统计的数据需求时，需要沿着转化漏斗（如从商品详情页面、购物车页面、订单详情页面、支付页面到支付成功页面），逐层写明要统计的内容项及每一项的具体统计点。这样开发人员才能对每个页面进行埋点，方便后续更有针对性地对产品做出改进。产品需求文档中其他非功能需求部分的写法比较简单，这里不详述。

要想写好产品需求文档，我们除了需要掌握文档各部分的写法之外，还需要了解文档撰写的一些技巧。

12.6 撰写产品需求文档的技巧

首先，在撰写 PRD 之前，需要明确产品的核心需求，让整个文档都聚焦在高效传递需求上，避免出现文档拖沓冗长、重点不突出的情况。

其次，撰写文档时，需要先用简洁的、大家一看就懂的句子表述文档的主体部分。

在完成了 PRD 主体部分的撰写后，可以针对文档中不容易理解的部分添加一些辅助性的说明，进一步阐述想要表达的内容。

然后，当 PRD 的主体部分完成后，还需要添加备注信息（例如文档修订记录），避免因时间太长，需求被淡忘，而无法获知当初需求变更的原因和目的。

最后，PRD 需要保持时刻更新，避免漏掉临时的需求变更。可以使用高亮颜色标记出变更的细节，对删改的需求也要及时标明删改原因以及操作时间。

12.7 创建可读性强的产品需求文档

要想创建一份可读性强的产品需求文档，必须遵循"文档结构有分类、全面细致要详尽、语义精准无歧义、图文搭配更易读"的基本原则。

12.7.1　文档结构有分类

一份 PRD 就像是一个小产品，搭建层次分明、分类清晰的结构可以帮助读者快速了解文档的思路。

在撰写 PRD 时，可以按照模块、子模块、功能、子功能、页面的顺序搭建文档结构。描述需求时则可以按照从左到右，从上到下，先撰写正常流程，再撰写异常流程的顺序进行描述。

例如，常见的产品模块包含流程图、结构图、产品功能需求描述、产品逻辑说明等。每一个模块下又有很多分类，如流程图可分为业务流程图、页面流程图、功能流程图，产品逻辑说明可分为功能逻辑、交互逻辑、视觉逻辑、业务逻辑说明，等等。

12.7.2　全面细致要详尽

产品经理在撰写产品需求文档时，经常会出现这种情况：觉得有些业务逻辑非常简单，开发和测试人员应该都懂，就偷懒不写了，等到实际开发的时候，这个地方还真就出了问题。

我在新浪工作的时候，团队中的某位产品经理有一次在做会员模块升级的需求时，以为开发人员和测试人员都知道这是会员模块，只有充值成为会员的用户才能使用这些功能，就偷懒少写了一些内容。结果开发人员理解成这些功能全部用户都可用，测试也照着产品需求文档的逻辑进行，直到验收产品功能的时候，才发现出了问题，最后让开发人员重新修改了功能的逻辑代码，才把问题解决掉。

产品经理在写产品需求文档的时候，是站在产品的角度，产品的功能方案都是自己设计的，因此，产品经理非常清楚各功能的逻辑关系。但由于开发人员和测试人员没有参与产品方案的设计，因此他们对方案的一些详情并不是很清楚，这就要求产品经理在写文档时一定要详细地描述，尽量把产品可能发生的所有情况描述出来，包含页面逻辑、交互逻辑、数据逻辑等。

12.7.3　语义精准无歧义

这里的"语义精准无歧义"主要是指以下两方面的内容。

一方面是产品需求文档中应避免模糊的用词，例如似乎、好像、大概、可能、应该等。

另一方面是避免同一个东西用多个词汇去定义。例如 App 中常见的搜索栏，如果一开始就把它叫作"搜索栏"，那么在文档的其他任意一处，不可再用其他的名字，如搜索框等。

12.7.4　图文搭配更易读

一份好的产品需求文档，一定是图文搭配的。图表可以将复杂的、具有关联性的内容以可视化的方式呈现，通过少量的元素传递大量的信息，帮助读者快速理解文档的内在逻辑。

12.8　撰写产品需求文档需要注意的事项

要想写好产品需求文档，需要注意以下四点。

第一，在撰写产品需求文档时，要有换位思考的意识，始终想着文档是给开发人员、设计师、测试人员看的，语言上要尽量做到容易理解，不要使用不恰当的形容词。在描述功能时，要尝试使用开发人员的逻辑去思考和撰写。

第二，写产品需求文档时千万不要求大、求全，一股脑儿地把所有的功能逻辑堆在一起，要做到分功能点说明，正常逻辑和异常逻辑分开阐述。

第三，产品需求文档中尽量不要出现语病和错别字。产品需求文档是用来向他人展示与交流的，如果语病和错别字太多，容易让他人觉得这份产品需求文档很不严谨。

第四，排版一定要有一套标准，而且要尽量保证每一份产品需求文档都遵守这个标准。排版上力求美观大方，字体、颜色、字号、行间距等方面都需要注意。糟糕的排版会让整个产品需求文档易读性严重下降，增加他人理解文档的难度。

了解撰写产品需求文档的注意事项之后，下面介绍撰写产品需求文档时容易被忽略的细节。

12.9　撰写产品需求文档时容易被忽略的细节

在撰写产品需求文档时，以下 6 个细节非常容易被我们忽略。

第一，产品需求文档中任何功能都必须设置上下限和默认值，避免出现产品因控制不当而 BUG 频出的问题。

第二，对于不可逆转的功能（如放弃保存、清空数据）必须要给予确认提醒，防止发生误操作。对于权限禁用的情况（如小米手机中禁止调用摄像头），则需要写明引导用户手动开启权限的方法。

第三，对于响应时间较长的功能，需要设计无响应提示，同时也要给用户提供返回上一级操作的选择。

第四，除了正常状态，还要考虑功能在断网或弱网状态下的使用。例如，遇网络连接问题，要及时提示用户当前的网络状态并引导用户重新连接网络。

第五，不要忘记在文档中说明功能统计埋点，避免发生产品上线后功能混乱，无法衡量设计是否达标的情况。

第六，把规则做到后端可控。避免出现"写死"在前端。应避免因产品上线后数据反馈效果不佳，只能通过发新版本来调整产品策略的情况发生。

除了需要了解产品需求文档撰写中容易被忽略的细节外，产品经理还需要知道如何避免产品需求文档中的常见错误。

12.10　产品需求文档中的常见错误

虽说撰写产品需求文档并不是产品经理的全部工作，但它却是产品经理工作中不可缺少的部分。一份高质量的产品需求文档对一个项目团队来说至关重要。下面几个在产品需求文档中的常见错误，在撰写产品需求文档时一定要尽力避免。

12.10.1　错误 1：文档名词使用混乱

很多产品经理在撰写产品需求文档时随意使用名词，例如，在文档中一会儿叫搜索框，一会儿叫搜索条，一会儿又叫搜索栏，搞得读者非常糊涂。

在撰写产品需求文档时，一定要将关键词统一，最好创建规范性名词解释列表。

12.10.2　错误 2：使用大量专业名词

有的产品经理在写产品需求文档时，为了让表达的内容更精准，全篇文档中使用了大量专业名词，这种全篇被大量专业名词充斥的产品需求文档，可读性很差。

在撰写产品需求文档时，如果能使用代词来指代句子中的专业名词，尽量使用代词表示，因为口语化的代词更容易让人理解。此外，使用代词还可以增强文档的可读性，提升读者的阅读效率。

12.10.3　错误 3：混乱的文档结构

一些产品经理在撰写产品需求文档前没有梳理逻辑结构，全凭自己的感觉来撰写，导致整个文档结构混乱，整篇文档让人难以理解。

在撰写产品需求文档前，不仅要对整篇文档的结构和行文逻辑进行思考，还要理清产品的功能逻辑，然后使用标准的模板撰写。

12.10.4　错误 4：过于详细的文档内容

有些产品经理在写产品需求文档时，为了让开发人员能够一次性把文档内容理解透，整个文档内容写得过于详细，别人读起来非常浪费时间。

好的产品需求文档，应该做到"考虑全面、逻辑清晰、语言精练、张弛有度"，让读者能够快速理解文档所表达的意思。

12.10.5　错误 5：文档排版混乱不堪

部分产品经理在写产品需求文档时不太注意文档的排版，导致整个文档的可读性非常差，最后不得不采用逐一解释的方式，才能让其他同事勉强理解文档内容。

对于产品需求文档的排版，需要做到：以功能划分大板块，保证大板块标题醒目，然后把大板块简单拆分，并用小标题来区分；学会分点罗列观点，不要写成一大段；做好文字格式的统一。做好以上几点，就能确保文档具有较强的可读性。文档排版是产品经理需要掌握的技能。

12.10.6　错误 6：文档重点内容不突出

一些产品经理的产品需求文档重点不突出。对于产品需求文档来说，重点内容不在于多，而在于精，毕竟满篇重点实则没有重点。

12.10.7 错误 7：不用开发人员容易理解的方式写文档

很多产品经理不用开发人员容易理解的方式来写产品需求文档。要知道，产品需求文档的很大一部分读者是开发人员，如果用他们容易理解的方式来写文档，就能大大提升文档的可读性，从而提升开发人员的工作效率。

开发人员更能接受用公式来展现各个数据或者信息之间的关系的文档以及用编程的常用逻辑术语来撰写的文档。撰写文档时，应多用分句，做到一个分句表达一个意思；能配图的尽量配图。

12.11 案例分析：某直播 App 的产品需求文档

案例背景：在这个案例中，我们倒推一款直播 App 的产品需求文档，帮助大家理解撰写高质量产品需求文档的方法和技巧。

首先，在撰写产品需求文档的功能需求详述部分之前，需要完成结构图部分。在这个部分，需要依次列出画好的功能结构图、信息结构图和产品结构图（3 种结构图的画法参见本书第 10 章）。

12.11.1 某直播 App 的功能结构图

某直播 App 的功能结构图如图 12-1 所示。

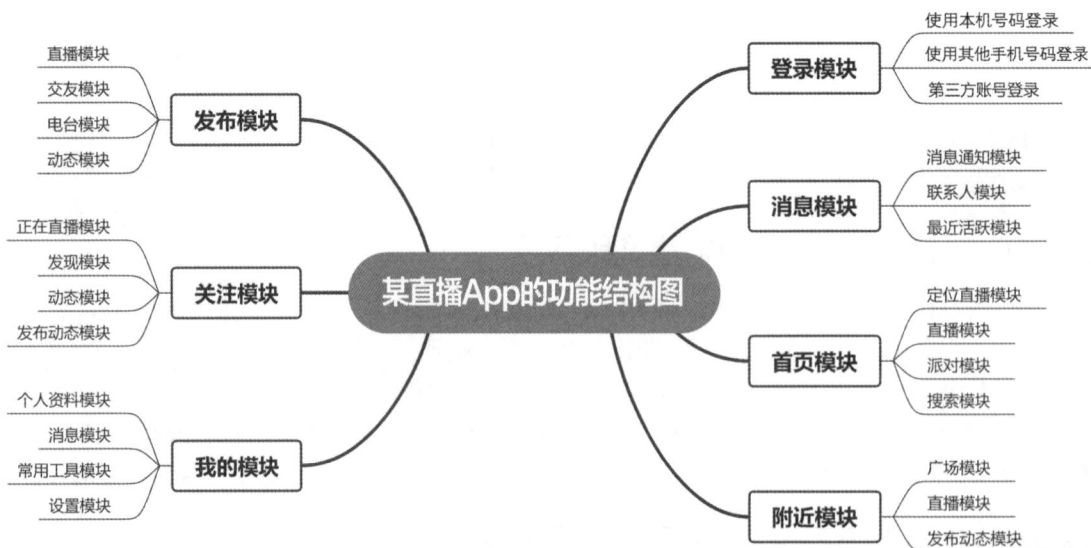

图 12-1 某直播 App 的功能结构图

12.11.2　某直播 App 的信息结构图

某直播 App 的信息结构图如图 12-2 所示。

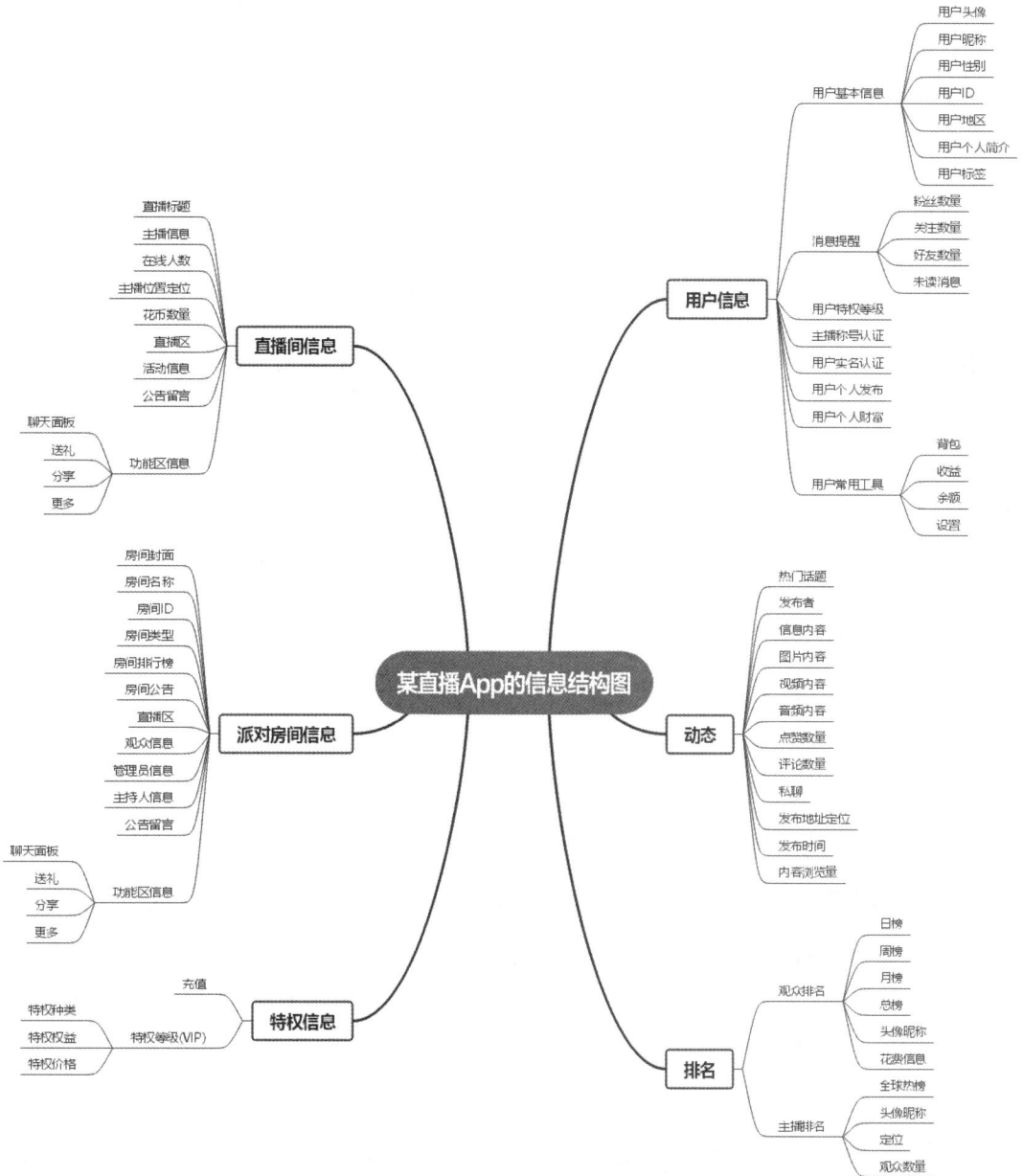

图 12-2　某直播 App 的信息结构图

12.11.3 某直播 App 的产品结构图

某直播 App 的产品结构图如图 12-3 所示。

注：由于本书篇幅有限，这里只展示该 App 产品结构图的核心部分，读者可以关注公众号"cpzjguoshan"；通过回复关键词"B1C1201"来获取完整的产品结构图。

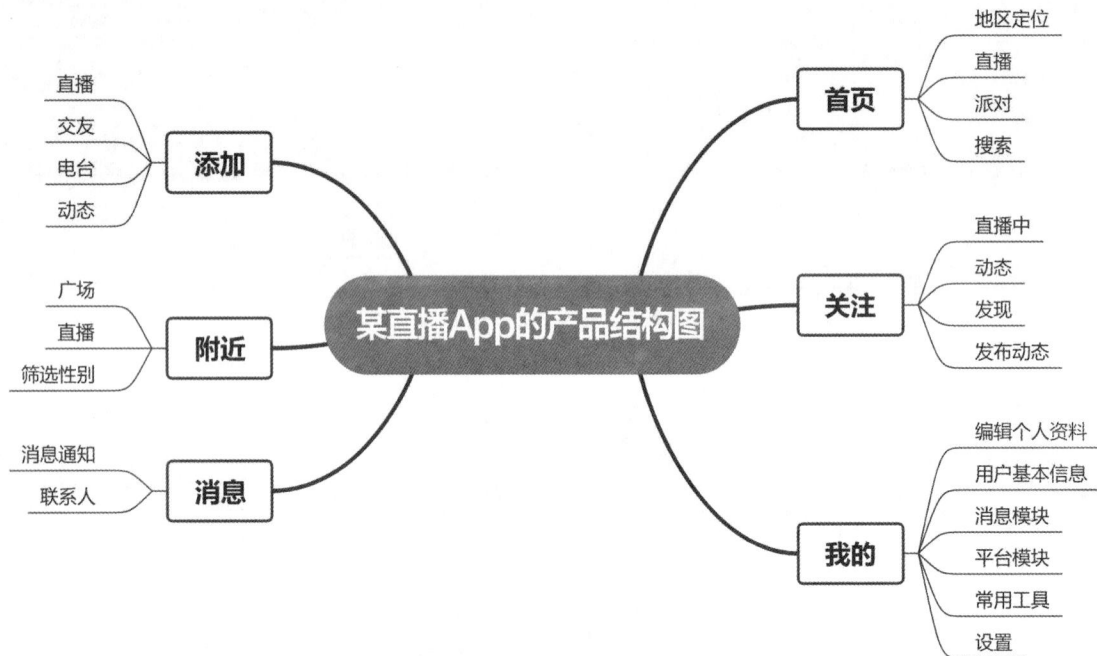

图 12-3 某直播 App 的产品结构图

接下来，需要完成产品需求文档的业务流程图部分。在这个部分，需要列出产品的核心业务流程图（业务流程图的画法参见本书第 9 章）。

12.11.4 某直播 App 的核心业务流程图

图 12-4 为某直播 App 的核心业务流程图。

注：因本书篇幅有限，这里只列出了该直播 App 的核心业务流程图。对该直播 App 完整的业务流程图感兴趣的读者，可以关注公众号"cpzjguoshan"，回复关键词"B1C1202"进行查看。

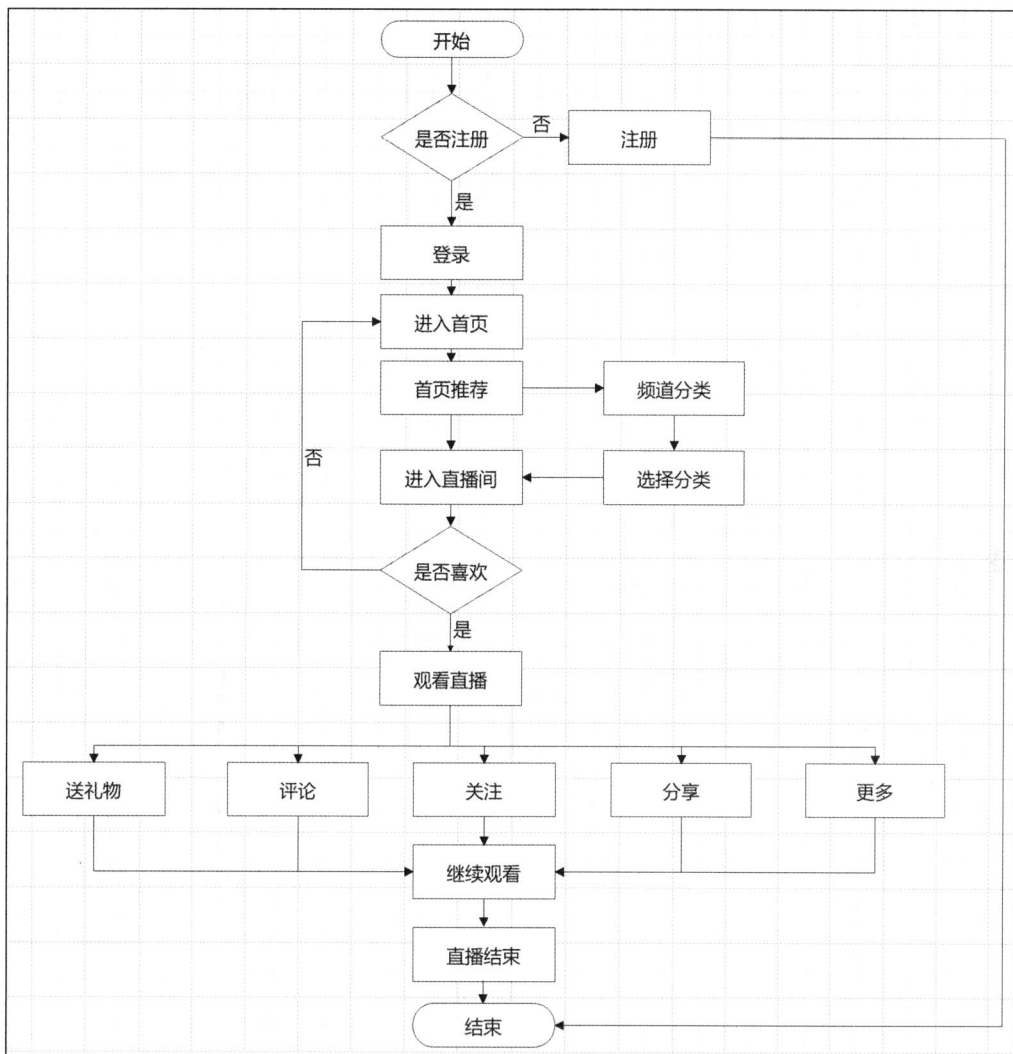

图 12-4　某直播 App 的核心业务流程图

12.11.5　创建直播间模块的核心业务流程图

图 12-5 为创建直播间模块的核心业务流程图。

注：因本书篇幅有限，这里只列出了该直播 App 创建直播间模块的核心业务流程图。对创建直播间模块的完整业务流程图感兴趣的读者，可以关注公众号"cpzjguoshan"，输入关键词"B1C1203"进行查看。

接下来需要以功能需求详述结构表的方式对产品功能需求进行详细描述了。

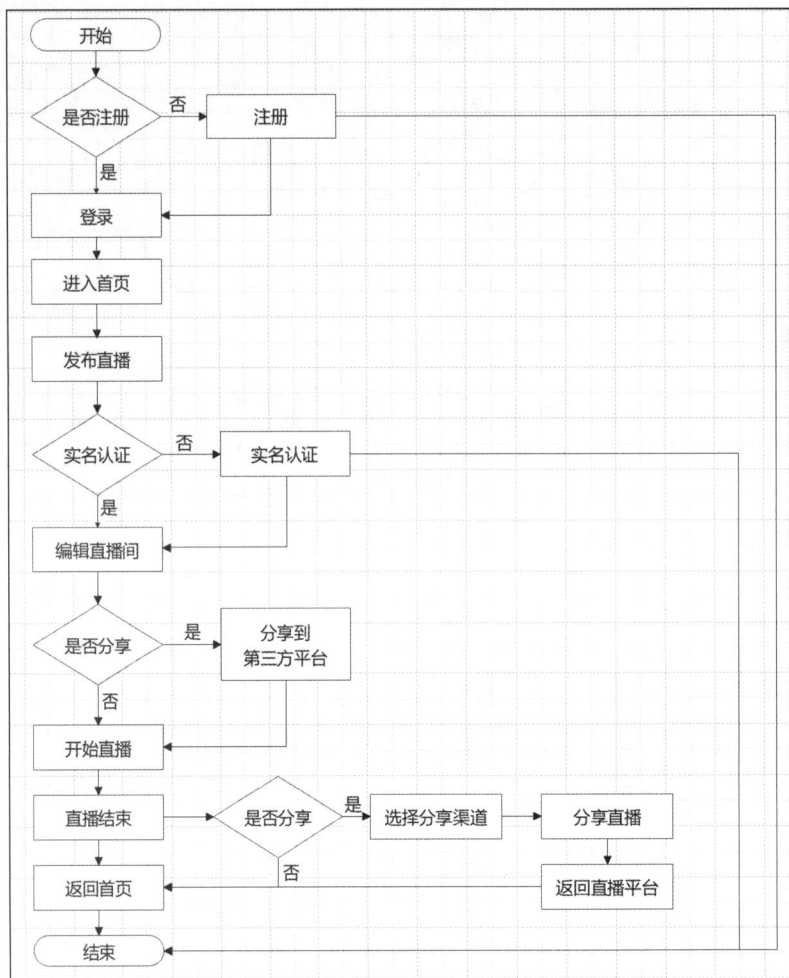

图 12-5　创建直播间模块的核心业务流程图

12.11.6　创建直播间模块的功能需求详述

在这个案例中，选取该直播 App 的创建直播间模块为大家展示产品需求文档的写法，其他模块的写法与创建直播间模块的写法相同。

在产品需求文档的结构图和流程图部分，需要列出上文画好的结构图和核心业务流程图。按 12.5.6 节介绍的方式对创建直播间的功能需求进行详细的描述。

首先，在结构表中"功能名称/用例名称"一栏，以功能的用途"创建直播间"来命名这个功能，在"功能编号/用例编号"一栏填写"12"（假设前面已有 11 个功能需求）。

然后，结构表中"参与角色"一栏是指谁会创建直播间，这里填写"已经登录并开启直播功能的主播"。在"功能描述"一栏，对功能的用途进行简要的描述，这里填写"主播开启直播间进行直播"。

接下来，结构表中的"前置条件"一栏是指什么条件会触发这个功能。在这个案例中，能触发创建直播间功能的主要是主播登录 App、主播开启直播功能且用户进入直播间以及网络状态良好这几个前置条件。因此，在这一栏填入上述 3 个前置条件。

结构表中"基本流程"一栏是指功能的核心业务流程。在这一部分，推荐大家使用简洁短句的形式来表述整个流程，这种类似用例（User Case）的写法不但可以降低开发人员阅读产品需求文档的难度，提升阅读效率，而且测试人员也能根据表中所述内容快速编写测试用例。

对于这个案例，可以这样来描述创建直播间的基本流程：

（1）通过主播是否开启位置定位来更精准地推送给用户；

（2）点击开启友聚，邀请微信好友/QQ 好友/App 好友进入直播间；

（3）点击开启前置/后置摄像头；

（4）点击编辑直播主题/内容；

（5）点击开启/关闭/调整美颜功能；

（6）分享直播间至第三方平台。

紧接着是"备选流程"一栏。这一栏主要是描述基本流程的备选流程。在这一部分依然使用类似用例的写法。在这个案例里，备选流程可以这样描述："固定页面状态，无刷新机制"。

接下来是"异常流程"一栏。在这一栏中需要列出功能可能出现的各种异常情况，以及针对不同异常情况的处理方式。即使经验丰富的产品经理也难以一次性地列举全部异常流程，因此，在这一部分只需要尽可能多地列出已知异常流程。若后续产品迭代中发现新的异常流程，再在这一栏中追加描述。

在这个案例中，创建直播间的异常流程主要有以下 3 种类型：

（1）在无网络状态下无法创建直播间，页面顶部会向下弹出弹窗并显示"似乎已断开与互联网的连接"，弹窗 1 秒后消失；

（2）直播中出现无网络状态时，页面中部会提示网络卡顿；

（3）直播中出现闪退，再次进入 App 时页面会弹出对话框，显示"欢迎回来，是否继续直播？继续/取消"。

接下来，"结构表"中的"后置条件"一栏是指功能执行后系统处于何种状态。在这个案例中，我们填写"显示本次直播的数据"。

最后，"备注"一栏主要是说明该功能需求的备注信息。虽然这一部分没有标准的写法，但仍推荐大家使用类似用例的方式来撰写，以保证整张结构表的可读性。

对于创建直播间的功能，需要填写如下 3 条备注说明：

（1）直播中点击屏幕任意位置可调整画面；

（2）开启友聚功能时直播内容不予保存；

（3）在创建直播间页面停留时间超过 8 分钟时，自动退出该页面，返回上一级页面。

至此，完成了创建直播间功能需求详述。完整的结构表如表 12-2 所示。

表 12-2 创建直播间功能需求详述结构表

功能名称/用例名称：创建直播间
功能编号/用例编号：12
参与角色：已经登录并开启直播功能的主播
功能描述：主播开启直播间进行直播
前置条件： 1．主播登录 App 2．主播开启直播功能且用户进入直播间 3．网络状态良好
基本流程： 1．通过主播是否开启位置定位来更精准地推送给用户 2．点击开启友聚，邀请微信好友/QQ 好友/App 好友进入直播间 3．点击开启前置/后置摄像头 4．点击编辑直播主题/内容 5．点击开启/关闭/调整美颜功能 6．分享直播间至第三方平台
备选流程：固定页面状态，无刷新机制
异常流程： 1．在无网络状态下无法创建直播间，页面顶部会向下弹出弹窗并显示"似乎已断开与互联网的连接"，弹窗 1 秒后消失 2．直播中出现无网络状态时，页面中部会提示网络卡顿 3．直播中出现闪退，再次进入 App 时页面会弹出对话框，显示"欢迎回来，是否继续直播 继续/取消"
后置条件：显示本次直播的数据
备注： 1．直播中点击屏幕任意位置可调整画面 2．开启友聚功能时直播内容不予保存 3．在创建直播间页面停留时间超过 8 分钟时，自动退出该页面，返回上一级页面

  完成创建直播间功能需求详述后，接下来还需要描述该功能的页面交互规则，这里直接从交互设计师画好的产品交互图中截取对应内容即可，如图 12-6 所示。

  完成 PRD 的功能需求详述部分之后，接下来要撰写的是非功能需求部分。在这个案例中创建直播间的非功能需求主要是性能需求、可用性需求和运营需求。

  这里以性能需求为例来讲解，其他非功能需求的写法与之类似。案例中的性能需求主要体现在"App 启动时间不超过 5 秒""App 内操作的响应时间不超过 3 秒""网络连接超时/弱网情况下可重新加载创建直播间页面""前端页面实现图片懒加载方式，以节约用户流量，保障页面加载速度"这几个方面。在这部分，采用"短句+列表"的方式高效撰写非功能需求。

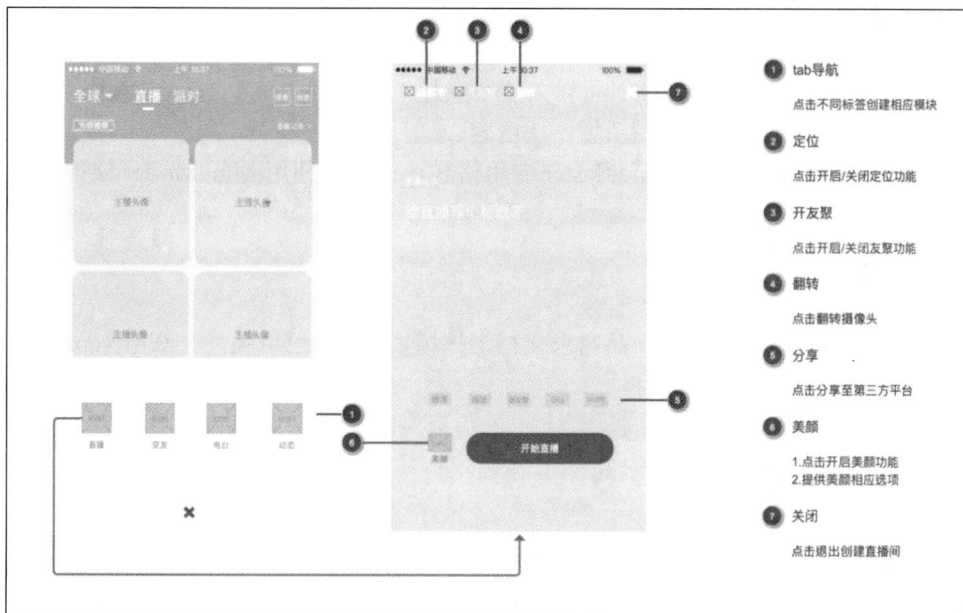

图 12-6　创建直播间功能的页面交互规则

　　完成了 PRD 的主体部分后，接下来需要补充一些备注信息，以完善整个 PRD。这一部分比较简单，主要就是补充文档的修订记录、项目的背景和意义介绍、产品的核心功能描述，这里就不赘述了。

　　最后，对整个 PRD 进行修改与优化。对于 PRD 中复杂、难懂的部分，可以适当地添加一些描述信息，提升整个 PRD 的易读性。至此，完成了案例 PRD 的撰写。

12.12　本章小结

本章介绍了如何写出高质量的产品需求文档，重点内容如下。

（1）产品需求文档分为说明和用例两大部分。

（2）撰写产品需求文档时，需要先用简洁的句子来表述文档的主体部分。

（3）产品需求文档需要保持时刻更新，避免漏掉临时的需求变更。

（4）撰写产品需求文档时要有换位思考意识，使用开发人员的逻辑去思考和撰写。

（5）撰写产品需求文档时不要求大、求全，一股脑儿地把所有功能逻辑堆在一起。

（6）撰写产品需求文档时要注意整体排版和避免文档出现语病、错别字。

（7）撰写产品需求文档时要特别注意容易被忽略的细节。

（8）产品需求文档的内容要凝练，避免拖沓冗长，找不到重点。

12.13 知识模型

我总结了本章的知识模型，读者可以关注公众号"cpzjguoshan"，输入关键词"B1C1204"下载，为自己的产品经理知识拼图新增一块内容。

注：知识模型为脑图软件 MindMaster 专用格式，请读者使用 MindMaster 软件查看。

12.14 工作模板

我还特别准备了一份实用的产品需求文档工作模板，读者可以关注公众号"cpzjguoshan"，回复关键词"B1C1205"下载使用。

12.15 大咖助力

产品大咖说："PRD 都写不好还怎么当产品经理。"

如果你在撰写 PRD 的过程中遇到了什么困难，欢迎你加我微信：pmguoshan，让我来帮帮你。

12.16 练习实践

请结合本章讲述的内容，尝试撰写潮汐 App 的产品需求文档。

第 13 章　打造攻守兼备的产品战略

本章导语：做产品就像建大厦，而产品战略就像建大厦用的图纸，用于对大厦的建法进行说明。产品战略对产品发展具有重大的意义。

对产品进行正确的战略规划，可以给产品的发展提供明确的指引，可集中可控资源和力量，提高产品的竞争力。产品战略规划始终是产品设计的核心环节，具有极其重要的地位。

只有制定清晰明确的产品战略，才能设计出更好的产品，让产品发展得更好。那么，产品经理该如何制定产品战略呢？本章就带你一起了解如何打造攻守兼备的产品战略。

我们可以根据产品所处的不同时期，将产品战略划分为创新发现、产品计划和产品运营 3 个不同的阶段，并对其分别进行产品战略规划。

13.1　创新发现阶段的战略规划

在创新发现阶段，主要通过对市场进行研究，捕获可能的产品机会，判断机会的可行性，形成整体的产品战略。

13.1.1　市场研究

市场研究是指研究市场中的客户和行业信息，对采集到的数据进行科学的分析，得出相关的结论，为产品开发提供决策支持。市场研究贯穿于产品生命周期的各个阶段。

市场研究中，主要有两种数据采集方法：一级研究和次级研究。前者指直接收集市场数据，后者指通过研究其他个人、组织机构收集的信息（包含统计报告、公开出版物、专刊、互联网内容、年度报告等）获得相关的市场数据。

市场研究主要会用到"产品测试""概念测试""营销测试""联合分析"等方法，具体方式如图 13-1 所示。

市场研究的过程比较专业也比较复杂，对于产品经理来说，单独完成市场研究的难度非常大。建议产品经理通过收集和阅读专业的第三方市场研究机构发布的研究报告，对这一部分进行研究。

通过市场研究，发现市场中潜在的产品机会后，下一步就需要进行产品可行性评估，确定这些机会的价值。

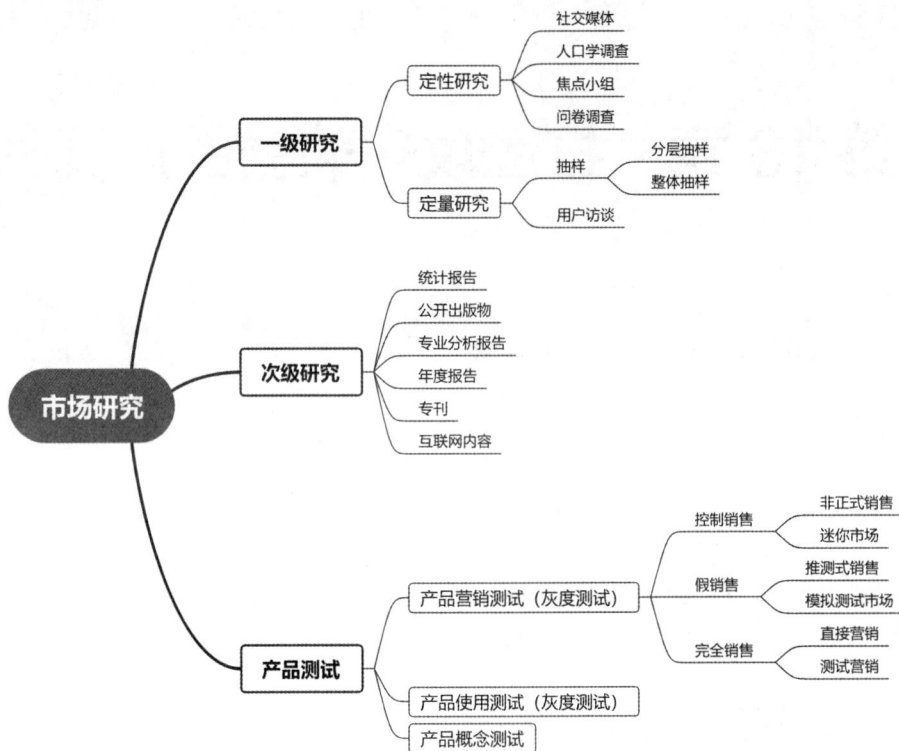

图 13-1 市场研究的 3 种主要方式

13.1.2 产品可行性评估

产品经理的每一个想法都需要技术、设计、测试、运营团队的支持。每一项投入都会产生相应的成本，因此只有合理的想法才具有被实现的价值。

对于产品经理来说，产品可行性评估尤为重要，因为这是从想法到产品的必经阶段，也是产品战略规划中非常重要的一步。对于产品可行性评估，推荐大家使用 Facebook 产品机会评估法。

使用 Facebook 产品机会评估法时，需要回答以下 10 个问题，以从不同的角度对在市场研究中发现的产品机会进行评估。

- 产品价值——产品要解决什么问题？
- 目标市场——为谁解决这个问题？
- 市场规模——成功的机会有多大？
- 度量指标或收益指标——怎样判断产品成功与否？
- 竞争格局——有哪些同类产品？

- 竞争优势——为什么适合做这个产品？
- 市场时机——时机合适吗？
- 营销组合策略——如何把产品推向市场？
- 解决方案要满足的条件——成功的必要条件是什么？
- 继续或放弃——根据以上问题，选择是继续还是放弃。

当确定了产品机会的价值后，接下来还需要从整体的视角对产品进行战略规划。这里，推荐大家使用"产品精益画布"这个工具来辅助实施产品战略规划。

13.1.3 产品精益画布

表 13-1 所示的产品精益画布是产品经理用于梳理产品思路的一种方法。产品精益画布通过可视化的方式，帮助产品经理对产品进行思考，找到市场切入点，明确产品的价值，发现产品的核心竞争优势，定义产品的盈利模式，确定产品接触用户的渠道，最终形成产品整体的战略目标和行动计划。

表 13-1　产品精益画布

产品			市场		
2. 问题需求	3. 解决方案	4. 独特卖点	5. 市场渠道	1. 目标用户	
	6. 关键指标		7. 竞争壁垒		
8. 成本构成			9. 收入来源		

产品精益画布主要由 9 个方面（又称九大构造块）组成。当使用产品精益画布时，我们只需按照每个构造块的要求，依次分析并填写相关内容即可。

（1）目标用户：按用户类型列出产品目标用户。

（2）问题需求：用户最急需解决的 3 个问题。

（3）解决方案：产品最重要的 3 个功能。

（4）独特卖点：用一句话描述产品为什么与众不同、为什么值得使用/购买。

（5）市场渠道：如何找到用户，如何进行推广。

（6）关键指标：产品的关键指标有哪些。

（7）竞争壁垒：产品具有的无法被对手轻易复制、获取的竞争优势。

（8）成本构成：获客成本、销售成本、市场成本、开发成本、人力成本等。

（9）收入来源：盈利模式、收入、毛利。

产品精益画布可以为产品战略决策提供有力的支撑。

案例研究：小红书的产品精益画布

表 13-2 为小红书的产品精益画布，感兴趣的读者可以自行阅读研究。

表 13-2 小红书的产品精益画布

产品			市场	
2. 问题需求 （1）没有明确购物目的的用户：在小红书上发现一些感兴趣的主题、了解一些产品，或者了解更多人的生活 （2）有明确购物目的的用户：从小红书中获得相关产品的真实评价，或者可以在小红书这个平台上直接购买该商品 （3）内容生产型用户：把小红书当作社交、社区型软件来使用，希望通过发购物心得、分享生活的形式获得关注和认同	3. 解决方案 产品采取了内容加电商的模式 （1）独特且难以复制的社区氛围 （2）全方位的口碑评价库 （3）完善的内容生产者成长和奖励体系	4. 独特卖点 "标记我的生活"，鼓励用户从内容消费者往内容生产者发展，打造良好的社区氛围	5. 市场渠道 如何找到客户，如何进行推广	1. 目标用户 用户以 20~29 岁的女性为主，主要集中在北京、上海、广州等经济较为发达的地区
	6. 关键指标 产品的核心关键指标有哪些		7. 竞争壁垒 无法被对手轻易复制获取购买的竞争优势	
8. 成本构成 获客成本、销售成本、市场成本、开发成本、人力成本等			9. 收入来源 盈利模式、收入、毛利	

所有的产品设计必须遵循相应的框架，所有的产品战略规划也必须遵循一定的框架。

13.1.4 产品战略框架

一提到产品战略规划，很多读者都会觉得遥不可及。其实，产品战略规划并没有那么难。只要在一定的框架内进行产品战略规划，就能轻松制定出优秀的产品战略。

比较经典的产品战略框架有以下 4 种：波特战略框架、迈尔斯和斯诺战略框架、克里斯坦森战略框架、皮萨诺战略框架。具体使用哪种战略框架，需要根据产品精益画布的分析结果，结合公司的背景而定。

1. 波特战略框架

波特战略框架是由被誉为"竞争战略之父"的美国学者迈克尔·E.波特（Michael E.Porter）提出的。波特战略框架如图 13-2 所示，主要包含细分市场战略、成本领先战略和差异化战略 3 个子战略。

- 细分市场战略：使用细分市场战略的基础是对某一个细分市场有深刻认识与对需求进行了深度挖掘。这个战略可以让产品在某些细分领域，取得不错的竞争优势。不过，这个战略相应的劣势是过分依赖单一的细分市场，会造成一定的风险。
- 成本领先战略：主要通过吸引对价格敏感的用户提升公司的份额。"限时免费"就是基于成本领先战略设计的。
- 差异化战略：差异化战略顾名思义，就是要做到与众不同，通过交付优质的、与众不同的产品来获得更多的市场份额。使用差异化战略的团队必须长期进行差异化创新，这对于产品经理的创新能力提出了较高的要求。

我曾经做过一款面向海外的手机桌面类产品 CLauncher（如图 13-3 所示），这款产品在海外市场取得了非常不错的成绩。其原因正是我结合产品精益画布梳理了产品思路，使用了波特战略框架中的成本领先战略（免费手机主题）和细分市场战略（专注于更加细分的手机桌面美化市场）。

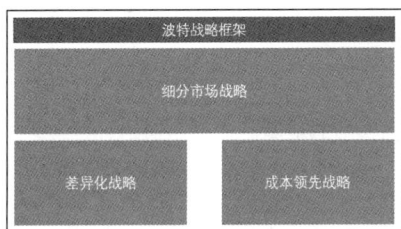

图 13-2　波特战略框架

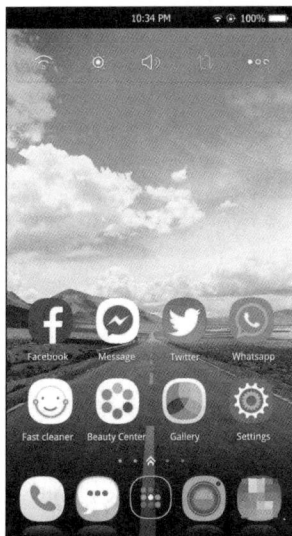

图 13-3　手机桌面类产品 CLauncher

2．迈尔斯和斯诺战略框架

迈尔斯和斯诺战略框架是由雷蒙德·迈尔斯（Raymond Miles）和查尔斯·斯诺（Charles Snow）提出的，被广泛应用于产品战略规划中。

迈尔斯和斯诺战略框架中，主要有以下 4 种角色，一种角色对应一种战略，如图 13-4 所示。

- **探索者**（Prospector）：探索者致力于发现、挖掘新产品和市场机会。探索者敢于冒险，敢于追寻新机会。
- **防御者**（Defender）：防御者的战略主要是在稳定的市场中维护已有的市场份额，在非必要的情况下，不会积极探索新机会。
- **分析者**（Analyser）：介于探索者和防御者之间，分析者能平衡前两者的优先顺序，经常跟随探索性公司，开发出相仿的产品。
- **反应者**（Reactor）：没有系统化的战略规划，对市场的变化没有感知。

迈尔斯和斯诺认为，没有哪一种战略是最好的，决定产品成功的因素并不是某一种特定的产品战略。只要采取的产品战略与企业所处的环境、企业所拥有的技术、企业的组织结构相吻合，一般都能取得成功。

例如，我在新浪工作时，对于新浪移动的主产品（新浪新闻 App），选择了防御者战略，以维持产品现有的市场份额；对于创新产品的培育，则采用探索者战略，积极发现和挖掘新的市场机会。

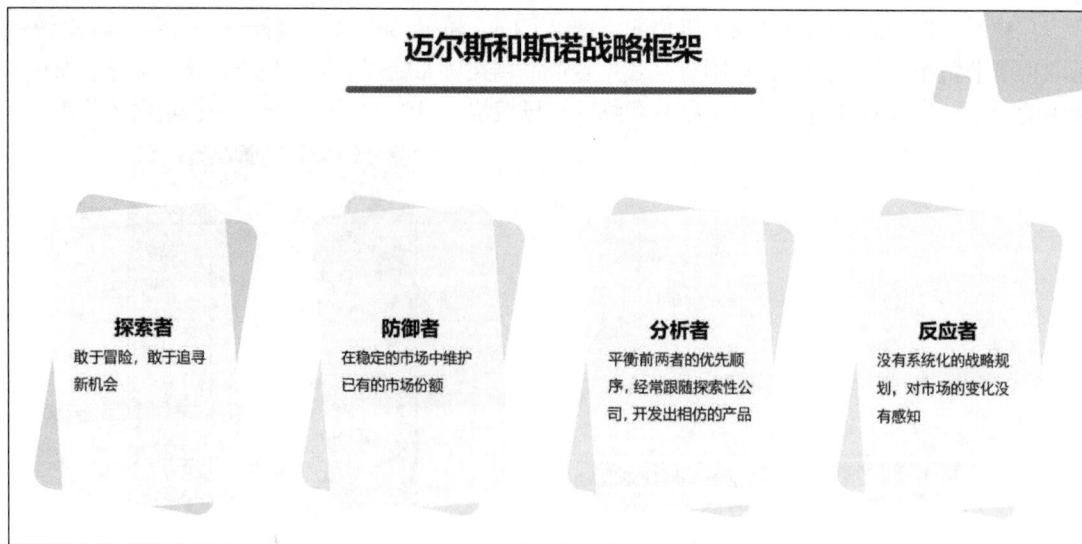

图 13-4 迈尔斯和斯诺战略框架

3. 克里斯坦森战略框架

克里斯坦森于 1997 年提出了颠覆式创新战略。相对于在已有的产品中改进功能的持续创新，颠覆式创新战略则直接影响人们的生活行为和习惯。

4. 皮萨诺战略框架

哈佛商学院教授加里 • 皮萨诺把战略在技术和商业上进行有效的分配，提出了皮萨诺战略框架。皮萨诺战略框架提供了 4 种不同的战略。

（1）颠覆式战略：颠覆式战略不仅仅依靠技术的突破取得领先，还包括商业模式创新，例如我们熟悉的电商就是使用颠覆式战略的典型代表。

（2）常规式战略：常规式战略以现有技术为基础，对产品不断地改进与提升，使产品适应更多的使用场景。

（3）激进式战略：激进式战略也被称为突破式创新，指依靠技术突破变革原有市场，主要表现在效能和成本优势上。

（4）结构式战略：结构式战略通常伴随着技术创新和商业模式创新，由技术突破式创新引发商业模式创新。

没有哪个战略框架可以独立支撑整个产品战略规划，因此我们需要从不同的战略框架中，选择相应的战略，组合出适合的产品战略。

了解了创新发现阶段的产品战略规划后，下面介绍产品计划阶段的战略规划。

13.2 产品计划阶段的战略规划

在产品计划阶段，"产品战略"和"产品设计"更像是古人常说的"道"和"术"。道之本源，术乃方法。一个连本源都搞不清楚的产品，即使用了再多的设计方法，也难逃失败的命运。因此，在这个阶段，以导向和理念为主的产品战略规划，对产品的成败起至关重要的作用。

在这个阶段，要站在全局的角度，对产品定位、产品价值主张、产品商业模式、产品路线图与产品全景等进行规划。

13.2.1 产品定位规划

产品定位（Product Positioning）指产品在消费者心中确立的一个具体形象。产品定位可向用户传达产品理念，是所有具象化的产品设计必须遵循的一种导向原则。因此，清晰的产品定位对于产品的成败至关重要。

产品经理可以通过产品定位画布辅助完成产品定位规划。产品定位画布提供了 5 种用于产品定位的方法（如表 13-3 所示），产品经理可以根据需要选择其中的一种或几种方法完成产品定位规划。

表 13-3　产品定位画布

| 1. 目标市场定位
产品满足谁的需求（Who）
目标市场定位策略：
（1）无视差异，对整个市场仅提供一种产品
（2）重视差异，为每一个细分的市场提供不同的产品
（3）仅选择一个细分的市场提供相应的产品 | 2. 产品需求定位
用户有什么需求（What）
进行需求调研，确定目标用户的需求，提供满足需求的产品 | 4. 差异化价值点定位
需求与提供的独特结合点如何选择（Which）
产品独特价值特色定位、产品解决问题特色定位、产品使用场合定位、消费者类型定位、竞争品牌对比定位、差异化品牌形象定位 |
| | 3. 产品测试定位
所提供的产品是否满足需求（If）
（1）考察产品概念的可解释性与传播性
（2）同类产品的市场开发度分析
（3）产品属性定位与用户需求的关联分析
（4）消费者购买意向分析 | 5. 营销组合定位
如何有效满足这些需求（How）
需要从产品、价格、渠道、促销四个方面对营销组合进行全面定位 |

例如，图 13-5 所示的高德地图 App 的产品定位是"导航专业、数据准确"。倒推这个定位，可以发现高德地图 App 使用了差异化价值点定位和产品需求定位两种定位方式。高德地图 App 的设计也围绕这个定位展开，让用户很快就可以感受到产品带来的价值。

值得注意的是，产品定位会随着产品所处的不同发展阶段而发生变化。例如，今日头条的产品定位从早期的"你关心的，才是头条"，到近期的"信息创造价值"以及现在的"看见更大的世界"。每一次定位的变化，都代表着今日头条这款产品向某一方向演进。因此，需要根据产品所处的阶段，不断重新对产品进行定位。

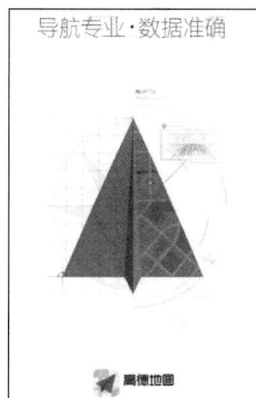

图 13-5　高德地图 App 启动界面

了解如何进行产品定位后，接下来让我们继续了解产品的价值主张规划。

13.2.2 产品价值主张规划

产品的价值主张就是产品能为用户提供的利益的集合。产品通过价值主张解决用户问题并满足用户需求，每个价值主张都包含一系列符合特定用户群体要求的产品或服务。

可以通过思考如下问题来规划产品的价值主张。

- 产品为用户提供什么价值？
- 产品帮助用户解决哪些难题？
- 产品让用户得到哪些好处？
- 主要为每个细分用户群体提供什么产品和服务？

产品价值主张描述了产品提供的价值和用户需求之间如何建立联系，以及为什么用户要购买或使用产品。通过产品价值主张，可以理解和把控用户的需求，让产品与市场相匹配，达到满足市场需求的目标。

我们可以使用表 13-4 所示的产品价值主张画布来进行产品价值主张规划。产品价值主张画布分为用户概况和价值主张两部分。

表 13-4　产品价值主张画布

价值主张		客户细分	
产品和服务	立意创造者	客户痛点	
注：你能为客户提供的产品或者服务的清单。	注：也就是我们的产品和服务如何给客户创造收益？更具体来说就是你的产品如何给客户带来超出期望的结果	注：客户完成工作，或是客户在完成工作过程中产生的问题。主要是描述的是客户的负面情绪、遇到的什么困难或挑战，以及不期望的成本或发生意外情况	
止痛剂（痛点释放方案）		客户利益	客户任务
注：是你的产品和服务如何减轻特点客户的痛点。我们可以通过描述"产品和服务如何帮助用户消除或减少负面情绪、不必要的成本和情况，以及可能遇到的风险？"来阐述痛点释放方案		注：指的是客户想要的结果。收益有些是客户需要的、期望的，有些则是超出他们预期，给他们带来惊喜的。客户收益包括功能效用、社会收益、积极情绪和成本节约等	注：指客户在什么背景下需要完成什么样的重要任务，这个任务可能是客户试图完成的任务；也可能是客户试图解决的问题，还可能是客户试图满足的需求

- 用户概况：用来阐明对用户的理解。
- 价值主张：用来描述如何为用户创造价值。

当用户概况和价值主张相吻合时，就能找到契合点，实现产品的价值主张。

在使用产品价值主张画布时，首先要完成"用户概况"部分，包括用户任务、用户痛点和用户收益三部分。

用户任务是指用户在什么背景下需要完成什么样的重要任务，这个任务可能是用户试图完成的任务，也可能是用户试图解决的问题，还可能是用户试图满足的需求。

用户任务一般包含如下 4 类。

- 第一类是功能性任务，就是要解决的具体事情，例如做一顿饭。
- 第二类是社会性任务，就是希望向其他人展现的一种形象，例如发朋友圈。
- 第三类是情感性任务，就是解决自己情感、心理上的一些问题。
- 第四类是基本需求，就是用户试图满足哪些基本需求，例如缓解饥饿。

完成了用户任务部分，接下来还要看用户具体有什么痛点。

用户痛点是用户完成工作时，或是用户在完成工作过程中产生的问题，主要描述的是用户的负面情绪、遇到的困难或挑战，以及不期望的成本或发生的意外情况。具体来说，用户痛点可以是"用户遇到的主要困难是什么"，或是"什么让用户感觉不好"，也可以是"用户发现什么代价太高"，等等。

清楚了用户痛点后，接下来需要了解用户收益是什么。

用户收益指的是用户想要的结果。有些收益是用户需要的、期望的，有些收益则是超出用户预期，给用户带来惊喜的。用户的收益包括功能效用、社会收益、积极情绪和成本节约等。例如，用户收益可以是"当前的解决方案如何让用户满意"，也可以是"当前的解决方案为用户节约了多少时间"。

值得注意的是，不同的用户群体会有不同的任务、痛点和收益。因此对于不同的用户群体，不但要详细了解，还要根据重要性对其进行排序，明确产品或服务能解决哪类用户的哪些问题。

接下来，需要完成"价值主张"部分。"价值图"被分成三块——产品和服务、痛点释放方案和利益创造方案。

首先是产品和服务。所谓的产品和服务，其实就是能为用户提供的产品或者服务。在这一部分需要列出价值主张所围绕的所有产品和服务。

产品和服务分为以下两种类型。

- 有形：如在线下载、在线推荐等。
- 无形：如融资服务、版权服务等。

接下来是痛点释放方案。

痛点释放方案反映产品和服务如何解决用户的痛点。可以通过描述"产品和服务如何帮用户消除或减少负面情绪、不必要的成本以及可能遇到的风险，"来阐述痛点释放方案。

最后一项利益创造方案，也就是产品和服务如何给用户创造收益。具体来说，就是产品如何给用户带来超出期望的结果。可以从"产品是否让用户的工作或生活更轻松"的角度去归纳利益创造方案，也可以从"产品是否满足用户的需求"的角度去阐述利益创造方案，还可以从"产品是否创造了让用户满意的成本节约方式"的角度去阐述利益创造方案。总之，在这个部分能说清楚产品给用户创造的利益就可以了。

完成上述的步骤，就能得到完整的价值主张了。随后把"价值主张"部分和"客户概况"部分结合起来，就得到一张完整的产品价值主张画布。得到完整的产品价值主张画布后，就需要考虑价值主张和客户概况是否契合，也就是产品价值主张规划得是否合理。

在产品计划阶段的战略规划中，还有一项工作也是必须要完成的，即产品商业模式规划。

13.2.3 产品商业模式规划

很多读者会认为商业模式讲的就是怎么赚钱。"怎么赚钱"其实是指盈利模式，盈利模式确实是商业模式的一部分，但并不等同于商业模式。

商业模式是产品创造价值、传递价值、获取价值的方式，它不仅包含盈利模式，还包含推广模式、产品模式以及用户模式。实际工作中，可以使用商业模式画布这个工具来辅助分析和构建产品的商业模式。

商业模式画布被划分为"用户细分""价值主张""渠道""用户关系""核心资源""重要伙伴""关键业务""成本构成""收入来源"九个部分，如表 13-5 所示。这能够帮助我们更好地描述、评估和迭代产品的商业模式。

表 13-5　商业模式画布

6. 重要伙伴（KP）	7. 关键业务（KA）	2. 价值主张（VP）	4. 用户关系（CR）	1. 用户细分（CS）
谁是关键合作伙伴 谁是关键供应商 从合作伙伴那里获得了哪些核心资源 合作伙伴参与了哪些关键业务	传递价值主张需要哪些关键业务 建立分销渠道需要哪些关键业务 维护用户关系需要哪些关键业务 获取收入需要哪些关键业务	向用户传递什么样的价值 正在帮助用户解决哪一类难题 正在满足哪些用户的需求 面对用户群体，可以提供怎样的产品和服务的组合 能否深刻理解用户，提供差异化或是有针对性的价值	每一个用户群体期待建立并保持哪些类型的关系 已经建立了哪种类型的关系 建立这些关系的成本如何 这些用户关系类型与商业模式中其他的模块如何整合	谁是目标用户 产品解决谁的问题 产品为谁创造价值
	5. 核心资源（KR）		3. 渠道（CH）	
	传递价值主张需要哪些资源 建立分销渠道需要哪些资源 维护用户关系需要哪些资源 获取收入需要哪些资源		以何种渠道与用户建立联系 如何与用户建立联系 渠道如何构成 哪个渠道最管用 哪些渠道更节约成本 如何将这些渠道与用户的日常生活和工作融合	

8. 成本构成（C$）	9. 收入来源（R$）
目前的商业模式下，最重要的固有成本是什么 最贵的核心资源是什么 最贵的关键业务是什么	是否了解用户真正愿意为之买单的价值主张是什么 用户目前愿意为之买单的价值主张是哪些 用户目前使用的支付方式是什么 用户更愿意使用哪种支付方式 每个收入来源对总收入的贡献比例是多少

在使用商业模式画布时，只需要按照画布各部分的提示，依次分析并填入相应内容，就能把产品商业模式梳理得一清二楚。

案例分析：滴滴出行的商业模式画布

表 13-6 是滴滴出行的商业模式画布，感兴趣的读者可以自行阅读。

表 13-6 滴滴出行的商业模式画布

6. 重要伙伴（KP）	7. 关键业务（KA）	2. 价值主张（VP）	4. 用户关系（CR）	1. 用户细分（CS）
除了内部资源以外，滴滴出行还有大量的外部第三方辅助资源，如支付宝、微信提供的无现金支付业务（使用微信、支付宝支付 API），以及腾讯地图提供的定位导航功能；滴滴出行还与其他打车平台和汽车厂商进行商务合作	滴滴出行的关键业务分为乘客端和司机端，涵盖了快车、拼车、专车、出租车、顺风车、公交、豪华车、代驾，以及市场营销、客户获取、雇佣司机收入支出管理、客服等业务	滴滴出行：让出行更美好 乘客： 使用滴滴出行比出租车更加便宜，等待的时间缩短，还能使用支付宝、微信等无现金方式支付；同时滴滴出行加强了乘客的隐私安全保护，乘客可以实时看到到达时间、预计收费和定位，保障了乘客的乘车安全	用强大的销售和运营团队维护用户关系，带给用户好的体验 利用社交媒体给予用户专业的企业服务，如客服、评审等；还为用户提供自助服务，如订单评价及用户反馈功能等	乘客： 所处的位置比较偏僻，附近没有出租车 出租车喜欢绕路，收费不合理 想要在家门口高效打车 想要享受 VIP 出行待遇 赶时间，上班快迟到了 挤不上公交或没有公交
	5. 核心资源（KR）		3. 渠道（CH）	司机：
	滴滴出行拥有派单分发管理技术、定位技术等大数据技术的支持；还拥有大企业的投资，如阿里、腾讯的投资等 此外，司机是滴滴出行最核心的资源	司机： 可以获得额外收入，还有灵活的工作时间以及简易的支付程序（在线支付，无须找零）；既保障了乘客的安全，也保障了司机的安全	滴滴出行的渠道主要为第三方支付平台、手机应用平台等，产品的形态为 App（安卓、iOS 系统）和小程序	有车并且想挣钱 喜欢驾驶的过程但是嫌油费太贵 想做司机，但不想做出租车司机，希望工作自由、被人尊重 一个人开车太无聊，想要顺路带几个乘客

8. 成本构成（C$）	9. 收入来源（R$）
初期成本：企业管理成本、大数据开发与维护成本、运营补贴、技术基础设施建设成本、永久雇员薪资 后期成本：活动推广和营销支出、软件发布支出、软件维护支出	司机：快车、专车等司机的佣金，金融产品，租车租金等 乘客：会员、优惠券、理财、手机卡（流量卡）等 商家：广告植入、数据采集等

在产品计划阶段，还需要产品经理进行战略规划的内容是产品路线图（Product Roadmap）。

13.2.4 产品路线图规划

路线图原本用于指引人们从某个地点到达另一个地点，例如寻宝图、交通示意图等。在互联网领域，产品路线图是一个高级战略文档，它记录了产品演进的各个阶段，指导整个产品的长期规划，是产品管理中的重要参考依据。

具体来说，产品路线图就是产品整体的阶段性迭代计划，它将产品功能的实现划分成若干阶段（通常以季度为单位），结合公司可投入的资源、产品功能的价值和开发成本等因素，确定产品在各个阶段所要实现的功能。

产品路线图以一条时间轴表示整个产品开发周期，利用时间轴划分出不同阶段，在每个阶段中体现产品的功能迭代计划，以更直观地反映在什么时间做哪个版本，以及每个版本包含哪些功能。

实际工作中，可以按照如下步骤进行产品路线图的规划。

1. 第一步：确定场景和功能需求

产品路线图中的功能分为场景和功能需求两个不同的级别。在这一步，产品经理和团队成员要梳理并确定产品的场景和功能需求，并按图 13-6 所示的方式创建产品的待开发功能列表。

2. 第二步：需求归类与分组

确定了场景和功能需求后，还需要对需求进行图 13-7 所示的归类与分组。按业务流程或功能逻辑把功能分成特定的主题，然后根据主题将需求归类。

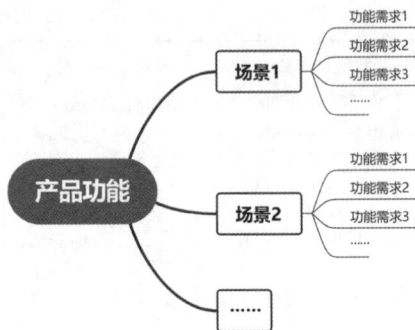

图 13-6 确定场景和需求

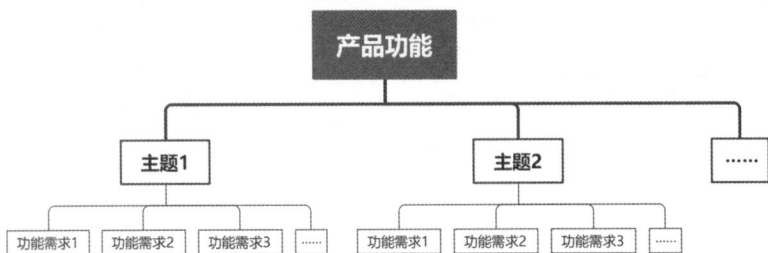

图 13-7 需求归类与分组

3. 第三步：需求的估算与排序

这一步需要我们大致估算实现各需求所需的工作量，并对需求的优先级进行排序。这一步可以借助本书第 8 章介绍的需求优先级多维评估法，对需求优先级进行评估，并形成最终的产品待开发功能列表。

4. 第四步：确定开发的时间框架

最后一步需要为项目的发布选择一个合适的迭代周期（时间增量），例如以周或天计算。然后将最终的产品待开发功能列表中的功能分配到每个迭代周期，生成图 13-8 所示的产品路线图，并随着项目的进展，不断更新产品路线图。

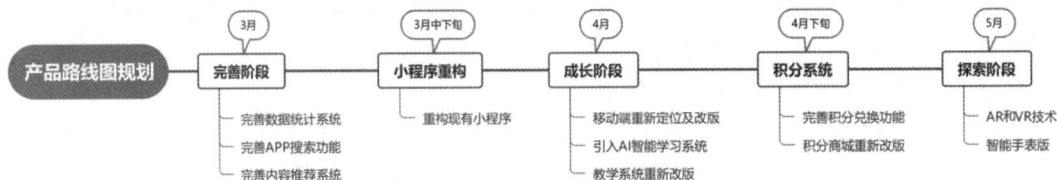

图 13-8 某教育类产品路线图

在产品计划阶段，最后要完成的是产品全景规划。

13.2.5 产品全景规划

产品全景规划也叫方案整体规划，主要是从整体角度对产品的整个项目方案进行规划，并用一张由 13 个构造块组成的产品全景画布完整展现出来。产品全景画布如表 13-7 所示。

表 13-7 产品全景画布

1. 产品名称				
和谁合作 1. 非竞争战略联盟 2. 竞争战略联盟 3. 业务合作互补型 4. 长期供应关系型 **获得什么** 1. 商业模式优化 2. 规模经济，降低成本 3. 降低风险 4. 获得特定资源 **团队介绍** 1. 创始人是否为全职 2. 团队的人数 3. 缺失的主要能力 4. 团队能力	**解决方案（P）** 1. 创业早期功能一定要少 2. 功能直击用户痛点 3. 思考如何开发对应最小可行性产品 **现有解决方案** 如果痛点存在，一定已经有解决方案，关键是现有方案的缺点是什么（价格高、体验不好等） **关键指标（M）** 1. 初创公司只能关注1～2 个关键指标 2. 初创公司必须快速增长，保持 5%～10%的周增长率 3. 避免使用装机量等低效用指标 4. 寻找自己的增长引擎 获客、激活、留客、收入、口碑	**独特卖点（P）** 用一句简明扼要但吸引人的话阐述为什么你的产品与众不同，值得用户关注 直白清晰的头条=用户想要的结果+限定的时间期限+做不到的情况及办法，可以从以下方面入手： 1. 颠覆什么 2. 专注什么 3. 把什么做到极限 **竞争优势（M）** 1. 已有门槛 2. 可以建立的门槛	**用户痛点（P）** 1. 如果问题被准确描述，则问题已经解决了一半 2. 用户对痛点的忍受程度：1～5（1 表示无法忍受 ；5 表示稍有不爽） 3. 痛点是否经过验证 **探索验证** 1. 访谈过多少人以验证痛点的存在 2. 是否愿意为痛点使用你的解决方案 3. 是否愿意花钱解决问题 4. 是否只做过最小可行性产品 5. 是否已经有产品？有多少活跃用户	**用户细分（C）** 1. 创业从用户细分开始 2. 要列出具体的细分内容，比如收入、年龄、工作类型等 **市场规模** 用户细分决定了市场规模，规模太大落地难，规模太小无法做大 **天使用户和渠道（C）** 1. 如何定义天使用户 2. 如何找到天使用户
成本构成（M） 构建产品所需要的各种费用 固定成本　可变成本 1.　　　　　1. 2.　　　　　2. 3.　　　　　3.	**时间窗** 1. 项目的时间窗 2. 项目大概的时间计划（不超过 12 个月，最好 6 个月）	**收入预估（M）** 盈利模式、用户终身价值、收入、毛利 1. 没有收入就没有盈利模式，要具体到收入价格和频率 2. 要根据用户痛点来定价，而不是根据成本定价 3. 要估算用户会使用多久？一天、一个月，还是一年 4. 对于免费模式，建议从收费环节开始验证，把免费模式当作渠道		

注：P 表示产品风险；C 表示用户风险；M 表示市场风险；机会=问题+渠道+收入（持久）。

产品全景画布中的部分内容其实已经在产品精益画布和商业模式画布中进行了分析。相对于之前的两个画布，产品全景画布增加了"探索验证""天使用户和渠道""时间窗""团队介绍"等部分。通过绘制完整的产品全景画布，就可以得到整体的产品项目方案，用以指导后期更具体细致的产品设计工作。

接下来，让我们继续了解产品运营阶段需要做的战略规划。

13.3 产品运营阶段的战略规划

就像人的一生可分为"幼年""青年""壮年""暮年"4 个阶段，产品上线运营也可以分为图 13-9 所示的"启动""成长""成熟""衰落"4 个阶段。

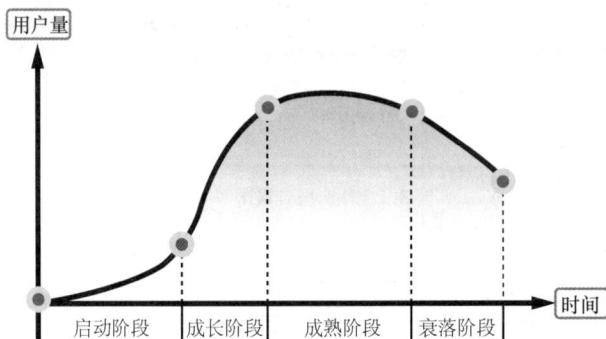

图 13-9 产品上线运营的 4 个阶段

那么，在产品上线运营的 4 个阶段，产品经理都需要做哪些战略规划呢？

13.3.1 启动阶段

新产品诞生时，还没有用户使用，因此在启动阶段，需要把战略重点放在"获取种子用户，完成产品启动"上。

获取种子用户的第一种方法：冷启动。

冷启动的典型做法是通过优质内容或熟人口碑传播，获取种子用户。这种方法可以有效控制种子用户的质量，降低项目初期风险，但也会带来项目启动速度慢的问题。例如，知乎早期就采用冷启动的方式，积累了像徐小平、周鸿祎这样的名人和一批高质量的种子用户。

获取种子用户的第二种方法：热启动。热启动就是公司通过投入大量资源，让产品快速启动，实现用户的爆发式增长。热启动典型的例子就是腾讯系产品，腾讯系产品依靠 QQ 打下的基础，在启动初期就实现了爆发式增长，为后来快速抢占市场起到了重要的促进作用。

获取种子用户后，产品经理需要激励种子用户多提建议和意见，帮助产品不断优化改进。经过几次大版本的验证，如果发现种子用户对产品比较喜爱，并且对产品已知的 BUG 修复完毕，整体的用户体验也达到了一个较高的水平，这时候便可以宣告启动阶段基本结束。

13.3.2　成长阶段

启动阶段结束之后，产品进入成长阶段。这一阶段的核心战略目标是通过一系列的方法获取更多的用户。在这个阶段，产品经理要重点关注产品优化、用户拉新与留存及推广渠道 3 方面的指示数据。

首先，在产品优化方面，产品经理需要重点关注用户在页面的访问时长、页面转化率和产品的使用路径数据，将不断优化的产品功能和产品体验作为用户来信的基本保障。

其次，在用户拉新与留存方面，产品经理要重点关注每日新增用户数、次日留存率、周留存率以及日活、月活等数据。同时，需要计算产品用户的增长速度与各渠道的转化率。

最后，产品经理需要重点关注推广渠道数据，筛选出投入产出比高的渠道持续大量投入。

13.3.3　成熟阶段

当一个产品成功占领一部分市场时，就意味着产品进入了成熟阶段。这个阶段产品经理的主要战略目标是：促活并维系好老用户，保持新用户的增长并实现产品盈利。在这个阶段，产品经理需要重点关注以下 4 个指标：老用户的留存率和老用户的流失率、每日新增用户数和新增用户增长速度。

例如，滴滴出行采用的方式是，对一天接满 30 单的网约车司机，发放较大额度的现金奖励；对乘客则采用搭建用户激励体系的方式，维系老用户。

在维系老用户的基础上，滴滴出行不断开拓新业务来保持新用户的持续增长。例如，滴滴出行后来拓展的专车、代驾、公交、单车等一系列业务。

13.3.4　衰落阶段

任何的产品都会经历衰落阶段。当产品进入衰落阶段，产品经理的主要战略目标就要转为：尽力做好用户回流工作，同时更新产品线，寻求创新和转型，以求解决用户新的痛点，从而继续占领市场。

在这个阶段，产品经理需要做好两件事。首先，产品经理要重点关注用户流失规模、流失速度、流失原因等数据的分析；同时要制定能挽回用户的策略并不断验证效果。其次，产品经理要投入更多的精力进行市场调研，寻求新的项目机会，满足用户日益增长的新需求。

在实际战略规划中，这 4 个阶段并不是线性、静态的，而是循环、动态的。因此，在做产品战略规划时，要带着动态发展的眼光，根据产品上线运营各阶段的发展状况不断优化与调整产品战略。

13.4　本章小结

本章介绍了如何打造攻守兼备的产品战略，重点内容如下。

（1）产品战略规划分为创新发现、产品计划和产品运营 3 个阶段。

（2）捕获产品机会、判断机会可行性和形成整体产品战略是创新发现阶段战略规划的三大要事。

（3）学会使用波特战略框架、迈尔斯和斯诺战略框架、克里斯坦森战略框架和皮萨诺战略框架制定产品战略。

（4）产品定位规划、产品价值主张规划、产品商业模式规划、产品路线图规划与产品全景规划是产品计划阶段战略规划的四个组成部分。

（5）产品的上线运营可以分为启动、成长、成熟和衰落 4 个阶段。

（6）根据产品生命周期的不同阶段，制定不同的产品战略。

13.5　知识模型

我总结了本章的知识模型，读者可以关注公众号"cpzjguoshan"，输入关键词"B1C1301"下载收藏模型，为自己的产品经理知识拼图新增一块内容。

注：知识模型为脑图软件 MindMaster 专用格式，请读者使用 MindMaster 软件查看。

13.6　工作模板

我还整理了产品战略规划中用到的实用工具，读者可以关注公众号"cpzjguoshan"，输入关键词"B1C1302"下载这些工具，帮自己完成产品战略规划。

13.7　大咖助力

产品大咖说："产品战略规划做得好，产品设计差不了。"

如果你在产品战略规划中遇到了什么困难，欢迎你加我微信：pmguoshan，让我来帮帮你。

13.8　练习实践

假如你是喜马拉雅 App 的产品经理，请尝试用本章学到的产品战略规划方法，规划喜马拉雅 App 的产品战略。

➡ 第 14 章　产品经理该如何进行项目管理

本章导语：一名合格的产品经理在职场中要掌握多种专业技能，项目管理就是其中的一项。项目管理与产品经理密切相关，同时，也是产品经理在日常工作中经常会用到的一项重要技能。只有做好项目管理，才能确保项目顺利上线，让更多的用户使用产品。

那么问题来了，如何有效地进行项目管理，确保项目如期完成并顺利上线呢？产品经理进行项目管理时需要建立什么样的思维，使用什么样的方法和工具呢？

在本章中，我们就一起探讨产品经理该如何进行项目管理。

14.1　什么是项目管理

项目管理（Project Management）是指在一定的条件（人员、时间、任务等）下，使用相关的方法和工具，利用有限的资源在规定的时间内达成目标的能力。

项目管理是领导力的一种表现形式，属于管理学的一个分支，是一种综合专业技能。一个好的项目管理者不但需要掌握多种技能，还需要运用各种相关技能、方法与工具来促使最终目标达成。项目管理者需要具备资源协调能力、沟通能力、领导力、影响力、规划能力与时间管控能力等。

无论公司是否配备专职的项目经理（Project Manager），项目管理都是产品经理必须要掌握的一项核心专业技能。

也许有的读者会问："为什么需要项目管理呢？"

14.2　为什么需要项目管理

在项目管理中，往往会先定一个清晰明确的目标，并以此作为依据对项目进行任务拆解，确保相关项目成员可以围绕这个目标展开工作。例如，假设公司当前需要在 3 个月内上线一款全新的 App，那么上线时间及内容就是这个项目的目标。

其次，项目管理有利于把控项目进度。当目标定好后，需要根据目标对项目进行，任务拆解，设置相应的里程碑，并根据拆解后的任务进行工作量的估计，以得出相应的项目进度计划表。在项目进行过程中，可以把实际进展与项目进度计划表进行对比，把控整体的项目进度，进度落后时及时干预。例如，原计划当月月底完成里程碑二的开发任务，但截止到当月 20 日，只完成了里程碑二 50% 的开发进度，这时就要对项目进行干预，预警里程碑二有延期的风险并对开发时间进行调整，确保项目可以如期完成。

再次，项目管理可以提升效率。在根据目标对项目进行任务拆解后，就可以针对任务之间的关系进行判断，即判断哪些任务是相对独立的，哪些任务是有强依赖关系的，哪些任务是必须进行串联的。弄清楚任务之间的关系后，就可以根据不同的任务类型，合理地安排项目进度，实现资源效用最大化。例如，对于有强依赖关系的任务，在项目管理时，就要弄清其前后依赖关系，把有强依赖关系的任务当成一个整体进行管理，避免有强依赖关系的任务拖后腿导致任务进度被耽搁。

最后，通过项目管理可以及时预知风险。由于在项目实际进行过程中，经常会出现计划之外的阻碍项目进行的情况，例如临时的需求变更、资源冲突、开发遇到问题等。针对这些不确定因素，在项目管理的流程中，可以通过发送预警邮件、召开站立会等方式把风险同步暴露出来，并及时针对已经出现或者可能出现的风险制定应对措施。例如，某产品功能的开发出现严重技术难关，导致项目进度延迟，这时就需要及时提出进度问题，并就是否取消开发此功能或是否将此功能移入某个版本召开项目会议，根据会议结果及时对项目进行调整。

说了这么多项目管理的好处，那么当我们开始管理一个项目时，流程又是什么样的呢？

在介绍项目管理流程之前，我们先来了解一下项目管理中常用的概念。

14.3 准确定义项目目标

当公司内部对项目进行一系列的评估后，确定落地某个项目时，需要对项目目标进行定义。此时可以根据 SMART 原则来准确定义一个项目的目标，SMART 原则如下。

S：明确具体的。

M：可衡量的。

A：可达成的。

R：与长远战略相关的。

T：有明确截止时间的。

利用 SMART 原则对项目需要达成的目标进行清晰的定义之后，就可以对项目进行相应的管理了。例如，"5 月 15 日 App 上线推荐标签的自动内容聚合功能"就是一个符合 SMART 原则的项目目标，而"下半年对 App 首页进行优化"则是一个模糊不清的项目目标。

在介绍项目管理的流程之前，还需要了解项目管理中另一个非常重要的概念——项目管理三角形。

14.4　项目管理三角形

项目管理过程中，要想使各方面的资源能够协调一致，就需要熟悉项目管理三角形。以项目范围、时间、成本为 3 条边的三角形，称为项目管理三角形，该三角形的内切圆代表项目质量，如图 14-1 所示。

项目管理三角形强调的是项目范围、时间、成本这三方面因素互相影响、互相制约。若要扩大项目范围，时间和成本都要相应增加，否则会影响项目质量，造成项目无法交付的后果；同理，若要压缩时间，需要减小范围或增加成本；若要成本低廉，就要减小范围或增加时间。

因此，需要根据各方面的不同要求，不断调整项目计划，协调项目范围、时间、成本三者之间的关系。

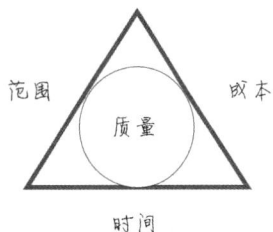

图 14-1　项目管理三角形

在项目执行过程中，当项目中的某一因素发生变化时，往往会直接影响其他相关因素。因此，产品经理需要考虑某一因素变化时给其他因素造成的影响，控制项目的执行过程，从整体上保证项目各方面的因素能够相互协调。

了解项目管理三角形之后，接下来，就让我们来看看项目管理的流程。

14.5　项目管理的流程

一般而言，一个项目主要分为 3 个阶段：项目启动阶段、项目实施阶段和项目收尾阶段。其中每个阶段都有需要管理的任务和需要完成的工作。下面就分阶段进行介绍。

14.5.1　项目启动阶段

就像军队出征之前会安排誓师大会，借此向广大将士们宣讲出征的目的和意义，表达出征的决心，鼓舞军队的士气。同样，在启动一个新项目时，也需要向团队成员宣讲，告知其项目的目的和意义，表明完成项目的决心，鼓舞团队的士气。在项目启动阶段，一般会召开项目宣讲会。

在召开项目宣讲会时，产品经理需要向团队成员讲清以下 5 点。

- 背景——为什么要做。
- 规划——具体怎么做。
- 人员——有谁参与。
- 流程——协作方式是什么。
- 执行——马上要做什么。

根据业务的不同类型，可以把项目分为成熟业务项目和全新业务项目两类。针对不同类型的项目，宣讲会的侧重点和讲法各不相同。

1. 成熟业务项目

针对成熟业务项目开展宣讲时，核心是让团队成员意识到问题的严重性，对问题形成共识。成熟业务项目宣讲会的内容主要包含以下五个要点。

- 为什么要做：最近产品首页的跳出率太高，已经有近 70%的来访用户进入首页后什么也没干就直接离开了。
- 具体怎么做：从当月某日到下月某日，提升首页转化率与留存率。
- 有谁参与：项目产品经理、首页运营经理、首页研发团队、数据统计人员。
- 协作方式是什么：用在线协作工具同步和归档文件，周报同步进展，每日上午召开项目站立会同步进度。
- 马上要做什么：迅速调查首页跳出率高的原因，产出相应的项目方案。

在成熟业务项目宣讲会上，宣讲要做到有理有据，表现出问题的严重性；清楚地划分里程碑和明确验收标准；涉及上下游的问题时，需要清楚地列出资源的提供方及其所能提供的资源；如果项目的协作方式有问题，则需要在宣讲会上重新确定协作方式。

最后，成熟业务项目宣讲会时间不宜过长，一般控制在一小时内，最多不超过两小时。

2. 全新业务项目

因为全新业务存在一定的不确定性和失败的可能性，所以在进行项目宣讲时，要让团队成员理解所做的事情的价值和自己的使命，让团队成员做好打硬仗的心理准备。下面以某宝妈应用项目为例，讲解全新业务项目宣讲会主要包含的 5 个部分。

- 为什么要做：在国家全面放开二孩政策的背景下，母婴行业消费趋势上行，二手母婴用品交易的需求一直存在，竞品也不断增多。我们有着丰富的宝妈资源，有着几十个高活跃度的宝妈群，已经初步完成了需求的验证。
- 具体怎么做：第一，用 3 个月时间完成（小程序）MVP；第二，将 MVP 渗透到 20 个宝妈群。
- 有谁参与：见具体的项目人员安排表。
- 协作方式是什么：以设计冲刺的方式，每两周进行一次迭代；每周五召开回顾会，每日站立会；周报同步项目进度，在内部协作系统同步归档。
- 马上要做什么：产品方案调研；验证 MVP；准备第一阶段的版本开发。

在全新业务项目宣讲会上，需要花大量时间阐述为什么要做这个项目，用户的痛点和我们的优势在哪里，说明市场目前的竞争态势并提供项目的增长计划，等等。

因为是新的项目团队，更需要团队成员拧成一股绳，劲儿往一处使，所以确定协作方式的部分也是宣讲的重点之一。由于是全新业务项目，团队成员面临的未知内容较多，提前准备好常见问题和答案也是非常有必要的。

最后，由于是全新业务项目，内容较多，宣讲会的时长一般控制在 2～4 小时比较合适。

另外，在项目宣讲会开始之前，明确的产品需求与完整的产品方案文档也是必须要准备好的，避免宣讲会开始了，大家却不知道自己该做什么。

14.5.2　项目实施阶段

开完项目宣讲会后，团队就要开始投入实际项目中了。在项目实施阶段有两大重点任务——项目进度管理与项目风险管理。

14.5.2.1　项目进度管理

在项目进度管理部分，主要是对项目整体进行排期、对复杂的任务进行拆解，通过每日站立会的方式暴露项目的问题与风险。

1．项目排期表——计划为纲

当项目宣讲会结束后，项目的整体分工及各主要环节都已经明确。之后就可以制定项目的整体排期，以时间节点作为项目进行过程中的里程碑，并在项目实施过程中逐步完成里程碑计划。可制定表 14-1 所示的项目排期表，确保项目按时上线。

表 14-1　项目排期表示例

功能模块	里程碑	交互交付时间	状态	视觉交付时间	状态	开发提测时间	状态
模块 1	××月××日	××月××日	已完成	××月××日	已完成	××月××日	已完成
模块 2	××月××日	××月××日	已完成	××月××日	已完成	××月××日	已完成
模块 3	××月××日	××月××日	已完成	××月××日	已完成	××月××日	已完成
模块 4	××月××日	××月××日	已完成	××月××日	已完成	××月××日	进行中
模块 5	××月××日	××月××日	待开始	××月××日	待开始	××月××日	待开始
模块 6	××月××日	××月××日	待开始	××月××日	待开始	××月××日	待开始

注意，在使用项目排期表进行项目排期时需遵循"前粗后细"的原则，逐步细化项目的排期。

2．按任务进度拆解任务，监控任务进度

在项目管理的过程中，如果项目的规模较大，则需要对具体的任务进行进一步的拆解。项目目标对任务的拆解起着重要的作用，任务拆解得是否合理决定了项目的执行效率，进而影响项目的整体完成时间。

在拆解任务的过程中，需要遵循"可管理、可定量检查、可分配、独立"的原则。

下面，就给大家介绍一个在项目管理中经常使用的任务拆解方法——工作分解结构（WBS）。

WBS 就是把一个项目按一定原则分解：把一个整体的项目分解成若干个任务，再把任务分解成若干项工作，然后把工作分配给参与者，直到无法继续分解。WBS 示例如图 14-2 所示。

在项目管理中，WBS 一直都很重要。通过 WBS，把一个项目分解成若干子任务，然后逐个完成子任务，从而推动整个项目的实施，实现项目的最终目标。

项目的进行就好比一辆在公路上驰骋的汽车，难免会出现偏离道路的情况。这时候，就需要我们及时发现问题并做出适当修正，以保证项目正常进行。每日召开站立会就是一个用于发现和及时修正项目问题的机制。

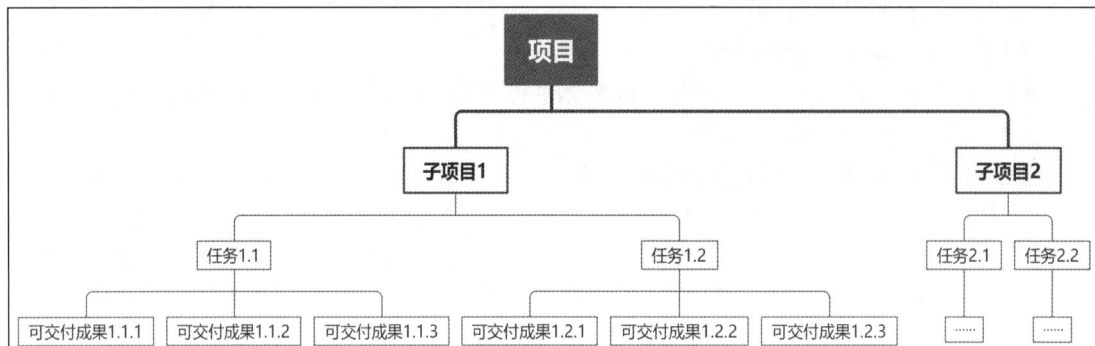

图 14-2　WBS 示例

3. 每日召开站立会——暴露问题与风险

在项目进行过程中，可以通过每日召开站立会的方式召集团队成员开展讨论。召开站立会的时间由团队成员决定，通常情况下选择在开始一天工作之前召开站立会。站立会的主题是同步昨日工作进度与今日的工作计划。

站立会的时间不宜过长，在团队成员不是很多的情况下，最好控制在 20 分钟内。团队成员要保证站立会的效率，不要把宝贵的时间浪费在会上。

由于站立会的重点是暴露问题和风险，因此每位成员发言的重点应该放在遇到了什么问题或发现了什么风险上，最后由产品经理检查任务进度是否正常即可。

在站立会中，如果有成员提出问题或风险，产品经理应该先用表 14-2 所示的方式进行记录，散会后再召集相关人员跟进解决，避免发生在会上讨论从而占用团队成员过多时间的情况。对于站立会上成员提出的问题，产品经理也要在会后负责跟进解决。

表 14-2　站立会/风险记录

V1.2 版本				
日期	人员	问题/风险记录	处理状态	处理结果
2021/6/29	张某	服务器端最晚明日提供完整接口	已解决	服务器端已提供完整接口
	李某	新功能组件无法使用	进行中	处理中
2021/6/28	王某	详情页少了一个截图	已解决	截图已提供
	赵某	视频播放器授权已过期	已解决	重新购买了视频播放器授权

最后，召开站立会时要注意效率，会议聚焦于问题与风险，避免跑题的情况发生。

当项目进入实施阶段，难免会出现各种各样的风险。我们应该学会对风险进行有效管理，把风险的影响降低到可控范围之内。

14.5.2.2 项目风险管理

项目风险往往导致项目无法如期上线。对于项目风险，我们可以提前预防：无论是在启动阶段进行提前预设、识别可能的风险，并做好相应的风险预案；还是在项目实施过程中发现风险的"兆头"，我们都可以做好相应的风险管理，做好预防或及时处理项目暴露出来的问题。不要当每日站立会的问题越积越多，没有及时解决，最后演变为项目延期的风险。

一般来说，一个项目经常会出现以下3类风险。

1．项目时间紧张

有时会出现一些非常紧急的项目。遇到这种情况，我们可以先对任务进行拆解，根据现有的资源对工作量和时间进行评估，看看需要增加多少资源才能在规定时间内完成任务，然后向上级合理地争取资源。能争取到资源当然最好，如果资源有限，我们可以先梳理团队现有的工作，调整工作优先级，再争取让团队成员把进度赶一下。如果在此情况下，时间依然紧张，就需要及时向上级反馈。

2．资源协调困难

很多项目都是跨团队协作的，每个团队都有各自的迭代任务与考核指标，这就造成了项目资源难协调，其他团队不配合的问题。

遇到这类项目风险时，需要先弄清楚对方不愿意配合的原因，然后学会"对症下药"。在协调资源时，要本着"换位思考、价值驱动、目标导向"的原则。学会在项目中分享利益、分享荣誉、分享信息、分享权力，这样才有更多的团队愿意拿出资源跟你合作。

3．项目产生变动

在项目管理中，经常会遇到在项目开始时考虑得不全面，导致项目做到一半临时加入新的需求或者出现需求变更的情况。这会打乱原本的项目安排，让项目的完成时间变得不可控，给项目造成极大的风险。

这时候，需要分析产生变动的原因；分析这个变动对于项目来说是否有必要，如果有必要，是必须马上改还是可以等下次迭代一起优化；分析这个变动是否会对整个项目周期造成影响，如果产生负面影响，应该如何应对。综合以上各方面的考虑，最终做出接受或拒绝变动的决定。

根据上文提到的项目管理三角形，制约项目成功的4个因素为范围、成本、时间、质量。其中项目质量是不可妥协的。

无论项目时间多紧、资源多不足、需求变动多频繁，都不能牺牲项目质量。在保证项目质量的基础上，可以采取取消一些非必须功能（调整需求范围）、增加人手（加大成本投入）或者向项目负责人申请延期（延长项目时间）等方式来控制项目风险。

　　最后是项目收尾阶段。在这个阶段，产品经理不但需要对产品进行验收，确保项目能够顺利上线；还要对项目整体进行复盘与总结，通过复盘提升自己的项目管理能力。

14.6　项目收尾阶段

　　在项目收尾阶段，项目管理的两大工作重点是产品验收与项目复盘。

14.6.1　产品验收

　　首先，测试人员在确定所有产品 BUG 被修复之后，可以发起产品验收请求。

　　注：部分公司的产品经理也会参与到测试中，对项目关键节点进行测试，防止开发出的功能与产品设计存在较大的差异。

　　其次，产品经理进行产品功能验收，主要检查功能是否与设计一致，主流程是否通畅，交互是否顺畅，数据是否正常、是否有缺漏，异常流程是否考虑到，是否具备各类提示及消息通知。验收时务必注意异常流程，很多时候，正常的功能流程没有问题，一到异常流程就问题百出。

　　接下来，是视觉设计验收。主要由视觉设计师对产品的视觉设计进行验收。有的公司会在进行产品功能验收的同时进行视觉设计验收，但我推荐产品功能验收和视觉设计验收分开进行，以防止出现验收时问题过多，开发人员漏掉一些问题没有修复的情况。

　　在视觉设计验收阶段，产品经理最好对产品的视觉设计再进行一次验收，这样可以有所侧重，防止出现意识偏差。

　　如果最后验收通过了，产品经理就可以上线发布流程，准备产品上线；如果在验收中发现一些问题，验收无法通过，就需要开发人员继续修复问题，直至验收全部通过。

　　为了确保验收的过程中不会遗漏某项工作，在进行产品验收时，产品经理和视觉设计师可通过填写表 14-3 所示的产品验收报告，完成各项验收工作。产品验收报告主要包含以下项目。

- 编号——表明产品归属的公司、项目，以及验收日期。
- 产品名称、版本号、上线时间、验收发起人及验收时间。
- 验收清单项——包括产品功能及视觉设计的各项验收内容。验收清单项用于确保在产品验收时不会遗漏某项内容。验收清单项由 PRD 辅助确定，用以核对本次迭代中的产品功能和流程等。
- 签字确认项——明确验收人及权责。

表 14-3 产品验收报告

编号：[公司名称]-[项目名称]-[验收日期]

产品名称		版本号		上线时间		验收发起人		验收时间	
验收类型	验收项		验收标准		验收结果			不通过的原因请用截图和文字说明	
产品功能验收	产品需求表验收		检查产品需求表中的功能点是否都已经完成		☐通过		☐不通过		
	用户使用流程验收		检查用户使用流程是否与产品原型和PRD中用户使用流程的设计一致		☐通过		☐不通过		
	页面功能点验收		按产品原型左侧的页面菜单，检查每个功能及其页面层级是否达到产品需求		☐通过		☐不通过		
	功能交互逻辑和点击效果验收		检查每个页面功能的点击、交互效果是否达到产品需求		☐通过		☐不通过		
	页面操作异常提示验收		检查每个涉及操作的页面的异常操作提示是否达到产品需求		☐通过		☐不通过		
	页面链接导向验收		检查每个页面相应数据的点击、返回的链接导向是否正确		☐通过		☐不通过		
	系统业务流程验收		检查是否按 PRD 中实现每个功能点的跨平台业务流程图实现数据传输		☐通过		☐不通过		
	系统异常业务流程		检查是否按 PRD 中每个功能点在跨平台数据传输过程中的异常业务流程的处理流程和逻辑		☐通过		☐不通过		
视觉设计验收	视觉设计规范验收		检查是否遵循视觉设计规范		☐通过		☐不通过		
	验收颜色搭配		检查颜色搭配是否符合各色块的色系标准		☐通过		☐不通过		
	渐变色块的引用验收		检查渐变色块的引用是否符合标准		☐通过		☐不通过		
	页边距与组件之间的间距验收		检查页边距和组件间距是否符合标准		☐通过		☐不通过		
	图标引用验收		检查图标是否被正确引用		☐通过		☐不通过		
	文字类型、大小、间距及行高验收		检查文字的类型、大小、间距及行高是否符合标准		☐通过		☐不通过		
	主流手机屏幕分辨率适配验收		检查页面是否与主流手机屏幕分辨率适配		☐通过		☐不通过		
	分割线大小、粗细验收		检查分割线大小、粗细是否符合设计标准		☐通过		☐不通过		
参与验收人签字									
产品总监签字									

注：本文档完成后，请在公司系统-产品部群和对应项目群中备案，并告知项目相关人员，共同督促开发更改。如有问题，可上升到产品负责人和技术负责人协调处理；如还有争议的，再往上一级提交问题

14.6.2　项目复盘

在项目收尾阶段，除了产品上线，还需要对项目整体进行复盘和总结。一次好的项目复盘不仅可以帮助产品经理积累项目管理经验，还能帮助团队成员从项目中总结得失，有利于团队的成长。

产品经理需要养成及时复盘的习惯，并带领团队成员一起总结、反思。项目复盘需要建立在陈述事实的基础上，如果产品经理无法将事实陈述清楚，会导致复盘进入僵持状态，无法深入。一旦项目结果确定了，就要开始诊断、分析问题，找出项目成功或失败的根本原因，并总结相关经验教训。

完整的项目复盘包括图 14-3 所示的 4 个步骤：目标回顾、结果陈述、过程分析、规律总结。

图 14-3　复盘底层逻辑

了解复盘的底层逻辑之后，就可以对项目进行复盘了。一个完整的项目包含目标、需求、设计、开发、测试、上线 6 个不同的阶段，只有对每个阶段的具体工作进行分解，才能分析出各个阶段工作的问题出在哪里，该如何优化与改进。

对每个阶段的复盘，都离不开两个重要的环节——对过往的演绎和对现状的优化，即明确产生偏差的原因，并提出针对性的改进意见。

下面就为大家分阶段介绍项目复盘中需要关注的核心问题。

14.6.2.1　目标阶段复盘

目标阶段复盘包含项目进度复盘和项目结果复盘两部分。

1. 项目进度复盘

进行项目进度复盘时需要思考如下几个问题。

- 项目是否按照预定时间交付？
- 原计划的产品需求是否全部实现了？
- 有哪些产品需求没有按计划实现，延后的原因是什么？
- 项目中哪些里程碑的进度有延迟，延迟的原因是什么？

2. 项目结果复盘

进行项目结果复盘时，需要思考以下 3 个问题。

- 整个项目出现了哪些意外？
- 为什么会出现这些意外？
- 项目上线后的效果和规划中的是否一致？

14.6.2.2　需求阶段复盘

需求阶段复盘中重点关注以下 3 个问题。

- 产品经理是否提供了完整的产品需求方案？包括产品原型图、PRD、交互设计稿和视觉设计稿等。
- 交互设计师、视觉设计师、开发人员和测试人员是否清楚产品需求？

- 需求分析是否清晰地描述了典型用户和使用场景？

14.6.2.3 设计阶段复盘

设计阶段主要对产品的交互和视觉设计进行复盘，重点关注下面几个问题。

- 设计产出是否符合统一标准？
- 设计工作是否影响开发工作的进度？原因是什么？
- 本次设计的亮点是什么？
- 产品设计开始的时间是否合理，是否存在过早或过晚的情况？
- 对于产品设计，用户是如何反馈的？有哪些值得改进的地方？

14.6.2.4 开发阶段复盘

开发阶段需要复盘的内容比较多，主要是对开发工期以及开发中遇到的突发情况进行复盘。

1．开发工期复盘

进行开发工期复盘时，需要思考以下 4 个问题。

- 开发前，是否对工期进行了正确的预估？
- 工期预估与实际开发时间是否有差异；若存在差异，问题主要出在哪里？
- 是什么影响或阻碍了项目工期？
- 在预估项目工期时，是否预留了足够的缓冲时间？

2．突发情况复盘

此部分主要是对开发过程中的突发情况进行复盘，重点关注下面几个问题。

- 是否出现需求无法实现的情况？主要原因是什么？
- 是否遭遇团队成员变动的情况？该如何应对，后期又该如何避免？
- 是否出现产品功能与设计不符的情况？是什么导致这种情况发生？
- 是否遇到需求临时增加或变更的情况？如何避免这种情况再次发生？

14.6.2.5 测试阶段复盘

测试阶段主要是针对测试计划、测试工具以及测试结果进行复盘。

1．测试计划复盘

进行测试计划复盘时，需要关注以下 4 个问题。

- 测试用例是否完整、准确。
- 测试计划是否有效。
- 测试用例是否覆盖产品的正常和异常状态。
- 测试过程是否按计划正常开展，测试过程中遇到了哪些问题。

2．测试工具复盘

除了测试计划外，还需要对测试工具进行复盘。测试工具复盘主要包含以下几点。

- 测试是否使用了新工具或方法。
- 这些工具和方法是否可以持续使用。
- 测试的时间、人力和软/硬件资源是否充足。

3．测试结果复盘

在测试结果复盘部分，主要关注以下 3 点。

- 测试过程中，哪个功能模块产生的 BUG 最多，为什么？
- 对于测试中发现的问题，团队是否及时跟进并进行了修正？
- 测试中是否出现了回滚，原因是什么？

14.6.2.6　上线阶段复盘

最后进行的是上线阶段的复盘，主要包括产品验收复盘和上线效果复盘两个部分。

1．产品验收复盘

产品验收复盘，主要关注以下 6 点。

- 上线前是否按照产品验收报告，对每一项内容进行验收？
- 在产品发布的过程中是否出现突发状况？后续如何避免？
- 上线前是否和运营人员进行了充分的沟通？
- 上线所需素材是否都按时提供？
- 上线前是否检查了数据埋点？
- 数据埋点是否跟产品需求文档中一致？

2．上线效果复盘

进行上线效果复盘时，主要关注以下 5 点。

- 产品上线后收集到哪些反馈，都是什么类型，如何改进。
- 产品上线后数据表现如何。
- 效果是否达到了预期。
- 产品上线后是否出现重大 BUG，为什么在测试阶段没有发现。
- 产品上线后效果不及/远超预期的原因是什么，若效果不及预期，如何进行改进。

待产品正式上线一周后，就可以召开项目复盘会了。这时不但有了一定量的数据，复盘的可靠性比较高，而且很多项目执行中的细节和问题都还记得比较清楚，复盘的效果比较好。

在项目复盘会上，团队成员要做到彼此坦诚，尽可能地呈现一个完整真实的项目流程。团队每个成员都有发言权，大家要做到既不推卸责任，也不妄自菲薄，真实地表达自己的想法。

在召开项目复盘会时，要有专人控制时间和记录要点，避免拖沓冗长、没有效果的会议。记录的要点也要以文档的形式在会后发给团队成员，这有利于团队成员总结经验并不断改进。

最后，产品经理还要将项目复盘会的经验和教训总结归纳到团队或公司内部的知识库中（也可以形成文档存放于公司共享文件夹内），供团队和公司成员学习与借鉴。

14.7　项目管理常用工具

在项目管理中，为了对项目整体过程进行实时监控，实现项目进度可视化，常常需要一些项目管理工具来帮忙。其中使用最广泛的就是图 14-4 所示的用 Excel 绘制的项目甘特图。

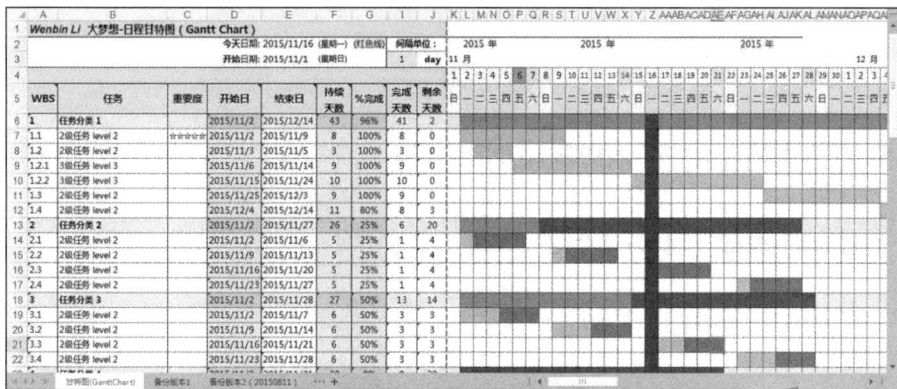

图 14-4　用 Excel 绘制的项目甘特图

当然，除了用 Excel 绘制的项目甘特图外，很多公司也会使用 Jira 与 Teambition 等管理软件作为团队项目管理的协同工具。

对于项目管理工具的使用，我还想强调一点，无论使用哪个工具，项目管理的本质都是相同的。因此，实际运用时不必纠结该使用哪个工具进行项目管理。

14.8　本章小结

本章介绍了产品经理该如何进行项目管理，重点内容如下。

（1）项目管理可以帮助产品经理提升效率、把控项目进度、明确目标。

（2）定义项目目标时应遵循 SMART 原则。

（3）项目管理的核心是平衡项目管理三角形中各元素之间的关系。

（4）一个项目可以分为项目启动阶段，项目实施阶段和项目收尾阶段。

（5）学会针对不同阶段的工作重点，制定相应的项目管理计划。

（6）产品验收报告能避免在进行产品验收时漏掉某些验收项。

（7）完整的项目复盘要从目标、需求、设计、开发、测试、上线 6 个不同的阶段进行。

（8）项目复盘会做到团队中每个成员不推卸责任，不妄自菲薄，真实表达自己的想法。

（9）学会使用项目管理工具进行项目管理。

14.9　知识模型

我总结了本章的知识模型，读者可以关注公众号"cpzjguoshan"，输入关键词"B1C1401"下载模型，为自己的产品经理知识拼图新增一块内容。

注：知识模型为脑图软件 MindMaster 专用格式，请读者使用 MindMaster 软件查看。

14.10　工作模板

我还准备了一份项目管理工作模板，读者可以关注公众号"cpzjguoshan"，回复关键词"B1C1402"下载使用。

14.11　大咖助力

产品大咖说："项目管理是产品经理的必备核心技能之一。"

如果你在项目管理中遇到了困难，欢迎你加我微信：pmguoshan，让我来帮帮你。

14.12　练习实践

任选一个项目管理工具，完整地进行一次项目管理。

➤ 第 15 章　做好用户研究的两大方法

本章导语：用户研究就像是一条纽带，将产品跟用户紧密地连接在一起。用户研究是产品诞生的前提，没有详细严谨的用户研究，就不会有成功的产品。产品的核心即用户，用户研究对产品和服务设计起着至关重要的作用。

用户研究也是产品经理需要掌握的核心技能之一。产品经理只有通过不断地研究用户，挖掘用户的需求，保证用户的核心体验，才能设计出超越竞争对手、符合市场需求的产品。

在本章中，我们就一起了解用户研究的两大方法——用户特征分析和用户调研。

15.1　用户特征分析

用户特征分析是用户研究中常用的方法之一。

15.1.1　什么是用户特征分析

用户特征分析是用来描述分析典型的目标用户及群体行为的一种方法。通过用户特征分析可以获知目标用户的人群特征，即用户需要什么、喜欢什么。

用户特征分析能为功能设计提供核心依据，也能为数据挖掘与用户推荐提供底层支持。

那么，该如何进行用户特征分析呢？

15.1.2　如何进行用户特征分析

通常来说，完整的用户特征分析会按照基础属性、社会关系、消费能力、行为特征和心理特征五个维度逐一展开，最终得出用户在不同维度的标签。

拿我一个做开发的朋友来举例。他是一位 27 岁的男程序员，大学本科的学历。如果使用用户特征分析来分析我的这个朋友，他的基础属性标签应该是：27 岁、男性、程序员、本科。

虽然我这个朋友在老家的父母和姐姐一直想让他找个女朋友，但是他到现在都是单身。从这点我们可以得知他的社会关系标签是：未婚、父母在老家、有个姐姐。

他一个月有 2 万元的收入，不过到月底基本就剩不了多少了，好在他没有房贷压力。他平日喜欢在天猫和京东网购，用支付宝和微信来支付。所以，在消费能力部分，他的标签是：月收入 2 万元、无房贷、月支出近 2 万元、用微信/支付宝支付。

当然，作为一名程序员，加班肯定是少不了的。在工作中，他经常强调团队精神和开会不迟到。工作不忙的时候他也会刷朋友圈、看抖音。平日除了喜欢购买各种炫酷的科技产品外，他还特别喜欢团购各种餐馆的优惠券。我们从这部分信息获知了他的行为特征标签：经常加班、讨厌开会迟到、强调团队精神、喜欢看抖音/刷朋友圈、喜欢购买科技产品、喜欢团购各种餐馆的优惠券。

最后，是心理特征分析。这部分是用户特征分析中最难的，需要综合分析出用户的心理特征。对于我的这个朋友，他的心理特征标签应该是：大男孩、工作努力、价格敏感、为兴趣付费、有责任心。

我们来总结一下我的这位朋友的特征。

- 基础属性：27 岁、男性、程序员、本科。
- 社会关系：未婚、父母在老家、有个姐姐。
- 消费能力：月收入 2 万元、无房贷、月支出近 2 万元、用微信/支付宝支付。
- 行为特征：经常加班、讨厌开会迟到、强调团队精神、喜欢看抖音/刷朋友圈、喜欢购买科技产品、喜欢团购各种餐馆的优惠券。
- 心理特征：大男孩、工作努力、价格敏感、为兴趣付费、有责任心。

怎么样，是不是一个活生生的技术型大男孩的样子就展现在你面前了呢？

接下来，我们就结合一个案例，看看用户特征分析在实际工作中到底该怎么用。

15.1.3 案例分析：某导购电商 App 母婴频道的用户特征分析

案例背景：某大型互联网公司推出的一款导购电商 App 通过低价、正品、返现等特色卖点，在短时间内积累了大量用户。

为了帮助该 App 的母婴频道搭建推荐商品模块，对该 App 的宝妈用户进行用户特征分析，掌握宝妈用户的典型特征，为推荐商品模块的设计提供参考思路。

1. 用户选择

根据案例背景，我们有目的性地选择在该 App 累计购物超过 10 次、消费总金额大于 2000 元、宝宝年龄不超过 3 岁的 20 位宝妈用户进行研究。

2. 分析方法

针对每位宝妈用户，从基础属性、社会关系、消费能力、行为特征四大维度进行 1 对 1 的深度访谈，再根据访谈结果推出用户的心理特征。最后，分析整理用户的特征标签，形成完整的用户特征分析表。

3. 分析结论

分析结论如下。

- 基础属性：年龄（25～35 岁）、性别（女）、职业（上班族）、教育（大专学历及以上）。
- 社会关系：婚姻状况（已婚）、养育子女（1～2 个）。
- 消费能力：年购买次数（平均 15 次以上）、年消费金额（不低于 3000 元）、用户等级

（白金级会员及以上）。

- 行为特征：第一，年内购买过婴儿用品（奶粉、奶瓶、纸尿裤，至少 2 件）、近 3 个月内购买过同一品牌的奶粉、纸尿裤；第二，每个月浏览次数多于 5 次（儿童玩具、喂养用品、营养辅食栏目）；第三，近 3 个月搜过关键词（宝宝纸尿裤、婴儿奶粉、婴儿衣服、婴儿鞋子、辅食米粉、婴儿推车）；第四，购物车、收藏夹中至少有 2 件商品，每周至少浏览早教玩具 3 次。
- 心理特征：比较依赖品牌、习惯搜索式购买、关注商品品质、注重婴幼儿早教、追求商品性价比。

用户特征分析结果如表 15-1 所示。

表 15-1　某导购电商 App 母婴频道的用户特征分析

背景目的	帮助某导购电商 App 的母婴频道搭建推荐商品模块，掌握宝妈用户的典型特征，为推荐商品模块的设计提供参考思路
目标用户	在该 App 累计购物超过 10 次、消费总金额大于 2000 元，宝宝年龄不超过 3 岁的 20 位宝妈用户
分析方法	从基础属性、社会关系、消费能力、行为特征四大维度对目标用户进行 1 对 1 的深度访谈，再根据访谈结果推出用户的心理特征
基础属性	年龄（25～35 岁）、性别（女）、职业（上班族）、教育（大专学历及以上）
社会关系	婚姻状况（已婚）、养育子女（1～2 个）
消费能力	年购买次数（平均 15 次以上）、年消费金额（不低于 3000 元）、用户等级（白金级会员及以上）
行为特征	1. 年内购买过婴儿用品（奶粉、奶瓶、纸尿裤，至少 2 件）、近 3 个月内购买过同一品牌的奶粉、纸尿裤 2. 每个月浏览次数多于 5 次（儿童玩具、喂养用品、营养辅食栏目） 3. 近 3 个月搜过关键词（宝宝纸尿裤、婴儿奶粉、婴儿衣服、婴儿鞋子、辅食米粉、婴儿推车） 4. 购物车、收藏夹中至少有 2 件商品，每周至少浏览早教玩具 3 次
心理特征	比较依赖品牌、习惯搜索式购买、关注商品品质、注重婴幼儿早教、追求商品性价比

通过用户特征分析，你是不是对该 App 的宝妈用户有了更全面的认知，也对推荐商品模块的设计有了更多思路呢？

了解了用户特征分析之后，下面让我们接着了解用户调研的另一种常用方法——用户调研。

15.2　用户调研

用户调研是用户研究中另一种常见的方法，也是产品经理经常使用的一种方法。

15.2.1　什么是用户调研

用户调研是一种对典型用户进行调查与分析的方法。平日工作中，除了被动地接受用户反馈，产品经理也可以主动出去，通过用户调研来获取更多、更广泛的用户使用感受和产品改进意见。

通过用户调研，我们可以了解用户对产品的使用感受，找到用户在使用产品的过程中出现的问题，以帮助我们更好地改善产品设计。我们还可以通过对用户的使用场景和过程进行分析，发现用户的使用习惯，以指导我们设计出更优质的产品。

在日常工作中，很多产品经理会忽略用户调研，主要有两大原因：其一是这些产品经理没有养成用户调研的习惯，认为用户的意见不专业，没有必要听取；其二是不好意思做用户调研，怕被用户拒绝，觉得用户调研麻烦，也不知道该如何跟用户沟通。

在这两种因素的影响下，很多产品的设计缺少了让用户参与的环节，忽略了很多问题，产品上线后对用户的使用体验造成了较大的影响。因此，实际工和中必须要重视用户调研。

那么，用户调研到底有什么价值呢？

15.2.2　用户调研的价值

对于新产品或功能来说，用户调研的主要价值之一是验证想法，研究新产品或功能是否能满足用户需求及收集用户真实的反馈数据。

其次，用户调研还可以从用户维度收集用户对产品的改进建议，让我们能获取用户的意见反馈，为我们提供产品的发展思路。

而对于成熟产品来说，用户调研主要是调研产品新功能的价值是否能得到用户认可，产品已有功能是否有优化的必要，调研被调查用户对于自有产品和竞品直接感受的差异，用以指导我们优化改进产品。

对于产品经理来说，用户调研是产品设计中很好的一个工具。因此在日常工作中，一定要学会使用用户调研这个工具。

那么，该如何进行用户调研呢？

15.2.3　用户调研的流程

一次完整的用户调研分明确调研背景和目标、选择调研的用户群体、选择合适的调研方法、准备调研需要的内容、正式开始调研、分析数据并撰写调研报告六步进行，如图15-1所示。

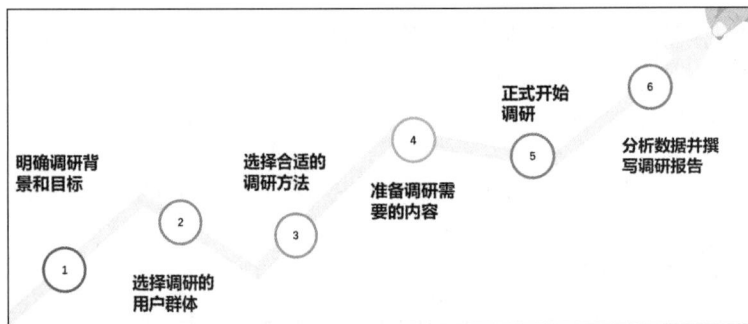

图 15-1　用户调研

1. 明确调研背景和目标

关于这一点，产品新人们容易犯的一个错误是：为了调研而调研。这种做法会让我们失去调研的焦点，找不到用户调研的重点。

首先，我们必须要清楚应在什么情况下发起调研，也就是调研的基本背景是什么，明确是否值得进行调研（有时候需要进行的仅仅是用户数据统计而不是用户调研）。其次，每次调研之前，都要明确调研的目的和希望达成的目标，杜绝调研完成却没有最终结论的情况（盲目调研）。

目标公式为"通过对_____的调研，我们希望得到/了解_____"。

如果遇到一个大而宽泛的调研目标，需要将其拆解成不同的子目标。在拆解过程中，要保证子目标既能作为后续调研的提纲，又能帮助完成整体调研目标。

2. 选择调研的用户群体

明确了调研的背景和目的后，就需要选择调研的用户群体了。用户群体的选择跟调研方法有关。如果是线上调研，那么用户群体的选择比较数据化，我们可以根据用户画像以及用户标签来选择不同的用户；如果是线下调研，需要找准典型用户来进行调研。

对于线上调研，需要通过简单的用户画像来圈定典型用户。比如对于"58 到家"的核心用户调研，就可以把用户画像定义为使用 58 到家服务超过 10 次，好评度高于 80%的用户。

而对于线下调研，除了需要依靠用户画像之外，还需要我们能敏锐地找到那些典型用户。这时可以先选择几个用户进行试验，看看所选的人群和调研是否匹配，通过验证后再选择大量的用户进行调研。

如果是线下邀请式调研，还要提前与用户协商好调研的时间与地点，并确定用户的调研配合度。对于配合度低的用户，要果断放弃。在正式调研前，还需要直接告知用户调研目的和可能发生的情况。对于无法让你达到调研目的的用户，也需要果断放弃。

在这个步骤，我还想强调一点：调研的用户数量不宜过多，5～10 人为佳。依照我的经验，选择对比鲜明的用户来做调研往往会收获不错的效果。

3. 选择合适的调研方法

用户调研的方法有很多，需要结合调研的目标和调研用户的属性来进行选择。常见的用户调研方法主要包括定量研究和定性研究两大类。

定量研究中常见的工具为问卷调研，这也是产品经理使用得最多的调研方法之一，当然还包括其他的一些方法，如 A/B 测试、数据埋点等。定性研究则包括线下访谈、实地调研、圆桌访谈、线上访谈等。

无论采用定性研究还是定量研究，调研问题都是需要重点准备的内容。

4. 准备调研需要的内容

做好上述用户调研的前期准备工作之后，就需要准备调研内容了。这一部分需要根据调研目标设计好调研问题的大纲。调研问题整体要聚焦且开放，数量上，线上 10～20 个问题，线下 5～10 个问题为佳。

在提问技巧上，可以参照图 15-2 所示的方式。对于已知问题，提问重点是"追原因"，多问用户操作习惯、消费习惯、用户直观使用感受和自有产品与竞品在使用上的差异等问题。对于未知问题，主要采用"给方案，看反馈"的方法，多问用户的痛点、购买意愿以及自有产品与竞品移入/移出的关键原因等问题。

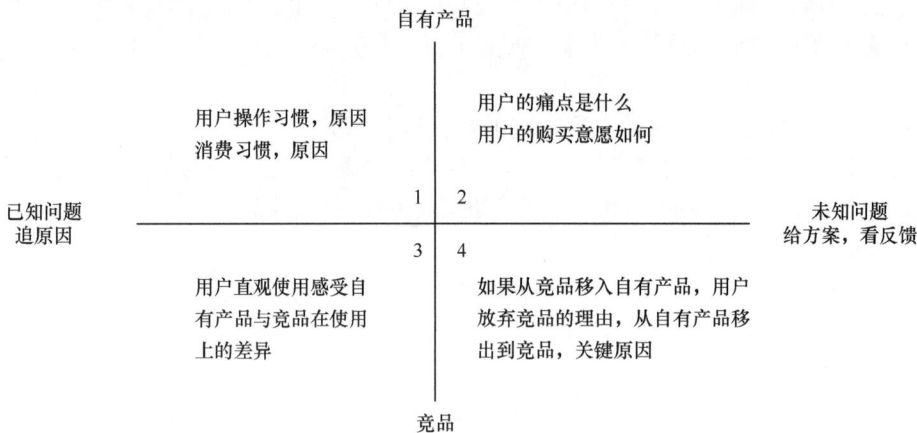

图 15-2　调研提问技巧矩阵

切记，在正式调研之前一定要准备好相关问题，千万不要仅靠临场发挥。尤其对于产品新人，这种方法是很难掌控的。

最后，在正式开始调研之前，还需要找几位同事进行模拟演练，进行内部调研测试后，再在小范围内选择一些用户进行灰度调研，根据灰度调研的情况做一些精准的调整。

另外，还要学会通过演练和测试不断地优化和修正调研流程。一般正式调研前，至少进行 3 次模拟演练，以确保正式调研能有条不紊地开展。

5. 正式开始调研

在正式调研的环节，应按照开场介绍、暖场预热、询问一般问题、询问深入问题、回顾总结、结束感谢的步骤逐一进行。

调研一开始，要从那些简单、易拉近用户与产品关系的问题展开，一旦发现用户沉浸在思考与回答问题的氛围中，便可以问一些更深入的问题。

当调研结束后，还要进行总结回顾。同时，对到访的用户表示感谢并赠送一些事先准备好的小礼品。

6. 分析数据并撰写调研报告

最后一步，需要分析调研得到的数据，产出一个由调研背景介绍、调研方法描述、调研问题汇总展示、调研结果分析、调研结果发现、调研效果评估六部分组成的调研报告，有序地展示调研的全过程和调研数据分析的结果。这份调研报告只要能达到了解和发掘用户的需求，指导后续产品设计的目的就可以了。

接下来就让我们一起学习用户调研中常用的 9 种方法吧。

15.2.4 用户调研常用的 9 种方法

用户调研中非常重要的一步是确定使用哪种调研方法。虽然使用每种调研方法都会产生有一定价值的信息和数据，但这些方法在收集的数据类型、所需的资源和工作量方面具有很大差别。

因此，实际运用时需要根据调研目标，选择最适合此次调研的方法。

表 15-2 罗列了 9 种用户调研的方法，在实际调研中需要根据具体的调研目标，选择不同的调研方法。

表 15-2 9 种用户调研的方法

方法	通常用于	成本	分析难度	收集难度	类型	使用情况
定量可用性测试	1. 随着时间的推移跟踪可用性 2. 与竞争对手比较	中	中	中	行为	当前任务
网站/App分析	1. 发现或确定问题的轻重缓急 2. 监控性能	低	低	高	行为	现场
A/B 测试	对比两种设计方案	低	低	低	行为	现场
卡片分类	确定信息架构的标签和结构	低	低	中	态度	不使用产品
树状测试	评估信息架构的层次	低	低	中	行为	不使用产品
调研访谈或问卷调查	收集调研用户的行为信息和对产品的态度信息	低	低	低	态度	任何
聚类定性评价	确定定性数据的重要主题	低	中	中	态度	任何
满意度调研	确定产品或品牌的用户满意度	低	低	低	态度	基于任务
视觉测试	确定哪些视觉元素可被优化调整	高	高	高	行为	基于任务

虽然有 9 种用户调研方法可供选择，然而，在实际的调研中总会有一些不可控的因素。例如，出于安全和保密的原因，部分公司禁止使用 A/B 测试的调研方法。如果遇到这样的情况，就只能另选一个相对适用的方法完成用户调研任务（如签署保密协议的面对面访谈）。虽然这样做的效果远不及最优方案，但实际工作中可以采用不同调研方法去收集更多的数据，根据收集到的数据进行综合评估，弥补单次调研数据精度不足的问题。

另外，在用户调研中，成本也是一个需要考虑的因素。不同的调研方法在成本上存在差异。使用的工具、要求的参与者数量以及研究人员所花费的时间都将影响调研成本。因此，在调研方法的选择上，还要根据调研的经费情况，选择不同成本的调研方式，从而达到高性价比调研的目的。

在上述的用户调研方法中，"调研问卷"和"用户访谈"是常用的两种调研方法。下面我们就看看这两种方法具体该怎么用。

15.3 调研问卷

调研问卷是产品经理常用的一种用户调研方法。那么，产品经理为什么喜欢使用调研问卷呢？

15.3.1 为什么需要调研问卷

首先，使用调研问卷的成本很低，几乎不用花钱，也不需要动用其他资源。其次，调研问卷的制作、发放和填写都可以在线上完成，相比于其他方法，耗费的时间、精力不多。最后，调研问卷的设计方法比较简单。

说到这里，你可能要问，该如何设计调研问卷呢？

15.3.2 如何设计调研问卷

首先，需要确定调研的目的，根据调研目的设计调研问卷的结构；再根据调研问卷的设计原则设计问题；最后，确定调研问卷的投放形式以及填写调研问卷的奖励机制。

接下来，我就带领大家详细了解每一步具体该怎么做。

15.3.2.1 确定调研的目的

在设计调研问卷前，一定要明确调研的目的，即通过本次问卷调研主要研究用户的哪种行为或可以从中获取用户的哪些反馈。在确定了调研的目的后，接下来还需要确定调研问卷的结构。

15.3.2.2 调研问卷的结构

整个调研问卷由开头部分、筛选部分、主体部分和背景部分组成。

1．开头部分

调研问卷的开头部分主要是问卷标题、问候语、问卷编号（系统自动生成）以及问卷填写说明。目的是让用户第一时间了解调研问卷的主题是什么，降低用户在填写中犯低级错误的概率。

2．筛选部分

这一部分主要是通过设置筛选问题将不符合条件的对象筛选出来，提高问卷调研的效率和准确度，确保问卷分析结果的有效性。例如，某次调研只针对男性用户，在筛选部分需要设置性别选项，筛掉不符合条件的女性用户。

3．主体部分

这是调研问卷的核心部分，主要由若干封闭式问题（单选题、多选题、是非题、顺位题、程度题）、开放式问题（问题答案由受访者自己填写）以及混合问题（开放式和封闭式问题混合）组成，用来帮助我们获取想要的信息。

4．背景部分

背景部分非常简单，主要用于调查用户的一些基本信息，便于后续对用户进行分类分析。了解了调研问卷的结构后，还需要注意调研问卷的设计原则。

15.3.3　调研问卷的设计原则

首先，整个调研问卷要通俗易懂，避免出现大量专业词汇，问题和选项设置也要让用户易于接受，问题描述要尽可能中立，尽量避免诱导用户进行选择。

很多产品新人喜欢在问卷中大量使用专业词汇，用来展示自己的专业水平；或者在问题中给出一些诱导性选项，以得到自己想得到的结果。这两种做法本质上都违背了调研最初的目的，得不偿失。

其次，问题的设置尽量单一，做到一个需求点对应一个问题，避免出现几个问题相互干扰的情况，不然非常不利于后续的统计分析。此外，有的产品新人特别喜欢在一个问题里装很多个需求点，不但让受访用户回答起来特别难受，自己后续分析起来也非常困难。

再次，问题选项要全面，问题之间要独立。

接下来，问题要表述得足够清晰，不要出现问题模棱两可不便于用户选择的情况。部分产品新人有时提出的问题非常模糊，导致受访者只能随意选个答案应付了事。

随后，问题的数量也要适宜，避免因问题过多，用户答题意愿下降或中断答题过程的情况发生。

就个人经验而言，一般超过 20 个问题的调研问卷，最终的完成率会很低。

下一步，整个调研问卷的顺序也要合理设置，问题设置应遵循先易后难的原则——先问简单正面的问题，再问复杂敏感的问题。

很多产品新人在这方面特别不注意，搞得用户产生挫败感，填写调研问卷的积极性大受打击。

最后，问题间的逻辑要清晰，不管是顺序答题还是跳序答题，都要有一定的逻辑，不要让用户产生混乱感。

当调研问卷一切准备就绪，下面要考虑的就是如何投放的问题了。

15.3.4　如何投放调研问卷

一般来说，调研问卷的投放方式包括短信投放、电子邮件投放、公众号投放和 App 消息投放等。

其中，短信投放虽然可以实现精准投放，但成本稍高，且反馈数据的回收效果一般，不怎么常用。

电子邮件投放可实现精准投放，成本低，能统计相关投放数据，不过在手机上使用时稍显不便。

公众号投放虽然可实现低成本的全范围投放，但投放对象仅限于公众号的粉丝，覆盖面窄。

App 消息（站内信）推送投放具有成本低，覆盖面广，投放精准的特点，不过也存在骚扰用户、提高 App 卸载率和网站用户流失率、受限于移动设备消息通知权限等问题。

在实际调研中选用哪种投放方式，要根据具体的情况而定。

调研问卷这种调研方式，一直都存在一个难点，那就是如何吸引用户来填写调研问卷。

15.3.5 如何吸引用户填写调研问卷

通常情况下可以通过赠送积分/优惠券或抽奖的方式来吸引用户填写调研问卷。使用这种方式的前提是 App 或网站中存在积分或优惠体系，在用户完成调研问卷后确保积分/优惠券或奖励能精准送达用户账号。

也可以采用答完问卷后线上抽奖的方式刺激用户来填写调研问卷；或者根据回收问卷的质量进行评估，对提供有价值问卷的用户在线下发放奖品。

了解了调研问卷的具体用法之后，接下来，我们一起了解用户访谈。

15.4 用户访谈

用户访谈是用户调研中另一种常用的方法。

15.4.1 什么是用户访谈

相比于普通的谈话，用户访谈一般都有明确的时间安排以及谈话主题。与普通谈话不同，用户访谈的过程力求真实，不能随便对用户所述的内容表示赞同、反对或表达评价。并且访谈过程中常常会伴随着记录行为，访谈结束后还要进行梳理与总结。

15.4.2 用户访谈基本类型

按照访谈的途径来划分，可以将用于访谈划分为线上和线下两种方式；按照访谈内容划分，用户访谈可以分为非结构式访谈、全结构式访谈以及半结构式访谈 3 种。

- 非结构式访谈：一种非正式的、随意的访谈形式，没有特定的问题，也没有既定的答案，只需要让用户充分表达自己的观点即可。
- 全结构式访谈：有事先确定的访谈目的，必须按照预先设定好的顺序和既定题目来完成整个访谈。虽然是按照固定结构进行访谈，但用户还是可以在访谈中自由地表述，也可给出更加开放和深入的回答。
- 半结构式访谈：介于非结构式和全结构式的一种访谈形式，也是最常用的一种访谈形式。半结构式访谈虽然有事先确定的目的，但在访谈中，调研人员可根据访谈的进展随时调整问题的顺序或者新增访谈的问题等，是一种相对比较灵活的访谈形式。

了解了用户访谈的基本类型后，接下来，让我们继续了解该如何设计用户访谈的问题。

15.4.3 用户访谈问题的设计

访谈的问题会推动受访者的表达，是决定用户访谈能否成功的关键因素之一。

虽然用户访谈问题的设计没有固定的格式要求，但依然可以把访谈的问题总结为图 15-3 所示的三大类共 6 种类型。

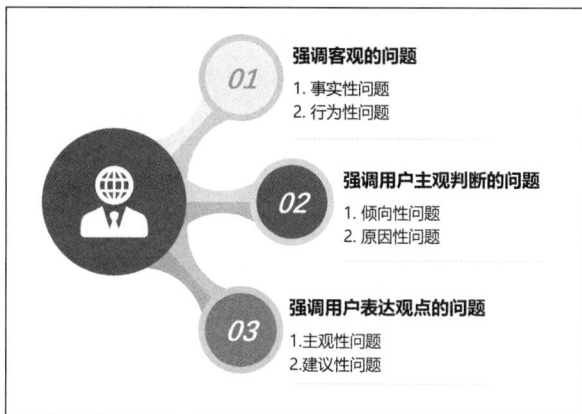

图 15-3 用户访谈问题的设计

类型 1：强调客观的问题（包括事实性问题和行为性问题）。

● 事实性问题：询问已经客观存在的事实。例如询问用户的职业、学历等。

● 行为性问题：询问用户经历。例如用户使用产品的过程。

类型 2：强调用户主观判断的问题（包括倾向性问题和原因性问题）。

● 倾向性问题：询问用户的偏向。例如询问用户更喜欢哪种设计。

● 原因性问题：询问用户某问题产生的原因。

类型 3：强调用户表达观点的问题（包括主观性问题和建议性问题）。

● 主观性问题：询问用户对事情的主观看法。例如询问用户为什么大家都喜欢用微信。

● 建议性问题：询问用户对产品的建议或者问题的解决方案。例如访问用户对这次产品的改版有什么建议。

以上三大类 6 种类型的问题，可以帮我们设计出具有层次感的用户访谈问题，使整个访谈过程更加流畅。

接下来介绍用户访谈提问的注意事项。

15.4.4 用户访谈提问的注意事项

用户访谈提问时需要注意以下 4 点。

1. 多问开放式问题，少问封闭式问题

进行用户访谈的目的是希望用户能够更自由、更充分地表达自己的观点。因此，在访谈中应该尽量提开放式问题，方便用户按照自己的想法和理解来表达。

即使在访谈中使用了封闭式问题，也可以在封闭式问题的后面跟上开放式问题，以引导用户阐述更多内容，提供更多信息。

例如在问题"你喜欢拼团吗？"后面可以提问"能说一下你最近一次拼团的经历吗?"，引导用户提供更多的信息，避免用户只回答是或不是。否则，不但提供的信息过少，而且受访者极易处于被动状态。

2. 多问明确的问题，少问含糊的问题

相对于明确的问题，含糊的问题用户既不能准确地理解，也不能很好地回答。面对这种问题用户给出的答案会更加发散，信息有效性会极大地降低。因此，在进行用户访谈时要做到尽量少问含糊的问题，把含糊的问题尽量转化为相对明确的问题。

例如，"你使用我们的产品感觉如何？"这就是一个典型的含糊问题，如果能将问题转化为"你觉得我们的产品哪些地方还不错？"那么问题就会变得明确很多。

3. 多问具体的问题，少问抽象的问题

具体的问题只是在询问用户某个具体的事件，用户在回答时只需要如实叙述就可以。相比于具体问题，抽象问题则需要用户在回答时对答案进行一定的概括与总结，不但回答的难度较大，而且很有可能导致用户回答的内容偏离实际。

例如，"你一般在什么场景下使用我们的产品？"这是一个典型的抽象问题，用户需要对使用产品的场景进行归纳与总结。如果将提问的方式修改为"你最近在什么地方使用了我们的产品？"就会将抽象的问题具体化。

4. 基于事实进行提问，避免提具有引导性的问题

引导性问题会潜移默化地引导受访者回答问题的方向，降低用户调研的准确度。

例如，"你喜欢什么样式的引导弹窗？"这个问题看似在询问受访者喜欢何种样式的引导弹窗，实际上是引导受访者接受弹窗这种设计。但受访者是否喜欢引导弹窗这个问题的答案不是一定的。

在用户访谈中，还有一件事需要特别注意，就是要学会避免用户访谈中的常见问题。

15.4.5 用户访谈中的"四不要"

在用户访谈中，除了需要设计好访谈的问题、掌握访谈提问的注意事项，还需要在访谈中避免常见错误，这样才能提升访谈的质量。下面的 4 类问题，在用户访谈中需要尽量避免。

1. 不要回答用户关于产品使用方面的问题

在用户访谈中，如果遇到用户针对产品使用主动提问的情况，不必急于回答，可以借此反问用户，请他们聊聊对方案的预期。

例如，我们可以反问用户"您认为这部分应该如何设计呢？"甚至还可以进一步追问，"为什么您认为这部分应该这样设计呢？"

通过这样的反问，可以更好地探知用户的需求。

2. 不要在单一问题上纠缠

在用户访谈时经常会遇到一些侃侃而谈的用户，对于这些用户，要把控好访谈的节奏。一旦发现受访者有偏题的现象，便要想办法迅速拿回话语权，总结受访者的观点，提出新的问题，避免受访者在一个问题上浪费时间，继续纠缠下去。

对于这类用户，可这样说："您刚才说_____，关于这一点，我非常认同你的观点，那对于_____这块，你的看法是？"这样用户不会感觉被冒犯，又成功地转移了话题。

3. 不要使用专业词汇

很多产品经理在用户访谈时，经常自不自觉地说出"拉取""PRD""并发"等专业词汇。

这些专业词汇用户都不一定了解，更别提对问题进行回答了。所以，在访谈时，我们要有意识地将这些专业词汇转化成用户能够听得懂的白话。

4．不要表露出对用户的失望或指责

作为产品经理，自己精心设计的产品如果在访谈中没有受到用户认可，或被用户挑刺儿，难免会产生挫败感，然后不自觉地在接下来的访谈中流露出这种情绪。

甚至有的产品经理在用户访谈中会指责用户，说出"这么明显的按钮你都看不到吗？""别人都知道怎么用，怎么就你不会用？"这样带有明显情绪的话语。这种做法是不对的，在用户访谈中，一定不要表露出自己的情绪。

无论是采用调研问卷、用户访谈，还是其他的用户调研方法，产品新人如果能在调研之初就对用户访谈中的常见错误有所了解，就能避免在正式的调研中犯错。以下是产品新人常见的 5 类调研误区，在调研过程中一定要注意尽量避免。

15.5　产品新人常见的调研误区

产品新人常见的调研误区主要集中在以下 5 个方面。

常见误区 1：产品新人非常喜欢为了调研而调研，做一些没目的，有一堆过程却没结论的调研。要记住，做任何调研都必须明确背景和目的。

常见误区 2：产品新人总喜欢问用户有什么需求，也经常尝试说服用户认可自己的一些观点。其实，真正的调研是不需要问用户有没有用的，要通过用户行为发现需求；也不要带入个人情感，要用中立的态度去做调研。

常见误区 3：产品新人调研时特别喜欢求全、求量，得出看似很全却没有什么价值的调研结果。

常见误区 4：产品新人非常热衷于调研问卷的方式，从而得到一堆感觉很有价值但实际上没什么指导意义的东西。调研的形式有多种，选择适合本次调研的形式才是最重要的。

常见误区 5：总有产品新人认为，有用户调研总比没有强，做了总比不做好。但事实上，做得不全面的用户调研还不如不做。这种"自我安慰"式的用户调研，不但浪费时间和精力，而且对产品改进毫无价值。

下面，就结合某电台 App 用户调研的案例，来看看用户调研是如何帮助我们改进产品的。

15.6　案例分析：某电台 App 用户调研

案例背景：某电台 App，包含听声音、听直播、发声音、社区交友和其他活动五个功能模块。产品经理希望通过线上访谈的形式进行用户调研，获取产品的用户反馈意见，思考如何通过改善产品功能设计以更好地满足用户需求。

15.6.1　确定调研目标

用户调研的第一步是明确调研的目标。在某电台 App 用户调研的案例中，调研目标设定如下。

- 获取用户需求。通过与用户进行线上访谈，了解用户对 App 的各个功能模块有哪些意见和不满意的地方，思考如何让产品功能更好地满足用户需求。
- 验证用户需求。听取用户对新功能的意见和看法，验证用户对该功能是否存在需求。
- 运营模式检查。通过调研检查现有运营模式是否有效，探索 VIP 商业模式存在的可能性。

当调研目标确定后，需要选择调研的用户群体。

15.6.2 选择调研的用户群体

基于上一步的调研目标，在这一步，应选择那些近期在平台内活跃度高、活动参与度高、是核心内容的贡献者的平台热心用户作为线上访谈对象。相对于其他用户，这类核心用户具有对产品的认可度较高、熟悉产品的功能，对产品的发展更容易提出自己独到的见解的特征。

15.6.3 受访用户获取

本次调研，主要通过以下方式获取受访用户。

- App 内私信：在 App 内寻找经常发布音频节目、经常评论、经常发布动态、经常活跃在直播间、大 V 主播等类型的用户，然后私信用户，询问用户是否愿意参与调研。
- 官方微博：在微博搜索"某电台产品""某电台 App"等关键词，然后按热门和实时两种方式筛选微博，寻找经常发布有关产品的微博且近期较活跃的用户，然后用官方微博私信用户，询问用户是否愿意参与调研。
- 官方贴吧：进入有关"某电台 App"的贴吧，找近期较活跃的用户，然后私信用户，询问用户是否愿意参与调研。
- 即刻圈子：在即刻搜索有关"某电台 App"的圈子和标签，进入圈子或者根据标签找近期发布过动态（关于产品）的用户，然后私信用户，询问用户是否愿意参与调研。

15.6.4 联系受访用户

由于调研使用 App 内私信的方式邀请用户，因此私信文案就成为决定能否约到受访用户的关键。

本次 App 内私信采用"诚恳的态度+表明目的和身份+获取信任+说明形式+赠送礼品"的文案结构去赢取用户的参与。私信文案设计如下：

"亲，您好。我是某电台 App 的产品经理小王，目前在做一份某电台 App 的用户调研，需要找一些用户来进行访谈，可以邀请您作为我们的调研用户吗？调研不会占用您过长的时间，大约 15～20 分钟。我们会通过电话或微信语音的方式与您进行交流，主要就是想听听您关于我们产品功能的一些意见，以及对于我们新功能的看法。调研结束后，我们会给您寄一份精美的小礼品以表示感谢。

"您的意见对我们真的很重要，如果您有时间的话，希望能够支持一下，非常感谢。"

私信发出后，共收到 10 位用户的回应，其中有 8 人同意参加调研，2 人表示没有时间。随后，与这 8 位愿意接受访谈的用户分别约好线上访谈的时间。

15.6.5 设计调研问题

由于本次调研的目的是希望获取用户对现有产品功能的反馈以及对新功能的接受度，因此调研问题主要涉及以下几个部分：基本情况、听声音、听直播、发声音、社区交友、其他。

1. 基本情况的问题设定

- 性别、年龄、职业、学历、目前所在城市。（获取人口学基本数据）
- 您是从什么时候开始使用我们的 App 的？（辨别新老用户）
- 您主要使用 App 来听哪方面的内容？（使用目的）
- 我们的产品最吸引您的点是什么？（了解产品竞争优势）

2. 听声音部分的问题设定

- 您喜欢听什么类型的节目？（判断用户对于音频节目的偏好）
- 您一般通过什么方式找到自己喜欢的节目？（用户获取内容的方式）
- 如果有您喜欢的节目，会考虑付费收听吗？（用户付费意愿）
- 在听节目的过程中，App 的哪些操作会让你觉得很不舒服？（寻找功能使用方面的问题）

3. 听直播部分的问题设定

- 您喜欢什么类型的直播？（用户对于直播类型的偏好）
- 您会在直播间发言吗，去和主播连麦吗？（直播互动的有效性）
- 您会给主播送礼物吗？一般会送多少？（用户付费意愿）
- 听直播的功能中，哪些您会觉得特别难用，为什么？（寻找直播功能设计的问题）

4. 发声音部分的问题设定

- 您用过 App 的录音功能吗？（录音功能使用率）
- 您多久会发一次录音作品？（用户发布录音作品的频率）
- App 的录音功能有哪些需要改进的地方？（寻找录音功能的问题）

5. 社区交友部分的问题设定

- 您会关注社区动态吗？（社区动态功能关注度）
- 您会在动态中"发帖""点赞""转发""评论"吗？（动态功能使用率）
- 您会在动态中收听别人转发的节目吗？（声音转发功能的有效性）
- 现有的社区功能中有哪些需要改进的地方？（社区功能问题探索）

6. 其他部分的问题设定

- 您有参与 App 中的签到活动吗？（App 签到功能使用情况）
- 您对我们即将推出的 VIP 功能有什么看法？您会考虑充值 VIP 吗，为什么？（VIP 商业模式探索）

最后，需要在正式访谈之前，找几位同事进行模拟演练，根据演练的结果不断地优化测试问题及调研的步骤。

15.6.6 开始正式的调研访谈

经过前面几步的准备之后，终于可以开始正式的调研访谈了。在这一步只要在访谈中按照开场介绍、暖场预热、询问一般问题、询问深入问题、回顾总结、结束感谢的顺序，按约定好的线上访谈时间，对 8 位用户依次展开用户访谈即可。

随着访谈的结束，整个用户调研也接近了尾声。在对 8 位受访者的调研访谈中，我们收集了大量有价值的信息。接下来，就对收集到的信息进行分析与总结。

15.6.7 调研分析总结

整个调研分析总结分为听声音（有声节目）、听直播（语音直播）、发声音（节目录制）、社区交友和其他五部分。

1. 听声音（有声节目）部分

用户寻找节目的主要方式是进行分类查找，但目前产品提供的分类查找功能，分类还不够细化，有时用户没法找到自己想要的内容，产品的分类查找功能需要进一步优化。

在付费节目方面，调研的用户均表示没有听过，有 1 位用户甚至不知道 App 里有付费节目。其余 7 位用户表示没听的主要原因是节目与自己的需求不是很契合。有 6 位受访用户提出每次 App 重大更新后，版本变化都很大，有些功能找不到入口，这点比较难接受。在后续版本迭代过程中，如果变动较大，应该添加用户引导功能，让用户能明确地知道功能入口都在哪里。

通过访谈，还发现在播放面板设计上，用户更倾向于在播放面板上显示节目简介，以向下滚动的交互方式直接展示节目的简介、点赞和评论。

2. 听直播（语音直播）部分

在直播类型方面，用户比较喜欢一些有互动的直播，比如情感聊天、真心话大冒险等。后续的直播模块可以对推荐策略进行调整，多推此类直播。

对于直播功能，受访用户反馈都很好。这和将重心放在直播上的策略有关。但是也有作为内容贡献者的受访用户反映，平台在对于新主播的扶持上做得不够好，整个平台的头部效应明显。产品后续需要在新主播的扶持上加大力度。

通过访谈还发现，虽然产品的直播模块很受欢迎，但大部分直播间人数都比较少。出现这个问题的主要原因如下：其一是最近一批主播离开平台后带走了大量的粉丝，平台对于主播和粉丝的留存机制设计存在欠缺；其二是新晋主播在平台较难获得粉丝。

产品后续需要在这两个方向逐步进行迭代更新与改进。

3. 发声音（节目录制）部分

受访用户表示为了提升节目剪辑的质量，会采用第三方音频剪辑软件剪辑音频，然后只用平台进行上传。

使用 App 内置剪辑工具的用户反映，现有的剪辑工具不是很好用，不能进行分段剪辑。

这一块可考虑在后续的产品迭代中进行优化。

4．社区交友部分

受访用户反馈，目前产品的社区动态，被用户当作一个发布公告的通知工具，实用性和可玩性都不是很强，提供的功能也很"鸡肋"，用户体验非常差。此部分可作为重点内容进行迭代更新与优化改进。

5．其他部分

其他部分主要包含以下两点内容。

● App 内的签到活动很少有受访者能坚持去做。这主要是因为打卡的奖项和奖品对用户来说吸引力不大，用户没有动力坚持下去。

● 在 VIP 模式所提供的服务中，有几项是受访用户比较喜欢的。VIP 模式可继续深挖用户需求点，形成差异化付费模式。

经过上面的几个步骤，就完成了案例的用户调研工作。通过本次调研，收集了不少有价值的用户反馈信息，能够为后续的版本迭代和功能演进提供有力支撑。

在日常工作中，仅仅完成用户调研是不够的，还需要撰写调研报告，把调研的过程和结论公示。接下来，我们就看看调研报告应该怎么写。

15.7　撰写调研报告

撰写调研报告主要是为了陈述具体的调研目的，解释为什么开展用户调研以及如何展开调研，汇报调研发现，并提出结论和发展建议。相对于其他形式的报告，调研报告的结构比较简单。其写法如下。

15.7.1　背景目的

这部分主要是陈述调研背景、调研目的、调研方法和进行数据说明。

● 调研背景：简单阐述进行此次调研的背景，说明为什么进行这次调研。

● 调研目的：阐述进行此次调研的目的是什么，是为了解决什么问题。

● 调研方法：阐述本次调研所采用的方法，是采用电话访谈、面对面访谈、在线问卷，还是焦点小组等形式。以及用户有效覆盖样本，还是随机抽取样本。

● 数据说明：阐述本次调研有效样本数与调研人数，筛选不符合要求的样本，留下有效样本。说明调研数据的有效日期以及本次调研的调研工具。

15.7.2　调研展示

在这一部分，阐述针对调研的所有问题，用户的回答或任务完成的情况，即针对调研问题，用户说了什么、做了什么。汇总介绍每个问题及用户回答情况。如果是定量研究，这部分只要列出调研的问题即可。

15.7.3　调研分析

针对用户对问题的回答或完成任务的情况，对调研的问题进行逐一分析。阐述针对用户回答原因的分析过程。这一部分有用户自己说明的内容，也有产品经理合理的分析推算。

15.7.4　调研结论

这一部分主要由调研发现和解决方案两部分组成。

- 调研发现：通过此次调查发现了什么事实、知道了哪些原因。
- 解决方案：如果被调问题的结论对整个产品是有益的，那么产品经理就需要想出解决方案来增加此类事件的发生；如果被调问题的结论对整个产品是有害的，那么产品经理就需要想出解决方案，抑制该问题的发生。

15.7.5　效果评估

这一部分主要是对整个调研效果的评估阐述，即调研是否达到了最初的目的，调研的效果如何。至此，完成了调研报告的撰写。完整的调研报告写法可参照图 15-4。

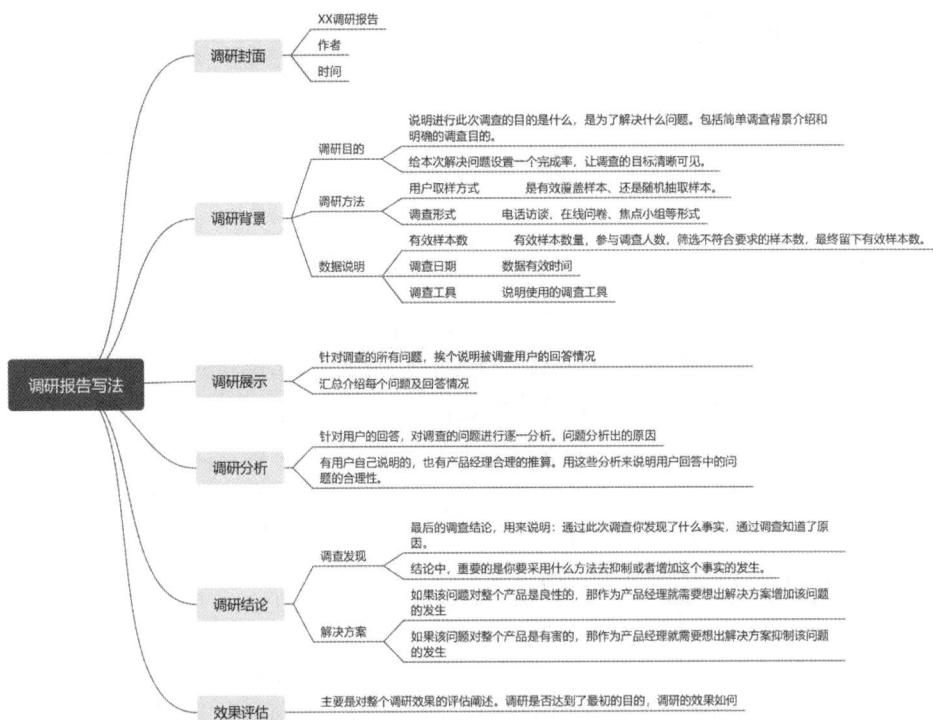

图 15-4　调研报告写法

15.8　本章小结

本章主要介绍了做好用户研究的两大方法，重点内容如下。

（1）用户研究是一种对典型用户进行调查与分析的方法。

（2）用户特征分析和用户调研是用户研究的两类常用方法。

（3）通过用户特征分析可以了解用户是什么样的人，需要什么、喜欢什么。

（4）用户特征分析由基础属性、社会关系、消费能力、行为特征和心理特征五个维度组成。

（5）人群划分得越细，特征标签的提取越容易，也越准确。

（6）从明确调研背景和目标、选择调研的用户群体、选择合适的调研方法、准备调研需要的内容、正式开始调研、分析数据并撰写调研报告这几部分设计用户调研。

（7）常见的用户调研分定性研究和定量研究两大类。

（8）开放式问题、封闭式问题、混合问题是调研问卷的主要问题类型。

（9）设计调研问卷务必遵守七大基本原则。

（10）常用的用户调研方法有 9 种，需要根据调研目的，选择合适的方法。

（11）正式调研之前需先进行内部演练，根据演练结果不断优化调研流程。

（12）调研过程按照开场介绍、暖场预热、询问一般问题、询问深入问题、回顾总结、结束感谢的步骤进行。

（13）可以用送积分、送优惠券和抽奖的形式鼓励用户填写调研问卷。

（14）调研报告可以按照背景目的、调研展示、调研分析、调研结论、效果评估的顺序逐步撰写。

（15）每次调研的背景、目的和目标必须明确，不能为了调研而调研，做了一堆工作却发现没有实际价值。

15.9　知识模型

我总结了本章的知识模型，读者可以关注公众号"cpzjguoshan"，输入关键词"B1C1501"下载模型，为自己的产品经理知识拼图新增一块内容。

注：知识模型为脑图软件 MindMaster 专用格式，请读者使用 MindMaster 软件查看。

15.10　工作模板

我准备了用户调研、用户特征分析、调研问卷的快速行动清单，读者可以关注公众号"cpzjguoshan"，输入关键词"B1C1502"下载使用。

15.11　大咖助力

产品大咖说："用户研究是产品经理的必备核心技能。"

如果你在用户研究中遇到了什么困难，欢迎你加我微信：pmguoshan，让我来帮帮你。

15.12　练习实践

（1）针对抖音的搜索功能，就身边的朋友和同事进行一次用户调研。请用本章学到的用户研究知识，采用线上问卷或线下访谈的方式，进行一次用户调研。

（2）请用本章学到的用户特征分析知识，尝试分析小红书的女性/男性用户特征。

➤ 第 16 章　产品经理必会的数据分析要点

本章导语：数据分析在产品的各个环节都起着至关重要的作用，数据分析结果能客观地反映产品的改进成功与否。

产品经理必须养成数据思维习惯，掌握数据分析方法，学会通过数据分析指导产品改进，推动产品有效地迭代升级，确保产品向正确方向发展。

因为大家都知道数据分析的重要性，所以近年来"数据驱动"这个词在产品经理圈经常被提及，不管是刚入行的产品新人，还是工作多年的资深产品经理，都非常认可数据分析的价值。可以说，数据分析是每个产品经理入门必备的重要技能。

那么数据分析该怎么做呢？

本章就带你了解产品经理必会的数据分析，帮你掌握数据分析这个产品经理必备的重要技能。

16.1　什么是数据分析

数据分析是一种通过观测数据，分析数据变化趋势并进一步挖掘数据的真实意义的分析方法。数据分析的结果可以形成对业务的洞察，以及对产品更高层级的认知。

16.2　数据分析的价值

《精益创业》一书中有一段非常经典的话："成功地执行一项无意义的计划，是失败的致命原因；如果企业费尽心思开发出来的产品没人想要，那么是否按时、按预算完成计划就无关紧要了。"

要想让产品走向成功，让每次的产品迭代都变得有意义，就需要借助数据分析的力量。

16.2.1　利用数据分析迭代产品

在互联网领域，极少有一款产品一上线就接近完美，绝大部分产品都需要后续不断地迭代优化。小步快跑、持续迭代俨然成为互联网产品开发通用的方法论。

通过数据分析,产品经理可以确定每个版本到底需要迭代哪些功能、哪个需求的优先级更高、优化功能的哪个部分能让用户更喜欢使用产品等一系列问题,从而让版本迭代更加高效,让产品做到真正的小步快跑、持续迭代。

16.2.2 利用数据分析洞察用户

用户行为具有不确定性。往往会出现同一个用户在不同的场景下产生多种数据和行为的情况。

亨利·福特曾说过,"如果我最初问消费者他们想要什么,他们会告诉我:'要一匹更快的马!'人们不知道想要什么,直到你把它摆在他们面前"。

因此不光要听用户说什么,还要透过数据去洞察用户,挖掘数据背后用户的真实诉求。数据分析就是常用的洞察用户的一种方式。

16.2.3 利用数据分析验证产品

产品上新功能,该如何判断功能设计是否正确,又如何知晓用户是否喜欢使用新功能呢?这时候,就可以借助数据分析验证产品是否成功。

数据是客观公正的,对于用户不喜欢的功能,数据自然会表现得比较差,此时,就需要考虑后续是否继续优化或下架这个功能;对于效果达标或超出用户预期的功能,数据就会表现得比较好,此时,数据帮我们证明了功能设计的正确性;而对于上线后数据几乎没有变化的功能,则数据告诉我们,产品经理进行了一次失败的功能迭代。

16.3 数据分析过程

典型的数据分析过程大致可以分为确定目标、收集数据、整理数据、构建体系、分析数据、改进跟踪 6 个步骤。

16.3.1 确定目标

没有目标的数据分析就像一架没有导航的飞机在盲飞。因此在做数据分析之前,一定要先明确本次分析的目标。

我见过很多产品经理,连数据分析的目标都没有搞清楚,就开始随意地进行数据分析,结果一番操作下来,完全搞不懂分析要达到什么样的目标,具体要解决什么样的问题。这样的数据分析毫无意义。

无论数据分析的目标是弄清楚某个页面的点击率、搞清楚某个新功能的使用情况或其他,在正式分析数据之前,都必须先明确数据分析的目标。

确定了分析的目标后,下一步就要进行数据的收集工作。

16.3.2 收集数据

进行数据分析时一般会收集以下几种类型的数据。

- 客户端数据：一般用于记录用户的浏览路径，可通过用户行为及页面停留时长等指标分析 App 的易用性、页面到达率等指标。
- 服务端及历史日志：服务端所输出的数据更为准确深入，对于一些精确度要求较高的数据分析，建议使用服务端日志作为原始数据来源。
- 问卷调研数据：一般用于前期的用户调研，精度较差，样本少。
- 业务数据库：主要用于业务数据的统计，如销售额、订单数量等业务指标的统计。

16.3.3 整理数据

收集数据后，还需要对数据进行整理，剔除那些不符合标准的数据，以确保收集到的数据都是我们所需要的。这个过程也称为数据浏览，对于验证所收集数据的质量是必要的。

有些产品经理在做数据分析时，容易忽略数据质量问题，收集的数据中夹杂着不符合标准的数据，随后直接使用未经整理的数据进行分析，结果得出了一些容易误导他人的结论。

产品经理在进行数据收集时，务必对收集到的数据质量进行把控，及时剔除不符合标准的数据。

数据整理的最后一项是格式化数据。数据格式化的形式视具体业务而定，可以把数据填入预先定义好的 Excel 报表中，也可以把数据填入自动化分析系统里。

16.3.4 构建体系

产品上线的初期阶段，由于业务规模较小，数据指标的类型也相对较少，所以只需要单独对各指标进行分析即可。但随着业务规模的不断扩大，各类相关数据量不断增大，数据指标也越来越多，这时就需要构建数据指标体系来衡量产品的整体发展状况。

在介绍如何构建数据指标体系之前，需要先了解单个的数据指标通常是如何被定义的。下面以"当日通过微信注册用户数量"为例，对指标结构进行拆解。

通过对上述指标的分析可以发现这样一个公式：指标=时间周期（当日）+修饰词（通过微信注册）+原子指标（用户数量）。解释如下。

- 时间周期：用于明确时间范围。如当日、近 2 日、近 1 周、近一个月等。
- 修饰词：用于明确场景类型。如浏览、注册、登录、点赞、收藏等。
- 原子指标：不可再拆分的核心指标。如用户量、日活跃用户数、交易额等。

了解数据指标如何被定义之后，接下来就可以构建产品的数据指标体系了。构建数据指标体系的方法如下。

16.3.4.1 明确业务目的，确定核心指标

虽然数据指标体系没有统一的模板，不同业务形态的产品有着不同的指标体系。但想要制

定符合业务需要的指标体系，需要先明确产品自身所能提供的价值。

可以根据不同产品的核心价值为其制定核心的数据指标。

- 工具类产品：帮助用户节省时间，产品自身提供价值。核心数据指标应为产品使用次数、各功能使用次数和频次。指标主要用来衡量用户的使用程度、产品功能的使用情况以及用户是否形成使用习惯。典型产品是猎豹清理大师和 Wi-Fi 万能钥匙。
- 交易类产品：帮助用户节省时间，产品通过链接其他资源提供价值。核心数据指标应为成交总额、客单价、复购率和商品详情页转化率。指标主要用来衡量整体的交易规模、单用户价值、收入持久性和订单转化率。典型产品是淘宝和京东。
- 内容类产品：帮助用户消磨时间，产品自身提供价值。核心指标应为内容浏览量、内容浏览时长与内容互动量。指标主要用来衡量整体的累计曝光数、产品的使用时长与用户对内容的喜好程度。典型的产品是今日头条和抖音。
- 社交类产品：帮助用户消磨时间，产品通过链接其他资源提供价值。核心指标应为内容发布量、用户互动量与粉丝互相关注量。指标主要用来衡量用户创作内容数量、用户之间的互动频次和用户之间的关系程度。典型产品是探探和陌陌。

16.3.4.2　拆分核心数据指标

明确核心指标后，还需要结合实际业务，将产品的核心指标拆分到可被日常监控和分析的程度。常见的拆分思路有三种。

1．按不同场景拆分

我们可以按场景将核心指标拆分成多个子指标。如上文提到的常见的核心指标日活跃用户数（DAU），就可以按场景将其拆分为：DAU = 日新增用户数+留存用户数+回流用户数。然后针对每个场景下的子指标分别进行监控与分析。

2．按一定逻辑关系拆分

我们还可以依靠逻辑关系对核心指标进行拆分。例如商品交易总额（GMV），可以按照组成关系将其拆分为：GMV = 用户数 × 购买频率 × 客单价。然后单独对每个组成部分的数据进行监控与分析。又比如核心指标渠道推荐效果，可以按照时间顺序将其拆分为：渠道推荐效果 = 展现次数 × 点击率 × 转化率。然后单独对每个拆分得到的数据进行监控与分析。

3．按自上而下的方式拆分

我们还可以按照自上而下的方式对核心指标进行拆分。实际运用时，比较容易实现的就是把核心指标按照业务板块、业务子模块、业务环境、单一指标的顺序自上而下地进行拆分，然后针对每个单一的指标进行监控与分析。

由于不同产品之间存在一定的业务差异性，即使是同一类型的产品，在数据指标体系的构建上也可能不同。除了上文提到的基础数据指标外，很多公司还会在数据指标体系中加入一些特定的数据指标。比如大家熟悉的百度百家号，除了构建标准的数据体系外，还加入了原创内容量、内容类型占比等特殊数据指标。

此外，很多公司还会根据产品在不同时期的数据关注点，在标准的数据指标体系中灵活加入或删除某些特殊的数据指标。例如新浪新闻 App，就会经常加入或删除一些阶段性指标。

　　针对上述两种情况，建议在构建数据指标体系时，尽量把标准的核心指标、业务相关的特殊指标与临时增减的指标进行分离与解耦，这样即使指标体系的一部分发生变化，也不会影响其他部分的指标。

16.3.5　分析数据

　　上面介绍的四步只是数据分析的前期工作，如何对数据进行分析，采用什么方法进行分析，才是数据分析的核心部分。

　　在这一步，可以借助对比分析法、多维度分析法、漏斗分析法、留存分析法、公式拆解法和用户路径分析法对整理好的格式化数据进行分析。

16.3.6　改进跟踪

　　数据分析对于产品经理来说只是一个工具。基于数据的变化找到问题产生的真正原因，得出相应的解决方案，才是数据分析的最终目的。因此，数据分析的最后一步是要根据数据分析的结果，找到问题的成因并制定相应的改进方案，通过对后期实施效果的跟进，验证改进方案的最终效果。

　　了解数据分析的整个过程后，接下来，就让我们对数据分析的常用方法进行更进一步的了解。

16.4　常用数据分析方法

　　在产品经理的日常工作中，通常会用到以下六种数据分析方法。

16.4.1　对比分析法

　　所谓对比分析法，就是把对比的数据放在一定的时间与空间里进行比较，得出数据变化结论的一种数据分析方法。

　　要想用好对比分析法，首先需要知道要对比的是什么数据。这里主要有两类数据，一是本身具有价值的数据（绝对值），比如销售金额、文章阅读量等；二是一些比例数据，如活跃率和注册转化率等。

　　光知道对比的数据还不够，还需要知道怎么对比。比较常用的做法是采用环比、同比两种对比方式。

　　环比是指当前时间范围与相邻的上一个时间范围对比。比如当前为 10 日，相邻上一日为 9 日，把 10 日与 9 日的数据进行对比，就完成了环比分析。也可以根据需要自由设定环比的时间段，比如周环比（当周与上周）、月环比（当月与上月）。总之，环比是对短期内具备连续性的数据进行对比的一种分析方法。

　　同比是指当前时间范围的某一时间点/段跟上一相同时间范围的相同时间点/段进行比较。

比如我们常说的年同比，实际上是用今日与去年的今日进行对比。同比分析更适合观察时间周期里干扰项较多，更为长期的数据集。当然，也可以根据需要自由设定同比的范围，比如月同比（今日与上月同日）。

光知道"比什么"和"怎么比"还不够，还需要知道这些数据和谁比。其实，无非拿当前的数据从时间维度、业务维度、过往经验分析维度和旧数据进行对比。或者拿自己的数据跟整个行业对比，看自己的数据在行业中所处的状态（如行业都涨，自己的涨幅处于行业领先还是靠后的位置）。对比分析法的实际应用如表 16-1 所示。

表 16-1 某产品的对比分析数据

指标 周定义：上周五—本周四	当前-第 29 周 7-10—7-16	当前-第 28 周 7-03—7-09	环比上周	同比-第 27 周 7-10—7-16	同比 2019 年	来源
新增文章量-日均	18 436	16 595	11.09%	16 796	9.76%	BI
过审文章量-日均	14 251	14 647	−2.70%	12 238	16.45%	BI
未过审文章-日均	334	257	29.96%	555	−39.82%	BI
文章过审率	98%	98%	0.00%	96%	2.08%	BI
新博客数-日均	510	557	−8.44%	770	−33.77%	BI
新开通并发文数-日均	414	465	−10.97%	413	0.24%	BI
原创-日均	13 021	13 343	−2.41%	10 082	29.15%	BI
转载-日均	1 113	1 196	−6.94%	1 994	−44.18%	BI
翻译-日均	116	106	9.43%	159	−27.04%	BI
评论量-日均	7 899	8 318	−5.04%	5 499	43.64%	BI
点赞量-日均	14 028	15 360	−8.67%	10 969	27.89%	BI
收藏量-日均	52 368	54 389	−3.72%	36 258	44.43%	BI
创作中心-日均 PV	164 628	158 026	4.18%	74 282	121.63%	BI
创作中心-日均 UV	40 342	38 154	5.73%	16 762	140.68%	BI
创作中心-停留时长/min	5.53	6.07	−8.90%	7.34	−24.66%	BI
创作中心-跳出率	47.98%	47.45%	1.12%	46.82%	2.48%	BI
Markdown 编辑器-日均	10 165	10 332	−1.62%	7 011	44.99%	BI
富文本编辑器-日均	4087	4315	−5.28%	5227	−21.81%	BI

其实，对比分析的本质就是拿两组或更多组数据，以不同的维度来进行比较，最后得出结

论的一种分析方法。

16.4.2　多维度分析法

多维度分析法的本质是从不同的视角拆分、观察同一个数据指标变化的一种方法。例如，某好物推荐 App 在微博做了一波推广活动，想看看推广效果如何。这时候，就可以使用"启动 App 数量"这个数据进行多维度分析。

首先，可以从"启动设备类型"这一维度分析设备启动情况是否跟自有的产品定位相同，用以判断带来的用户是不是所需要的用户。

接下来，可以从"启动来源"这一维度分析用户是通过消息推送还是手机桌面启动应用，以确定本次推广活动的效果。

然后，可以从"按城市查看启动的用户"这一维度查看启动的用户主要分布于哪些城市，确定活动主要给哪些城市带来了新增量。

当然还可以按照"新老用户启动次数对比"这一维度，分析这次活动是否带来了大量新增用户启动。

最后，综合上述的分析维度，就可以综合判断这次活动的效果如何了。

16.4.3　漏斗分析法

漏斗模型从本质上是一串连续向后影响的用户行为。比如游戏中新用户充值的漏斗模型就是"游戏安装—用户注册—开始游戏—选择道具—支付购买道具"这样完整的、一连串的用户行为。

当前行为的每一步，都是由上一步跳转过来的，步与步之间都存在一定的转化率。最后把每一步的转化率相乘，就得到了这个漏斗的最终转化率。

在使用漏斗分析法时一定要注意任何漏斗模型都是有时间窗口的，因此要根据业务情况选择对应的时间窗口。

按天计算的漏斗模型适合对用户影响短期有效的事件；按周计算的时间窗口适合业务复杂度高、决策成本大、需多次完成的事件；如果按月来算则适合那些决策周期更长的事件。所以根据业务情况选择漏斗模型的时间窗口非常重要。

此外，漏斗模型是有严格顺序的，不能跳过任意一个步骤去分析漏斗模型。沿用上面的游戏充值的例子，我们不能跳过开始游戏、选择道具，而直接分析游戏安装和支付购买道具这两者的漏斗关系。

最后，漏斗分析适用于有明确业务流程和业务目标的业务，不适用没有明确的流程、跳转关系复杂的业务。漏斗分析法的实际应用如图 16-1 所示。

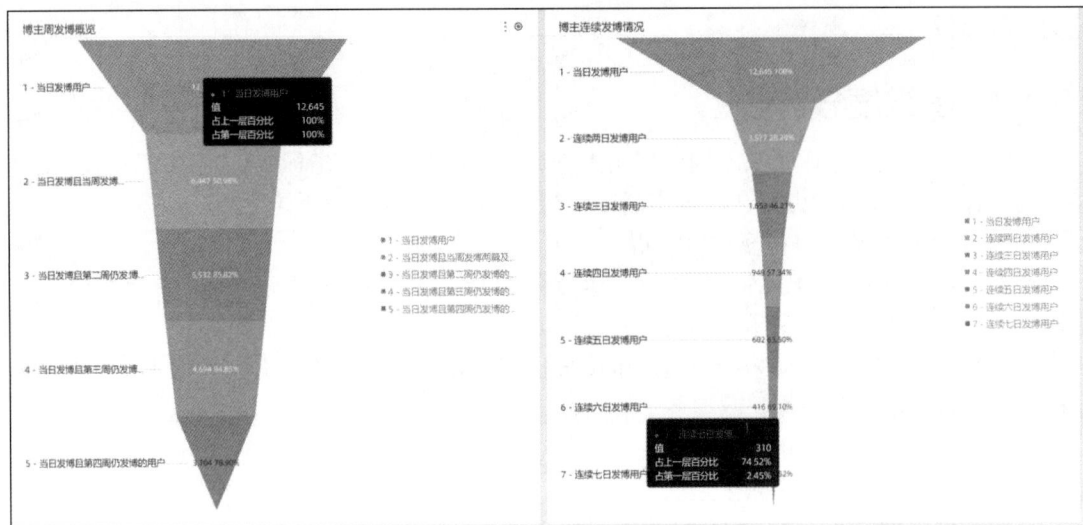

图 16-1 漏斗分析的实际应用

16.4.4 留存分析法

在学习留存分析法之前，想先问个问题，你有想过为什么要关注留存的数据吗？

其实，留存的用途主要是两个方面，一个是偏重短期观察的日留存，以日为单位来衡量用户渠道带来的表现；另一个，是以周/月为单位来衡量产品健康情况，通过观察大盘的周/月留存，来衡量用户在平台的黏性。

留存本身是个最终指标，"产品""运营""技术""市场"每个环节都会对它造成影响。因此，就需要一种方法区分不同原因对留存的影响。

这就是大盘留存和精准留存。所谓大盘留存主要是将某一时间段与另一时间段的用户 ID 交叉去重新观察产品整体的留存情况；而精准留存比较复杂，主要通过对指定用户 ID 过滤特殊行为后，将不同用户放在不同组，观察其之间的留存区别。在评估产品的功能黏性和验证产品长期价值时，留存分析法十分适用。

留存分析法的实际应用如图 16-2 所示。

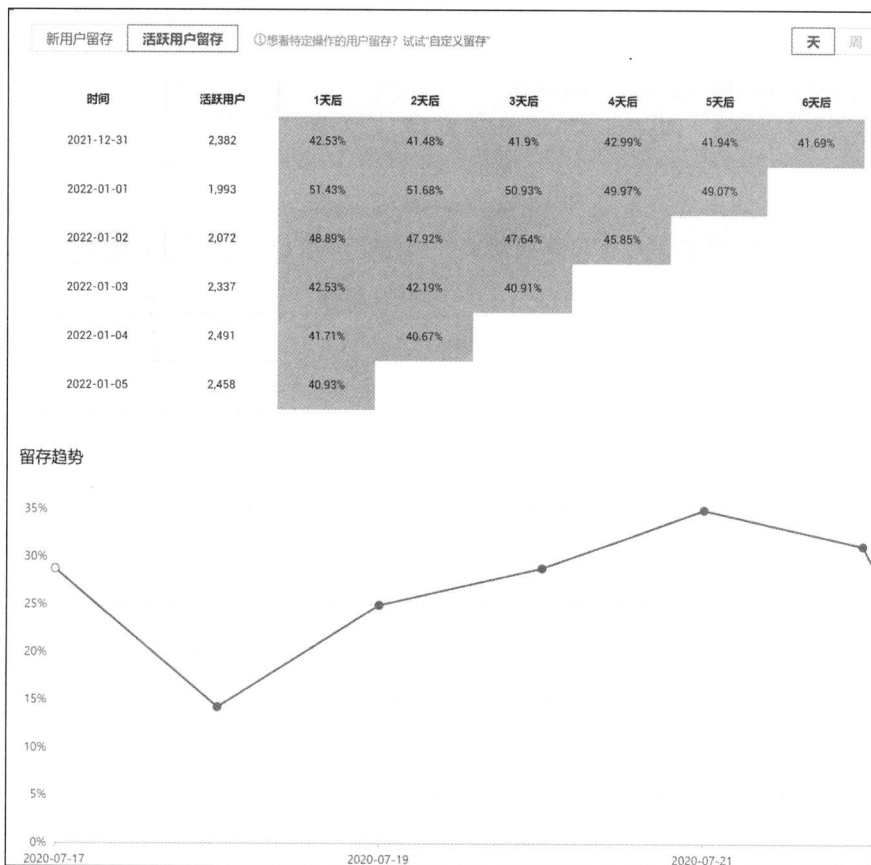

图 16-2 留存分析法的实际应用

16.4.5 公式拆解法

公式拆解法是指对目标数据用已知公式进行拆解，从而快速找到影响目标数据的因素，对构成因素进行更细致分析的一种数据分析方法。公式拆解法没有固定的标准，一个目标数据在不同的场景下或者解决的问题不同，需要利用公式拆解的细致程度不同。

例如：用公式拆解法分析某产品的销售额降低的原因。首先对公式进行拆解：

- 产品销售额=销售量×产品单价；
- 销售量=渠道 A 销售量 + 渠道 B 销售量 + …；
- 渠道销售量=点击用户数×下单率；
- 点击用户数=曝光量×点击率。

然后我们对分解的结果依次进行分析。

第一步：找到产品销售额降低的影响因素。产品销售额=销售量×产品单价。明确销售额低的原因是销售量过低还是价格设置不合理。

第二步：找到销售量的影响因素。逐一分析各渠道销售量，对比以往数据，明确是哪些渠道销售量过低。

第三步：分析影响渠道销售量的因素。渠道销售量=点击用户数×下单率。分析是点击用户数下降了，还是下单量过低。如果是下单量过低，需要确认该渠道的广告内容针对的人群与产品实际受众符合度高不高。

第四步：分析影响点击的因素。点击用户数=曝光量×点击率。如果是点击用户数下降了，那是因为曝光量不够，还是因为点击率太低？如果是因为点击率低则需要优化广告创意，如果是因为曝光量不够，则和投放的渠道有关。数据指标拆解的过程如图 16-3 所示。

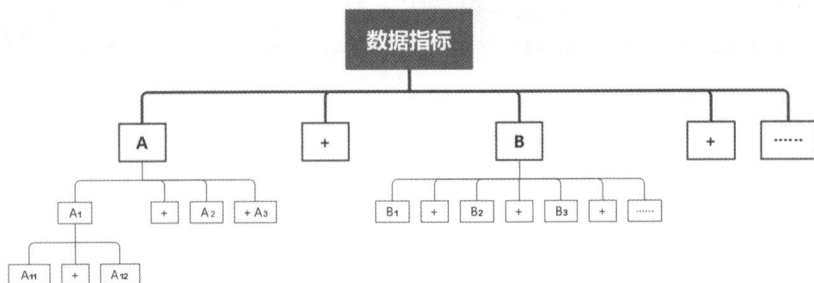

图 16-3　数据指标拆解的过程

通过对销售额的逐层拆解，细化评估以及分析，就可以搞清楚销售额降低的真正原因。

16.4.6　用户路径分析法

简单来讲，用户路径分析法就是抽取用户在网站或 App 中的访问路径，并用可视化的图表呈现路径的一种数据分析方法。用户路径分析法包含全路径分析法、转化路径分析法和特定人群路径分析法 3 种分析方式。

16.4.6.1　全路径分析法

当用户访问网站或使用 App 时，他们是否如预期的那样进行访问？是什么原因让他们半路遇到阻碍而沮丧离开？全路径分析法，正是为了解决这类问题而产生的。

全路径分析法是以某个页面/事件为起点进行分析的一种图形化数据分析方法。其中，路径节点、流量、流向是全路径分析法中最重要的 3 个元素。路径节点可以为某个页面，如个人主页、登录页、商品详情页等；也可以为某个事件（用户动作），如搜索、收藏、点赞、支付等。使用全路径分析法进行数据分析，有如下两点好处。

1. 优化流量流向与配比

通过全路径分析，以树状结构图呈现流量的流向与分布，由此可以判断出：

- 每个路径节点的流量流向是否与预期一致；
- 每个路径节点的流量在整个路径中的占比。

在明确问题后，可以结合其他数据分析实现定向优化。比如想要知道从"首页"到"vlog

频道"的流量过低是不是因为首页上的 vlog 频道入口设计得不够清晰，只要结合几次改版 vlog 按钮的点击量，就可以快速定位问题，找出答案。

2．降低访问跳出率

通过树状结构的全路径分析，可以判断出：

- 路径的整体跳出率是否正常；
- 每个路径节点的跳出率是否正常。

这里还以"首页"到"vlog"频道流量过低的问题举例。一条路径的整体跳出率偏高，很可能是因为这条路径的设计存在缺陷，没有较好较满足用户需求。因此只要优化这条路径的设计，就能降低整体跳出率，提高访问流量。

全路径分析法的实际应用如图 16-4 所示。

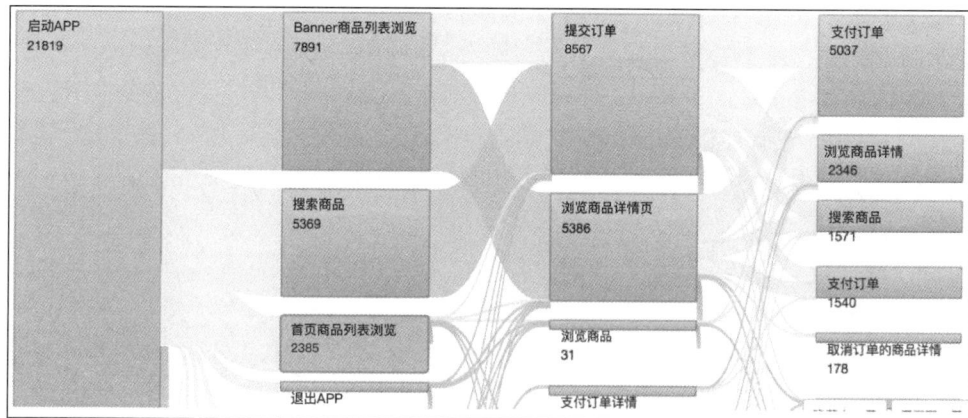

图 16-4　全路径分析法的实际应用

16.4.6.2　转化路径分析法

对于产品经理来说，总是希望用户能按照自己设计的预定路线去做事情。

例如，对于电商平台，就希望用户能够按预先设计好的路径去商品详情页下单购买。

而实际上用户是如何到达商品详情页的？其间，他们又经历了什么？不同的预设路径谁的转化率最高？这些问题通过路径转化分析都能获知答案。

转化路径分析法，是以页面/事件为终点，通过图形化的方式进行数据分析的一种用户路径分析法。通过路径转化分析，可以知道以下信息。

- 到达设定终点的主路径是什么？支路径是什么？
- 每条路径的转化率如何？
- 用户为什么会选择这样的路径？

从而进行有针对性的优化与改进，提升路径的转化率。

举个例子，某电商平台购买商品的路径有 A、B 两条，这两条路径的转化率和用户数如表 16-2 所示。

表 16-2 某电商平台用户转化路径和用户数

	路径 A	路径 B
转化率	17%	6%
用户数（个）	8000	30000

根据数据，便可以明确问题的解决方向。

● A 路径转化率明显高于 B 路径，能否将分配给 B 路径的流量导向 A 路径？

● B 路径的转化率过低，原因在于路径的某个节点转化率出现问题，是否可以优化？

用户转化路径的实际应用如图 16-5 所示。

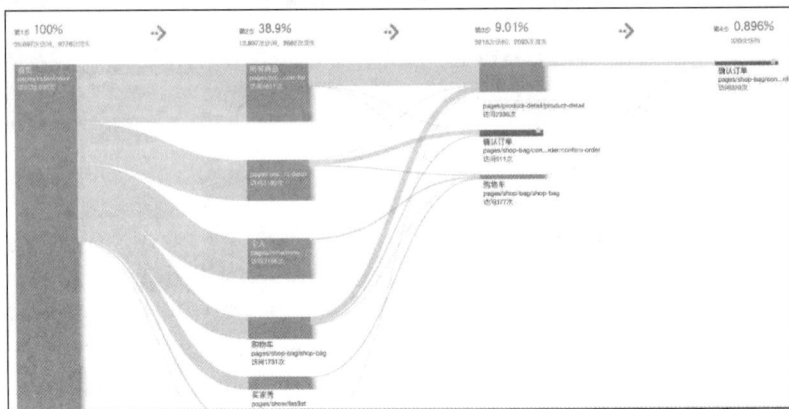

图 16-5 用户转化路径的实际应用

16.4.6.3 特定人群路径分析法

所有的用户路径分析都离不开路径节点、流量、流向。之前介绍的全路径分析和转化路径分析，本质上就是路径节点和流向的差别。因此对于流量同样可以以人群做特殊划分，进一步分析用户的行为轨迹。

想要查看特定人群的路径图，实际上就是将具有相同属性的人群聚合在一起进行分析。例如，使用 iPhone 的人群的用户路径的跳出率远低于使用小米手机的，是否因为产品对小米手机的支持做得还不够好？还有大城市和乡镇哪类用户的转化率更高？

对于这类问题，只要聚类特定的人群，采用全路径或转化路径的分析方法即可。

用户路径分析，能够帮助我们统筹全局，对整个网站/App 的用户流向进行分析。通过观察用户从哪里出发、最终到了哪里、又在哪里离开以及怎么到达的目的地，再结合每一步的路径数据，就能够迅速定位产品的问题。

用户路径图中的每条路径，实际上就是一个天然的漏斗。所以，对于用户路径发现的问题，都可以使用漏斗分析法做进一步的分析并找到解决问题的最终办法。

因此在工作中善用用户路径分析法，也是产品经理解决问题的一个实用方法。用户路径分析法的实际应用如图 16-6 所示。

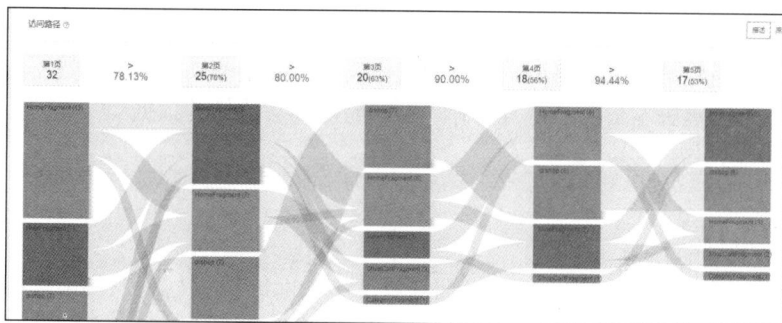

图 16-6　用户路径分析法的实际应用

16.5　数据分析的实用技巧

要想做好数据分析，还需要掌握"看趋势""看对比""看细分"的三看技巧。

16.5.1　看趋势

首先要学会从数据中看趋势。顾名思义就是追踪数据的趋势变化，找到数据增长或者下降的拐点（数据异常点），然后分析对应的问题和问题背后可能的原因。看趋势通常适用于一些数据指标的长期追踪或者判断某些关键动作是否有效。看趋势重要的一点是找到数据变化的拐点（异常点），有些时候数据拐点的确认并不是那么容易，就需要对照数据图表反复观察与辨认。

16.5.2　看对比

在数据分析中，除了要学会看趋势外，还要学会看对比。俗话说"没有对比就没有伤害"，假如今年你的产品的增长速度是 50%，自己感觉已经很不错了，但去年这时你正以 100% 的速度进行增长，一对比就发现问题所在了。所以，只有将数据对比起来分析，才会透过数据看出背后真正的问题。

关于数据对比，一方面是纵向对比，即自身和自身进行对比；另一方面是横向对比，即自身和别人进行对比。

纵向对比通常包括环比和同比，对比的方法在上文已经有所详述。关于纵向对比，还需要关注一些周期性的波动，比如我之前做过的一个项目，内容发布平台的发文量就呈现周一最高、周二周三持续低迷、周四小幅回升、周五平稳、周六周日跌至谷底，然后持续循环的趋势。

所以，在做纵向对比分析时，有时需要把数据周期延长，才能成功避开周期波动对数据变化的影响，得出更加准确的分析结论。

横向对比通常包括行业竞品和全站数据对比等。

行业竞品对比，主要是对比自己和行业竞品的相关数据，从而了解自有产品在行业中的位置。

全站数据通常指的是大盘数据，有些时候如果发现产品某些功能模块的数据上涨了，但其实并不一定是这个功能模块本身设计得有多好，而可能是产品整体的数据上涨联动了这个模块的数据上升。

16.5.3 看细分

数据分析第三个技巧是学会看细分。细分数据不仅能够追溯问题发生的原因，还能为后续的一些动作提供参考依据。主要是通过拆解分析更细致的维度和量度数据、原有数据、用户数据、因子数据，来实现对数据的精细化分析。

1. 拆维度和量度

维度：就是分析的角度，比如城市、时间、新老用户、操作系统等。

度量：就是具体的数值，比如 UV、PV、转化率、DAU 等。

通过拆分更细致的维度和量度数据，就可以将不同的维度和度量进行交叉对比分析，发现问题，找到一些可能的原因。

例如，通过对比产品的 DAU 和留存率，可以发现虽然产品整体 DAU 在逐渐上升，但同时老用户的留存率却是在下降的。显然如果只看度量数据，是很难发现这个问题的。

2. 拆数据

拆数据是指对原有的数据进行进一步的细分拆解，得到更多的细分数据，并对拆分后的细分数据进行交叉关联分析，得出相关的分析结论的一种分析技巧。

例如，对于资讯类 App 产品，可以通过拆数据的方式分析得出"新用户阅读了多少篇文章后，留存在 App 的可能性会增加多少"这样的结论，从而更好地提升产品留存率。

3. 拆用户

拆用户主要是针对用户进行分群，结合数据进行交叉对比，得出分析结论的一种分析技巧。通常情况下，可以按照用户的静态属性和动态属性进行拆分。

- 静态属性：主要指新老用户、版本、终端、地域、操作系统、渠道等。
- 动态属性：主要指用户的行为，比如按点击次数、行为路径等进行分群。

例如，通过拆用户对比数据，发现"北京地区新用户，浏览商品详情页 2 次以上，会有 50% 的用户下单购买商品"。根据这个结论，就可以更有针对性地对产品进行优化调整。

4. 拆因子

这种方法类似于公式拆解法，核心技巧就是尽量把目标数据转换成一个具体的公式，然后再按因子去拆解分析。

比如商品交易总额（GMV），便可以通过拆因子将其拆解成如下形式。

GMV = 下单用户量×客单价
= （新增用户数+留存用户数+回流用户数）×客单价
= （广告触达量×转化率 + 原有用户×留存率 + 召回触达用户量×回流率）×
（商品量×商品单价）

然后针对每个因子进行数据分析，找到提升 GMV 的方法。

下面，用一个简单的案例来说明数据分析到底该怎么用。

16.6 案例分析：某生鲜电商数据分析

案例背景：假如你是某生鲜电商公司的产品经理，某日数据后台显示交易额跌了 10%，领导让你查原因。遇到这个问题你会怎么办呢？

首先，要确定问题的严重性。假设，如果这个下跌是个例，那么往期应该没有如此大的跌幅。假如通过对数据的周/月同比分析发现，往期确实没这么大的跌幅则证明这个问题真的存在个例，而且是个严重的问题。

确定问题的严重性后，还需要考虑是不是交易服务出现问题所导致的交易额下跌。如果是技术问题，数据应该短期断崖式下跌，程序修复后会涨起来。通过后台按小时查看，数据符合平时流量规律，排除由于交易服务引起的问题。

在确认技术没有问题后，需要考虑是不是渠道出了问题。如果是渠道问题，应该存在某渠道远远低于平时流量的现象。按渠道维度拆解进行漏斗分析，发现百度渠道明显下降了 15%，说明这个渠道有问题，需要进一步查明原因。

除此之外，还要从产品角度考虑，由于此案例中的产品属于电商类产品，因此还要考虑是不是有缺货问题。如果有缺货，应该是某个地区的销售量远低于其他地区。结果按地域维度拆解流量对比分析，发现杭州和大连地区销售量降了不少。

最后，得出结论。由于百度的 SEM（搜索引擎营销）配额消耗完没有及时补充，以及两地物流配送引起的缺货问题导致交易额下跌了 10%。通过补充 SEM 配额和适当的补货，订单最终又恢复到了之前的状态。

可以发现，在这个案例中，通过运用发现异常、找出问题、确定原因、针对性解决问题及执行的问题分析过程，以及对比分析、漏斗分析、多维度分析等常用数据分析方法，最后找到了问题真正的原因。

16.7 本章小结

本章介绍了产品经理必须要掌握的数据分析要点，重点内容如下。

（1）数据分析是一种通过观测数据，分析数据变化趋势并进一步挖掘数据的真实意义的分析方法。

（2）数据分析过程为确定目标、收集数据、整理数据、构建体系、分析数据、改进跟踪。

（3）使用对比分析法时要搞清楚比什么、和谁比和怎么比。

（4）多维度分析法的本质是从不同的视角拆分、观察同一个数据指标变化的一种方法。

（5）漏斗分析法适用于有明确业务流程和目标的业务。

（6）评估产品的功能黏性和验证产品长期价值时，留存分析法十分适用。

（7）学会使用公式拆解法找到影响目标数据变化的关键因素。

（8）路径节点、流量和流向是全路径分析法的三个重要元素。

（9）学会使用"看趋势""看对比""看细分"的"三看"分析技巧。

16.8　知识模型

我总结了本章的知识模型，读者可以关注公众号"cpzjguoshan"，输入关键词"B1C1601"，下载模型，为自己的产品经理知识拼图新增一块内容。

注：知识模型为脑图软件 MindMaster 专用格式，请读者使用 MindMaster 软件查看。

16.9　大咖助力

产品大咖说："产品经理需要不断地提升自己的数据分析与挖掘能力。"

如果你在数据分析中遇到了什么困难，欢迎你加我微信：pmguoshan，让我来帮帮你。

17

➤ 第 17 章 产品经理的创新思维

本章导语：戴森吹风机凭什么受到全球万千消费者的喜爱？又是什么让特斯拉电动车被消费者追捧？为什么华为 HarmonyOS 系统好评如潮？这些问题有着一个统一的答案：产品创新。

在本章中，我们就围绕产品创新这个话题，分析产品创新背后的逻辑以及高效创新的方法。

让我从一次大学同学聚会开始说起吧。我有个大学同学就职于一家互联网公司。我有一次在同学聚会上碰到他，就聊起彼此正在做什么，他神神秘秘地跟我说他在做产品创新。我就非常好奇地问他是怎么做的。结果得到的回答是："其实吧，就是绞尽脑汁给公司想些好点子……"听到这个回答后，我知道这家公司的产品创新基本做不成了。

真正的产品创新不是绞尽脑汁地想好点子，也不是突然灵感迸发，冒出改变世界的想法，而是需要踏踏实实，一步步地从微小的改变开始。

17.1 产品微创新的重要性

对于产品创新，产品经理们总会陷入这样一个误区：希望自己也能像苹果公司一样颠覆行业，创造出独一无二、前所未有的新产品。

拿苹果公司来说，苹果公司非常善于洞悉并抓住常人无法轻易发现的需求，创造出一种全新的产品，就此改变人们的生活方式。不仅如此，苹果公司还创建了一套游戏规则，彻底颠覆旧产业模式，打造了属于自己的全新产业生态系统。苹果公司这种颠覆性的创新会让人感到心潮澎湃、激动不已。

但颠覆性创新也存在一定的风险，颠覆性创新的前提是深刻地理解和把握住用户需求，不然可能导致产品或公司走向灭亡。在互联网行业里，很多成功的产品并不是一味地追求颠覆性创新，而是将微创新做到了极致。

360 公司的周鸿祎先生对微创新进行过定义：产品可以不完美，但只要能直击用户痛点，把一个问题解决好，有时候就能实现单点突破，这种单点突破叫作微创新。多次的微创新可以引起质变，进而形成变革式的创新。

360 安全卫士就不断使用微创新来提升产品的易用性和用户的使用感受，最终超越众多竞争对手，成为国内免费杀毒软件的代表，如图 17-1 所示。

图 17-1　采用大量微创新的 360 安全卫士

所谓微创新，并不是像苹果公司那样以一种全新的方式来满足人们的本质需求，而是从现有产品的局部细节入手，提供更加新颖、好用的功能，让用户使用产品更加简单、方便。

虽然，在效果上，微创新没有颠覆性创新那么明显，但微创新带给产品的价值却丝毫不比颠覆性创新低。如果说，颠覆性创新能够让产品与众不同，在市场上异军突起；那么，微创新能让产品更契合用户的需求，给用户带来一个个的小惊喜，让用户对产品不断产生好感。

首先，微创新同样能给用户留下深刻印象。只要能着眼于用户的痛点，对产品细节不断进行优化，哪怕只是非常微小的创新，同样能让用户对产品留下深刻的印象。

其次，微创新也遵循从量变到质变的定律。大量的微创新能够给产品带来明显的差异化竞争优势。例如百度搜索（如图 17-2 所示），就是在大量的微创新中达到了质变，跻身国内搜索引擎排名前列。

图 17-2　百度搜索

总体来说，产品创新无论是大是小，对于产品来说都是有价值的。说到产品创新，很多人总觉得这事很玄乎，无从下手。其实，只要我们能够掌握创新的一些常用方法，产品创新还是很容易实现的。

17.2 产品创新常用的 6 种方法

产品创新的常用方法包括加减法、替代法、组合法、逆向法、奔驰法和水平思考法 6 种。

17.2.1 加减法

加减法是指增加某个事物的属性值，让它变多、变长、变大、变快；或是减少某个事物的属性值，让它变少、变短、变小、变慢。加减法是可以使现有事物发生较大改变的一种创新技法。

正确运用加减法的要点是增加或减少事务的属性，而不是增删一些无关紧要的部分，或者在原有版本的基础上弄出个"低配版"。无论是增加还是减少属性，使用这个创新方法都能让事物发生较大的改变。

在互联网领域，有很多使用加减法进行产品创新的案例。例如当年谷歌公司推出 1 GB 免费存储空间的电子邮箱 Gmail 时，主流的电子邮箱服务都只能提供 2 MB 或者 4 MB 的免费存储空间。Gmail 这个后起之秀正是凭借超大的免费存储空间和全新的特殊功能，迅速在电子邮件服务市场获得了一席之地。这是典型的使用加法策略进行产品创新的案例。

还有，正当所有的社交网络都在努力推送好友给用户、想方设法扩充用户的好友数时，社交应用 Path App 反其道而行之，把自己定位为私人社交网络，最多只允许用户添加 150 个好友，并鼓励用户和亲密的人建立更加紧密的网络关系。正是这新颖的定位和独特的用户界面设计为 Path App 带来了一大波用户，让 Path App 成为社交领域一股不可小觑的力量。也正是因为 Path App 使用了减法策略，才让 Path App 得以在当年快速发展，Path App 界面如图 17-3 所示。

我曾做过一款面向海外用户的手机桌面类产品 CLauncher（如图 17-4 所示）。当时使用了减法创新策略，去掉了手机桌面其他的各种功能，只保留手机美化这条功能主线，结果一上线就深受用户喜爱，且上线当年就被 Google Play 评为"推荐应用"。

类似的通过加减法来进行产品创新的例子还有很多。比如，"秒杀"相当于将商品的购买时间缩短到某一秒，博客、微博、轻博客的产品定位主要通过用户可展示内容的丰富程度来区别，等等。

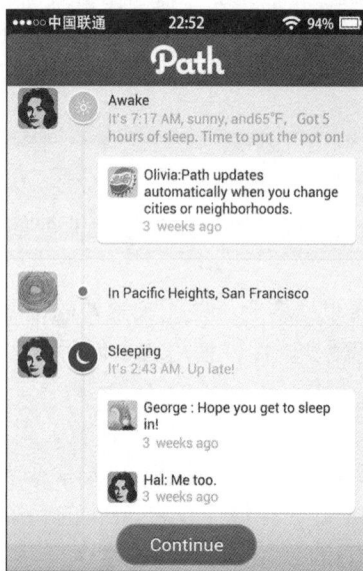

图 17-3 Path App 界面

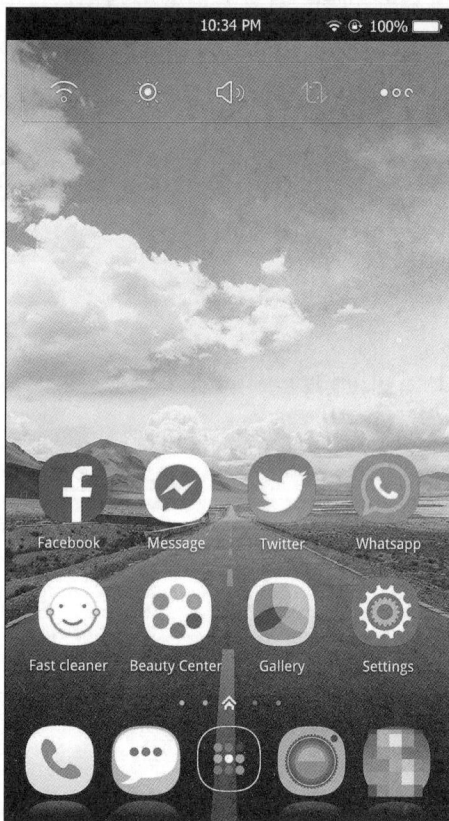

图 17-4 使用减法策略取得成功的 CLauncher

17.2.2 替代法

替代法是使用新元素替代现有事物部分旧元素（功能、方法、原理、组件、形状、材料等），从而让原有事物产生新效果的一种创新方法。

在互联网领域，微信就成功地使用过替代法进行语音交互的创新。

微信在刚推出的时候，创新地使用了语音输入替代传统的文字对话，推出的语音对讲功能（如图 17-5 所示）吸引了一大批用户。相较于传统的用文字发送短信，用语音发送信息显得更加方便，而且所表达的内容也更加丰富，微信这种新奇的沟通方式迅速成为一种新的潮流。

又如我们熟悉的 iPhone，第一代 iPhone 就有可多点触控的显示屏幕。在这个屏幕上，人们通过手指的触摸操作就可以轻松控制一切。而到了第五代 iPhone（iPhone 4S），吸引人们的就是 Siri 语音助手（如图 17-6 所示）。iPhone 这两次创新的思路是一样的，都是用更先进的输入方式替代现有的交互方式。

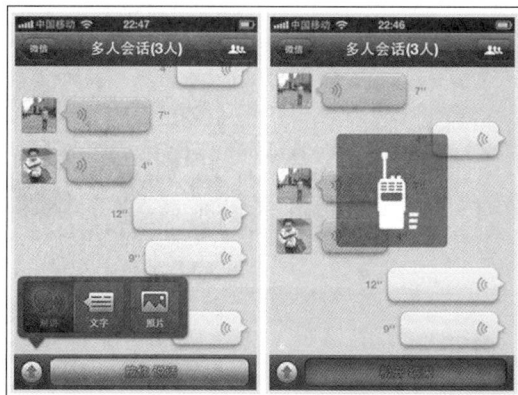

图 17-5　微信早期版本的语音对讲功能

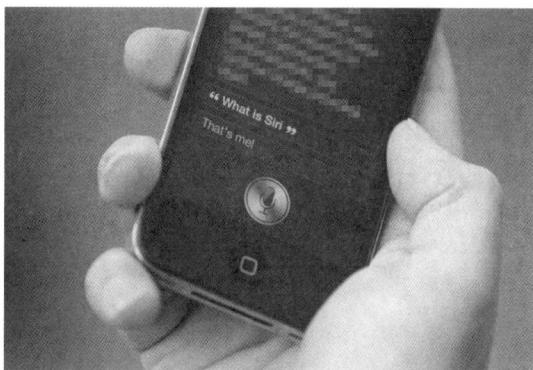

图 17-6　iPhone 的 Siri 语音助手

17.2.3　组合法

组合法是将两个或两个以上现有事物的元素（功能、方法、原理、组件、形状、材料等）巧妙地组合在一起，从而产生新事物或让原有事物产生新效果的一种创新技法。

在互联网领域，陌陌的组合创新就做得非常成功。陌陌（如图 17-7 所示）当年创新性地将传统交友功能和定位功能进行组合，从而使交友变得更加真实，而且新鲜、有趣。基于定位功能，用户可以搜到很多附近的人，然后就可以和他们打招呼、聊天。正是基于这一创新，再加上顺应了移动互联网兴起的浪潮，陌陌最后成功上市。

还有，将卡片机体形小巧的优点和单反相机画质出色的优点融合在一起，就产生了微单这种介于单反相机和卡片机之间的产品。这种组合式的创新，给当时的数码相机行业带来了一次革命性的改变。

我在新浪工作的时候，将"二次元"和短视频进行了组合，从而创造了一款全新的"二次元"短视频产品，该产品在上线时得到了不少"二次元"用户的喜爱。

图 17-7　融合交友和定位功能的陌陌

17.2.4　逆向法

逆向法是从与常规思路相反的角度去解决问题，从而使原有事物产生让人耳目一新的效果的一种创新技法。说白了，逆向法就是"反着来"的一种创新方法。

互联网领域有一个有趣的现象，在某个方向上，用户需求越是被满足，越会在此方向上产生强烈的反向需求。因此，我们只要在平日里多注意观察、多研究产品，就能发现这些产品可以创新的地方。

在互联网领域，利用逆向法创新的案例也非常多。

例如，传统的社交关系都是双向关注（如 Facebook），但 Twitter（如图 17-8 所示）却使用逆向法创新性地采用了单向关注的模式，用户可以任意关注想关注的人，包括各种明星、政要、行业领袖等。通过这样的关系网，信息的传播变得非常迅捷，这也是很多重大新闻都是由 Twitter 第一时间曝出来的原因。

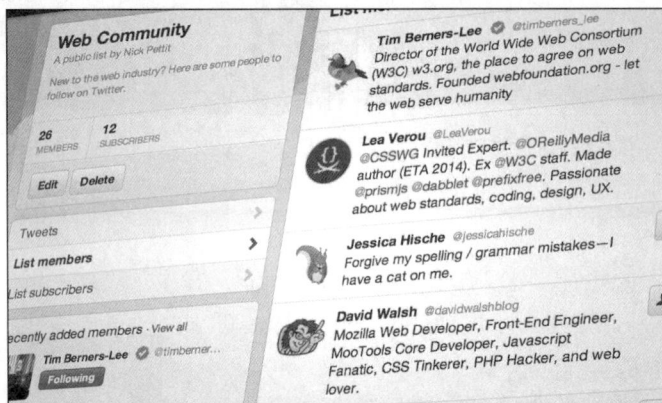

图 17-8　使用单向关注关系的 Twitter

又例如，在线旅游网站 Priceline（如图 17-9 所示）一改原来的定价模式，逆向提出"Name Your Own Price"（自助定价）方式。这个服务就是用户针对网站上某个产品给出希望的价格，然后商家会反馈用户这个出价是否被接受，如果被接受，那么交易达成，用户不得反悔，必须完成这次交易。凭借定位模式的创新，Priceline 的盈利能力远超部分国内大型互联网公司。

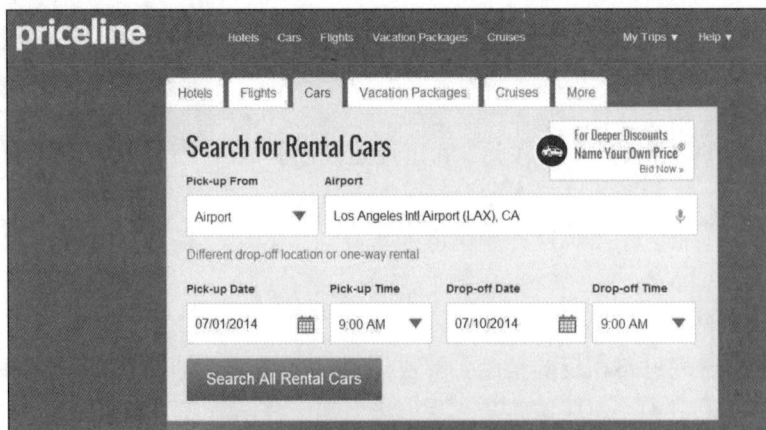

图 17-9　使用逆向法创新的 Priceline

17.2.5　奔驰法

由美国心理学家罗伯特·艾伯尔发明的奔驰法（SCAMPER）适合用在创新过程中的发散思维阶段。特别是在感觉创造力枯竭，想寻找新创意却陷入束手无策的困境时，使用奔驰法可以让人暂时忽略可行性和相关性，得到一些出人意料的创意。

17.2.5.1　奔驰法的组成

SCAMPER（奔驰法）是 7 个英文词汇的缩写，同时也代表着 7 个解决问题的方向，这 7 个方向是替代（Substitute）、合并（Combine）、调整（Adapt）、修改（Modify）、改变用途（Put to other uses）、消除（Eliminate）、反向（Reverse）。

1．替代（Substitute）

思考模型：有什么事物可以被替代？有什么人物可以被替代？可以更改成分或者原料吗？可以采用其他的工艺或者方法吗？

以打车 App 滴滴出行为例：与传统的打车方式相比，滴滴出行将"线下打车"的方式替换成"网络约车"，将原先的"司机被动等客"的方式替换为"系统派单"的模式。

2．合并（Combine）

思考模型：有什么想法可以合并？有什么目的可以合并？有什么功能、信息内容可以合并？有什么流程、步骤可以合并？

以去饭店点菜为例：我们去饭店吃饭，经常会碰到的场景是，大家围着点餐者的手机，几个人轮流传递手机点餐，既浪费时间又容易遗漏，后面自己点过什么也可能不太记得。

对于这种场景，点餐系统创新的多人在线点餐功能（如图 17-10 所示）就是利用合并的方式，所有人扫描桌上的二维码自行点餐，所有点餐信息最后合并在一个订单中。

3．调整（Adapt）

思考模型：产品有什么可以调整的地方？有什么其他事物与产品类似？可以从哪里借鉴模仿？可以引入别的想法吗？有其他的方法可以用到这里吗？有什么其他领域的创意可以借鉴吗？

以拟物化设计为例：产品通过模拟真实世界的某个物品及其使用方式，让用户可以将现实生活中的使用经验顺畅地转移到产品上。例如，阅读类 App 的书架模拟了现实的书架、网易云音乐的播放界面（如图 17-11 所示）模拟了留声机的效果等。

4．修改（Modify）

思考模型：如何改变事物的某些特征？如颜色、声音、形状等。有什么地方是可以夸张的？有什么可以做到极致？

以微信"扫一扫"为例：当扫描的二维码距离较远时，系统会自动放大要扫描的内容。这就是运用了修改策略，将原有的内容放大。

5．改变用途（Put to other uses）

思考模型：产品是否存在其他用途，以后可否改进？产品存在其他的市场吗？

以微信支付为例：微信支付是 Put to other uses 的典型案例，从线上支付到线下支付，从红包转账到微信群 AA 收款，从个人交易支付到集体消费支付，基本上覆盖了所有支付场景。

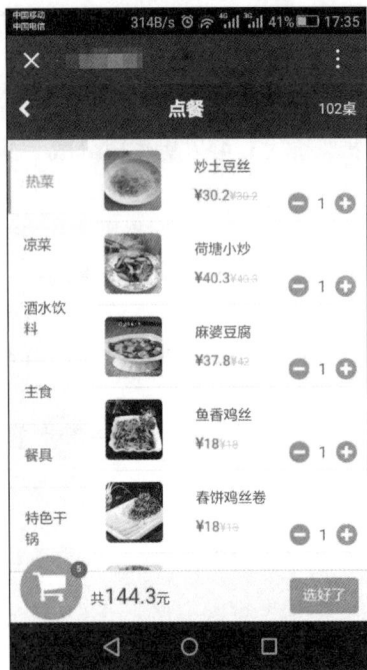

图 17-10 使用合并创新策略的多人在线点餐系统

图 17-11 使用拟物化设计思路的网易云音乐播放界面

6. 消除（Eliminate）

思考模型：产品有没有可以删减的地方？有没有可以缩小的地方？有没有可以分割的地方？有没有可以省去的地方？有没有可以取消的规则？

"消除"也就是我们常说的极简设计，即给用户尽量简洁的界面、尽量少的操作和尽量短的流程。

以一键下单为例：用户之所以喜欢 Kindle 电子书的一键下单功能（如图 17-12 所示），是因为一键下单省去了以往购物过程中烦琐的加入购物车、确认订单等流程，让购买变得异常简单。

7. 反向（Reverse）

思考模型：可否重组或重新安排产品的顺序？把产品的顺序颠倒一下会怎么样？还有其他的排放顺序吗？产品的组成部分可以互换吗？时间顺序可以反过来吗？

图 17-12　Kindle 电子书的一键下单功能

以 App 的"随便逛逛"模式为例：很多 App 都提供让用户随便逛逛或以游客身份浏览的模式，允许用户"先看看"，当用户真正被产品吸引了之后，再引导用户注册/登录。这样一个顺序上的改变，显然降低了用户使用 App 的门槛。

17.2.5.2　奔驰法的具体实践步骤

可以按照以下步骤使用奔驰法进行创新。

第一步：列出现有产品的问题等。

第二步：使用奔驰法，结合 7 个切入点找出合适的创造对象。

第三步：根据需要创造的对象或需要解决的问题来设计问题。

第四步：逐项加以讨论、研究，从中获得解决问题的方法和创造发明的设想。

第五步：评估可行方案，落实流程改善或进行产品改良。

例如，用奔驰法对麦当劳的商业模式进行创新。

- 改变用途：出售餐厅和房产，而不只是出售快餐。
- 消除：实现自助服务，从而避免高昂的人工成本。
- 调整：让顾客在用餐前付款。

17.2.6　水平思维法

看过辩论赛的读者应该都有所感触，辩论赛中正反双方选择了一个立场之后，要努力寻找能支撑各自立场的论点、论据，并且在这个立场下深入挖掘。这就是典型的纵向思维，如图 17-13 左图所示。

水平思维（见图 17-13 右图）正好与纵向思维相反，它需要我们尝试使用不同的认知、概念、切入点，探索多种可能性和方法，而不是在一个方法上不断深入。与纵向思维中关注"事实是什么"不同，水平思维更关心"各种可能性"。在水平思维中，我们可以努力提出各种不同的观点，只要观点是正确的就可以共存；观点之间不存在衍生关系，是相互独立的。

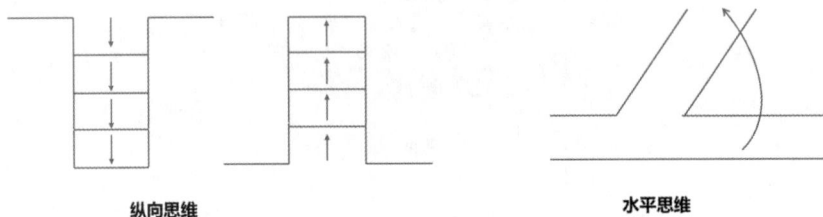

纵向思维　　　　　　　　　　　　　　**水平思维**

图 17-13　纵向思维与水平思维的差别

要想使用水平思维进行创新，需要学会创造性停顿、创造性质疑和概念扇这 3 种思考方式。

17.2.6.1　创造性停顿

创造性停顿是一个简单、轻松的方法。我们可以把它看作一种重要、主动的思考习惯。例如通过创造性停顿思考"这里有另外的可能性吗？""那是唯一的解决方法吗？"，或者仅仅是想"我要留心/注意那件事"。

在做产品创新时，也需要这样的创造性停顿，想到一个方案，不要马上照做，而是停下来问问自己"这是唯一的解决方案吗？""还有其他可能的方案吗？"

停顿的时间不宜太久，也不需要绞尽脑汁地去想一个点子。停顿的价值和目的，是通过中断现有的思路，打开新的思维空间。水平思维的本质是思考是否存在更多的可能性，而非针对单一问题的深度思考。

17.2.6.2　创造性质疑

除了创造性停顿，创造性质疑也是水平思维中常用的一种思考方式。

创造性质疑与我们常说的批判性质疑不同，批判性质疑是指不管当前的做事方式是否正确，都会对其进行评价和判断。

创造性质疑挑战的是"唯一性"，而非仅仅对事物的批判。创造性质疑关注的是"当前的方法是不是做这件事的唯一方法？"

创造性质疑包含以下三种常见模式。

1．方式 1：阻塞

如果当前的路线、做事的方法存在问题，或者创新的思路被阻塞了，我们就要找出另一条可选的路径。这时需要问自己"如果我们不能再这样做了，之后应该怎么做？""还有其他什么办法吗？"这种方式会帮助我们产出更多的创新想法，如图 17-14 所示。

2．方式 2：逃离

在创新的过程中，如果发现自己能成功避开现有产品或服务的核心思想、核心方法或突破条件限制，就可以使用逃离的方式，考虑解决这个问题的其他方法。

逃离的本质不是刻意寻找替换方案，而是有意避开已有的方案，创造出更多的可能性，如

图 17-15 所示。例如，思考"如果不必让所有用户下单，可以做什么？"

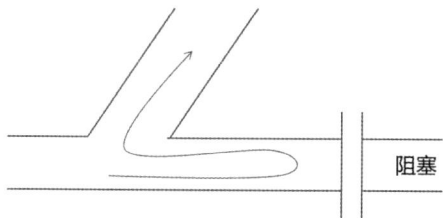

图 17-14　创造性质疑思维模式——阻塞　　　　图 17-15　创造性质疑思维模式——逃离

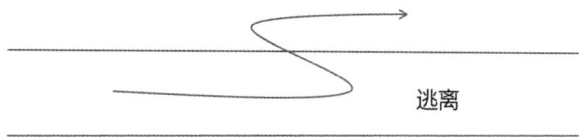

3. 方式 3：放弃

有时候，如果对现有的做事方法产生怀疑，发现完全不需要这样做，就可以选择放弃。

对于产品创新，就可以用创造性质疑的思考方式思考"为什么要做这件事，为什么要这样做，做这件事有没有其他的方法"。如果无法合理地消除自己的质疑，就可以考虑放弃现有的创新方案，去创造一个更符合逻辑的方案。或者，为了让创新方案更优秀，主动放弃现有方案的一部分，如图 17-16 所示。

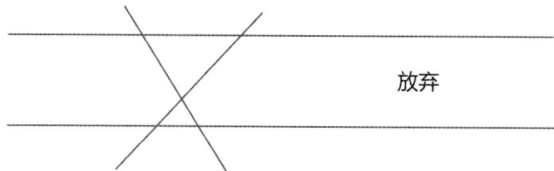

图 17-16　创造性质疑思维模式——放弃

17.2.6.3　概念扇

概念扇也是经常会用到的水平思考方式。概念扇由 4 个部分组成。

- **目标**：有了目标/目的，以及需要解决的问题，才能继续前进。
- **方向**：如果能想到很多广泛的概念，其就成了方向。
- **概念**：做事的一般方法或方式。
- **方案**：实现概念的明确、具体、可以直接付诸行动的方法。

我们可以按照"方案—概念—方向—目标"的方式使用概念扇完成整个创新思维的过程，如图 17-17 所示。

案例分析：把物体贴到天花板上

下面，我们就用概念扇的思考方式思考如何把一个物体贴到房间的天花板上。

目标是把某个物体贴到一个普通房间的天花板上。

首先想到的解决办法是，找一个梯子。但是找不到梯子怎么办，这个任务就不能完成了吗？

进一步思考，"梯子"只是"将我们从地面升高"的一个工具。如果把"将我们从地面升高"作为一个概念，满足这个概念的可选方法还有"站在桌子上"或"找人将我举起来"。

再进一步思考,"将我们从地面升高"只是"缩短物体与天花板距离"的一个方法。如果将它作为一个广义的概念,满足这个广义概念的其他概念还有"延伸我的胳膊""让物体自己移动"等。根据这两个新概念,我们可以想到更多方法,比如使用一根棍子来延伸胳膊、将物体系在气球上再将气球抛向天花板。

运用概念扇思考方式,可以大幅度提升我们的水平思考能力,让创新变得更容易。

下面介绍创新发生的规律。

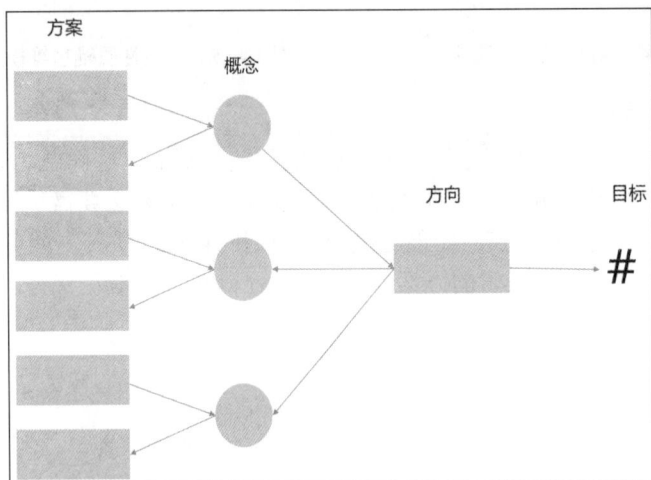

图 17-17 概念扇实施路线

17.3 创新发生的规律

在了解创新发生的规律之前,需要先明确一点:并不是说在创新时遵循了下述规律、使用了上文介绍的创新方法,创新的想法就会源源不断地产生。这些规律的价值是揭示在何种条件下创新更容易产生。以下 4 个规律值得学习与遵循。

17.3.1 规律 1:创新都是长时间思考的结果

创新的灵感看似偶然,实则必然。它是建立在前期大量思维活动的基础上的。在创新产生之前,我们已经进行了大量的思考,大脑中积累了一定的不易察觉的思维成果。即使我们做了别的事,我们的潜在思维可能还在继续进行思考,某一刻创新的灵感就出现了。综上,得到灵感总是要经过长时间的思考。

17.3.2 规律 2:创新在一些适宜的情境下更容易被激发

在一些情境下创新发生的概率更高。一方面,在我们没什么心理压力,精力也相对集中,能让大脑最大限度地运转起来的情况下,创新灵感比较容易被激发。另一方面,与身心放松的情境相反，当我们处于紧张或危急的情况下，特别是在千钧一发的时刻，我们往往能够快速找到解决问题的方法，也就是所谓的急中生智。

17.3.3　规律 3：创新的灵感常常是在其他事物的启发下出现的

我们在思考问题的时候通常有固定的思维模式，这会将我们的思维局限在一定的范围之内，不利于产生新的想法。

外来事物的出现则能够帮助我们打破现状，当我们发现这个事物和自己所面对的问题之间存在内在联系时，一个全新的思路就出现在我们的脑海中，沿着这个思路展开一系列的联想，就很有可能产生前所未有的想法。

17.3.4　规律 4：很多好点子都不是一步到位想到的

在创新的过程中，我们不应该轻易地否决那些看似不靠谱的点子，也不应该嫌弃那些小点子，更不应该对别人的点子抱有偏见，因为即使是一个看似异想天开的想法，都有可能成为一块伟大创新的基石。

17.4　本章小结

本章介绍了产品经理的创新思维，重点内容如下。

（1）加减法、替代法、组合法、逆向法、奔驰法和水平思考法是产品微创新的 6 种方法。

（2）很多成功的产品并未一味追求颠覆性创新，而是将一次次的微创新做到了极致。

（3）多次微创新可以引起质变，形成变革式的创新。

（4）创新无论是大是小，对于产品来说都是有价值的。

（5）在进行产品创新时，切忌好高骛远，一味地追求颠覆性创新；切忌过于自负，看不起那些产品的小改进。

（6）合理利用创新产生的规律，让产品创新变得更容易。

17.5　知识模型

我准备了相关的知识模型，读者可以关注公众号 "cpzjguoshan"，输入关键词 "B1C1701" 下载模型，为自己的产品经理知识拼图新增一块内容。

注：知识模型为脑图软件 MindMaster 专用格式，请读者使用 MindMaster 软件查看。

17.6　大咖助力

产品大咖说："不懂创新的产品经理注定会被淘汰。"

如果你在产品创新中遇到了什么困难，欢迎你加我微信：pmguoshan，让我来帮帮你。

17.7 练习实践

请使用本章介绍的产品创新方法，为微信读书设计创新功能。

Part 03

第三部分

掌握产品经理的软技能

第 18 章　产品经理的实用沟通方法

本章导语：产品经理是公司里的沟通枢纽，上要向领导汇报，下要和团队合作，一边需要跟业务方对接需求，一边还要和技术团队推进项目。可以说，产品经理是整个公司里与人打交道最多的岗位之一。

沟通自然成为产品经理的核心工作之一（大约占全部工作的 30%~40%），良好的沟能力也成为产品经理顺利开展工作的必备技能之一。

本章，就让我们一起了解产品经理的实用沟通方法。

18.1　沟通前需要做的准备工作

很多产品新人对高效沟通一直都有错误的认知，以为自己表达、讲述得越多，沟通就越有效。其实，有效沟通并不是一想到什么就立马冲到别人面前，源源不断地向对方灌输自己的想法。

这样的沟通往往无法有效地传递信息，沟通的整体效果难以保证。要想有效沟通，需要在沟通前做好相关准备。

18.1.1　明确沟通目的

首先，在沟通前必须明确本次沟通的目的，也就是"我希望通过这次沟通最终达到一个什么样的目标"。

这个目标必须是清晰、明确的。例如，"通过沟通，希望说服开发人员接受更改后的产品需求"。那么在接下来的沟通中，我们的每一句话、每一个观点都要服务于这个目标的达成。

18.1.2　设计沟通主线

除了要明确目的，还需要在沟通前设计沟通主线，并且为主线设计一系列沟通节点。在沟通时，按照主线，一步步地完成整个沟通过程。

预设沟通主线主要有以下两个目的：

（1）把控沟通方向，避免沟通在漫无目的的状态下展开；

（2）确定沟通范围，防止自己在沟通中被对方带偏。

以"说服开发人员接受更改后的产品需求"为例，可以把沟通主线设置为：

（1）告知开发人员要更改现有产品需求；

（2）解释说明为什么要更改这个需求；

（3）说明新的产品需求有哪些优点和收益；

（4）讨论新需求的技术可行性；

（5）确定新需求对整体项目进度的影响。

在正式沟通中，只要沿着主线，逐步展开沟通即可。这样做可以避免因沟通方向失控而产生分歧。

18.1.3　给出多种方案供选择

科学家们发现：人天生具有惰性，相对于做"填空题"，人们更喜欢完成"选择题"。

为了保证沟通的效果，在沟通的准备过程中，除了要设定好沟通的主线外，还可以给出多种方案供对方选择，让对方在沟通过程中多做选择题，少做填空题。

到了正式的沟通中，一旦发现方案 A 行不通，就可以立即切换到准备好的方案 B，继续完成沟通。避免出现只提供一种方案，一旦这个方案行不通，沟通就无法进行下去或需要临时思考其他方案的情况。

此外，提供多种方案供选择，也能够降低沟通难度，提升整体的沟通效率。

18.1.4　做好心理建设

在沟通前，还需要告诉自己，沟通的目的是解决遇到的问题，而不是证明谁对谁错，更不是驳倒对方来维护自己的观点。

沟通过程中遇到分歧是很正常的，不要让分歧变成矛盾，要努力把分歧转化为共同的目标。

因此，在正式沟通前，需要按照图 18-1 所示的 4 个方面做好沟通前的准备工作。

图 18-1　沟通前需要做的 4 项准备工作

当做好了相关准备工作之后，就可以进行正式的沟通了。不过，在沟通前还需要了解沟通的基本准则。

18.2 沟通的基本准则

沟通的基本准则是产品经理日常工作中与他人沟通的基础。无论跟谁沟通、沟通什么事情，都必须遵循这些基本准则。沟通的基本准则如下。

18.2.1 准则1：清晰明了地说明

清晰明了地向对方说明要沟通的问题，是沟通中一项基本的要求。在这个过程中，不要把待沟通的问题说得模棱两可，让对方去猜；也不要自认为沟通难度较大，就不敢向他人直接表述待沟通的问题。

1．沟通前提供相关资料

如果有相关的资料，可以在沟通前就把资料发给对方查看，帮助对方理解与消化接下来要沟通的问题，让对方做到心里有数。

还可以把待沟通的问题、相关背景、沟通注意事项等写成一个文档，事先发给沟通对象，便于对方在沟通前可以有针对性地进行相关准备工作。

尽量避免让对方在连沟通主题都不清楚、没做好任何准备的情况下，就匆忙进行沟通，否则沟通效率和质量都难以保证。

2．说清事情的来龙去脉

产品经理需要在沟通前就把事情的来龙去脉说清楚，让对方对此事有整体的认知，提升对方的参与感，避免让对方认为在这件事的沟通过程中，自己只是被告知的对象，在沟通中缺乏参与感。

3．表明价值和收益

在沟通中，还需要向对方表明沟通达成一致后，对方可以获得的收益与价值。作为工作量的投入者，有必要让对方清楚他们自己的时间都花在什么事情上，会有什么样的预期收益，他们在这件事上花的时间到底值不值。这样做也是对他人劳动的一种尊重。

18.2.2 准则2：站在他人角度思考

学会站在他人角度思考也是沟通中的一项基本准则。只有搞清楚沟通对象担心的是什么，打消他们的疑虑，才能在沟通中获得更多信任，这样沟通的效果才有保证。

例如：开发人员不喜欢产品经理总是修改需求，因为这样他们之前的工作时间就被浪费了。

设计师不喜欢产品经理说不清楚自己的设计需求，导致每次修改都被产品经理质疑。

测试人员不喜欢产品经理修改需求后不能及时通知到位，导致他们依然按照旧的测试用例进行测试。

而上级不喜欢信息不对称，产品经理做的需求他不知道，最后出了问题还要由他来负责。

因此只有学会在沟通中换位思考，适当地为他人着想，捍卫他人的立场，打消他人的疑虑，才能保证沟通的顺畅性，达成预期的沟通目标。

18.2.3 准则3：充分理解尊重他人

除了上述两条准则外，在沟通中还需要充分理解与尊重他人。

1．对他人充分地信任

沟通中基本的一条原则就是信任，即不质疑他人的专业性，不把有限的精力浪费在无端猜忌上。例如，在沟通中，不要质疑开发人员的技术方案和工作量排期，提出疑问并了解相应的开发进度即可。这就像你不希望开发人员质疑你的产品设计能力一样。

2．给他人充分的空间

在沟通中，还需要给予他人充分的空间。例如，不要在沟通后立马就排期。因为其他人员可能要重新设计方案、重新写代码、重新设计界面。因此只要在沟通后问一句，大概什么时候排期就可以了。

学会给他人一定的空间，是沟通中基本的礼貌，也是沟通能够顺利进行的基本条件。

3．营造平等开放的氛围

此外还需要在沟通中营造平等开放的氛围，让他人多与自己产生思维的碰撞。毕竟，一个人的思维能力总是有限的，通过与他人充分地沟通，有可能碰撞出更多的想法。

如果沟通时双方不平等，不给对方发表看法的机会，那么不仅会错过碰撞出更多想法的机会，还会让对方的沟通配合度大打折扣。

18.2.4 准则4：使用令人愉悦的话术

沟通中还有一项基本准则，那就是要学会使用令人愉悦的话术。

首先，在任何沟通中，都不要随意使用主观评价，以及对他人表示否定的话术，这会让他人产生被冒犯的感觉；也不要使用高高在上的语气，这会给他人一种不平等的感觉。

比如，"后天有个需求评审会，务必参加一下"就是典型的拔高自己的位置、发号施令的话术，如果改成"后天下午2点有个需求评审会，您能抽空参加吗？"就是能让他人感到愉悦的话术。

其次，当沟通过程中对他人的观点产生疑问时，要做到就事论事，说出自己的疑惑点即可，不要执着于与他人争论对错，不要主观性批判，不要冒犯他人。

例如，"你这方案预估的时间是不是太久了？"就是典型的主观性批判的话术，如果改成"这个方案的难点在哪里啊，预估时间为什么要这么久呀"就会让对方感觉愉悦很多。

最后，如果他人说得对，也可以在沟通过程中适当对他人的观点表示赞同，这样可以营造愉悦的沟通氛围。

总之，要想让沟通过程变得高效，必须遵守图18-2所示的沟通的基本准则。

图 18-2 沟通的基本准则

当我们掌握了沟通的基本准则之后，接下来就可以进行正式的沟通了。

18.3 跟不同角色的沟通方法

对于刚入门的产品经理，在公司里如何和各类同事沟通确实是一大难题。不过，只要掌握一定的沟通技巧，平时多加练习和运用，就能做到与领导、开发人员、设计师以及第三方团队顺畅沟通。

18.3.1 如何跟领导沟通

在工作中，有一种沟通被称为"向上沟通"。无论是公司领导还是直属上级，他们都可能站在与自己不同的角度和高度来对事情进行判断。

因此，在沟通过程中，对于自己不理解的事情，可以虚心请教领导。对于那些不合理的事情，采用委婉的方式与他们沟通。在沟通过程中，也可以从侧面说清楚事情的利弊、投入产出比以及影响，并给出自己的建议，然后由领导自行判断。

跟领导沟通的过程中，只需要牢记"做好自己该做的事"就可以了。通过沟通，尽力为领导提供各种决策依据，而不是强行干涉领导的最终决策。

另外，领导一般都比较忙，时间也比较宝贵，所以跟领导沟通时，一定要语言简洁、有效率，思路尽可能清晰，系统性地汇报内容，突出要传递的重要信息。

在跟领导的日常沟通中，可以根据沟通事务的紧急程度，灵活选择使用电话、微信、电子邮件以及当面沟通等方式。通常使用的原则是：一般事情发微信，紧急事情打电话，复杂且非常重要的事情当面沟通，带有附件或需要在沟通后确认的事情发邮件。

此外，对于领导在微信群内提出的一些关键问题，在微信群内快速回复后，还需要以邮件的形式进行正式回复。因为，微信群的消息太多，没有用邮件整理，时间长了很容易忘记。

再次，对于重要的事情，需要跟领导反复确认。邮件发出后尽可能用微信再次提示领导；或者跟领导当面沟通，花几分钟时间在走廊或电梯里交流项目最新进展。

最后，到正式的业务汇报时，一定要注意汇报 PPT 的逻辑性与系统性。逻辑混乱、系统性太差的 PPT 非常容易引起领导的反感。

同时，汇报前一定要跟领导确认汇报时间，不要出现汇报到一半领导另有安排的情况。

18.3.2　如何跟开发人员沟通

除了老板外，开发人员也是产品经理要经常沟通的对象。跟开发人员沟通要注意以下几点。

首先，如果产品经理懂技术，在沟通的过程能使用一些简单的技术语言描述沟通的内容，就可以轻松地和开发人员在思想上达成一致，在语言上实现共通，沟通的难度也会大大降低。

其次，沟通时注意表达清楚业务和逻辑。开发人员通常逻辑思维能力较强。产品经理在跟开发人员沟通的过程中，要能够清晰地表达产品的业务流程、目标和逻辑；还要注意自己的方案是否全面，各种特殊情况是否都考虑到了。

再次，在沟通过程中双方需要相互信任与理解。很多时候产品经理与开发人员产生争执都是因为彼此缺乏理解与信任。

例如，对于某个方案，产品经理觉得实现起来很简单，而开发人员却说很难。随后，两个人展开了非常激烈的争执，沟通一度难以进行下去。如果产品经理能够理解开发人员的难处，抱着沟通是为了解决问题的态度，对一些不重要的细节做出适当让步，选择其他可替代方案，先确保项目的整体进度，就能避免在沟通中引起较大的争执，使沟通的效率大幅提升。

此外，在跟开发人员沟通时，需要讲清楚事情的起因、背景、目的和收益。例如，对于一个产品需求，最好能讲清楚是怎么发现这个需求、怎么分析这个需求以及最后怎么设计功能的，用情境带入法引导开发人员理解并认同这个需求。

最后，需要跟开发人员在工作之外多交流，尝试跟他们聊到一块儿去，成为开发人员的朋友，这样才能在工作时改善沟通的效果。

18.3.3　如何跟设计师沟通

除了上述角色外，产品经理还会在日常工作中跟交互和视觉两类设计师进行沟通。

由于产品原型设计和交互设计有一定的重合，因此在跟交互设计师沟通时，产品经理必须确定好各自的边界，避免过度侵入交互设计师的工作空间，引起不必要的争执和误会。

相对于产品经理，交互设计师在做交互设计时更关注产品的信息架构、交互细节与用户体验，但对整体业务及产品框架的理解不及产品经理。

因此，产品经理在跟交互设计师沟通时，可以重点讨论关于产品的一些全局性的、框架性的设计。具体的交互设计细节，则交由更专业的交互设计师来完成。

在跟交互设计师沟通时，还要确认技术的可行性，尤其是涉及比较新的技术（如语音交互或 VR）时，怕的就是开发人员实现不了，最后还得潦潦草草地修改交互方案。

和交互设计师相比，产品经理与视觉设计师的沟通方式会略显不同。在和视觉设计师沟通时，需要提前把画好的产品交互图发给视觉设计师，待视觉设计师充分理解与消化产品交互图后，再进行正式的面对面的沟通。

如果在沟通中，发现视觉设计师对产品交互图的理解有偏差，还需要产品经理和交互设计师当场对产品交互图的内容进行解释与说明。

此外，产品经理不要太高估自己的审美水平，避免在沟通过程中对着视觉设计师的设计稿胡乱指点，毕竟人家才是专业的视觉设计师。要相信专业的人做专业的事，视觉设计的事就交给视觉设计师来完成吧。

通常视觉设计师都会给出几种不同风格的设计稿供产品经理选择，在明确产品设计要点的基础上，需要产品经理给出具有倾向性的选择标准。最怕的就是模棱两可的沟通，只会让视觉设计方案和产品方案越差越远。

18.3.4　如何跟第三方团队沟通

与第三方团队沟通的前提是明确一切合作都是基于利益共同点这个基本认知。不管是长期合作还是短期合作都要求在沟通时能针对合作的潜在利益共同点，明确双方共赢的目标。

在沟通前，了解对方的 KPI（关键绩效指标）或 OKR（目标和关键成果）（可以直接询问对方），在考虑对方诉求的前提下，适当做点让步来提高对方的产出是跟第三方团队沟通的一个小技巧。

毕竟我们需要依赖第三方团队帮我们完成目标，如果合作方一点利益都没有，谁又愿意牺牲自己的时间来帮你呢？

在沟通中，还需要理解一点：很多第三方团队不太懂产品逻辑，多数时间他们只会简单地阐述自己的需求。

例如，运营人员向你提了一个需求，希望产品经理配合开发人员实现向用户发放优惠券的功能。结果，当面沟通才发现，运营人员真正想要的是能向特定用户群发放优惠券的功能。而现在的产品早就具备发优惠券的功能了，如今要做的是给这个功能增加定向人群的策略，而不是像运营人员说的仅开发一个发优惠券的功能。

所以，对于第三方团队的沟通，别只停留在他们想要什么，还要去挖掘背后的原因。很多时候，第三方团队是难以在沟通中表达清楚自己想要什么的。这就需要我们在沟通前做好功课，梳理好大体有哪几个方面的问题，每个问题可能的解决方案是什么，不要带着问题和第三方团队沟通。

如果在合作过程中出现对方回复不及时、对方没有主动询问项目进度以及对方没有实质性的资源投入等情况，说明对方的合作意愿正在降低，这时你就要及时降低合作的预期了。

最后，无论工作中跟上述哪类角色沟通，都要用好图 18-3 所示的沟通方法矩阵，做到用正确的方法跟正确的人进行正确的沟通。

为了让沟通更加高效，除了需要掌握跟不同角色的沟通技巧外，还需要了解沟通中常用的两个万能公式。

图 18-3　沟通方法矩阵

18.4　沟通的万能公式

接下来介绍沟通的万能公式。

18.4.1　公式一：STAR 方法

STAR 方法是一套标准的结构化沟通框架。它可以帮我们快速地组织好沟通内容的结构，让对方能够轻松理解自己的沟通意图。

STAR 方法由以下各部分组成。

- S：情境（Situation）。
- T：目标（Target）。
- A：行动（Action）。
- R：结果（Result）。

产品经理利用 STAR 方法，将待沟通的问题以情境、目标、行动、结果的方式组织起来，可提升沟通效率。

除了 STAR 方法外，在日常沟通中，还可以用另一个万能公式：6W3H 方法。

18.4.2　公式二：6W3H 方法

6W3H 方法是一种结构化的沟通思路，它的名称源于九个英文单词的首字母。

6 个 W 和 3 个 H 分别代表：

- Why，为什么要这样做；
- What，具体要做什么；
- When，什么时候开始；
- Where，针对什么；

- Who，谁来负责；
- Whom，关联方是谁；
- How，具体怎么做；
- How much，成本是多少；
- How long，需要花多长时间。

通过这样的沟通原则，我们就可以使待沟通问题更加清晰、更加结构化，大大提升沟通的效率。

要想做到高效沟通，除了需要掌握上文提到的沟通前需要做的准备工作、沟通的基本准则、跟不同角色的沟通方法和沟通的万能公式外，还需要了解提升沟通效率的方法。

18.5　提升沟通效率的方法

在日常沟通中，如果我们能做到理解消化对方表达的信息、合理组织自己想要表达的信息和让对方理解消化自己表达的信息，就能让沟通的效率大幅提升。

18.5.1　理解消化对方表达的信息

如果想要提升理解消化对方表达的信息的能力，就需要在沟通中学会先听后说、当面与对方沟通和不断聚焦对方真实意图等技巧。

1．先听后说

在桥牌中有个非常经典的战术——后手策略，指的是先让对方出牌，让其暴露自己的意图，然后根据对方的意图，做出决定性的一击。

将这个战术用在沟通中，就是先让对方把话说完，然后根据对方所表达的意思，发表你的观点。这时候，你的观点是非常具有针对性的，在沟通中被对方认可的可能性也比较大。

此外，先听完对方说什么，还可以在沟通中留给自己足够的思考时间，充分理解对方的意图，避免按自己的想法去理解，造成不必要的误会。

2．当面与对方沟通

将沟通方式按沟通效率从高到低的顺序排列：当面沟通>电话沟通>文字沟通>IM（即时通信）沟通>语音沟通。如果发现一件事难以用文字表达清楚，就应该当机立断地选择当面沟通。

3．不断聚焦对方真实意图

要清楚，并不是所有人都能简明扼要地说清楚自己想要表达的内容，有些人甚至会基于某种目的，故意在沟通中把事情阐述得含糊不清。这时候，就需要在沟通中不断领会对方的意图，挖掘其深层次的诉求。

18.5.2　合理组织自己要表达的信息

要想合理地组织自己想要表达的信息，需要学会明确沟通的对象、结构化表达和陈述事实这 3 个技巧。

1．明确沟通的对象

即使是同一件事情，不同的沟通对象需要的信息粒度也是不同的。要想让沟通变得更高效，就需要根据不同的沟通对象，来组织和表达自己的信息。

例如，跟领导沟通的方式与跟开发人员沟通的方式是截然不同的，对于这一点，在上文已经详细论述过了。

2．结构化表达

要想让沟通变得高效，还必须学会以结构化的方式表达自己的信息。结构化表达的本质就是将自己想要表达的信息，以某种特定的结构进行组织并输出（关于如何建立结构化思维，参见本书第 21 章）。

可以使用上文提到的 STAR 方法和 6W3H 方法，对想要表达的内容进行结构化的处理。

3．陈述事实

人们常说，好的沟通是以诚实作为基础的。在沟通的过程中，应陈述事实，让双方处在同一个背景下，避免信息不对称。

在这一部分，只要做到就事论事，按实际情况把事情说清楚，避免人为造成信息不对称就可以了。

18.5.3　让对方理解消化自己表达的信息

在沟通中，要想让对方快速理解与消化自己想要表述的内容，就要学会与对方共情、提供可能的解决方案和让对方说出"你说得对"这 3 个实用技巧。

1．与对方共情

所谓的共情，就是在沟通过程中让对方觉得你们站在一条线上，并且时刻为对方着想，能站在对方的角度给一些建议。让对方觉得你们是一条心，在共同解决面临的问题。

如果在沟通中做到了共情，整个沟通将会变得更顺畅。

2．提供可能的解决方案

人类的思维模式，总是倾向于对问题快速做出简单的决策，也总是喜欢协助他人，而不是替他人做决策。

因此，在沟通过程中，如果我们能给对方提供 2 至 3 个解决方案，让对方做选择而不是想具体的解决方案，就能顺应人类的思维模式，让沟通变得更加高效。

3．让对方说出"你说得对"

虽然，通过让对方选择解决方案能提升沟通的效率，但人性的深处还是有对承担结果的恐惧，如果这时候能够让对方在沟通中找到一定的安全感，说出"你说得对，我非常同意这个解决方案！"沟通效果又会大幅提升。

在日常工作的沟通中要学会使用图 18-4 所示的沟通提效模型，使用这个模型能大幅提升沟通的效率。

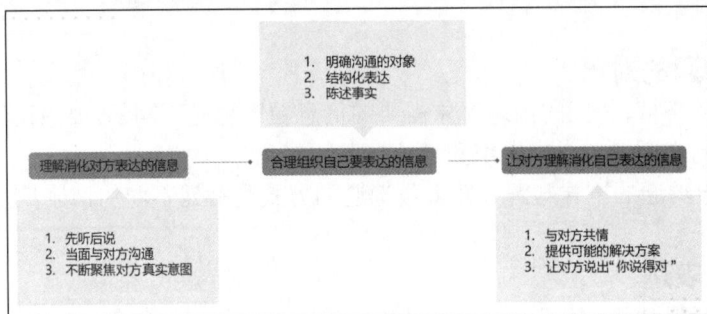

图 18-4　沟通提效模型

18.6　本章小结

本章介绍了产品经理的实用沟通方法，重点内容如下。

（1）正式沟通前需要明确沟通目的、设计沟通主线、给出多种供选择的方案，并做好心理建设。

（2）沟通中我们需要遵循清晰明了地说明、站在他人角度思考、充分理解尊重他人和使用令人愉悦的话术等基本准则。

（3）要学会在沟通中因人、因职位而异，对不同的沟通对象，采用不同的沟通方式。

（4）掌握 STAR 和 6W3H 这两个沟通方法，可以让沟通变得有序和结构化。

（5）要想提升沟通的效率，需要学会理解消化对方表达的信息、合理组织自己想要表达的信息和让对方理解消化自己表达的信息。

18.7　知识模型

我总结了本章的知识模型，读者可以关注公众号"cpzjguoshan"，输入关键词"B1C1801"下载模型，为自己的产品经理知识拼图新增一块内容。

注：知识模型为脑图软件 MindMaster 专用格式，请读者使用 MindMaster 软件查看。

18.8　大咖助力

产品大咖说："沟通是产品经理一项非常重要的软技能。"

如果你在工作沟通中遇到了困难，欢迎你加我微信：pmguoshan，让我来帮帮你。

18.9　练习实践

假设你是某个产品的产品经理，在开发过程中需要临时更改需求，请用本章学到的实用沟通方法，模拟跟开发人员的沟通。

第19章 产品经理的FOTA时间管理法

本章导论：作为产品经理，是不是经常觉得每天要处理的事情很多，可是忙忙碌碌一天，却发现自己完成的事情很少；或者每天总被各种沟通和碎片化事务占据了大部分时间，一天工作结束的时候，仔细想想都不知道时间去哪了。

又或者，作为一个几乎要和公司所有部门协作的职位，我们的时间本就不够用，而网上推送的各类信息，又让我们深陷其中，等回过神来，却发现还有一堆工作没有完成。

最后，突然有一天发现，都是产品经理，为什么偏偏有些人可以下班健身、约会、聚会……而自己却要习惯性加班，其中差距怎么就这么大。

其实，这种差距的主要原因是他们比你更懂得如何高效管理好自己的时间。

本章，就让我们一起了解产品经理常用的时间管理方法。首先，让我们从时间管理的本质说起。

19.1 时间管理的本质

简单来说，时间管理的本质就是优化工作习惯的一种方法。

我们通常觉得工作很忙、时间不够用，是因为我们每天把大量的时间消耗在不重要的事情上，比如在工作中玩手机、与同事聊天，因各种乱七八糟的会议和杂事分神，而真正用于完成工作事项的时间并不多。

所以，才需要一套科学的时间管理方法让我们每天尽可能不把时间消耗在不重要的事情上。

这套时间管理方法就叫产品经理的 FOTA 时间管理法。

19.2 FOTA 时间管理法

FOTA 时间管理法是由《认知红利》的作者，谢春霖先生提出的时间管理方法，主要是在事情太多而时间有限，为了最大限度地达成目标的情况下采用。此方法通过 4 个步骤帮我们管理这些事情。FOTA 就是这 4 个步骤的英文首字母的组合。

FOTA 时间管理法的 4 个步骤字母分别是，第一步：聚焦要事（Focus）；第二步：梳理日程（Ordering）；第三步：三线并进（Three Timelines）；第四步：随机应变（Adapt to Change），如图 19-1 所示。

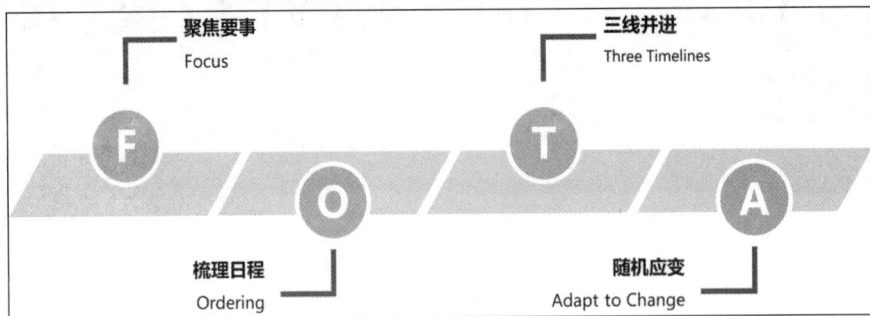

图 19-1　FOTA 时间管理法

下面，我们就来了解 FOTA 时间管理法到底该怎么用。

19.3　聚焦要事

既然事情太多而时间太少，就需要我们删掉一些不重要的事情，只聚焦于那些重要的事情。这一步就是聚焦要事（Focus）。聚焦要事要求我们把所有待办事项全都列出来，将其中的大事情分解成一件件小事，然后逐一解决。

比如，某个版本的规划，这件事情就比较大，需要把它分解成诸如需求采集、需求分析、产品原型设计等一系列更具体的小事。

不过，即使当所有待办事项全部被分解完毕，我们依然无法获知哪些事情是需要优先解决的，这时候就可以借助一个叫时间管理优先矩阵的工具来帮忙。

19.3.1　时间管理优先矩阵

时间管理优先矩阵如图 19-2 所示，是由一张二维四象限表组成的管理矩阵。使用时，只需把事情按重要性和紧急度划分成重要不紧急、重要且紧急、紧急不重要、不紧急不重要四类，然后依次填入矩阵中对应的象限内即可。

对于落入矩阵中不同象限的事情，会采用不同的处理策略。

- 重要且紧急：这类事情需要马上去做。一般来说，一些让我们感觉焦头烂额的事情基本都在这个象限里。对于处在这个象限里的事情，除了需要立即去做，还需要让它最好尽量少发生，或者直接把这类事情消灭在萌芽期。
- 重要不紧急：这类事情需要有计划地每天做。这部分是我们的工作重点，需要集中大部分精力去完成。如果我们一直在处理第一象限的事情，总是每天疲于奔命，我们在工作中将会很被动。

- 紧急不重要：这类事情需要尽量交给别人去做。作为产品经理，总会遇到一些紧急不重要的事情。这时候，我们需要判断，这件事情必须要我来做吗？如果是，我们立刻去做；如果不是，把事情交给应该去做的那个人。

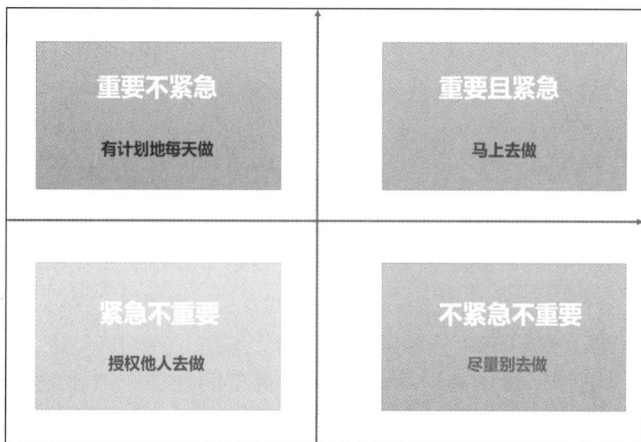

重要不紧急	重要且紧急
有计划地每天做	马上去做
紧急不重要	不紧急不重要
授权他人去做	尽量别去做

图 19-2　时间管理优先矩阵

比如，运营人员把用户因不会使用软件急需帮助的事情推给你，虽然你可以解决，但是为用户解决常规问题是客服的事情，应先交给客服，如果客服搞不定，再由你来处理。总而言之，我们应尽量在工作中减少这一类事情的发生。

- 不紧急不重要：这类投入产出比和价值双低的事情，最好不要浪费时间去做，这样我们就得到了待办事情的重要紧急度列表。合理地丢弃那些不重要的事情，可以让我们更聚焦于要事的处理。

虽然掌握时间管理优先矩阵的使用方法，可以把事情按重要紧急程度进行划分，但好像还忽略了一点：如何判断哪些事情重要，哪些不重要呢？

这就要求我们具备识别任务重要性的能力。

19.3.2　识别任务重要性

我们可以按照任务的不同类型，把任务划分为建设型任务、推动增强型任务和消除风险因素的任务 3 类。然后，根据 3 类任务的不同特征，识别任务的重要性。

- 建设型任务：是指从 0—1 搭建一个新事物的任务，属于所有任务里最重要的一个。建设型任务是开启/建造某个系统/项目的任务，对其他类型的任务有巨大影响。因此，建设型任务也是工作中的第一要事。
- 推动增强型任务：推动增强型任务属于保证现有系统能正常或更好运行的一类任务，也是一种具有积累效应的任务。这类任务的典型特征是：任务一旦完成，便可以带来更多的收益。比如通过优化 App 的功能或用户体验，会带来用户留存率的大幅提升。
- 消除风险因素的任务：顾名思义，消除风险因素的任务是指消除那些会限制系统增长，或导致整个系统崩溃的任务。如产品增加运营活动型功能，以减缓用户的整体流失。

总而言之，学会合理地划分事情的重要性，让自己更聚焦于重要的事情，多留出整块的时间去完成重要的事情，不要让过多的杂事将自己精力碎片化是每个产品经理必须要学会的一项技能。对于产品经理来说，聚焦要事的另一大挑战是工作中随时会被各种琐事干扰。

这时我们可以把这些琐事进行归类，通过采用不同的应对策略，依次排除干扰的方式来应对。

19.3.3 应对琐事的方法

产品经理工作中的琐事主要分为上级临时交代的事情、其他同事的临时事情和下属的临时事情三类。

1. 上级临时交代的事情

这是容易打乱自己工作节奏的临时事情，这种类型的任务一般都没有太多的可优化空间。面对上级的临时事情，需要明确任务完成的时间节点和标准。如果是紧急任务，就需要快速处理。如果任务不紧急，则可以把它放入自己的工作排期中。

2. 其他同事的临时事情

处理这种临时事情时，需要注意明确任务内容。跟自己相关的事情，按照时间管理优先矩阵，纳入到自己的工作排期中。跟自己核心任务无关的事情要学会适当地拒绝。不要让这些本属于他人的琐事牵扯自己太多的时间和精力。

3. 下属的临时事情

面对下属的临时事情，要学会适当地放权，在给下属布置任务时明确自己的要求和截止的时间点。让他们自己完成更多的决策，这样可以减少他们对自己的依赖，有效提升自己的可控工作时间。

19.4 梳理日程

由于大脑无法同时处理多件事情。因此，即使任务再多，也必须把它们排列成有序的队列，在适合的时间段内执行适合的任务，才能保证时间利用率最大化。所以，FOTA 时间管理法的第二步（Ordering）要求我们梳理日程。

19.4.1 用 GTD 梳理任务

我们可以结合上文提到的时间管理优先矩阵梳理杂乱的任务，先对任务按四象限的方式进行优先级排序，然后用 GTD（Getting Things Down）的方法进行自动整理，输出一张有序的任务列表。有了这张任务列表，我们就可以挑选重要任务来完成，授权他人完成非重要任务，放弃那些不切实际或者对个人工作、成长无益的任务。

19.4.2 用生物钟设定时间段

我们可以把生物钟周期看成一个注意力的"专卖店"，有些时候它的货源充足，有时候货源少一些，有时候则需要补货。我们的工作也正好有时需要的注意力多一些，有时需要的少一些。

在这一步，需要做的是以小时为单位，按时段记录自己一天注意力状态的变化，然后顺应生物钟的规律来工作。其实就是调节它们之间的供需匹配，在适合的时间，做适合的事。

可以用一个 Excel 表格（如表 19-1 所示）记录自己一天每个时段（以小时为单位）的精力变化状态，依此得出属于自己的精力变化图。然后，依照图中精力值的变化情况，在不同时段给自己分配不同的工作任务，让每个时段都得以充分利用。如果利用得好，同样是工作 1 小时，效率却可能差 5 倍之多。

表 19-1　每日注意力跟踪表

日期：				
时间	任务/事情	精力值（0～10）	任务完成度	备注
早晨 6 点	该小时内从事的任务/事情	精力值打分（0～10）	任务完成情况	作为注释
早晨 7 点				
早晨 8 点				
上午 9 点				
上午 10 点				
中午 11 点				
中午 12 点				

19.4.3 一次只做一件事

由于大脑的特殊结构，很多时候我们一次只能专注于一件事。因此，在做事情的时候需要遵循一个原则：每次只做一件事。把一件事做完、做好再做下一件事。千万不要贪心或高估自己处理问题的能力而同时做几件事，这样只会让自己匆匆忙忙地应对每件事，结果却是每件事都没有做好。

虽然通过上面的步骤，可以优化绝大多数的任务，让我们的工作效率大大提升。但似乎整体的任务数量依然不少，而且有些任务截止时间比较紧，如果一件件地排着做，时间肯定不够用，这又该怎么办呢？

这时候就可以开启 3 条时间线，同时推进这些任务进行。

19.5 三线并进

所谓三线并进就是要求我们在工作中学会专注主干线、抢占自动线和购买第三线。

19.5.1 专注主干线

专注主干线是指确保要事第一，专注地完成重要的事情。主干线是一天中大脑创造力和注意力最集中的巅峰时刻，也是一天中工作效率最高的时段。因此应该把一天中最重要的事情安排在这个时段内，然后专注地执行。（注：主干线是自己必须要专注高效完成的核心任务。）

虽然说这段时间大脑状态极佳，但持续时间却非常有限。为了让这段高效的时间发挥最大的功效，还需要额外做三件事。

1. 第一件事：屏蔽内外干扰

专注是效率的保证，一旦被打断，效率将大打折扣。因此，这段时间内需要关闭手机、计算机的各种通知提醒，戴上降噪耳机，与外界隔离，让自己置身于一个相对安静的工作环境。

但某些时候在工作中难免还是会被打断，面对突如其来的各种打断，又该如何处理呢？

这时可以把打断归为内部打断和外部打断两种类型，针对这两种不同类型的打断方式，采取不同的应对策略。

（1）应对内部打断。

内部打断是在工作中自己打断了自己，比如突然想起假期的旅游计划或者某网上商城又有优惠活动了。对于这种情况，只需要随手把这件事记下来，待有空的时候再处理，尽量不要让这种事情扰乱自己的高效工作状态。

（2）应对外部打断。

当然，作为产品经理，即使自己不打断自己，也经常会被其他人打断。当别人有事来找你的时候，可以根据事情的不同，采用不同的应对方式来防止自己的工作被中途打断。

- 告知：对于不太急的工作，可以告知对方。比如："不好意思，我手头有急事，30 分钟后我去找你。"
- 协商：如果是未来的事情，可以跟对方协商。比如："这件事我记下了，我明天再帮你做，可以吗？"
- 转移：如果是别人的工作，可以把它转移给他人。比如：把教用户如何使用软件的工作转移给客服去做。

2. 第二件事：调整身体状态

我们每天的精力是有限的。因此为了保证自己一天都能保持精力充沛，就需要懂得如何调整自己的身体状态合理地分配精力。

工作中可以按照下面的方法来调整自己的身体状态。

- 改善中午的饮食结构，尽量清淡饮食，不要在中午吃油腻的食物，减轻自己的胃肠压力，保证大脑在下午也能供血充足。

- 对自己一天的工作安排做到心里有数，知道什么时候消耗精力多，什么时候消耗精力少。
- 配合自己的生物钟节律来工作，合理地分配精力。
- 在工作中为自己安排短暂小歇，这样才能在一天中都保持精力充沛。

3．第三件事：谨慎和他人开会

尽管开会是产品经理日常工作之一，但是为了让自己更专注主干线，还是要谨慎选择开会。在选择开会前，要问问自己，真的需要开这个会吗？真的需要参加那个会吗？

很多产品经理喜欢召集同事开各种会，搞得自己每天不是在开会，就是在去各个会议室的路上。会议本是让大家更有效地开展工作的工具。如果会议不能起到结束后各方都可以更有效地开展工作的作用，这个会议就变成了一种集体浪费时间的行为。所以作为产品经理，这种会还是尽量不开的好。

决定开会前请谨慎地想一想真的有必要开这个会吗？很多类似这样的会议，都可以通过 1 对 1 的面谈，或者一封深入思考的邮件来替代。

根据观察，这类可被替代的会议，至少每天占我们 2 小时的工作时间。因此，产品经理请谨慎地选择开会。

19.5.2　抢占自动线

虽然专注主干线可以提升工作效率，但我们每天总会遇到一些琐碎的、不需要太多注意力的工作。如果把这些工作放在主干线的时间段内处理似乎太浪费，这时候就可以借助抢占自动线来帮忙。（注：自动线是指那些我们不需要思考就能轻松完成，但还不得不做的任务。）

每天大脑处于放松状态的时间有很多：吃饭的时候，刷牙的时候，坐车的时候、上厕所的时候……这些时候，大脑不需要思考什么，任务也能自然完成。

这时，我们便可以把其他不需要太多注意力的事情放进来，占用这部分额外的时间，让几件事情同步进行。比如：

- 可以边坐地铁，边收发邮件，处理简单的协作任务；
- 也可以早晨边刷牙，边把今天上午会议要提出的方案在大脑中过一遍；
- 还可以边吃午饭，边思考今天的任务，看有哪些需要下午集中精力完成的事项。

如果我们能充分抢占自动线，把这些碎片化的时间都利用起来，那我们的效率又能提升很多。

除了上面两种方式外，我们还可以从他人手中购买第三线。

19.5.3　购买第三线

我们可以通过跟其他人一起协同工作或咨询有经验的同事的方式来购买属于自己的第三线。通过咨询有经验的同事可以帮我们节约自己摸索的时间，而跟他人一起协同工作则可以借助他人来分担自己的工作量。（注：第三线是指自己做不完，或者因为价值较低而不愿做的任务。)

不过，跟他人协同工作时，由于他人的行为你无法控制，因此在开启这类第三线时，需要保持与他人的互动，通过设立一些时间点来确认他们的工作质量和进度，例如：

（1）项目开始前就确认截止时间，方便对方安排整体进度；

（2）设定项目初稿时间，避免初期方向错误而导致后期大量的无用功；

（3）安排中期沟通节奏，随时把控方向和质量，避免最后不达标造成的返工或直接放弃造成的巨大损失。

通过图 19-3 所示的三线并进的任务处理方式，可以大幅提升时间利用率。

图 19-3 三线并进的任务处理方式

除了上述三步之外，还需要学会使用 FOTA 时间管理法的第四步——随机应变。

19.6 随机应变

所谓的随机应变能力，其实是应对意外的能力、随时纠错的能力和应对环境变换的能力的总称。

19.6.1 应对意外的能力

当正在做的事情突然出现意外时，首先要稳定个人情绪，然后理性地分析问题发生的原因、对现有工作造成的影响以及基于手头现有的资源可能做出的弥补方案。

此外还要牢记目标，别只顾眼前的得失而忘记了总体目标。要把这个意外带入整个事情里去思考，分析它对整件事的影响到底有多大。

总之，对于意外，宁可不动也不要盲目乱行动，乱行动比不动更致命。

19.6.2 随时纠错的能力

除了需要掌握应对意外的能力外，还需要掌握随时纠错的能力。我们需要学会心向目标和定期回顾两个方法。

1. 心向目标

首先，不管我们有多忙，意外来得多突然，我们都必须始终牢记目标。我们的精力是非常稀缺的资源，所以不要随意挥霍。如果突如其来的事情对完成目标没有帮助，就应该选择性地放弃，因为它会消耗你的精力资源。就像华为创始人任正非先生说的那样，不要在非战略机会点消耗战略性资源。

2．定期回顾

会开车的读者都知道，即使在一条笔直的公路上行驶，也要时刻微调方向盘，来保证汽车处于当前的车道之中。对于工作来说，即便是工作目标清晰、方向明确，有时候做着做着也难免会出现偏差。

这时候，就需要定期回顾工作，阶段性地重新评估目标。然后对目标进行相应的校准，才能使目标再次聚焦。经过这样一次次循环，才能让自己的目标更聚焦，工作效率也才能更加提高。

对于一件错事来说，纠正得越晚，付出的时间成本也就越大。所以，不要只顾低头做事，适当时候停下来想想做的事是否正确，如果发现错误及时纠正，不要让自己在错误的事情上盲目做下去，付出了大量的时间精力成本，结果却达成不了最终的目标。

19.6.3　应对环境变换的能力

要想掌握随机应变的能力，还要能根据大环境的变换，采取不同的应对措施。

很多产品新人喜欢坚守沉没成本，觉得为一件事情付出那么多的时间精力，中途选择放弃非常不值。但他们却忽略了一点，当目标消失、环境改变，支持原目标的价值也就崩塌了。这时候就要懂得适时放弃，不要坚守原有的沉没成本。

我们要做的是随着环境的变化，找到更适合当下的目标，重新出发。只有学会放弃、懂得舍得，不断让自己的时间精力聚焦在高价值目标上，才能更有效地提升自己的时间利用率。

19.7　本章小结

本章介绍了产品经理的 FOTA 时间管理法，重点内容如下。

（1）聚焦要事（Focus）。首先要拥有识别任务重要性的能力，精简任务。

（2）梳理日程（Ordering）。其次要利用 GTD 和生物钟，设置不同的任务执行时段，将执行效率最大化。

（3）三线并进（Three Timelines）。再次要开启主干线、自动线和第三线，三条时间线并行推进。

（4）随机应变（Adapt to Change）。最后要拥有应对意外的能力，让自己忙于事而不陷于事，面向目标，灵活前行。

19.8　知识模型

我总结了本章的知识模型，读者可以关注公众号"cpzjguoshan"，输入关键词"B1C1901"下载这个模型，为自己的产品经理知识拼图新增一块内容。

注：知识模型为脑图软件 MindMaster 专用格式，请读者使用 MindMaster 软件查看。

19.9 大咖助力

产品大咖说："优秀的产品经理懂得控制时间，平庸的产品经理被时间控制。"

如果在时间管理中遇到了什么困难，欢迎你加我微信：pmguoshan，让我来帮帮你。

19.10 练习实践

在心理学中，有一种叫作心流的状态，指的是人在全神贯注地做一件事时，陷入的那种忘我状态。在这种状态下，人的时间利用率和工作效率都达到一种前所未有的状态。

在日常的工作中，你有达到过这种心流的状态吗？是在什么时候，什么事情触发你达到这种心流的状态？请说说你的经历，并分析原因，帮自己在以后的工作中进入这种心流状态。

➤ 第 20 章　产品经理的情绪管理术

本章导语：产品经理日常工作中会承受较大压力，难免会产生一些情绪问题。对于每天要跟很多不同的人沟通、打交道的产品经理来说，如何管理好自己的情绪，已经成为令人头疼的问题。在职场有效管理自己的情绪是每一位产品经理必须要掌握的核心软技能。

本章就让我们一起了解产品经理的情绪管理术。

20.1　学会和情绪和平相处

在我多年的产品经理职业生涯中，经常看到一些产品新人情绪失控，用大吼大叫来宣泄自己的情绪；也见过很多产品经理因为一时的挫败而一蹶不振，给自己背上巨大的心理包袱。

在刚入行做产品经理的时候，多多少少会经历一些情绪问题，我也不例外。最初，我也彷徨、无助、愤怒、悲伤；到后来便试着去接受，坦然面对；再后来，就开始主动改变。无论我们愿不愿意接受，情绪问题都是职场路上不可避免的。

在漫长的产品经理职业生涯中，我们与其和情绪长期对立，不如学着慢慢了解和接纳，承认情绪的存在，学会管理情绪。

有人说："真正决定一个人能否成功的是他的逆商（AQ）"。

逆商低的人，往往会被挫折感淹没，工作时遇到一点儿困难，就有一种天塌下来的感觉，极易失去对事情的控制感，有时候甚至会否定自己工作与生活的意义。而逆商高的人，知道如何去控制这份感觉，会认为挫折暴露了自己的不足，重要的是发现并解决问题，以不断提升自己。

因此，如何提升自己的逆商，是产品经理在情绪管理中最先要解决的一个问题。

20.2　职场的逆商管理

逆商体现在以下四个方面：对挫折的忍耐力、对挫折的控制感、挫折的归因与挫折的延伸。

20.2.1 对挫折的忍耐力

心理学家斯托茨总结过一个公式：逆商=控制感+归因+延伸+两倍的忍耐力。

他认为忍耐力是逆商中最重要的一部分。不过，这种忍耐力不是我们常说的逆来顺受或委曲求全。忍耐力应该建立在对事务细致的洞察与乐观主义基础之上。

SpaceX 公司曾连续遭遇 4 次火箭发射失败，第五次才发射成功。之后，媒体记者问埃隆·马斯克（SpaceX 公司 CEO）是什么让他在连续遭遇 4 次失败后，依然坚持发射火箭。他的回答只有三个字"忍耐力"。虽然第四次失败后他和工程师们在办公室里泣不成声，毕竟无数个日夜的辛苦工作，只换来一次次腾空爆炸，而且公司账面上的资金也只够他们再进行一次实验，如果再失败公司就会破产，但忍耐力让马斯克坚持到了第五次实验的成功。

马斯克的忍耐力正是建立在对 SpaceX 公司火箭发射失败原因的细致洞察和相信火箭能够发射成功的乐观主义基础上的。

忍耐力高的人能够洞悉当前遇到的挫折的本质，知道这份挫折带来的逆境很可能只是暂时的，不是永久存在，只要全力克服眼前的困难，逆境自然就会消失。这种态度会让他们以更旺盛的精力应对接下来的挑战。

而忍耐力低的人，即便在形势非常有利的时候，也会因一点点不利的消息而过分担忧，给自己背上一个大大的思想包袱，产生"做什么都没用"的想法，最终选择自我放弃。

20.2.2 对挫折的控制感

逆商管理的第二项，是对挫折的控制感。所谓的控制感，就是在多大程度上觉得自己能够控制局势。

在百度工作的时候，有一次，领导跟我说有个产品方向非常重要，希望我可以尽快做出产品规划。在接下来的两周里，我调整了手头工作的优先级，把这个临时任务列为最高优先级，甚至还为方案通宵加班了 2 天。经过几天的奋战，做出的方案我非常满意，原本信心满满，以为可以在汇报会上大放异彩，结果汇报会当天早晨领导却说这个产品方向取消了，让我不用再做规划了。我为了汇报准备了这么多，竟然在汇报会当天临时通知我汇报会不用开了。这让我心里升起一股强烈的挫败感。不过，我很快就调整好自己的心理状态，并意识到：自己只要把该做的事都做好就可以了，至于领导如何做决策是自己不能控制的。区分自己能控制的事和自己不能控制的事，努力做好自己能控制的事，接受自己不能控制的事，是挫折管理非常重要的一点。

工作中遇到挫折在所难免，控制感强的人即使面临重大的挫折，也仍然相信自己能控制局势。控制感强的人能透过种种消极因素，看到积极的、自己可以控制的地方，决不轻言放弃。

相反，控制感弱的人，一旦遇到挫折，即便仍然掌握着很多资源，还是很容易产生失控的感觉。

产品经理在工作中要面对很多未知和挑战，由此产生失败和挫折也是正常的。再厉害的产品经理，也不可能做到只成功，不失败，关键是遇到失败和挫折时如何调整好心态，让自己越挫越勇，全力去迎接下一次的挑战。

20.2.3 挫折的归因

当挫折发生时，要对其原因进行分析，这就是挫折的归因。

在一个足球队里，一般有两类球员：一种球员输了就怪队友踢得不好，甚至直接开骂；另一种球员输了之后，积极寻找自身原因，对视野控制、跑位、站位进行反思，找到自己的不足，并及时修正。

逆商低的人会进行消极归因，非常容易走极端。他们会把挫折归因于他人、环境等外部因素，认为自己一点儿责任都没有，经常把"这不是我的错"或"即使是我的错，我也无法再做出改变了"挂在嘴边，放弃进行自我改善。

相反，逆商高的人不在乎已经过去的事，而是从中吸取教训，并不断改进目前的行动，尽力提高事情成功的可能性。

遭遇挫折的原因通常包括两个部分：外因与内因。外因通常不是我们能控制的，我们能左右的只有我们自己，即内因。

逆商高的人还会将失败大部分归因于自身，认为自己应该为本次失败负主要责任，但这不是为了否定自己，而是为了找到原因，并着手进行改善。即使发现存在外因，他们也不会攻击其他责任方，而是相信可以通过努力解决出现的问题，相信下次一定会做得更好。

总之，逆商高的人会理性地寻找挫折产生的原因，而逆商低的人更喜欢归罪，执着于找出把事情搞砸了的那个人。

20.2.4 挫折的延伸

逆商管理的最后一项是挫折的延伸。所谓的挫折的延伸，就是将挫折感自动延伸到其他方面。

逆商高的人会巧妙地控制挫折感在有限的范围内延伸，并不断努力缩小这个延伸范围；逆商低的人则会放任挫折感延伸到自己生活的方方面面。

美国作家海伦·凯勒在一岁半时突发疾病，连日的高烧使她昏迷不醒。当她苏醒过来，发现自己不仅眼睛看不见了，耳朵也听不到了。但身体的残缺没有让她全盘否定自己，她对自己说："我只是丧失了部分身体机能而已，我并不是什么都做不了"。后来她克服了常人难以克服的困难，努力写作，最终成为一名作家。

逆商高的人，善于控制挫折感的延伸。他们会了解遇到的挫折是在特定的时间和空间之内的，不会因为一次挫折就全面否定自己。

相反，逆商低的人，并不善于控制挫折感的延伸，他们遇到挫折时，很容易产生天塌下来了的感觉，从而觉得一切都糟透了，这样一来，挫折感就会延伸到生活和工作的方方面面。

我以前也会把工作中产生的挫折感带回自己的家庭中。比如在公司里受了同事或领导的气，回到家后，会把郁积在心中的怒火发泄出来，结果把家里的气氛也搞得非常糟。但后来我学会了情绪管理并经过了一定的逆商训练后，就再也不这么做了，家庭关系也变得非常和睦。

要想成为一个优秀的产品经理，要能从图 20-1 所示的方面进行职场逆商管理。

图 20-1　职场逆商管理

除了上文提到的逆商管理问题外，产品经理在日常工作中还会遇到各种"看不惯的事"，也就是产品经理的立场管理问题。

20.3　学会管理自己的立场

很多产品经理在日常工作中出现情绪问题都可以归因为"看不惯别人"。在我多年的职业生涯中，发现因为"看不惯"而闷闷不乐的产品经理大有人在，甚至很多产品新人离职也是因为这一点。

20.3.1　不要败给自己的"看不惯"

有的产品经理会看不惯设计师的不耐烦，看不惯开发人员的强势，看不惯运营人员的咄咄逼人，甚至看不惯领导的严厉，久而久之，"看不惯"的情绪逐渐积累，最终在某一天爆发。

这类人会在本应该沉下心来"修炼"自己的"内功"、不断积累产品经验的时间里，因为各种"看不惯"的问题，不断跳槽到其他企业，从而浪费了自己宝贵的时间和精力，荒废了自己的职业生涯。

其实，看不惯别人可能是因为跟别人的立场不同。

20.3.2　学会管理自己的立场

立场是指人们认识和处理问题时所处的位置和所抱的态度。人的思想行为总是有一定立场的。立场不同的人，对同一事物的感受和评价也是不同的。立场是否存在差异，取决于是否愿意站在他人的角度去评价和思考。也就是说，你在想和做的事情跟哪群人的利益一致，你就站在了哪群人的立场上。

比如，开发人员的立场是"不想加班和能确保项目如期上线"，那么其对于产品经理每次提出的需求的强势拒绝，都是在表明自己的立场，而产品经理站在自己的立场上可能会理解成开发人员不专业和想偷懒。

又比如，设计师的立场是"希望自己的设计不被过多人所干预"，那么他对产品经理每一次提出的修改意见的不耐烦，都是在表明自己的立场，而产品经理可能会理解成设计师不合作和不专业。

在这些事情中，很多表面上看不惯的问题，都是因为我们预设了立场这种立场在与对方沟通之前就已经被建立起来了。这不仅仅是看不惯的问题，而是一种二元对立的拒绝。

所以真正看不惯的背后，是自己预设立场且缺乏足够理解，从本质上讲，其实是缺乏了同理心。这一点，对于一个沟通占工作中很大比重的产品经理来说，是致命的！

了解了立场的本质后，在工作沟通中便要做到不假设、不默认，试图把每个人的标签和背景都忘掉，这样在日常工作中，不但保持了自己的风度，也避免了很多冲突。

比如在严厉的领导面前，可以忘掉自身的荣辱，全身心地讨论项目本身；又如在强势的开发同事面前，可以心平气和地跟他阐述需求的价值和收益，并达成双方利益的一致性。

不预设立场，是解决看不惯问题的核心。职场是一个讲究合作的地方，不断地预设立场，一意孤行地自我封闭，只会让自己的成长的道路越来越窄。

在职场中，要不断突破自我的边界，理解旧时所不能理解的，看惯旧时看不惯的。做好情绪管理，学会逆水行舟，才不会随波逐流。

上文提到职场情绪主要是由挫折和立场这两个因素引起的，接下来我们就一起了解减轻或消除这些情绪的办法——情绪 ABC 疗法。

20.4　情绪 ABC 疗法

我们先来了解一下什么是情绪 ABC 理论。

20.4.1　情绪 ABC 理论

情绪 ABC 理论是由美国心理学家阿尔伯特·艾利斯（Albert Ellis）提出的。

这个理论认为激发事件（activating event，A）是引发情绪和行为（consequence，C）的间接原因，而直接原因则是个体基于对激发事件的认知和评价而产生的信念（belief，B），如图 20-2 所示。

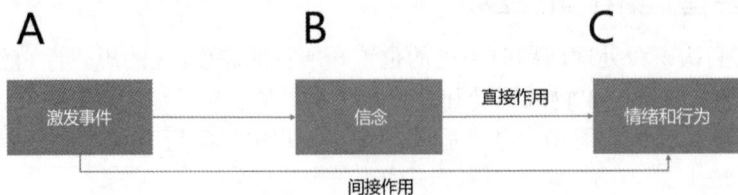

图 20-2　情绪 ABC 理论模型

按照这个理论，我们产生的不良情绪和行为（C），并不是直接由某一个激发事件（A）引发的，而是作为事件主角的我们，基于对这件事的不正确认知和评价而产生的错误信念（B）所引发的。

如果用一个公式来解释，就是：C=A+B。

换句话说，我们的悲伤、快乐、内疚、愤怒、嫉妒、骄傲、焦虑、厌恶或沮丧这些感受，并不仅仅取决于发生的事件，而是由我们对这些事件的思考，也就是我们如何看这件事所决定的。

举个例子，某次会议上，第三方合作伙伴说了句"项目进度有点慢啊"（A），而你却理解成对方在故意刁难（B），因此感到非常生气，跟对方大吵一架（C）。实际上，第三方合作伙伴在会上说项目进度有点慢，可能单纯是想要确认项目进度能否跟得上，担心项目进度有所延误。但你在没有跟对方沟通确认的情况下，就以自己的情绪和认知做判断，从而为自己徒增误解和烦恼。

所以，当情绪爆发的时候，我们要学会用情绪 ABC 理论来判断现在这个结果是由事件本身所引起的，还是我们的主观认知和评价所导致的。

20.4.2　告别 3 种非理性的"必须"思维

艾利斯的研究还发现，人们出现的负面情绪一般是由三种常见的非理性思维所引起的。这 3 种非理性思维被称为 3 种"必须"，是关于自己、他人或环境的一种心理需求。

1．我必须把事情做好并赢得别人的认可

容易产生这种想法的人，通常具有自卑心理。比如，开发人员对自己的产品方案提出了各种疑问，说明自己的产品能力真的是糟透了；这次的职位晋升失败了，我的职业生涯可能就要结束了。

2．其他人必须公平友好地对待我

产生这种想法的人会刻意追求一种"等价交换"，就是我对你好，你也必须对我好，而且你的付出不能比我少；或是我曾经帮助过你，你就是欠我的，我遇到困难时你应该帮我。

例如，我认识的某公司部门领导，在某位下属离职时，拉着我评理："他是我一手培养起来的，我做到了'有一碗饭都分他半碗吃'的地步。现在他怎么能说走就走，不帮我渡过现在的难关？"这就是个典型的例子。

3．我必须得到我想要的东西

"我必须得到我想要的东西"从另一个角度来说，就是"如果我没有得到我想要的东西，我就会很痛苦"。这种不理性的想法会演变成一种自我固执。比如，"我必须面试成功""我必须让同事对我的产品方案挑不出任何问题"。

我在工作中发现有很多产品经理，一旦这种"必须"无法达成的时候，就会表现出一些极端的情绪，有的人甚至为此走上了自暴自弃的道路。

对于这 3 种"必须"来说，如果第一种"必须"无法达成，我们可能会感到焦虑、沮丧、羞耻和内疚；如果第二种"必须"无法达成，我们通常会感到愤怒和生气；如果第三种"必须"无法达成，我们可能会自卑自怜，并伴随着自暴自弃的行为。

情绪会严重影响判断和行为，所以情绪的调节在职场中至关重要。那么，该如何在职场上调节自己的情绪呢？

20.5　职场情绪调节法

要想调节好自己的情绪，必须学会"正确看待批评和指责""培养自我察觉力，承认负面情绪的存在""找到属于自己的情绪排解方式"这 3 个调节方法。

20.5.1　正确看待批评和指责

有些产品经理难以客观对待批评和指责。虽然被批评了，心里多多少少会有一些不舒服，但我们要学会区分批评的成分，很多时候，领导或同事的批评与指责是对事不对人的。

特别是产品新人，比较难理解其中的区别，自己还会因此而感到自责和委屈。在成长的路上，犯错是每个人都会经历的，受到批评和指责时，重要的是搞清楚自己错在哪里，之后不要犯同样的错误。

另外，还需要学会找到被指责的真正原因：是自己没有把事情做好，还是自己暂时充当了别人的情绪发泄对象。对于那些在职场上满是负能量，把别人当作情绪发泄对象的人，我们大可不必在意他们的言论。

20.5.2　培养自我察觉力，承认负面情绪的存在

要想做好情绪管理，必须要培养对情绪的自我察觉能力，不要让自己一直沉浸在负面情绪当中，努力走出自己的情绪怪圈。其中的第一步，就是要接纳并承认自己的负面情绪。只有用更多的耐心来疏导自己，让情绪趋向平缓，我们才有可能克服负面情绪，让良性的情绪伴随我们职场生涯的每一天。

20.5.3　找到属于自己的情绪排解方式

人人都会有坏情绪，关键在于不要放任它无限扩大。所以，要学会快速缓解自己的情绪，

尽快恢复冷静的心态。

你可以寻找适合在办公场所使用的情绪排解方法,比如:喝杯饮料,吃点甜品,或者去外面吹吹风,或者找个熟悉的同事发发牢骚。也可以下班后做做自己喜欢的事,比如去健身房健身、约好友吃个饭,或者采用其他能让自己感到愉悦的方式排解情绪。

比如我一般会在自己工位上放一些零食,感觉情绪不好时,吃点零食让自己高兴起来,远离负面情绪的困扰。

职场是一个有压力和挑战的地方,我们必须在其中找到属于自己的节奏和状态,远离负面情绪的困扰,才能让自己在产品经理的道路上越走越远。

20.6 本章小结

本章介绍了产品经理的情绪管理术,重点内容如下。

(1)接纳自己的情绪,和情绪和平相处。

(2)理解挫折四要素(对挫折的忍耐力、对挫折的控制感、挫折的归因、挫折的延伸),管理好自己的逆商。

(3)不要败给自己的"看不惯",学会管理自己的立场。

(4)遇到情绪问题时,学会用情绪 ABC 理论来分析原因。

(5)告别 3 种非理性的"必须"思维。

(6)学会用职场情绪调节法调节自己的负面情绪。

20.7 知识模型

我总结了本章的知识模型,读者可以关注公众号"cpzjguoshan",输入关键词"B1C2001"下载模型,为自己的产品经理知识拼图新增一块内容。

注:知识模型为脑图软件 MindMaster 专用格式,请读者使用 MindMaster 软件查看。

20.8 大咖助力

产品大咖说:"真正厉害的产品经理,从来不把情绪当做最主要的表达方式。"

如果你在工作中遇到了什么情绪问题,欢迎你加我微信:pmguoshan,让我来帮帮你。

20.9 练习实践

(1)你最近一次在工作中闹情绪是什么时候?

（2）是什么原因让你产生了负面情绪？

（3）试着用情绪 ABC 理论找到情绪产生的真正原因。

（4）你常用的情绪调节方法是什么？是正面积极的方式，还是负面消极的方式？

第 21 章　产品经理的结构化思维

本章导读：产品经理每天不但要和公司领导、开发人员、设计人员、运营人员、市场人员等沟通协作，还要解决各种各样的问题，如果没有掌握科学、高效的思维方式，即使每天加班，也很难完成工作。

因此，很多产品经理运用结构化思维帮助自己解决工作中的难题。可以说，作为产品经理思维的底层结构，结构化思维贯穿产品经理工作的方方面面。

简单来说，结构化思维就是先确定做什么，然后围绕既定的问题和目标，全面考虑相关的因素，再划分优先级，剔除不重要的元素，最后针对每个问题的核心要点逐个解决，以达到最终目的。

本章我们就一起学习结构化思维，这个重要的思维模型。

21.1　什么是结构化思维

不知道你有没有这样的经历，在解决问题的时候常常觉得很混乱，明明脑子里有很多零散的点子，但自己却怎么也没法把它们组成一个完整的解决方案，思考得越久，整个人就越发混沌。

这个问题的根本原因是我们的大脑无法同时存放、处理太多复杂而零散的信息，当大脑进入一种超负荷运转的状态时，最直接的后果就是想得越多，人越混沌。

如果我们在解决问题、面临选择以及与人沟通的时候，能够用一个固定结构将所有碎片信息整理、归类，就能大大减轻大脑的负担，从而快速地解决问题，这就是所谓的结构化思维。

21.1.1　理解结构化思维

简单来说，结构化思维就是用一个固定的结构来思考问题，从多个维度，深刻分析问题出现的原因，并根据分析结论系统地制定行动方案。

这就如同建造大厦，一般情况是先把大厦的主体框架建好，然后再往框架里砌砖等。结构化思维同样需要我们先组织好结构，再往结构里填充内容。

线性思维与结构化思维的差异如图 21-1 所示。如果说线性思维像画直线（问什么答什么），那么结构化思维就像盖房子（一层一层地思考）。

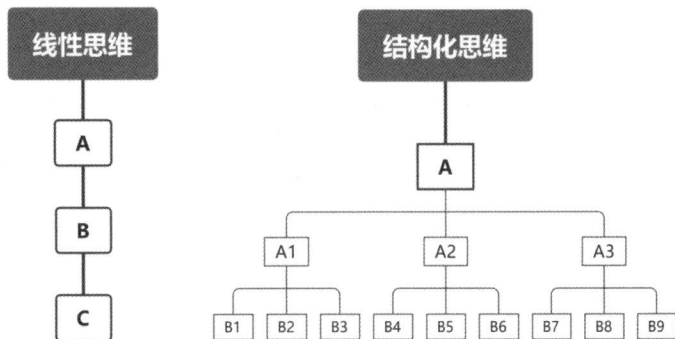

图 21-1　线性思维与结构化思维的差异

用一个更具象的方式来描述，结构化思维就是把东西整齐排列。现在有两个储物柜，一个有隔层（储物柜 A），另一个没隔层（储物柜 B），但都放满了物品，如图 21-2 所示。

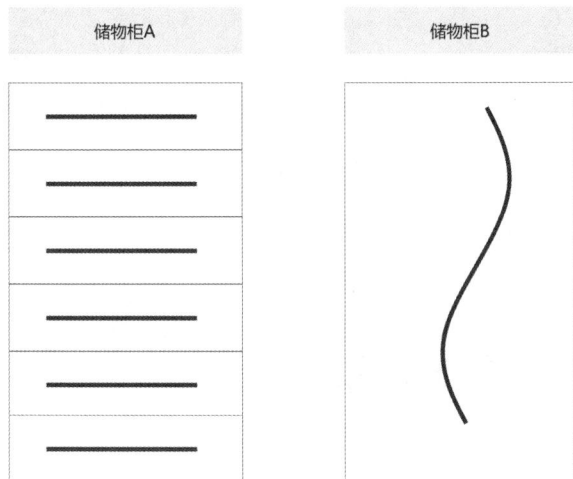

图 21-2　两种不同类型的储物柜

有隔层的储物柜 A，物品按照不同类型分类存放，每一类占一层，看起来井然有序。而无隔层的储物柜 B 内物品堆积如山，看着也是满满当当的。这时候，如果想找咖啡机磨咖啡豆，放在储物柜 A 的咖啡机，很快就可以找到，而放在储物柜 B 的咖啡机，就算我们翻箱倒柜，也不一定找得到。这就是有结构和没有结构的区别，思维结构的存在，是为了帮助我们想清楚，而想清楚是做好事情的前提。

说到结构化思维，就不得不提结构化思维的四个基本准则。

21.1.2 结构化思维的四个基本准则

结构化思维必须要遵循的四个基本准则如下。

（1）以上统下：每一层次的思想都是对下一层次的思想的概括总结。

（2）结论先行：每次思考都只有一个中心思想。

（3）归类分组：同组思想观点必须属于同一逻辑范畴。

（4）逻辑递归：每组思想观点必须按照逻辑顺序排列。

其核心思想就是：以上统下，结论先行，归类分组，逻辑递进，如图 21-3 所示。先总结后具体，先重要后次要，先框架后细节，先结论后原因，先结果后过程，先论点后论据。

图 21-3 结构化思维的四个基本准则

在产品经理圈内，很多产品精英都视结构化思维为产品经理必须要掌握的底层核心思维，那么对于一个成长中的产品新人，结构化思维又有什么用呢？

21.2 为什么要掌握结构化思维

产品经理掌握结构化思维主要有以下几点好处。

21.2.1 将复杂的问题简单化

当大脑在思考时，借助结构化思维，可以思考得更加全面，对复杂的信息进行梳理归类，对复杂的问题进行拆解分析，深入思考问题的本质，避免思考时毫无头绪。

21.2.2 更加顺畅地表述观点

使用结构化思维有助于我们在与人沟通时使用逻辑性更强的表达，从而降低沟通的成本，让他人更加容易理解我们所要表达的意思。

21.2.3 进一步归类整理知识

我们现在身处互联网时代,所获取的知识存在碎片化的特征。这就要求我们对知识进行归类,把一个个新的信息融入自己的知识体系中。知识体系好比一棵大树,有了结构化思维后,我们就可以向知识树不断添加一个个新的知识点,让知识体系越来越丰富。

可以说,结构化思维与我们的工作、学习、成长息息相关,掌握结构化思维是每个产品经理必须要做的事。

既然结构化思维如此重要,那么该如何建立结构化思维呢?下面,我们就一起了解建立结构化思维的两种方法。

21.3 结构化思维的建立方法

结构化思维的建立主要有自下而上归纳提炼结构和自上而下寻找结构这两种方法。

无论采用哪种方法,都需要先把收集的信息、数据等按照某种逻辑进行归纳、概括,总结出核心思想和结论;然后,采用先说结论再说论据、先说整体再说细节、先说重要内容再说次要内容的方式有序陈述。

21.3.1 自下而上归纳提炼结构

自下而上归纳提炼结构的方式,主要适用于面对大量的信息,且信息之间存在着某种关系,需要根据这种关系搭建框架的时候。

实际运用时,可以用以下四步对信息进行结构化的整理,从而得出最终的结论。

1. 第一步:列出所有信息

在一张白纸上,把头脑中碎片化的信息、想法都列出来。罗列的时候,尽可能做到不重复、不遗漏。例如,可以按图 21-4 所示的方式列出脑海中的所有信息。

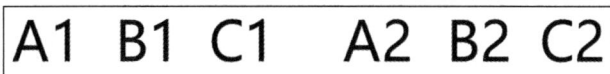

$$\boxed{\text{A1 \quad B1 \quad C1 \quad A2 \quad B2 \quad C2}}$$

图 21-4 罗列信息

2. 第二步:将信息连线分组

先通过归纳法,对具有相同或相似特性的信息进行连线,如图 21-5 所示。

然后,根据连线情况,总结共性,将信息以图 21-6 所示的方式进行分组。

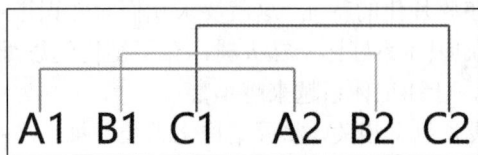

图 21-5　对相似信息进行连线

图 21-6　将信息分组

3. 第三步：提炼总结要点

查看分组，分析其是否存在一定的规律，如重要性顺序、时空规律等；然后按照不同的规律，对信息按图 21-7 所示的方式进行补充或调整，并提炼总结各分组的要点。

图 21-7　补充或调整信息并提炼总结要点

4. 第四步：得出最后的结论

在最后一步，可以把上一步对每个分组提炼总结的要点，当成最终观点的已知条件。也就是用已知的每个分组的结论作为条件，去推导和分析最后的结论，完善核心观点（或问题的解决办法），并按图 21-8 的格式进行总结。

图 21-8　得出最后的结论

为了便于大家理解，下面举例说明。

21.3.2　案例分析：知识社群结构化分析

案例背景：某公司产品的知识社群一直做得不好不坏。公司领导和产品总监，非常希望把知识社群做好。那么该如何做好知识社群，做好知识社群有哪些关键要点呢？该产品的产品经理使用自下而上归纳提炼结构的思维方式，找到了做好知识社群的关键因素与实施要点。

按照上文介绍的自下而上归纳提炼结构的思维模式，我们需要先列出所有要点信息。

1．第一步：列出所有要点信息

这一步需要先查阅、学习社群相关知识，并在纸上列出所有可能的关键要点，共 10 项：

- 社群价值；
- 建群目的；
- 入群门槛；
- 社群规则；
- 运营模式；
- 社群要活跃；
- 要有话题；
- 红包接龙；
- 有知识分享；
- 有课程学习。

2．第二步：将要点连线分组

经过对上面 10 项内容的分析，发现：

- "社群价值"是关于社群的价值的描述；
- "建群目的、入群门槛、社群规则、运营模式"是组织社群的相关要点；
- "社群要活跃、要有话题、红包接龙"是关于群成员之间互动的；
- "有知识分享、有课程学习"是为群成员贡献干货内容的。

根据上述逻辑把 1～10 项分为四组。分组结果如表 21-1 所示。

表 21-1　关键要点分组

价值相关	组织相关	互动相关	内容相关
社群价值	建群目的	社群要活跃	有知识分享
	入群门槛	要有话题	有课程学习
	社群规则	红包接龙	
	运营模式		

根据 MECE 原则（Mutually Exclusive Collectively Exhaustive；相互独立，完全穷尽），现有的价值相关、组织相关、互动相关、内容相关的分组并没有穷尽。因此，需要继续扩展优化。

根据收集的信息，一般来说，社群都有自己的名字；会定时举办线下交流活动；为了提升社群的活跃度，还会安排早晚打卡活动。现在社群里有很多有用的文档，不过就是没有经过整理，群成员阅读起来不方便。如果能够对文档进行整理，用户阅读起来会更方便。优化扩充后的分组如表 21-2 所示。

表 21-2　关键要点分组优化

价值相关	组织相关	互动相关	内容相关
社群价值	建群目的	社群要活跃	有知识分享
社群名字	入群门槛	要有话题	有课程学习
	社群规则	红包接龙	文档整理
	运营模式	线下活动	
		早晚打卡	

3．第三步：提炼总结要点

组织一般指公司、机构，在圈子里多指各种人，所以把组织提炼成圈子会更适合社群。好的社群必须能够传达价值，而价值就是社群的中心主旨，因此这里把价值提炼成主旨会更好。

经过提炼后，得出社群的核心为主旨、圈子、互动、内容。

4．第四步：完善观点得出最后结果

确定社群结构后，需要检查是不是有遗漏的部分。例如，在社群内分享内容是为了让群成员获得有用的知识，同时希望群成员转发内容，让更多人看到，因此内容裂变也是一个关键点。

最后，当所有的信息完善后，得出最后的结果，也就是社群运营辅助系统。

基于结构化的梳理与分析，在后续设计社群运营模块的时候，很容易就能搞清楚模块的组成和设计要点；如果对模块有新的见解或想加入新功能的时候，也可以很容易地就把它们加入现有的系统之中。

带着这种自下而上的思维模式去探索分析，会让原本复杂的事情变得简单很多，事情的脉络也会变得清晰很多，这就是结构化思维的作用。

平日多进行这种自下而上的结构化思考，有助于我们理清事情的逻辑结构。

接下来，让我们了解结构化思维建立的另一种方式——自上而下寻找结构。

21.3.3　自上而下寻找结构

所谓的自上而下寻找结构，就是先建立一个框架，然后将信息或解决方案放入框架内，并逐层细分得出最后的结论。其核心是先聚焦于一个主题，然后围绕这个主题逐步搭建框架，论证观点。

自上而下寻找结构主要采用以下三步来实现。

1．第一步：划定问题的边界

这里的边界指的是问题/事情的边界。任何一个宽泛的问题，都可以通过划定边界，变成一个具象的、可拆解的问题。之所以要给问题/事情划定边界，是为了更好地对问题进行拆解与分析。边界定得越清晰、越具体，越有利于拆解与分析。

例如，"怎么让自己的思维更加结构化？"这显然是一个非常宽泛、无法直接拆解的问题。这时就可以给这个问题加一个具体的边界，如"如何使用结构化思维解决产品问题？"

2．第二步：对问题进行拆解

在拆解问题时，可以采用图 21-9 所示的方法，即先找到问题的评估维度，再拆解影响要素。

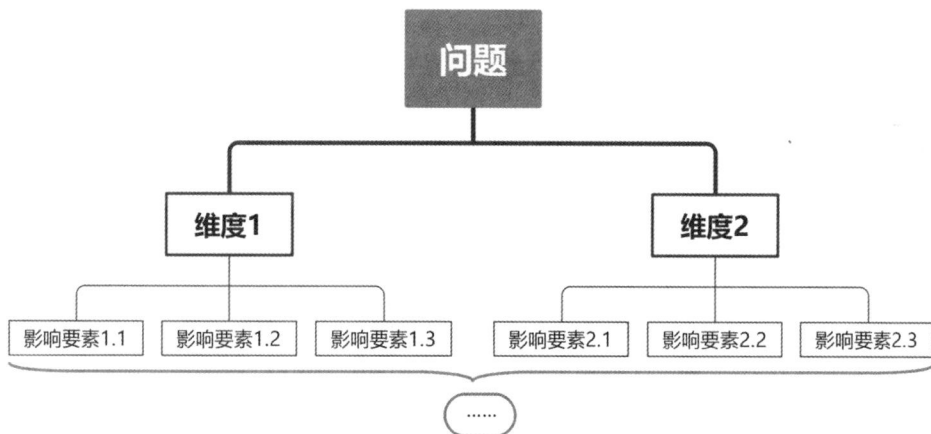

图 21-9　对问题进行评估与拆解

评估维度就是我们常说的思考角度，即从哪个方面去思考这个问题，而影响要素指的是每个评估维度下的具体方法。

关于问题的拆解，还需要明确一点：对于每一个问题都可以有 N 个评估维度，每个评估维度下又会有 N 个影响要素，对不同的问题可拆解的层级也不同。

对于刚接触结构化思维的产品新人来说，不建议大家刻意追求完整地评估问题（对一个问题进行多维度评估），也不要求大家列出所有评估维度（难度太大）。提倡的做法是：先找到一个评估维度，持续拆解直到找到关联的影响要素，然后再练习多个维度的拆解。

自上而下的表达主要有纵向和横向两条逻辑：纵向的层级结构一定要以论点/论据的方式，去逐层分析问题；横向的表述，一定要以归纳推理或逻辑推理的方式去回答疑问。

3．第三步：找出相应的影响因素

可以使用以下 3 种方式完成对一个问题的拆解，找到相应的影响因素。

- 流程拆解法。
- 公式拆解法。

● 影响要素拆解法。

对于上文提到的如何运营好社群的案例，也可以使用自上而下的方式来逐步拆解问题。可以先从社群管理入手，控制好每个组成环节，逐步完成任务。

对于一些目标较为明确、可被量化的问题，像"如何提升商品的销量"就可以采用先拆解公式：销量=曝光量×转化率×ARPU，然后针对公式中每个因子采取相应措施的方式逐步找到问题的答案。例如，根据销量的公式，逐一拆解公式的因子后，最初的问题就转化为如何提升曝光量、如何提升转化率和如何提升 ARPU 这样三个更加具象的子问题。

但对于像"如何提高产品的用户评论量"这类不太好被拆解成具体量化的子项和公式的问题，在做自上而下的结构化分析时，就需要尽量把所有的影响因素罗列出来，看哪些因素会影响用户评论量，并逐一控制。

最后，对三类拆解方法进行一下小结。流程类适用于具体的任务，公式类适用于涉及目标或指标类的任务，影响要素类适用于受各种复杂因素影响的问题。

21.4　案例分析：某读书社区 App 推荐策略分析

案例背景：如果你正在面试某读书社区 App 的产品经理，面试官想让你分析一下这款 App 中"喜欢这本书的人也喜欢"所用到的推荐策略，并且面试官还告诉你他们的推荐结果跟用户行为相关这一关键线索。

此处可以使用自上而下的结构化分析方式，通过拆解有哪些用户行为会影响推荐系统，对问题逐步进行分析。

第一步：划定问题的边界。"喜欢这本书的人也喜欢"的推荐结果与用户行为强相关。因此，只要搞清楚相应的用户行为就能得到最后的答案。所以，划定问题的边界为"对用户行为的拆解"。

第二步：对问题进行拆解。在这一步，需要找到这个问题的评估维度。从 App 所提供的产品功能和操作路径看，用户行为可以拆解为搜索行为、点击行为、互动行为和转化行为四个维度。

第三步：找出相应的影响因素。这一步，需要找出影响每个维度的具体因素，进而得到"喜欢这本书的人也喜欢"的推荐策略。

经过分析，这个问题不太好拆解成具体量化的子项和公式。因此，我们采用影响要素拆解法，尽量罗列可能的影响要素，来帮助我们分析问题的答案。

这样通过使用自上而下的结构化分析法，我们便得到了推荐策略的相关影响因素。整个问题自上而下的用户拆解的结果如图 21-10 所示。

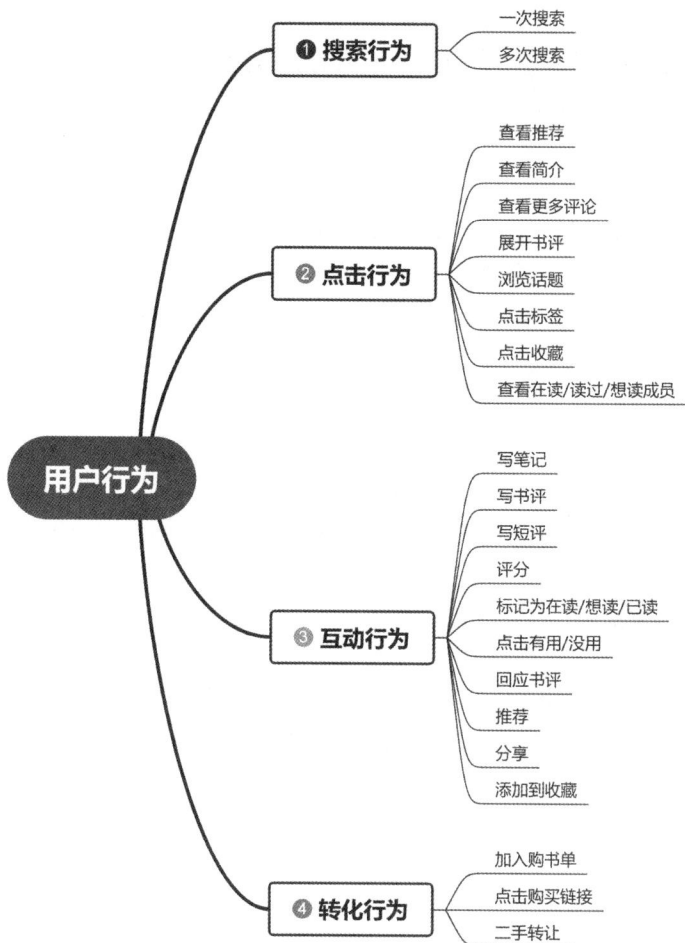

图 21-10　案例的用户行为拆解结果

21.5　本章小结

本章介绍了产品经理的结构化思维，重点内容如下。

（1）结构化思维贯穿产品经理工作的方方面面。

（2）结构化思维是每个产品经理需要掌握的底层核心思维。

（3）结构化思维需要遵循四个基本准则。

（4）结构化思维的建立分为自下而上归纳提炼结构和自上而下寻找结构两种方式。

（5）使用四步法（列出所有要点、将要点连线分组、提炼要点结构、得出最后结论）完成自下而上归纳提炼结构。

（6）采用三步（划定问题的边界、对问题进行拆解、找出相应的影响因素）法实现自上而下寻找结构。

（7）培养结构化思维，可以让我们具备更强的思考能力。

21.6　知识模型

我总结了本章的知识模型，读者可以关注公众号"cpzjguoshan"，输入关键词"B1C2101"下载模型，为自己的产品经理知识拼图新增一块内容。

注：知识模型为脑图软件 MindMaster 专用格式，请读者使用 MindMaster 软件查看。

21.7　大咖助力

产品大咖说："产品经理必须具备结构化思维的能力。"

关于结构化思维，如果你有什么问题，欢迎你加我微信：pmguoshan，让我来帮帮你。

21.8　练习实践

假如你现在负责一款健身类产品，领导给你一个任务：下个季度，产品留存率增加 10%。请使用结构化思维尝试分析产品留存率增加 10% 的应对办法。

Part 04

第四部分
产品经理的
求职与面试

➡ 第 22 章　面试官青睐什么样的产品经理

本章导语：顺利通过面试，拿下 Offer，进入自己梦寐以求的公司工作，是产品经理成长的必经之路，也是每位产品经理必须要跨过的一道坎。本章，我将结合自己多年来在各大公司任职产品经理面试官的经历，揭示面试官青睐什么样的产品经理，旨在帮助那些立志成为优秀产品经理的求职者顺利通过面试，早日入职自己心仪的公司。

22.1　面试官青睐什么样的简历

古语说"见字如面"，简历是我们跟面试官对话的第一步，也是我们能够通过面试官初筛，获得面试机会的敲门砖。因此，简历的重要性不言而喻。那么对于面试官而言，什么样的简历才会受到青睐呢？

22.1.1　结构合理

专业面试官经常要面对大量简历。对于面试官来说，扫读和筛选一位候选人的简历的时间不会超过 2 分钟。因此，一份结构合理的简历，可以帮助面试官快速锁定简历的核心重点，提升简历通过筛选的概率。

面试官眼中合理的简历结构如下。

（1）基础信息（约占 5%）。包含姓名、性别、联系电话和邮箱。这一部分无须占用过多篇幅，抓住要点即可。

（2）教育背景（约占 5%）。包含毕业学校、所学专业、学历和起止日期。无须把所获奖项、所学课程名称等信息都写上去。切记，这部分同样不需要写太多。

（3）个人优势（约占 10%）。虽然简历中个人优势部分针对社招和针对校招的写法有所不同（校招需写个人获奖和个人评价），但本质都是向面试官展示自己的优势。这一部分的重点是对整个简历的高度概括总结，目的是在短时间内吸引面试官的注意，提起面试官的兴趣。在写法上，推荐用有序列表的方式，言简意赅地把个人优势一条条地罗列出来。

（4）工作经历（约占 75%）。无论是社招还是校招，工作经历部分都是整个简历的核心重点。对于社招的候选人，面试官希望看到包含如下两部分内容的简历。

- 第一部分：工作起止年月，在哪家公司担任过什么职位。
- 第二部分：期间在公司做过哪些项目，自己具体的工作内容以及最后达到了什么样的效果。

这一部分可采用总分的方式来撰写，第一句总写负责的项目名称，然后列表分写自己在项目中做过哪些事情，取得了什么样的成绩。

对于校招的候选人，面试官希望看到简历包含如下几个部分内容。

- 第一部分：实习经历。如果有实习经历，简历中一定要体现出来，因为面试官更青睐有实习经历的候选人。
- 第二部分：项目经历。对于面试官来说，这部分是校招简历的加分项。特别是做过的项目与公司招聘职位相符的候选人，更易会获得面试官的青睐。所以自己之前有项目经历的，一定要在简历中体现出来。写法同社招工作经历，这里就不赘述了。
- 第三部分：校园实践。除了上述两部分外，面试官还格外青睐有校园实践经历的校招候选人。如果在校期间有校园实践经历，简历中一定要体现出来。

（5）工作技能（约占 5%）。工作技能是指与产品经理工作相关的一些核心技能，如工具软件的使用、专业知识的掌握程度、协助与沟通能力等。

校招简历在这个部分则需要体现出个人技能：个人特长、语言能力、掌握的专业软件等基础技能信息。总的来说，无论是社招还是校招的候选人，都要拿出做产品的心态去写简历。把自己的简历当成一款产品来经营，让简历最大程度地满足面试官这个用户的核心需求，才能为自己赢得更多的面试机会。

22.1.2　精心设计

在面试官的眼中，优秀的简历除了需要结构合理外，还需要被精心设计。

1. 符合痛点

就像做产品的时候需要思考用户的痛点，以及我们能为用户创造什么价值一样，在写简历的时候，也需要考虑用户是谁及他们有什么样的痛点。

毋庸置疑，面试官是简历的用户。通过简历来发现合适、与目标职位匹配的面试候选人是面试官在浏览简历时的最大痛点。所以，面试官特别希望看到候选人的简历中有跟这个职位相匹配的一些关键点。顺着这个思路，就可以精心设计简历了。

2. 满足需求

除了需要了解简历的用户和用户痛点外，还需要知道如何设计简历这款产品的功能和流程，来满足用户的使用需求。

在简历初筛阶段，面试官一般都采用一目十行的扫读方式看候选人的简历，通过快速扫读，从简历中了解候选人跟职位的匹配度，只有高匹配度的候选人才有可能进入面试邀约阶段。

换句话说，如果你的简历能做到让面试官一眼看到他们需要和想要的内容，那么相比于其他候选人你收到面试官面试邀约的概率要高很多。

而那些与职位高度匹配的、详细切实的工作实践/实习经历，就是你打动面试官的关键要素。

22.1.3　清晰易读

不同公司对于简历的处理方式不同，有的是简历先通过 HR（人力资源）初筛，然后交面试官继续筛选，有的则是直接由面试官完成筛选后通知 HR。

无论采用哪种方式，面试官都会面临一个问题：每天收到的简历太多，根本看不过来！这就造成很多面试官在看简历的时候都会采用一扫而过的方式快速扫读每个候选人的简历。因此，要想成功引起面试官的注意，简历必须做到清晰易读，让面试官一眼就可以找到想关注的重点内容。

一个有经验的面试官一般会采用预设关键词的方式快速扫读候选人的简历与预设关键词的匹配度。例如，职位要求 2 年以上工作经验，而应聘者只有 1 年工作经验，这种简历一般都会被面试官放到一边。

此外，面试官还会把关键词按照基本要求、一般要求、期望要求、特殊要求的顺序进行排序。

例如，职位以独立设计产品原型为基本要求，面试官在看简历时，就会先搜索简历中是否体现出了候选人独立设计产品原型的能力，如果面试官未一眼看出这个内容，这个简历就会被面试官扔到一边。

又例如，面试官希望招到竞品公司同等职位的产品经理，如果这时候你的简历正好出现这样的一些关键词，那你就符合面试官预设关键词中特殊要求一项，具有成为面试官理想候选人的可能。

对于面试官来说，符合"基本要求"的简历的候选人具有基本的准入资格；符合"一般要求"的简历的候选人具有入围面试资格；符合"期望要求"的简历的候选人具有优先考虑资格；最后，符合"特殊要求"的候选人则是这个职位的最佳潜在人选。

一般来说，经过如何撰写招聘职位描述培训的面试官会把预设关键词放在职位的招聘职位描述中。我们在看招聘职位描述时，可以把这些关键词提取出来，然后，有针对性地撰写和优化简历，让这些关键词在简历中被充分清晰地展露出来，便于面试官一眼就能看到想要的内容。

22.1.4　易于投递

所谓"酒香也怕巷子深"。对于面试官来说，每天都会收到来自四面八方的大量的简历。如果面试官一时漏掉了你的简历，这份简历基本就会石沉大海，很少有机会被面试官再次发现。

这时候，如果能使用适当的投递技巧，就能提升自己的简历在众多的简历中被面试官发现的概率，从而为自己赢取更多的面试机会。

1. 简洁有效

投递简历邮件标题需要简洁有效。直接告诉面试官你是谁、你要应聘什么职位。比如，张磊，应聘网易新闻 App 产品经理。

在工作中，我经常收到一些应聘者的邮件，标题只写成"应聘产品经理"或者"我的简历"。说实话，这种无法准确表达主题的邮件我是根本不会看的。

除了要保持应聘邮件的简洁有效外，还可以通过标题引发面试官的兴趣。如果某公司招聘一位有 1 年经验的移动社区产品经理，你的简历邮件标题写成"应聘移动社区产品经理-张磊-1.5 年移动社区产品经验"，那么，你就成功地吸引了面试官的兴趣，这封邮件被打开的概率也就大大提高了。

除了应聘邮件标题外，简历名称也需要做到简洁有效，具体写法同邮件标题。我在工作中，经常会收到一些应聘邮件，附带的附件名称不是"简历"就是"我的简历"，使用这种简历名称是非常容易错过面试机会的。

此外，需要在应聘邮件的正文至少附上一句话，如：应聘移动社区产品经理-张磊-1.5 年移动社区产品经验，简历见附件。这样做的好处是避免某些邮件系统会拒收/拒发不含正文的邮件，导致邮件无法发出或收到的问题。同时，也是在提醒面试官这是谁的简历，避免面试官把简历和人名搞错、搞混。

2. 高效投递

招聘网站的简历都会遵循"最近更新的简历，排在靠前的位置，更新时间越久，简历位置越靠后"这样一个原则。因此，每天固定刷新各大招聘网站的简历，可以让自己的简历获得更多的曝光率，便于获得面试官的青睐。

在投递简历时，还要学会适当地增加投递渠道。虽然，我们无法确保一个渠道的简历能够100%精准地投递给面试官，不过，我们可以采用适当增加投递渠道的方式来增加简历被投递的概率。特别是那种由 HR 负责收简历的公司，负责不同渠道的 HR 对筛选简历的标准各不相同，多了一个渠道就等于多了一个机会。

除了正常的招聘渠道外，还需要考虑一些其他的渠道。比如公司网站的招聘邮箱，也可以让他人帮忙内推，或者向一些项目的公开邮箱投递简历。总之，尽可能多地扩充投递渠道，为自己多争取简历投递成功的可能性。

简历是求职面试的第一关，也是我们能否进入正式面试流程的敲门砖，因此在准备及投递简历时，一定要对照图 22-1 所示的各要点逐一完成，确保自己能在简历这一关顺利通过。

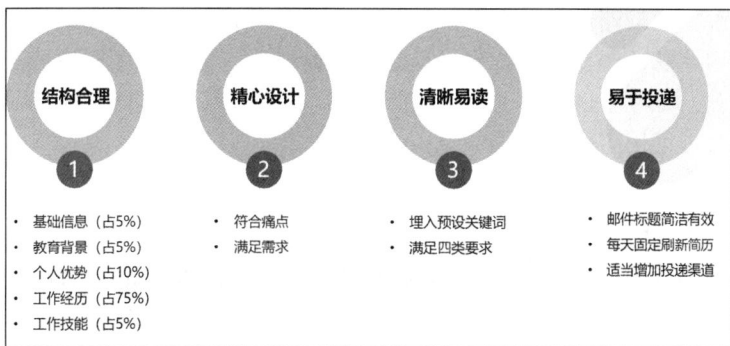

结构合理	精心设计	清晰易读	易于投递
1	2	3	4
• 基础信息（占5%） • 教育背景（占5%） • 个人优势（占10%） • 工作经历（占75%） • 工作技能（占5%）	• 符合痛点 • 满足需求	• 埋入预设关键词 • 满足四类要求	• 邮件标题简洁有效 • 每天固定刷新简历 • 适当增加投递渠道

图 22-1 简历撰写及投递注意要点

22.2　面试官青睐有准备的候选人

从面试官的视角来看，整个面试就是通过与候选人一对一交流，进行信息交换，搜集候选人与岗位的匹配信息，依此作为评判候选人是否胜任的过程。

面试过程中越是做到与面试官进行有效地信息交换，保持面试的流畅度，越能提升面试效率，也就越能赢得面试官的青睐。

22.2.1　面试官会考察哪些专业知识

在面试的过程中，面试官会根据候选人的从业年限及工作内容，考察不同的专业知识。

对于经验较少的候选人，面试官主要会考察以下 9 类专业能力：

* 能够设计简单的产品原型及独立撰写产品需求文档的能力；
* 收集用户反馈、归纳总结用户需求、不断迭代优化产品的能力；
* 具备基础的需求分析与产品设计能力；
* 熟练使用产品原型制作工具、思维导图、Office 等软件；
* 在项目进行的过程中可以及时沟通反馈进度，具备基础的项目管理能力；
* 对产品数据进行观测、分析与统计的能力；
* 具有用户调研与用户体验设计相关知识；
* 具备强执行力与良好的团队协作能力；
* 积极主动，逻辑清晰，思维活跃。

对于有一定经验的候选人，面试官主要会考察以下 7 类专业能力：

* 能够独立负责核心业务模块的产品设计并产出完整的产品方案；
* 能够对行业及竞争对手进行深入研究，根据变化来不断改进产品；
* 对产品设计、数据分析、竞品分析、用户体验等有深刻的理解；
* 对市场发展趋势有敏锐的洞察力，具有较强的创新意识；
* 能够与其他同事有效沟通，积极推动产品迭代，管理项目进度；
* 能够理解公司战略，针对公司战略进行产品设计，能够对产品结果负责；
* 能够制定团队的工作计划，对团队进行日常管理，并带领团队完成工作任务。

因此在面试前，要对这些知识进行相应的准备。最好能够结合项目的实际经历，阐述自己是如何在项目中合理运用这些知识的。

22.2.2　了解背景及职位要求

除了上文所述的专业知识，在面试前还需要了解相关背景及职位要求。这一部分主要是公司的发展历史、创始人背景及公司文化等。避免在面试过程中因为不了解而出现错答、乱答问题的情况。

同时，需要在面试前对公司的产品进行一定的了解。这部分可以对产品进行简单的试用，看看真实用户对这款产品的评价，这样在面试过程中，才能更有针对性、更加流利地回答"如何优化现有产品"这类问题。

最后，需要在面试前仔细研究职位要求。通过研究职位要求，可以猜测出面试官可能会考察候选人哪些知识，以及面试官的出题思路。同时，对于职位中的某些特殊要求，也将会是面试官的重点考察部分。

如果我们能在面试前对这些内容进行有效准备，就能避免在面试过程中因现场准备不足而出现卡顿冷场、逻辑混乱等问题，给面试官留下积极良好的印象，成为面试官青睐的人选。

22.2.3　准备回答模板

在面试中，总会遇到一些意外情况。这时候就可以使用提前准备好的万能回答模板来应对。例如，对于一些高难度、不容易回答的问题，可以利用把问题转移给面试官的方式巧妙地绕开。我们可以说"作为贵公司的旗舰产品，我相信整个团队肯定做过多次的深入讨论，也一定有比较全面、成熟的方案。能否借面试的机会求教一下贵公司的产品团队对于这个问题是如何理解的？"

又比如，对于不好回答的问题，可以找到自己熟悉的产品与这个问题进行联系，把问题引到自己熟悉的方向，把回答多往自己熟悉的话题引导、延展，讲出自己的方法论。

总之，回答模板准备得越多、越充分，应对意外情况时才能更从容、更淡定，与面试官的沟通交流才能更为顺畅。因此，可以按照图 22-2 所示的 3 个方面做好面试之前的准备工作。

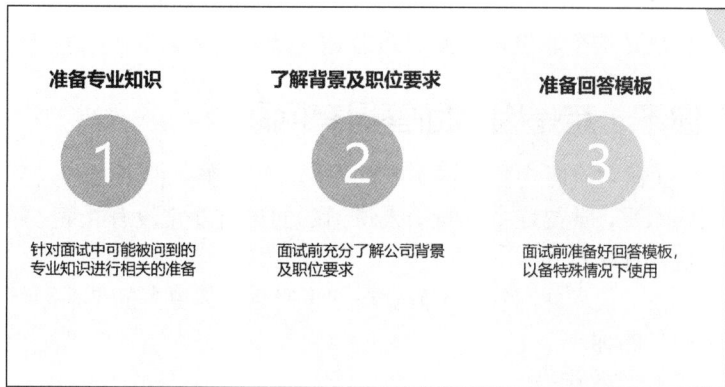

准备专业知识
1
针对面试中可能被问到的专业知识进行相关的准备

了解背景及职位要求
2
面试前充分了解公司背景及职位要求

准备回答模板
3
面试前准备好回答模板，以备特殊情况下使用

图 22-2　面试前需要做好的 3 方面准备工作

22.3　面试官青睐候选人这样回答问题

面试的过程中，表面上看起来很轻松的面试官，其实大脑一直处在高速的运转中（在我出任面试官的时候深有体会）。面试官需要时刻从候选人的回答中不断获取、挖掘与分析相关信

息,用来判断职位跟候选人的匹配度。

因此,在面试过程中,越能做到和面试官高效沟通,以面试官期望的方式来回答问题,就越能帮助面试官有效地获取信息,从而提高面试成功的概率。

22.3.1　做一个出色的自我介绍

一般来说,面试的第一个环节通常是自我介绍。可以说,这是你给面试官留下的第一印象,自我介绍的好坏会直接影响你的面试成败。我发现,很多候选人在做自我介绍时,都是照着简历念一遍,这样毫无吸引力的自我介绍,会非常影响你在面试官心中的第一印象。

出色的自我介绍关键在于,巧妙地在自我介绍中不断引入事先准备好的话题,让面试官顺着你准备好的话题来提问,从而掌握面试的主动权。

一说到出色,很多候选人喜欢做别出心裁的自我介绍,企图用这种方式来博得面试官的认可与好感。其实,在面试官的眼中,这种做法是非常不可取的。

首先,自我介绍不需要别出心裁,只要把你是谁、有几年工作经验、在哪些公司工作过、取得过什么成绩以及自己具备的核心能力说出来就可以了。在介绍的过程中,不要忘记引入各种话题,让面试官顺着你的话题提问。

其次,人的记忆力是有限的。在这样简短的自我介绍中,面试官虽然不可能记住你的全部优势,但一定会记住你能力最突出或最契合当前职位的点。所以,在自我介绍中不断突出这些优势点会进一步强化面试官对你的良好印象。

最后,需要按照面试官想要"听什么"的逻辑进行自我介绍,而不是从自我出发,从想要"说什么"的角度进行自我介绍。其实,自我介绍是个非常好的向面试官阐述自己有能力能够胜任这个职位以及自己是这个职位最匹配、最合适人选的理由。

22.3.2　打断你不一定是因为回答得有问题

在面试过程中,面试官有时会打断候选人的发言。这时候,很多候选人会觉得面试官没能让自己发挥出真实的水平,觉得这个打断别人说话的面试官非常没有礼貌。所以,在接下来的面试中情绪化会表现得非常严重。

其实,打断发言并不代表你回答得不好。在这个时候,你更多的是需要沉着冷静,分析面试官是出于什么目的打断你。

1. 回答的内容严重跑题

如果候选人回答的问题没有逻辑、没有重点或是没有结合公司具体的业务阐述时,面试官会采用打断的方式进行提醒。这时候的打断,是给自己的一个良好的喘息机会,你可以利用这次打断间隙调整自己的话术,让接下来的回答更有针对性。

2. 回答是面试官想要的答案

如果你的回答正好是面试官想要的答案,这时候面试官为了节约时间,不希望你继续阐述下去,也会打断你的回答。这时候,就需要顺应面试官的要求,停止继续阐述答案,准备下一个问题的面试。

但在实际的面试过程中，我发现很多候选人在被打断后，依然喋喋不休地说下去，结果给面试官造成非常不好的印象，影响了最终的面试结果。所以，作为面试官，打断你的回答并不一定是你回答得不好，而有可能是你刚好回答到了要点上，他们不想浪费面试的宝贵时间。

3. 回答的内容过于注重细节

有的候选人在回答问题时太过沉溺于描述工作细节，没有清楚地表达出背后的本质及方法论是什么，也会被面试官打断。从面试官的角度，他们想借着具体的项目来了解你对某个方法的掌握和使用程度，而不是听你阐述具体的工作细节。

因此在日常工作中，要多对自己的工作进行梳理，提炼总结其中用到的方法论，这样才能在回答问题时避免掉进描述细节的陷阱里。

4. 打断是一种面试技巧

有时，面试官希望通过采用打断的方式，对候选人进行压力测试。比如候选人正对某个问题进行非常精彩的回答，或者候选人之前的问题回答得都非常优秀时，面试官会中途突然打断候选人的回答，临时插入一个问题，用来测试候选人的临场反应、抗压能力和心理承受力。

这时候，可以用复述面试官问题的方式给自己争取时间，并在脑中积极思考问题的答案，最后给出相应的回答。

5. 不打断未必是回答得有多好

有的候选人不太会控制自己的表达欲，面试时东拉西扯地说个不停，答案毫无针对性，回答的又都不在点上。

很多时候你看似在尽情表达，但面试官只是礼貌地不想打断你。最致命的是，说得越多，暴露破绽和问题的概率也就越大。

更有甚者，认为面试官不打断自己，就是自己回答得非常棒，然后进入了一种飘飘然的状态，对于自己不懂的问题胡乱回答，然后一个人不停地乱说，说着说着还时不时地冒出几个专业名词，企图用这种方式蒙混过关。

你的面试官至少会比你高 2 个级别，无论从专业能力还是综合素质方面都是毋庸置疑的。这种"说个不停"或者"不停乱说"的行为，只会引起面试官的不满，面试结果自然不言而喻了。

作为面试官，都喜欢能控制自己的表达欲、对问题有针对性进行表达的候选人。另外一定要做到：对于自己熟悉的事，实话实说；不熟悉的事，不乱说。

22.3.3 面试官青睐有逻辑的回答

通过前文的描述可以知道，面试的本质是高效的信息交换。相对于那些杂乱无章、拖沓冗长的回答，面试官更青睐条理清晰、逻辑分明的答案。

这时，就可以用结构化思考框架，帮助自己组织和呈现相关问题的答案。

1. Why-How-Profit 框架

针对项目经验型问题，可以采用"Why-How-Profit"的框架来回答。

- **Why：为什么要做这个项目**。主要包括项目的目标用户是谁、有哪些需求、有哪些竞品、自有产品与竞品的差异点。
- **How：如何做这个项目**。这一部分主要阐述产品包含的模块、各模块之间的关系，以及产品的主要功能。
- **Profit：项目产生的收益或成果**。这一部分可以重点阐述项目的核心数据表现，也就是项目取得的阶段性成果，也可以阐述自己在项目过程中的收获。

2．Point-Reason-Example-Point 框架

针对讨论型问题，可以采用 Point-Reason-Example-Point 框架来回答。

- Point（观点）：陈述自己的观点。
- Reason（原因）：罗列支持观点的原因。
- Example（例子）：给出实际的例子。
- Point（观点）：给出总结性的观点。

例如，可以在面试中这样说，面试官你好，我认为自己非常适合贵公司移动社区产品经理的职位（陈述观点）。目前我有 2 年移动社区产品经理工作经验，熟悉移动社区产品功能及用户需求（支持观点的原因）。有从 0 到 1 成功搭建移动社区并成功上线的经历，也有让移动社区日活跃用户数实现 150%增长的案例（实际案例）。因此，我认为自己非常适合贵公司移动社区产品经理的工作（总结观点）。

3．Clock-State 框架

针对复盘型问题，可以采用 Clock-State 框架来回答问题。Clock-State（时钟陈述法）就是把过往的经历按照模块划分为事前、事中、事后。依此作为陈述问题的主线来陈述自己的回答。

例如，可以按照项目开发前、项目开发中及项目上线后的顺序分阶段对项目进行复盘，给面试官一个结构化的陈述方式。

22.3.4 面试官青睐这样的提问

在每次面试结束前，面试官都会问候选人"有没有什么要问我的"这个表面上看似很简单，实际蕴藏着丰富含义的问题。下面，就让我们一起了解这个问题背后的那些能问与不能问的部分。

1．不要说自己没有问题

遇到这个问题，很多面试者会说"面试官介绍得已经很详细了，自己暂时没有什么问题了"。作为面试官，是非常不喜欢听到这样的回答的。因为面试官想借着这个问题，判断你对公司的职位、公司的发展有没有进一步深入了解的想法，如果你的回答是没有什么问题，那么面试官会认为你对这个机会不太感兴趣。

2．不要提让人反感的问题

有的候选人会直言不讳地询问面试官自己的面试结果如何，能不能进入下一轮的面试。面试官是不可能在面试过程中直接告诉你结果的，这种提问会引起面试官的反感，让面试官无法回答。这样不但自讨没趣，而且降低了自己面试通过的概率。

3．不要提加班工资类问题

有些候选人会直接问面试官职位的工资是多少、工资构成情况什么样、福利待遇都有哪些。这类问题比较适合在 HR 面试中提出，如果是向负责业务的面试官问此类问题，就显得非常不专业了。

还有些候选人会问一些关于加班和公司氛围的问题。比如"公司加班多吗？是'996'工作制吗？周末有加班吗？"，或者"公司氛围怎么样呢？公司内部有斗争吗？"等问题。

站在面试官的角度，候选人会提这些无关紧要的问题，说明候选人根本不关心职位本身，相对于其他的候选人，此人离职的风险会更高，会给面试官留下非常不好的印象。

面试不同于平时的日常交流，是一个技巧性极强的活动。这就要求我们在求职面试的过程中，一定要注意图 22-3 所示的面试注意要点，做面试官青睐的候选人。

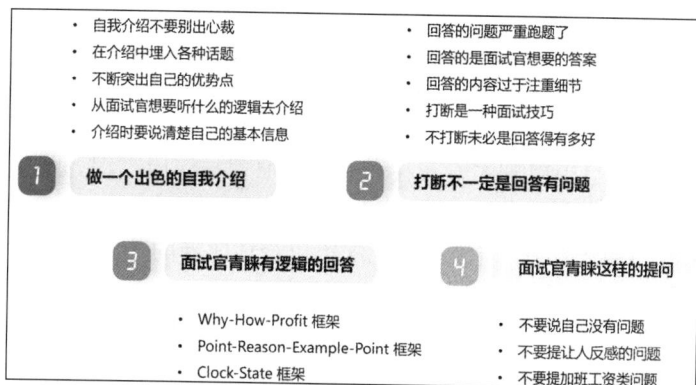

图 22-3　面试中的 4 项注意要点

22.4　面试官青睐这样评定候选人

作为面试官，对候选人的评估是整体的，不会因为一道题的对错，就判定候选人是否合适；也不会因为跟候选人聊得很投机，就感性地判定其面试通过。

那么，面试官到底是怎么评定候选人是否合适的呢？下面，我们就一起了解面试官是如何评定候选人的。

22.4.1　面试官的考评过程

不光候选人会有自己的面试技巧，面试官也有自己的面试方法。这个方法就是"总—分—总"的面试技巧。

第一步（总）：让候选人进行简单的自我介绍。这一步考察的是候选人的沟通能力和逻辑性。在这一步，如果候选人出现以下 3 个问题，是要被扣分的。

● 把简历内容原封原样地又念了一遍。

● 自我介绍拖沓冗长，严重超时（超过 3 分钟）。

- 陈述的核心内容及数据与简历对不上。

第二步（分）：针对候选人的简历内容展开深入的讨论。主要包含候选人过往的项目经历、对现有项目的讨论及一定量的开放问题。

1. 过往的项目经历

面试官首先会让候选人聊一下自己过往的项目经历，一来是与上面的自我介绍部分进行衔接，二来是考察候选人的专业能力和基础逻辑。如果这部分候选人回答得比较糟糕，说明候选人基础能力太差，可以提前结束面试而不用继续再问其他两类问题了。

对于这一部分，面试官一般会询问产品的核心数据、业务模式、设计过程以及产品的优劣之处。面试过程中，候选人如果出现如下问题，是会被扣分及质疑简历真实性的。

- 不了解自己产品的数据或数据存在严重偏差。面试官会判定候选人对业务不了解或简历造假。
- 无法说出自己产品的优劣势。面试官会判定候选人缺乏对项目的复盘反思能力。
- 无法说出产品的详细设计过程、所用方法及设计要点。面试官会判定候选人业务能力较弱或存在简历造假的行为。
- 不能深入阐述项目中用到的专业技能的方法原理与应用过程。面试官会判定候选人专业能力较弱或存在简历虚夸的行为。
- 业务模式存在明显漏洞，但候选人无法给出合理解释的。面试官会判定候选人业务设计能力较弱。

因此，对于自己项目的核心数据、涉及的设计方法、采用的业务模式及产品的优劣之处在面试前务必要搞清楚、搞懂。

注：无论是公司还是面试官对于候选人简历造假行为都是持 "0 容忍" 态度的。对于简历造假的候选人，很多公司都会将其加入招聘黑名单中，一律采取永不录用的方式处理。因此，请不要尝试用简历造假的方式赢得面试机会。

2. 针对现有产品的讨论

面试中除了会考察候选人的过往项目经历外，面试官还会结合公司现有的项目与候选人进行深入讨论。

这类面试主要是用来测试候选人对现有项目的了解程度、后续工作的整体思路，考察候选人能否快速上手现有项目以及未来双方合作是否通畅。面试的重点依旧是候选人的产品能力。这一部分面试官主要会让候选人谈一下现有产品的不足与改进之处、产品后续可能的发展方向、产品的差异化竞争思路以及面试者的阶段性工作思路。

如果候选人在回答时出现如下问题，面试官会对候选人的回答扣分并降低录取的意愿。

- 候选人没有用过公司的产品或对产品不了解，无法提出现有产品存在的问题。面试官会判定候选人求职意愿不强且无法短期内适应公司项目，录取意愿大打折扣。
- 候选人只会批判现有产品的不足，无法给出相应的改进或提升办法。面试官会判定候选人能力不足，无法胜任此职位。
- 候选人无法给出该产品的后续可能发展方向。面试官会判定候选人思路受限，无法带领产品持续迭代演进。

- 候选人无法给出现有产品实质的、落地性的阶段工作计划。面试官同样会判定候选人无法胜任现有工作职位。
- 候选人在阐述自己的产品计划时表现得过于偏执或强势。面试官会判定候选人沟通与协作能力有限，难在后续的工作中展开合作。

这类问题的回答中，如果候选人回答的思路比较全面，能充分阐述产品的目标、整体的迭代方向、用户的核心痛点、竞品的做法以及功能设计亮点等方面的信息，将会是强有力的加分项。

3. 开放问题的讨论

开放问题主要是考察候选人的个人素质，主要考察候选人的抗压能力、逻辑思维、职场情商、学习成长和协作沟通能力。

面试官通常会问候选人平时的工作细节，设定某些特殊工作场景让候选人谈自己的看法，给候选人出一些逻辑思维问题，以及让候选人谈一下关于某些业内新闻的观点、看法。

无论面试官如何提问，候选人绝不能在这个环节选择放弃回答或怒怼面试官，也不能敷衍糊弄，不懂装懂。这些都是开放式问题的减分项。

经过让候选人进行简单的自我介绍和针对候选人的简历内容展开深入的讨论这两步，面试官基本已经可以初步判定候选人是否可以进入该职位的候选队列了。

第三步（总）：候选人向面试官进行提问。主要是候选人向面试官进行提问，由面试官来解答候选人的各类问题。

在最后一步的面试中，面试官主要想知道候选人对于这个职位的期待程度，作为最后综合评定各入围候选人的一个维度。

这一步"应该说的"和"不该说的"在上文已经详述过了，这里就不赘述了。

最后，面试官经过这样一个"总—分—总"的面试过程，对候选人的各项能力做出了考评并给出了相应的打分。接下来，面试官需要综合考虑候选人的各项分数，从候选人的待选列表中挑选出适合该职位的候选人。

22.4.2 面试官这样选人

经过上面的面试环节，通过面试的候选人就进入了最后的待选列表。接下来，面试官就要从通用能力、专业知识、文化意愿和素质性格四个维度中挑选出适合该职位的候选人。

面试官不会因为候选人在某个维度上实力略胜一筹就选择谁，也不会因为候选人在某个维度上实力略逊一筹就放弃谁。

面试官会结合现有团队成员的状态、负责项目的特点、公司及部门的文化、HR面试结果及意见、候选人在面试中的评分与表现、薪资与福利待遇等多方面，综合选择适合这个职位的候选人。

最后，还想特别强调一点，面试是一个双向选择的过程，面试本身没有好坏之说，只有适合不适合当前职位之分。

22.5 本章小结

本章介绍了面试官青睐什么样的产品经理，重点内容如下。

（1）面试是一个双向选择的过程，没有好坏之说，只有适合不适合之分。

（2）简历要做到结构合理、精心设计、清晰易读、易于投递。

（3）面试前需要进行大量充分的准备。

（4）回答问题时注意结构化表达，做到回答问题条理清晰，逻辑分明。

（5）以正确的心态去应对面试官的"打断发言"。

（6）面试是当面交流与信息交换的过程，要本着平等的心态与面试官交流。

（7）面试中熟悉的事，实话实说，不熟悉的事，不要乱说。

（8）回答问题要有针对性，控制自己的表达欲，不要滔滔不绝，东拉西扯。

（9）专业知识、通用能力、文化意愿、素质性格是面试考核的四个维度。

（10）注意最后一个问题的提问技巧。

22.6 知识模型

我总结了本章的知识模型，读者可以关注公众号"cpzjguoshan"，输入关键词"B1C2201"下载模型，为自己的产品经理知识拼图新增一块内容。

注：知识模型为脑图软件 MindMaster 专用格式，请读者使用 MindMaster 软件查看。

22.7 大咖助力

产品大咖说："面试是产品人之间的思想交流会，过程的意义远远大于最终的结果。面试的结果没有好坏之分，只有在当下适不适合这家公司。"

如果你在面试中遇到了什么问题，欢迎你加我微信：pmguoshan，让我来帮帮你。

22.8 练习实践

从面试官和候选人的角度，来一场自问自答式的面试。

➤ 第 23 章　产品经理的实用面试技巧

本章导语：相信很多产品新人都遇到过这种情况，明明自己信心满满、满怀激动地参加心仪公司的面试，面试前做了大量准备，面试当天和各位面试官都聊得十分顺利，似乎一切尽在掌握之中，可最后还是收到"对不起，您和我们招聘的职位不符合，感谢您的关注"的回复。

要想面试成功，除了要有积极的心态、过硬的专业技能，还需要掌握足够的面试技巧。本章就让我们一起了解产品经理面试中的那些实用技巧吧。

23.1　笔试答题技巧

产品经理面试的第一关是笔试。笔试主要用来考查应聘者的基本思维能力和知识广度。

23.1.1　笔试的主要题型

笔试部分主要用来考察应聘者的基础知识，题型如下。

- 专业知识类：专业知识是产品经理的基本功。如绘制某个产品的产品线框图、确定需求的优先级或者当场进行某款产品的设计等都是常见的题目。
- 互联网知识类：主要涉及工作中常用的各类专业词汇。例如：什么是马斯洛需求层次模型、什么是微创新等。
- 热点知识类：产品经理的视野和行业敏感度也是很多公司在笔试中的考察内容。如近期的互联网热点事件、对某个领域或产品的个人见解等。
- 逻辑素质类：良好的逻辑思维能力和较高的个人素质是对产品经理的基本要求。因此这类题目一般是笔试的必考题型。

由于不同公司的笔试具有一定的差异性，因此在面试准备过程中要多看他人分享的经验和题目，对即将面试的公司的笔试内容做到心里有数。

23.1.2　笔试的注意事项

有些应聘者由于在笔试前没有做好相应的准备工作，结果应试的时候忙手忙脚，不但耽误了时间，而且严重影响了自己的发挥。因此，在笔试前就需要了解相关注意事项，避免准备不充分导致笔试失利。笔试可以分为"线上"和"线下"两种考试形式。

1．线上答题注意事项

如果是线上答题，需要注意以下 5 点。

- 选择一个环境相对较好的地方。避免环境等外部因素影响答题时的心情或分散答题时的注意力。
- 确保网络连接稳定。避免在考试过程中发生网络连接不上的情况。
- 提前检查考试所用软件。检查各种软件是否能够正常运行，避免考试过程中出现软件无法运行的情况。如果条件允许，也可以准备一台备用机。
- 设置交卷闹钟。设置闹钟提醒交卷，避免因错过交卷时间而无法交卷的情况发生。
- 答完尽快交卷。答完卷后尽快交卷，避免在交卷高峰时段因网络阻塞交不上卷。

2．线下答题注意事项

如果是线下答题，需要注意以下 3 点。

- 注意查看考试信息。一些公司会把笔试的时间、地点公布在招聘网站或公司告示板上，多注意查看这些信息，避免漏掉笔试通知。
- 规划好当日行程。提前查好路线并合理选择交通工具，不要因迟到而无法参加笔试。
- 携带好必要的文具。建议答题时携带三支水笔、一块橡皮、一支铅笔（用来画线框图）和计算器（以备计算题使用）。

23.1.3　笔试的答题策略

应聘者一般需要在不到 1 小时的笔试时间里，完成大量试题，因此对于答题时间的控制是决定应聘者能否顺利完成笔试部分的一个重要技巧。

1．控制答题耗时

答题时需要控制回答每道题的耗时，有策略性地答题。答题时，先做自己擅长的、能保证正确率的题目，放弃解题思路复杂且需要花费大量时间寻找答案的题目。

对相对简单的题目，更要快速作答，留出时间做其他题目。对于写明不计分的附加题，在时间允许的情况下可以作答，作为自己面试的加分项。但在正式题目没有完成的情况下，不要考虑优先作答此类题目。

2．使用答题技巧

在笔试中，除了需要合理控制答题时间外，还需要使用答题技巧，以提升答题效率。例如，对于一些数据分析题，不需要精确计算相关数据，只需要大概估计一下结果就可以得出比较合理的答案。又如，对于一些差异比较大的选项，做简单的排除法，留下更符合实际的选项，可以降低答题难度，提升答题效率。

23.2　群体面试技巧

应聘者通过了笔试，就来到了群体面试（群面）环节。在这个部分，应聘者需要向面试官展示自己的分析问题的能力、表达能力、协作沟通能力、专业知识的运用能力、逻辑思维能力、情绪控制能力以及个人综合素质。

23.2.1　了解流程和规则

群面是个技巧性非常强的面试环节，对群面的流程和规则不太熟悉的应聘者，会感到非常不适应。因此，在群面部分，第一个要掌握的技巧就是了解群面的流程和规则。

在一般情况下，群面的人员组成为 8 位或 10 位求职者+1 位面试官+1 位 HR，群面时间通常是 1 小时左右。群面题目为一道大题，大题内可能有多道小题。

群面的流程如下。

（1）群面开始的 10 分钟内：面试官会要求每位应聘者进行 1 分钟的自我介绍。这里简要说出自己的姓名、毕业的院校以及做过的项目即可，目的是让大家快速记住自己。

（2）随后的 10 分钟内：面试官会正式公布群面的题目及本次群面安排，并留给应聘者读题、思考与整理思路的时间。

（3）接下来的 30 分钟内：应聘者针对面试官的题目依次表达自己的个人观点并进行小组内交叉讨论。

（4）最后的 10 分钟内：小组成员要汇总本组的观点并向面试官进行口头汇报。

在各小组总结汇报结束之后，如果面试官有补充问题，应聘者需要先回答问题之后才能结束群面；如果面试官没有补充问题，那么群面到此结束。

在整个群面过程中，面试官会在一旁观察、记录应聘者的面试表现，对所有应聘者依次进行相应的打分。打分的结果会作为应聘者是否能进入下一轮的依据。

群面结束后，HR 会以短信或电话的形式通知结果，没有收到通知的应聘者意味着群面没有通过。

23.2.2　挑选合适的群面角色

要想顺利通过群面，除了需要了解群面的流程和规则外，还需要迅速地找到自己在整场群面中的角色。因为，群面考查标准之一就是你的角色定位清晰且在选定的角色上拥有足够的贡献。

群面的角色一般分为 Leader、Time-Keeper、记录总结员、普通成员等，每个角色需要承担的任务不同。对于面试者而言，一方面没有在自己的角色方向上表现得足够出色；另一方面，又胡乱地参与到其他角色中，会在群面中被判为失利。

1. Leader

Leader 在群面中表现的时间和机会比较多，是个相对容易通过的成员。但作为团队 Leader，风险也最大，如果团队最后没有形成统一意见，面试官会判定是 Leader 的失职。同时，Leader 的过于强制导致全队成员发言较少或不发言，也会被面试官判定为是 Leader 的失职。

Leader 是个对能力要求较高的角色。需要具备良好的个人素质和大局观，以及强大的领导力和扎实的产品基本功。一方面，Leader 必须要带动团队一起努力前行；另一方面，Leader 也要顾全大局，适当牺牲自己的发言机会，引导团队其他成员发表观点；同时，还需要在团队出现问题或讨论停滞不前时为团队成员快速指引方向。

作为 Leader，一定要有大局观，以解决问题为目标，照顾全体成员的发言，适当地控制自己的想法和评论。

如果自己不能胜任 Leader 这个角色，千万不要在群面中逞强选择，否则非常容易让自己在群面中失利。

2．Time-Keeper

Time-Keeper 是小组群面中的时间控制者。Time-Keeper 的任务是做好群面的时间控制并在适当的时候提醒大家注意节奏。这个角色能很好地体现求职者的项目管理能力，因此通过率也是非常高的。

Time-Keeper 的第一个任务是合理地规划与管理时间。当 Time-Keeper 拿到题目和时间规定后，要迅速理解题目，制定好时间规划，做到时间的分段与总体进度相匹配，并在第一时间抢先发言，跟团队成员协商时间安排。一般大家都会按照 Time-Keeper 的时间规划进行。

Time-Keeper 的第二个任务是严格按照时间规划控制讨论进度。在整个讨论过程中，Time-Keeper 必须严格遵守制定好的时间进度，适当打断超时同学的发言，例如："某某同学不好意思，你的发言已经超时了，为了不影响其他人的发言，你没说完的想法可以放到后面的环节讨论吗？"这种做法充分体现了 Time-Keeper 的职责，将会是群面中这个角色的加分项。

Time-Keeper 的第三个任务是确保发言的有效性。Time-Keeper 有时要引导大家谈话简明扼要，例如："某某同学，你能用一句话总结一下你刚才的发言吗？"Time-keeper，不要怕得罪人，果断打断那些啰唆或偏题的发言，让发言更高效。在这个过程中 Time-Keeper 要注意控制好说话语气及表达方法，避免引起大家的反感。

总之，Time-Keeper 是群面中非常重要的一个角色。不仅关系到团队能否在规定的时间内完成相关的讨论，得到最后完整的解决方案；还关系到团队成员是否机会均等，发挥各自最大的能力，在有限的时间内实现方案的最优化。

3．记录总结员

记录总结员也是群面中通过率很高的角色，这个角色不仅能体现应聘者思维逻辑的缜密性，还能体现一定的协作沟通能力。记录员的主要工作是帮助团队记录并提炼讨论结果，形成最后结论，并代表大家做最后的总结发言。

作为记录员，需要注意以下几点。

- 需要准确、快速、清晰地记录团队成员的观点。记录总结员的一项重要工作是，在其他人发言讨论时，对大家发言的内容进行适当的总结与归纳并及时准确地记录每个人的观点。在做记录时，虽然不用逐字记录每个参与者的发言内容，但完整的意思一定要记下来（包括好点子和坏点子）。结合团队整体解决思路，把相关发言重点用标记标明。

- 配合 Leader 解决问题，推进讨论。作为记录总结员，需要在讨论中把重要的问题和优秀的观点适时地拿给 Leader 看。如果某个重要问题还没有讨论出结果，就被其他参与者岔开了，还应该适当地提醒团队成员就此问题再讨论，例如，可以说："根据记录，某某的观点还没有深入讨论，我们是否可以继续深入讨论一下这个观点呢？"当讨论变得漫无目的时，记录总结员要站出来进行引导，说明之前大家讨论了什么话题，接下来将会讨论什么内容。

- 做最后的总结汇报发言。群面的最后几分钟是总结汇报环节，作为记录总结员，一定要抓住这个机会向面试官进行最后的总结汇报。在讨论收尾时，记录总结员可以站起向每位组员大声说："今天咱们所有讨论到的观点，我都记录下来并进行了归纳与总结，下面，我跟大家说说我记录的重点吧！"

- 接下来的发言中，需要将刚才整理出来的完整方案重点突出、清晰明确地逐条讲出来，并在此过程中恰当点名赞同某个同学的观点。

- 最后进行总结性的陈述："这是我们的讨论结果，记录在这里，下面哪个同学来做代表陈述，我把这个本子给他。"不出意外，这个角色就属于你了。

4．普通成员

以上 3 个角色在群面中有额外的工作，虽然表现机会多一点，但也非常容易出错。这 3 个角色如果争取到了，有助于个人的发挥；如果没有争取到，作为普通的团队成员，只要你逻辑严谨、思路开阔，抓住一次发言机会，充分展现自身的能力，即使之后一句话不说，也可以给面试官留下深刻的印象，一样可以通过群面的。

因此在参加群面的时候，一定要结合自己的个人能力，从图 23-1 所示的不同角色中，选择适合自己的一个角色，切勿盲目选择自己不擅长的角色。

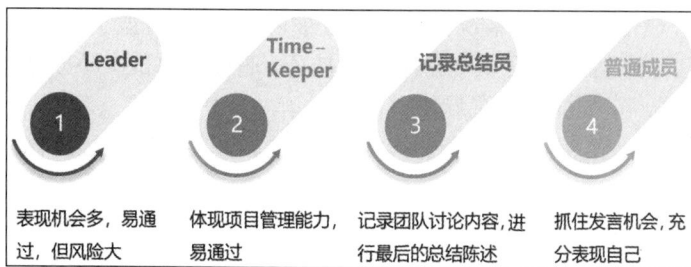

图 23-1　群体面试中的 4 类角色

23.3　专业面试技巧

对于应聘者来说，笔试和群面并不是每个公司都会有，但单独的专业面试，却是必然会出现的。可以说，专业面试的好坏，决定了你是否能拿到公司的 Offer。

对于专业面试部分，第一个要掌握的实用技巧，就是做好面试前的准备工作。

23.3.1 做好面试前的准备工作

针对面试前的准备工作，需要做好以下 5 点。

- 了解公司和产品。面试前需要对公司和产品进行大概的了解。了解公司的管理层、公司文化、近期战略和重大新闻，做到心中有数。同时，最好对公司的产品进行一些相对深入的研究和思考。这项准备工作，可以让你在面试中的表达和思考更有针对性。
- 针对简历模拟面试。应聘者需要自己扮演面试官的角色，针对简历的每一项进行细致深入的自问自答，通过这种方式可以把简历中涉及的各种工作细节和产品数据都整理得清清楚楚。
- 准备面试中的基本问题。对于一些常规的面试题，例如：分析一下你常用的产品、你是如何获取用户需求的、你为什么觉得自己适合做这家公司的产品经理等，是很多公司在面试中都会问的，一定要在事先准备好相应的答案。
- 准备面试中的常规问题。面试开始之前，还需要上网搜集这家公司在面试中曾经问过的一些问题，结合应聘者自身的特质，总结出逻辑性强、论证有据、容易打动面试官的答案，以备正式面试中使用。
- 了解面试官的基本信息。面试前还可以适当地了解面试官的基本信息（如面试官的姓名、负责的产品、工作经历、性格喜好等），帮助自己在面试中能更有针对性地选择话题，展现自己的能力。只要跟面试官聊得投机，获得 Offer 的可能性就会增加不少。

除了需要在面试前做足准备外，在面试中还要适当地使用引导技巧。

23.3.2 面试中的引导技巧

在专业面试中，最糟糕的一种情况莫过于一直被面试官追问，疲于回答面试官的各种问题。要想避免这个问题，就要学会在面试中使用引导技巧，通过在面试中不断地抛出话题引子和使用引导式提问的方式，掌握面试的主导权。

所谓面试中的引导，其实就是在面试中，把面试的话题引导到自己所熟悉的领域和有准备的内容上去。

1. 自我介绍引导技巧

如果自己过往的项目经历中，做过的某个项目与面试的职位契合度较高，在自我介绍的时候就要想办法尽量突出该项目，达到引起面试官兴趣的目的。例如，可以在自我介绍中加上一句"我对某某方向理解比较深刻，因为在某某公司曾经做过类似的项目"。

如果这个项目正好是面试公司的竞品，或者这类人才正好是面试公司急需的，那么在后续的面试中，这段经历就很容易成为面试官的设问主线，只要面试之前准备充分，通过面试是不成问题的。

2. 思路方向引导技巧

当面试官抛出一个开放式问题时，可以尝试使用思路方向引导技巧，把解题思路向自己熟悉的或者曾经做过的项目上靠拢。

比如"针对手机百度新增一个功能，你认为这个功能会是什么"这个问题，如果你做过校园 O2O 平台，那么你可以给出"因为手机百度在校园的使用率比较高，如果为手机百度新增一个功能，我认为应该增加校园服务平台这个功能"这类答案，把具体的功能设计思路引导到你做过的、有经验的领域上来。

3. 答题细节引导技巧

如果面试中发现面试官的问题使用语言难以进行清晰的表述，或需要用线框图或流程图进行辅助说明的时候，我们可以说："这个问题比较复杂，我想用纸笔的方式来梳理一下思路，帮助我作答。"

这样，一方面不但帮自己争取了思考时间；另一方面，还可以借助纸笔帮自己聚焦思路；更可以针对自己之前在纸上画的图示，有的放矢地展开讨论。

同时，通过对图示的讨论，还可以探测面试官对答案的反应，在纸面上做出适当的优化与修改。最后，通过面试官的一步步引导，得出相对完整的、正确的解决方案。

不过，面试引导是一个双刃剑，运用得合理，可以在面试中帮自己加分；运用得不合理，会引起面试官的反感，甚至起到面试中的减分作用。

在运用面试的引导技巧方面，需要特别注意以下两点。

- 引导的过程不要过于强势，强逼面试官按自己的方式进行面试。
- 引导的时机与话术也不要过于牵强，让面试官一眼就看出你的意图。

面试中，还有一项需要注意的事情，就是"面经"（面试经验）的合理使用。

23.3.3 "面经"使用技巧

很多产品经理喜欢在面试前去网上收集别人的各种"面经"，帮助自己准备面试。虽然说，收集他人的"面经"是面试前必备的功课之一，但也一定要适可而止，不要过度依赖"面经"，导致回答问题过于机械化和套路化，无法展现自己的特点与实力。

我就曾经遇到过一些应聘者，对于面试中的常规问题，回答得过于流利与完美，一旦临场换到一些非常规的问题时，就回答得语无伦次且缺乏逻辑。很明显，这类应聘者在面试过程中过度依赖"面经"，企图用背题的方式通过面试。

对于一个有经验的面试官来说，这种方式是非常容易一眼就被识破的，面试的结果可想而知。

23.3.4 方法论展现技巧

很多应聘者在专业面试中失败的一个重要原因是不知道如何在面试的过程中良好地展示自己的工作方法论，在面试中只会跟面试官不断强调"这个我会干""那个我知道"。

产品经理是一个非常重视方法论的行业，即使你真的知道怎么干，但就是无法说出背后的方法论，也是很难通过面试的。

对于面试中的方法论描述，可以借助"总—分"的结构。回答问题时，先说出自己用到了哪些方法论，然后详述这些方法论是怎么运用的。这样的回答会让面试官比较满意。

同时，也需要在日常工作中注意多积累自己的方法论，不要马上面试了，才临时抱佛脚。对于专业面试中的其他注意要点和技巧，读者可以翻阅本书第 22 章相关内容，这里就不赘述了。

总之平时要注意根据图 23-2 所示的面试常用技巧，进行有针对性的自我训练，强化自己的专业面试能力。

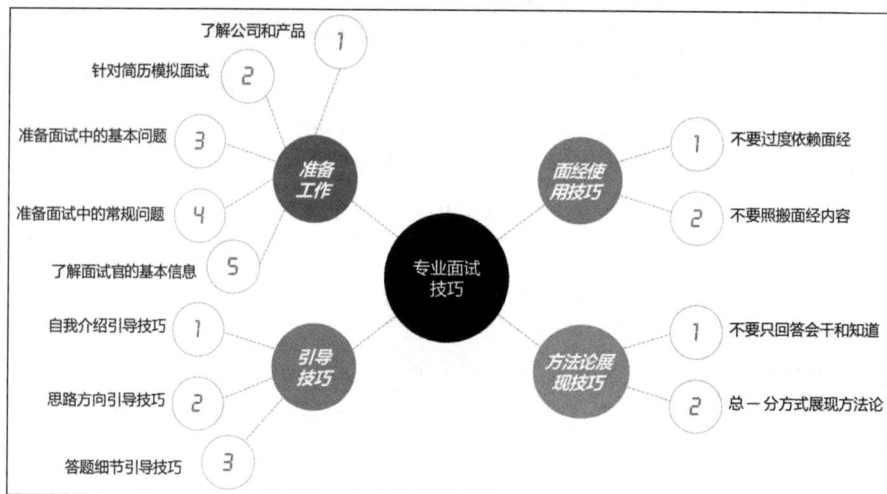

图 23-2　专业面试常用技巧

23.4　素质面试技巧

素质面试（BOSS 面）一般是由部门领导或高管作为面试官，对应聘者综合素质进行考核的一种终极面试。如果前几轮的面试是在考察你是否是一个"可用之人"，那么素质面试就是在考察你是否是一个"可造之才"。

对于公司来说，安排素质面试一方面可以在面试中用领导的个人魅力争取优质的求职者；另一方面，对于之前面试拿不准的应聘者，可以让领导在这轮面试把关。

说得更直接一点，素质面试就是领导在面试应聘者的"个人潜力"。

23.4.1　什么是个人潜力

所谓个人潜力，就是指应聘者在工作中能不惧困难和挑战，不断自我提升，为部门和公司创造更大价值的潜能。一般来说，考察一个应聘者的个人潜力，面试官会从逻辑思维、分析能力和个人素养这 3 个方面进行。

23.4.2　如何评判个人潜力

面试官对应聘者个人潜力的评判主要会通过以下 3 种方式进行。

- 压力面试：是指由面试官在面试过程中刻意制造冲突（事件、气氛），从而去考察应聘者应对冲突的能力。典型方式是面试官就应聘者回答中的某些细节问题不断深入地追问，并适当地加快语速减少应聘者的思考时间，由此考察应聘者的反应能力。
- 开放式问题：面试官首先会提供问题的背景和回答的方向，通过应聘者的回答来观察应聘者分析与解答问题的方式方法。这类问题没有统一的方向，可以小到对某个领域的产品设计，也可以大到对行业的理解与认知。
- 认知与格局：观察应聘者对某个行业理解的深度与广度，由此考察应聘者的认知水平、格局意识和进取精神。

之前介绍的面试技巧和面试前需要做好的准备工作，在素质面试（BOSS 面试）中也同样适用，读者可以自行翻看之前的内容对这一部分进行回顾。

23.5　HR 面试技巧

HR 面试是由人力资源部负责招聘的 HR（或是部门的 HR）对应聘者从价值观与企业的匹配度、性格与岗位的匹配度、热情与领域的匹配度等维度进行的一次面试。同时，在面试过程中，负责招聘的 HR 也会向应聘者介绍公司的各项制度、薪水福利、工作细节等内容。

23.5.1　价值观与企业匹配

互联网企业都有很强的企业文化，对员工的价值观是否与企业匹配都有较高的要求。公司认为具有相同价值观的人在一起共事，不但可以快速达成一致的目标，而且共起事来也会比较舒服。

对于价值观与企业匹配的部分，HR 一般会通过应聘者做事的方式及应聘者做过的重大决策两个方面进行判断。应聘者通常会被问到如下问题。

- 你遇到的最大的挫折是什么？你是如何解决的？
- 你的职业规划是什么样的？
- 你为什么从上一家公司离职？
- 你为什么会选择我们公司？

23.5.2　性格与岗位匹配

除了上面说的价值观与企业匹配外，HR 还会对应聘者的性格与岗位的匹配度进行面试，依此判断应聘者是否胜任这家公司的当前职位。

一个人的性格往往会在他的兴趣爱好和过往经历中体现出来。因此，HR 在这部分面试中会着重考察应聘者的兴趣爱好和过往经历。依此提炼分析出应聘者的性格并对其性格与岗位的匹配度进行判断。

HR 通常会问如下问题。

- 你有什么样的兴趣爱好？
- 你认为自己最大的缺点是什么？

在这一部分，应聘者应该多谈一些大众的、群体协作的爱好。如足球、篮球，不要涉及一些冷门或极限运动，避免引起 HR 的误解，从而影响面试的结果。

23.5.3　热情与领域匹配

针对这一部分，HR 会问"你喜欢的领域方向有哪些""如果有一天自己创业会选择什么方向"这类问题，用来判断你的兴趣与面试领域的匹配度。同时，HR 还会结合之前问到的个人兴趣来辅助这个部分的判断。

对于在 HR 面试部分存在问题的应聘者，HR 会及时提醒相关用人部门录用此人存在风险。如果应聘者存在较严重的问题，HR 会对应聘者行使否决权。

所以，在 HR 面试中，在对自己的经历、兴趣爱好和性格如实描述的前提下，应聘者要尽量体现出自己契合这家公司当前职位的兴趣爱好和方向，这样才能顺利通过 HR 面试环节。

23.6　Offer 选择技巧

经过前面几轮的面试，相信很多人都拿到了公司的 Offer。由此，很多人会纠结自己到底该去哪家公司，毕竟入职一家公司，对于产品经理的职业生涯来说是非常重要的一步。

在 Offer 的选择上，应该综合考虑行业、产品、城市、公司、发展、待遇等多个方面的因素，从而得出一个最终的结果，而不应该仅仅因为某项喜欢或厌恶就选择或放弃一家公司的职位。

23.6.1　行业及产品的选择

首先，在 Offer 选择上，把行业作为首选考虑因素是非常推荐的做法。在行业的选择上，要会看大的趋势方向，选择那些正处于上升阶段、未来有良好发展空间的行业。例如，新兴的智能汽车、人工智能、互联网医疗方向就有很大的上升空间。这些方向的公司发展较快，对人才的渴求程度也相对较高。

其次，在产品选择上，小众产品虽然可以做到小而美，但终究整体规模有限。如果你一直负责这类产品，对自己的专业能力及思维格局的提升都没有多大的帮助。因此在产品的选择上，推荐尽量选择那些规模较大、范围较广的产品。

23.6.2 团队及领导的选择

良好的团队氛围和人际关系可以创造一个舒适、愉快的工作环境，这点对于刚入职不久的新人来说至关重要。试想，如果你整天处在一个人际关系紧张、氛围较差的团队里，不要说产出什么高质量的产品设计，就连在公司稳定的发展这一项都难以保证。

团队的领导的风格也是需要考虑的。公司主要是决定你的起点，而决定你的高度的，极有可能是你的领导。领导的风格、你与领导的配合度以及领导对你的态度都是在选择 Offer 时需要考虑的。

另外还要考虑团队和领导是否能给自己带来足够的学习与上升空间。如果团队氛围不错，领导性格也与自己匹配，但就是没有给自己学习与上升空间的机会，要学会果断放弃。

23.6.3 城市和地域的选择

一般来说，城市越大，提供的发展机会越多，带给我们提升与进步的可能性也就越大。互联网公司密集的"北上广深"无疑是我们的首选之地。

不过，虽然这些城市具有较高的生活便利性，但也存在较高的生活成本。

因此，在城市和地域的选择上还要根据个人实际情况，可选择在生活成本相对适中的城市发展。

在地域的选择上，家人的意见也是一个考虑因素。在条件允许的前提下，尽量选择一个离父母近的城市或地域来发展，这样可以空出时间多陪陪父母。

23.6.4 公司和待遇的选择

在公司的选择上，要综合比较公司规模和业务线的重要程度。对于处在刚入行或上升期的产品经理来说，学习和成长的机会远远要比公司的规模和名声重要。

例如，如果同是大公司和创业公司的核心业务，优先选择大公司。但如果是大公司的边缘业务和创业公司的核心业务做对比，则优先选择创业公司。

在薪资待遇部分，不能只看公司的月薪，还要综合考虑公司年终奖的数额、补助的类型及数量、公积金的缴纳基数比、有无加班费等各项福利，最终选择一个对待遇满意的公司。

总的来说，对于 Offer 的选择，须按图 23-3 所示的重要程度对收到的 Offer 从四个维度进行筛选和选择。

图 23-3　Offer 的选择顺序

此外，对于 Offer 的选择，一定要慎重。如果一时拿不定主意，可以多听听家人朋友的意见，多了解公司的情况，综合各方面因素，选择一个自己心仪的 Offer。

23.7　本章小结

本章介绍了产品经理的实用面试技巧，重点内容如下：

（1）标准面试流程分笔试、群面、专业面试、素质面试和 HR 面试五个部分；

（2）笔试是对产品经理基本功的考核，主要考察应聘者的基本思维和知识广度；

（3）群面时要注意自己扮演的角色，不强求，必要时可做些妥协；

（4）专业面试要注意自我介绍、"面经"使用和方法论展现的技巧；

（5）素质面试主要面应聘者的综合素质，考察应聘者的发展潜质；

（6）HR 面试要注意价值观匹配企业、性格匹配岗位和热情匹配领域 3 个部分。

23.8　知识模型

我总结了本章的知识模型，读者可以关注公众号"cpzjguoshan"，输入关键词"B1C2301"，下载这个模型，为自己的产品经理知识拼图新增一块内容。

注：知识模型为脑图软件 MindMaster 专用格式，请读者使用 MindMaster 软件查看。

23.9　大咖助力

产品大咖说："面试是看缘分的事，即使你技巧十足，也有可能落选，有时候面试的技巧、运气和实力同样重要。"

如果在面试中遇到了什么困难，欢迎你加我微信：pmguoshan，让我来帮帮你。

23.10　练习实践

依照本章所介绍的面试技巧，为自己准备一个完整的面试方案。

后记 优秀的产品经理需要不断地历练

回顾撰写这本书的创作经历，我想用"机遇与挑战并存"这句话来形容。2022年春节刚过完没多久，人民邮电出版社的胡老师联系到我，问我是否有意写一本关于产品经理方面的书籍？恰巧，写这样一本书，也一直都是我的梦想，于是我欣然地接受并开始了自己的创作之路。

接下来，无论是大雪纷飞的冬夜、还是清风徐来的初春，抑或烈日炎炎的酷暑。我都坚持每天笔耕不辍。恰逢期间公司事务繁忙，于是，我把所有的空闲时间都花在了写这本书上。按照我夫人所说："这本书就是你的工作结晶啊"。这句话说到了我的心坎里去了，我如获珍宝一般地对书中内容反复打磨推敲，有的章节甚至被反复推倒重写了几次。目的就是创作出一本"能拿得出手"的产品经理专业类书籍。

写书需要有坐得住冷板凳的定力和耐心。多少个日日夜夜，我逐字逐句地用键盘"敲"出自己多年产品经理工作的经验总结。要不是有在创作过程中给予我帮助与鼓励的家人和朋友们，我很难想象自己能够坚持完成创作，所以，这里我要对他们说一声感谢。

下面，让我们一起回顾一下书中这23章关于产品经理的"成长"之旅吧。

在第一部分"产品经理实用入门宝典"中，我们一起"解码产品经理的成长路径"、了解"快速入门产品经理的7条建议"以及知晓如何避免"产品经理常犯的7类错误"。

在第二部分"学会产品经理的硬本领"中，我不但让你学会如何"7步搞定产品功能调研"还"手把手教你做好竞品分析"，并且掌握了"高效需求获取的三大要点"、学会"有效需求分析的四个方法"、懂得了"掌握需求管理的5个实用方法"、知道"优秀的产品流程图都是这样画出来的"背后的方法、学会了如何"深入浅出产品结构设计"、明白了"如何设计出靠谱的产品原型"、搞懂了"如何写出'高颜值'的产品需求文档"、知道了"打造攻守兼备的产品战略"背后的方法、摸清了"产品经理应该如何进行项目管理"、知晓了"做好用户研究的两大法宝"以及掌握了"产品经理必会的数据分析要点"和"产品经理的创新思维"，总计14章产品经理专业知识的学习。

在第三部分"掌握产品经理的软技能"中，我们一起掌握了"产品经理实用沟通指南""产品经理的 FOTA 时间管理法""产品经理情绪管理术"和"产品经理的结构化思维"共四章内容的学习。

在第四部分"产品经理的求职与面试"中，我们分别从产品面试官和求职者的视角，为你揭晓了"面试官青睐什么样的产品经理"和"产品经理的实用面试技巧"两章的内容的学习。

希望读完这本书的你，能够完全掌握全书 23 章的知识内容，乃至每章中涉及到的所有知识点。也希望通过这本书，可以加速你向优秀产品经理的成长。

正如我在书名所用的"成长"一词。这个词本身代表了一个长期的过程，需要足够的耐心和不断的历练。同时，"成长"也需要足够的勇气和决心，有着不达目的不罢休的精神。无论如何，我要恭喜你，因为你已经迈出了向优秀产品经理"成长"的第一步。

我非常希望，未来在你工作中的某个时刻，你会用到这本书学到的某个知识，希望它能为你的工作增长，为你的发展之路增值、希望你的产品经理"成长"之路美好而精彩。

最后，我想说："你也可以成为优秀的产品经理，加油！"

郭杉杉

2022 年 5 月于北京